〔清〕劉大櫆 著
吴孟復 標點

劉大櫆集

上海古籍出版社

圖書在版編目(CIP)數據

劉大櫆集/(清)劉大櫆著:吴孟復標點.—上海: 上海古籍出版社, 1990.12(2021.8重印)
(中國古典文學叢書)
ISBN 978－7－5325－0859－4

Ⅰ. 劉… Ⅱ. ①劉…②吴… Ⅲ. 劉大櫆(1697～1780)—文集 Ⅳ. I214.92

中國版本圖書館CIP數據核字(2008)第074053號

中國古典文學叢書

劉 大 櫆 集

[清] 劉大櫆 著

吴孟復 標點

上海世紀出版股份有限公司
上 海 古 籍 出 版 社 出版、發行

(上海瑞金二路272號 郵政編碼200020)

(1)網址:www.guji.com.cn

(2)E－mail:gujil@guji.com.cn

(3)易文網網址:www.ewen.co

新華書店上海發行所發行經銷 常州市金壇古籍印刷廠有限公司印刷

開本850×1156 1/32 印張21.375 插頁5 字數360,000

1990年12月第1版 2021年8月第5次印刷

印數:4,751-5,350

ISBN 978－7－5325－0859－4

I·479 平裝定價:78.00元

前言

一

劉大櫆（一六九七——一七八〇），字才甫，一字耕南，號海峯，安徽桐城（今分爲樅陽）人。家世以敎書爲業，僅有「薄田十餘畝」（田居雜詩二首）。他自己雖幼卽能文，且工于時文，但十次小考，始得拾芹；屢應鄉試，兩中副榜，一直未考上舉人。一生敎書、游幕（在學政幕助閱文）；晚任黟縣訓導，仍只是學官，自言「非士（官）亦非民（工農）」。因此，一方面以坎坷不平之氣，發爲憤世疾俗、敢想敢說之文；一方面，依託富貴之家，謹守封建規矩，甚至曲徇朱門公子與富商大賈之意，寫自己未必願寫之作。

其文在當時已頗有名。周永年、程書昌卽因「昔有方侍郎（苞），今有劉先生」，纔有「天下文章，其出桐城」（姚鼐海峯先生八十壽序）之語，所以人們公認他爲桐城派開派人物之一。他又是桐城派與陽湖派之間的橋梁，陽湖派作家張惠言、陸祁孫皆承認這一點。他的詩名不如文名，但袁枚在隨園詩話中，却說他「詩勝於文」。

所以劉大櫆的詩文是研究淸代詩文的重要材料；不寧如是，它還應該是研究早期啓蒙思想史的材料。這一點，過去很少有人談到。只有淸末劉師培看出：「凡桐城古文家無不治宋儒之學……惟海峯稍有思想。」(論文雜記)但又何止「稍有」而已。

清代古文家很推崇劉大櫆，然亦頗有微詞。如謂「其學不如望溪之粹，其才其氣不如望溪之能斂」(惲敬答曹侍郎書)。那是用程、朱之「理」(吳汝綸與楊伯新論方劉二集書)，或者直斥爲「於理實有未足」來衡量、用桐城派的「神味」來要求的。實則「不粹」恰恰說明他有時突破了桐城派以至程、朱的藩籬；「不斂」則正是他「任氣敢言」之處。的確，劉大櫆部分作品中，講了一些方、姚所不敢講的話，有的竟與黃宗羲、唐甄、吳敬梓、曹霑、戴震頗爲近似。這也不奇怪，他與曹、吳本是同時代的人，與黃、唐、戴，或早或晚，但也先後相接。他們接觸的社會現實相同，而劉的社會地位與文學修養又使他能比較清醒地看待現實，敏銳地發現問題。

而且，桐城先輩中，方學漸的理學屬於王學左派的泰州學派(見黃宗羲明儒學案)。泰州學派在明代具有啓蒙意義，是思想史上已有定論的。方以智、錢澄之也是善於獨立思考的哲學家，又皆治莊子(方有藥地炮莊，錢有莊屈合詁)。劉大櫆生其鄉里，流風所被，耳目所接，他「愛新建伯(王守仁)」(奉題學使公所得王新建印章次原韻)，學莊子之文，自非偶然。戴名世更以憤世疾俗著稱。戴之南山集文字獄一案發生時，劉正在青年，後來詩中言：「弱冠負勇氣，鄉閭遭禍羅」(感懷七首)，看來卽指此案而言。集中觀化、解毀等文亦正作於此時。至於劉的科場蹭蹬，終於貢生，尤與吳敬梓相似。儒林外史中所寫婁家，據說卽劉處館的桐城張氏；作爲杜愼卿的原型，卽劉之好友吳靑然(檠)；而說「天下文章其出桐城」的程晉芳，據平步青霞外攟屑，即外史中的莊濯江，亦吳之好友。從劉的鄉里、交遊，亦可看出其思想淵源。劉晚年在徽州，時戴在北京。但戴的朋友、學生如程瑤田、方根矩、金榜，亦皆劉之至好。他們不僅談文，亦談時勢，注念生民之欣戚，思想有與黃、唐、吳、戴等人近似之點，實非偶然。

過去，人們對劉之毀譽，大抵皆按桐城派標準而言，這自然不是劉的「全人」；姚椿等人選劉文時，亦按此標準，故對其議論文，一篇不收，這自然也不是劉的「全文」。由「全文」看「全人」，本歷史唯物主義觀點，從當時具體情況出發，始能看出其思想的菁華。

二

劉大櫆的思想菁華表現在哪些地方呢？一、他認爲「天道蓋渾然無知」（天道上），並不能爲人禍福。這是荀卿早已說過的；但在當時也還有進步意義。值得注意的是他把易經上講的「積善餘慶」、書經上講的「作善降祥」，皆指爲不是聖人之言；還提出質問：「祖有功矣，而功可恃乎？宗有德矣，而德不刊乎？」（天道上）這種懷疑，在當時是頗爲大膽的。他講天道本是講人事。他直斥那時「上之於民，名爲治之，其實亂之；天之於民，名爲生之，而其實殺之」，又說「衰亂之世，其遠而在上者，必出於放辟邪侈，其修身植行，則必至貧賤憂戚」（天道下），言辭之激烈，確「足使熙甫（歸有光）、靈皋（方苞）驚退改色」（吳定墓志銘）。

二、他認爲天地間，「最貴爲斯人（民），詎忍終憔悴」，這是儒家「民爲邦本」、「己饑己溺」思想的繼承與發展。當然，他不如顏、李、方苞，對「禮、樂、兵、農」，缺乏具體、深入的研究，不能「推究利病」。這大概就是包世臣所斥爲「略無菁華」的緣故（包世臣再與楊季子書）。但在君臣關係方面，他却有更大膽的議論。他認爲君臣關係，只是一種「共事」關係，「臣之食祿」並非「受君之恩」。因此，他否定「忠臣不事二主」這一教條。他在詩中，又以「園圈一室內，弟寒兄不知」爲喻，指出「深宮狎阿保」的皇帝，能够「而憫百姓饑」（雜感十一首）嗎？這就是說：皇帝不會知民疾苦，自然也就不會「勤政愛民」。他在竇祠記末，一反士大夫建祠本意，指出明王朝厚待士大夫而虐百姓，結果却是「卒亡明之天下者百姓也」。這些議論，很像黃宗羲和唐甄。

三、他揭露當時「乘時竊位者，怙寵立威，貪婪無饜」，亦卽旣貪且酷。就貪言，「在國則掊其國之所有，以歸於一家」；就酷言，則是「見稍異於己者則黜之，甚至夷滅其宗族」。官場上「以谿刻爲能」，「以相媚悅爲能」，於是「世俗日益偷，競爲美軟」。就雍、乾時說，這是合乎實際的，也是比較本質的揭露。他由此而進一步指出「天地之氣，不鍾於士大夫，而鍾于飢餓行乞之人」（乞人張氏傳），丈夫不如女子，富貴者不如乞丐。對於八股，他晚年也看出那是「臭腐之辭」，並斷言不會「有天下豪傑出於其間」；甚至把爭名奪位的人比之於狗搶骨頭（答周君書），這些話與曹雪芹、吳敬梓所言，尤爲近似。

四、他看到事物的變化不息（見天論下），反對「好古而失之愚」。他對歷史上許多舊說，皆敢於懷疑。如人們一向認爲「六經亡於秦火」，他却寫了焚書辨，爲秦始皇辯護；又如對伯夷「扣馬而諫」武王伐紂，他指爲「委巷小人之談」，論證其不是事實；對復古主義者津津樂道的「井田」，他也指出：那是不可能實行的事；當時，康熙、乾隆兩個最高統治者都想以程、朱思想來「一德同風」，他却指出「天地之氣化無窮，天下之理不可以一端盡」，不應「見稍異於己者則羣起而攻之」，主張學術上應有某種程度的包容。在封建思想桎梏之下，他敢於懷疑，主張兼容，顯有一定的啓蒙意義。

五、他稍早於戴震，却已看到「人不能無欲而相聚以生」，主張「本人情以通天下之和」。這與宋儒「唯人欲淨盡，斯天理流行」之說相反，而與戴震「理在欲中」，主張「絜民之求，遂民之欲」基本相同。戴說在當時具有啓蒙意義，已爲思想史家所公認；劉大櫆先戴而提出這個見解，自然更值得重視。

三

劉大櫆畢竟主要是文學家，我們還要着重談談他的詩文，特別是其散文。

一、劉是桐城派作家。桐城派淵源於歸有光。「先妣事略、寒花葬志和項脊軒志的作者歸有光，採取了小說的以尋常人物的日常生活爲描寫對象的態度和刻畫景物的技巧，總算是黏上了點時代的邊兒，所以是散文家中歐公以來唯一頂天立地的人物。」（聞一多文學的歷史動向）劉大櫆的章大家事略很象先妣事略和項脊軒志；樵髯傳很像歸有光的筠溪翁傳；張復齋傳中寫張審訊不孝商人一段，曲折生動，更似小說；下殤子張十二郎壙銘用白描傳神，其細節刻畫，亦近寒花葬志，但由于寫的是以封建「家教」著稱的張英、張廷玉家族的子弟，其迂緩性格之形成，更有典型意義。章大家事略表揚婦女守節，誠不足取，但也寫出這個婦女的善良與痛苦，客觀上使人感到她是被損害的人。

劉大櫆又是詩人，散文中常帶有詩的韻味。這是他與姚鼐的特長。如海舶三集序，想象航海之驚險，運用示現的手法，突出詩集作者在奉使過海時履險如夷、吟嘯自得，揭示其忠於使命的心靈，由人品襯出詩品，對其詩反而不加評價。又如遊碾玉峽記，着墨不多，而景眞情切，神餘筆外。這些與姚鼐的左仲郛詩集序、遊媚筆泉記，尤爲近似。

劉大櫆作爲桐城派作者，他的這類文章，確能體現桐城派的特色。他之所以上承歸、方而下開姚鼐，正在這種地方。

二、從敍事翔實看，這是劉大櫆與方、姚不盡相同之處。方、姚寫人重傳神，往往化實爲虛，如方之孫徵君傳、萬斯同傳，姚之朱竹君傳，傳主皆當時大學者，而方、姚寫得却很簡略，從中看不出其人的學術成就與影響。而劉爲江永所作的江先生傳却不同，他以江永著作爲重點，通過它反映出江在學術上的貢獻；最後，又概括點出江的治學方法與學術地位。兩兩相較，顯然他寫的更爲得體。他的黃山記、浮山記，既不仿效柳宗元永州八記，也不模擬蘇軾石鐘山記，而采用徐霞客遊記寫法，巖洞澗石，歷歷如繪，簡直可以用來導遊。在唐宋八大家以及桐城派文中，這也是很少有的。

三、從氣肆才雄、波瀾壯闊來說，這更是桐城派所未有的。過去人們對桐城派文不滿，主要在其「以空義相演」（劉師培語）、「局於議論」（謝无量語）、「易入庸淺」、「才力稍弱」（朱一新語），劉的某些文章恰無此病。其思想菁華，上面已經說到；卽就寫作技巧言之，也有下列一些特點：（一）起筆峭立，亦卽開頭處不用「冒頭」，而「劈頭湧來」，韓愈時用此法，桐城派文中則少見。但劉大櫆海舶三集序、江汝川詩序、送姚咏棠序等等却常用這樣起法。起筆峭健，下文自然不落平庸。（二）迭用譬喻，如答吳殿麟書中「隋侯之珠」、「崑山之玉」等，連用六個譬喻，排比鋪陳，氣勢雄邁。人們常說劉大櫆文學莊子，或謂其近東坡，莊子、蘇軾卽常迭用譬喻。（三）插入寓言。文中插入寓言，先秦諸子中常見，莊子尤多，后來古文中則少有。劉大櫆文中如觀化中結璘與鬱儀對話一段，卽是寓言；顧備九時文序中也插寫「楚之南有漁者」一段。這種寫法，使文境奇縱，波瀾壯闊。（四）插入韻語：如答周君書中：「嘗見都市中孺稚之嬰，輕俊之少，遊歷權門，姸姿巧笑，善度憎嫌，能迎喜好，珠玉時投，綺紈叠效……」卽是在散文中插入韻語。但這與駢文的「競一韻之奇」不同，它是感情激動，辭氣強烈的自然表現。這也是唐、宋以後古文中所少見的。

四、劉文缺點，亦復不少：他讀書不多，交遊不廣，因而文章題材狹隘，資料缺乏，議論文引證不出五經、三史；傳記中亦無奇節異行。且賣文爲活，不得不曲徇人意，寫了一些內容陳腐的祠堂記、宗譜序、時文序、貞節傳之類的文字，寫時又忌諱多端。章學誠古文十弊中指摘的「八面求圓」，即針對劉的汪貞女傳而發。他寫這種文章，好像很不耐煩，因而用字造語，每多失檢，如翰林院李公墓誌銘等，連虛字使用，亦多不當。其他文中，亦時有蕪詞纇句，蓋才氣不斂，修飾不足，但這並不妨礙我們披沙揀金。

五、劉大櫆的詩歌，也值得一談。袁枚、程晉芳說他「詩勝於文」（隨園詩話），有無根據呢？我覺得：他的詩多爲言志之作，不像文章是「徇人」之請而作，因而詩比文較少庸腐之辭。就言志言：一種寫自己的用世之志，如「生則爲國幹，死當爲國殤」（感懷六首），「萬里向沙漠，橫戈掃妖氛」，意氣之壯，文中反而少見；另一種寫文中不便直說的，如上舉「深宮狎阿保，而憫百姓饑」，意旨遙深，故鮑皋比之於阮籍詠懷（見海峯詩集卷首）；又一種是憤世疾邪、悲歌慷慨之作，如金臺行有「燕昭死去馬羣絕」等語，周振采等把劉詩比之鮑照、李白，大概卽就此而言（見海峯詩集卷首）；還有一種是寫田園山水的，恬靜眞朴，故有人比之兩謝、陶、韋。他的某些詩頗近宋人，有人評其懷倪司城爲「一氣旋轉，山谷集中最勝之作」，評其登黃鶴樓爲「氣格蒼勁，極近放翁」。大約清人學宋詩，始於錢澄之，查愼行卽曾從錢問業。就桐城來說，劉詩在錢、姚之間，亦如其文在方、姚之間一樣，起了承前啓後的作用。姚鼐以後，學宋成爲風氣，影響直到晚淸。這是講淸代詩史者所應當注意的。

當然，對於劉大櫆，對方、姚，對桐城派，還有與之有聯繫的，如民族問題、理學問題，皆還有待深入研究。上海古籍出版社出版方、劉、姚三家詩文集，實在是很有意義的事。

四

劉大櫆詩文，生前卽有刻本；身後一再重刊，日本也有翻刻。販書偶記載較早的有康熙時縹碧軒刻本（卽「家刻本」）與雍正間刊的小稱集。小稱集今未見；縹碧軒本，則曾向徽州博物館借閱，有詩有文，但無徽州之作，且僅終康熙之世，於時劉大櫆年事尚輕，故實爲乾隆二十年左右所刻，孫殿起蓋因其刻工之精而誤認。安徽師大圖書館藏有日本明治間翻刻本文集，原題爲「方國校錄」。方國爲劉之弟子，所錄有劉大櫆在徽州所作之文。後來，徐椒岑（宗亮）之編校海峯詩集、文集，當卽以方國校錄本爲據，而重加編次。徐校本刻于同治甲戌。同時，劉之族人劉孟塗（開）之子劉繼，字少塗，又在邢丘重刻，由歐陽霖等編校。詩集尙有題爲「姚鼐校定」之醒園刊本，字句頗有異同；後蕭敬孚（穆）重訂另刻。徐校編次較善，然錯字不少，似徐宗亮編而未校；日本翻刻本錯字尤多；歐校本錯字較少，然亦互有得失。今以徐宗亮編本爲底本，校以歐校本，並用縹碧軒本、日本翻刻本參校。諸本皆誤者，則校以選本（如涵芬樓古今文鈔）。對校之外，亦間用他校與理校之法，如晚過京口「狠石消沉誰弔古」（徐本），「狠」字顯爲誤字；歐校本改「狠」爲「怪」，亦係妄改。按詩寫京口，自當爲「狠石」。又祭望溪先生文「比之周士子美、夷吾」，按方苞敍交及劉大櫆過望溪故居詩注，均言朱軾把方苞比爲公孫僑，公孫僑字子產，一字子美，但人們熟知的是子產。今皆據以改正。

其他一些古字、諱字及其他異體字，如「粗」寫作「麤」，「背諷」寫作「倍諷」，「耶」寫作「邪」，「庵」寫作「厂」，「債」寫作「責」，「玄」寫作「元」，「悅」寫作「說」……雖於古可通，但不便閱讀，今皆改從常用的字形。至文中一些蕪詞纇句，爲了存眞，則概不改動。爲了避免繁瑣，不出校記。

縹碧軒本多釋諱一文；歐校本附有劉海峯稿（八股），稿前有時文論（其中講到八股與訓詁及古文之不同，可以參考），今將釋諱與時文論附錄于後，作爲附錄之（一）。

關於劉大櫆出處交游，編爲簡譜，文之可以繫年者分年繫入。姚鼐海峯先生傳，吳定海峯先生墓誌銘，祭海峯先生文及國史文苑傳本傳，亦幷錄之，作爲附錄之（二）、（三）。

日本翻刻本、歐校本，文後均有評語。此本時文舊習，故徐宗亮已將其芟除，今不復錄。其中有一、二條涉及作品寫作時間，錄入簡譜中。縹碧軒刊本詩集前有諸先達友人評論，摘錄若干條，合以諸家文集中對劉詩文之評論，編爲舊評選輯，作爲附錄之（四）。

淺學謏聞，加以老病，難免疏漏，惟通人有以敎之。

吳孟復一九八六年於安徽

劉大櫆集目錄

卷九

卷十

卷十一

卷十二

卷十四

右海峯先生文，都二百三十一篇。今太子少保巡撫安徽西林公重刊。宗亮承命排目、校字既竟，書其後曰：先生文舊署門人方國校錄者，爲卷有八，而部分不盡依類；又各自爲篇，篇載評點，似世習科舉文字，讀者病焉。姬傳姚郎中蓋有志修訂，而未及爲。嘗與先生略論其概，見惜抱軒尺牘。顧板行年月不可考詳，其非先生自編，則不待知者決之也。先生文嗣方公望溪，而郎中實從受法，淵源相接，若流水續於大川。今次其文，用傚郎中纂古文辭，類以論辨、序跋、書說、贈序、傳狀、碑誌、雜記、頌贊、哀祭凡九；卷以古書首尾相銜法凡十。其於先生爲文之意，誠非末學可幾矣，而鹵莽滅裂諸失，殆亦庶乎免焉否邪？先生文外詩六卷，今悉依舊次整比，而刊落圈點，相坿以行，不復別爲之說。凡五閱月而梓人工完。襄其事者，邑後學鄭福照也。同治甲戌春三月，邑後學徐宗亮謹識。

劉大櫆集　卷一

論辨類

天道上

天道蓋渾然無知者也。昔之人知其然；顧以爲勸善而規過，故爲是「殃」、「慶」之云，以警愚昧，然不以爲憑也。

謂「天之愛人甚矣」，生百穀以養之也，而又生之螟螣以害之？生之雞豚焉，而又生之豺虎焉？生之絲枲以爲之衣，生之文梓豫章以爲之宮室，可不謂愛之乎？生之雀鼠以耗其囷倉，生之蝨蝨蚤蝨以危其寢寐，可謂愛之乎？毁璣以爲礫而崇墨以爲朱乎？駑駘使馳千里，而騏驥服鹽車乎？蔆藋不糝者回、憲，而馬醫灑削長使之有餘乎？鄧攸其無嗣，而五子乃在登徒乎？水固有不能溼，火固有不能燥也；人固有不可知，天固有不可曉也。

祖有功矣，而功可恃乎？宗有德矣，而德不刊乎？爲粥糜以食餓者，而己且啼飢；分緼纊以衣凍夫，而己且號寒乎？刳像設之腸，而神不能加之罰；掘陳人之冢，而鬼不能肆其殘乎？禦人於國門之外，使之抵罪；而貪惏以逞者，世守其官乎？大武之下，蟻或亡矣，而人不顧也；大祲之下，人多斃矣，而天不憐也。

彼蒼蒼者其積氣邪？彼隆隆者其積塊邪？彼物之生且死於其間也，其亦有欲其生而生，欲其死而死者邪？其無乃生者自生，而天究不知其所以生；死者自死，而天究不知其所以死邪？貴者自貴，而天不知其貴；賤者自賤，而天不知其賤邪？

天地也，日星也，山川也，人物也，相與回薄於宇宙之間。適會其高者機也而高矣；適會其下者機也而下矣。有明則必有晦也，有隆則必有替也，有興則必有廢也。吉一，而凶、悔、吝三也。日之食也，天不能使其不食也；星之隕也，天不能使其不隕也。其偶而崩也，而天與之爲崩；其偶而竭也，而天與之爲竭。夫天方自救其過之不遑，而又奚暇以爲人之窮通壽夭邪？吾故曰：天道蓋渾然無知者也。

天道中

謂天之渾然無知，則將避善如浼，趨不善如騖，一任殃、慶之自至乎？是又不然。

夫所謂天道無知，此特天之未定者也。君子道其常。天穆然而深厚，其於物也，淸者、濁者、靈者、蠢者，無分於善惡，無一物而不生也；猶父母之於子也，無分於智、愚、賢、不肖，無一人而不愛也。有聖人者爲天地立心，於是始有賞善罰惡之權，以爲天補其所不足。

夫所謂天者何哉？宜然而已矣。數雖不可知，而天之宜然者無不可知。作善不必皆降祥，而善則宜其祥；作不善不必皆降殃，而不善則宜其殃。人猶有情之可通，而天者執一定以相繩。春則必生，秋則必殺，彼臯陶之爲士，亦若是而已。草木有當春而萎死者，而天所以生之之意，固未有改也；亦有至秋而華實者，而天之殺之方隨其後也。

夫鳥獸惟無知，故父子聚麀，雖當衆睹衆聞之地，而恬不知愧。人之鳥獸行者，必在幽暗無人之中，其知之則以爲恥。故人之爲不善可以欺人，而不可以欺己之心；不可以欺心，則不可以欺天。天者，何也？吾之心而已矣。

今夫傑猾之民，乘時竊位，怙寵立威，黷貨無厭，其有稍異於己則黜之，甚則夷滅其宗族，慘覈亦至矣；而康寧壽考令終者，不可勝數。彼其心見以爲當然，與鳥獸之聚麀者無以異也。彼以鳥獸自爲，則天亦以鳥獸畜之而已。

士君子有闕，早夜負疚於心而不寧，能逃天之誅，不能逃吾心之誅。天之誅有時至，卽有時不至；吾心之誅，寤寐寢興，無一時去於吾之側也，而將何以堪之？故夫早夜負疚於心而不寧，富壽康寧之所去也。且夫朝廷之法，知而犯之，則罪加一等；天地雖大，鬼神雖幽，亦若是則已矣。有志之士其將何從焉？

天道下

「積善之家，必有餘慶；積不善之家，必有餘殃」，文言之言也。文言之言，歐陽子不以爲孔子之言也。「作善降之百祥，作不善降之百殃」，古文之言也。古文之言，儒者不以爲尙書之言也。

南宮适曰：「羿、奡不得其死，禹、稷終有天下。」而孔子不答。其不答何也？蓋以天無心也。其禍福偶中之於人，而於其人之善不善，未必果以類應也。故謂适之言爲不然，則何以勸天下之爲禹、稷而懲其爲羿、奡者？謂适之言爲然，則又何以解夫爲羿、奡而得其死，爲禹、稷而究不有天下者？此其故皆不可言也；不可言，則亦以不言者言之而已。

古之聖人以爲吾生而爲人，善，所當爲也，當爲者爲之而已，不計其慶之至也；不善，所不當爲也，不當爲者不爲而已，不計其殃之至也。爲善固宜其慶也，慶不至而爲善之心則甚慊也；而謂其必有慶者，愚也。爲不善固宜其殃也，殃不至而爲不善之事則難掩也；而謂其必有殃者，妄也。

孔子、孟子之於人，其所以教其爲善而禁其爲不善者，多矣，而未聞有以禍福誘之者。爲善爲不善，可知也；而禍福則不可知也。爲之者，我也；禍之福之者，天也。我則自勉之，而天何容心焉？

雖然，嘗竊疑之：三代以上，道出於一，故其天可信。三代以下，道出於二，故其天不可知。可信者，天之有道也；不可知者，天之無道也。天下有道，則道德仁義與富貴顯榮常合；天下無道，則富貴顯榮與道德仁義常分。是故衰亂之世，其達而在上，則必出於放辟邪侈；其修身植行，則必至於貧賤憂戚。

三代而上，曰堯、曰舜、曰禹、曰湯、曰文、武，若是者必起而爲君；曰稷、契，曰益、尹，曰旦、奭，若是者必起而爲相；降而至於小善一藝之長，莫不起而在庶司百職之任。及至周衰，孔子、孟子之生，而天下之勢變矣。賢能者竄伏於下，而不肖者恣睢於上。智詐自騁，頡滑不仁，怙勢襲威，無所顧藉。物產靡斂，而苑囿崇侈；民力竭塞，而畋遊無度。啗膚咂血，其鋒銳於蝨蝱，而深居高拱，憪然自以爲堯、舜焉。當是時，天下之人趨利如騖，走勢如歸，安知有仁義？以居其位之爲貴，安知有廉恥？以食其稍之爲美，茫茫乎大造，夫孰知禍福之門、勝負成敗之所分？

故夫三代以下，其上之於民，名爲治之，而其實亂之；其天之於人，名爲生之，而其實殺之也。若是者，何也？天至是不能自司其權，而以其權授之於地也。地也者，此盛則彼衰，東替則西隆，環生迭出，互爲乘除，自近以至遠、由中以達外者也。夫天以福善禍淫爲其道，然而地值其興隆，則淫而得福者其恆，天不得而禍之也；地值其歇絶，則善而得禍者其恆，天不得而福之也。蓋地之方興，則強大者皆出於其間。而天下有道，則其地之強大者皆有德而賢；天下無道，則其地之強大者皆無德而不肖。故世治則強大附麗於賢德以俱行，世亂則賢德別離於強大而獨立。是故漢帝興，則蕭、曹、樊、盧從之而俱興；明祖奮，則徐、常、李、鄧從之而俱奮。夫蕭、曹諸人，豈其有積德累仁、宜爲侯王將相者哉！當其有道，天與地同司其令，聖人中處其間，輔相之而有餘；及其無道，天不能以自主，而使地獨持其權，賢者不幸生其時，則自爲謀而不足。古之聖人其生非不由於地也，而道合於天，故能興起在天子之位；後之賢人其生不可謂非天也，而不得其地，故阨窮以終其身。

夫地之道日以崇，則天之道日以卑，積而不反，數十百世之後，其必有人與物相易而爲其貴賤者乎？夫青烏之書、葬經之言，猥鄙不足道，而後世宗之，更千百年，而信奉之彌篤，彼亦有見於後世之天不可知，而依於地者猶爲可恃也哉！

雷說

天，一物也；地，一物也。天之中，有日，有月，有星；地之中，有水，有火，有石，皆物也。天之所生，地之所長，錯萬類於其間，曰胎、曰卵、曰化、曰溼，而莫非物也。今夫物，有形焉，有聲焉，有色焉。有聲而無色者，風是也；有色而無聲者，雲是也；聞其聲、覘其色而不得以備悉其形者，雷是也。

然則雷者，有形乎？無形乎？則余必以爲有形者也。雷也者，與蛟龍爲類者也。蛟之有形也，人見之；龍之有形也，人見之；若夫雷，則人雖不常見其形，而亦有見之者矣。蛟之爲形，或赤、或黃；龍之爲形，能短、能長；雷之爲形，非走、非翔，象彼鷹隼，兩翼怒張。

雷也者，水中之火也，北方也。龍也者，木中之火也，東方也。蛟也者，雷之屬而龍之陽之爲殃也。彼蓋有得於陰之陽也者而以成其象，故憑雲以出入，變滅而無常也。日，天火也；雷，地火也。日麗乎中天，雷霆不敢作也。風雨晦冥，而雷興焉，陰盛則其氣乃揚也。人之身亦猶是矣。醫家者曰：雷龍之火，不可溼伏是也。

然則雷者果何物也？「仲秋之月雷收聲」，則凡蟲之蟄者皆蟄矣；「仲春之月雷發聲」，則凡蟲之蟄者皆啓矣。然則，雷者，我知之矣。蟄蟲之長也。毓地之質，含天之精。巖棲穴竄，蘊怪藏靈。山澤通氣，乘雲以升。熊熊其燄，殷殷厥聲。奔馳歘砉，旁薄窈冥。其形不可易以覩，而不知者遂以爲無形。

辨異

由太極有陰陽，由陰陽有五行。其於天也，爲日，爲月，爲辰，爲星；其於地也，爲水、火，爲土、石。鬱之而爲雷，爍之而爲電，散之而爲風，凝之而爲雪霜，蒸之而爲雨露、爲雲霞，行之而爲川，止之而爲山。是數者，天地之所以化鬼而育神也。

有天地然後萬物生矣。翼者、距者、蠶者、角者、喙者、蹄者、爪者、牙者、鱗者、介者、蹣蹦者、泳者、蠖者、踔者、蠕蠕者、蔓者、挺者、實者、榮華者之生生萬有不窮也，而人爲貴。於是有五常之性，曰仁、曰義、曰禮、曰智、曰信；於是有七發之情，曰：喜、怒、哀、懼、愛、惡、欲。循是而往焉，於是有學以爲人之術：曰格物，曰致知，曰誠意，曰正心，曰修身，曰齊家、治國、平天下。

有人則必有男女，有男女則必有夫婦。由夫婦有父子，由父子有兄弟，由兄弟有朋友。人之不能無欲而相與聚處以爲生也，則爭且亂，於是乎有君臣。是故有天子，有公，有侯，有伯，有子、男。環天子之畿而爲國者，有甸服，有侯服，有綏服，有要服，有荒服。一國之中，有君，有卿，有大夫，有上士、中士、下士，而農、工、商、賈以差，各職其所務。是故敬以主之，德以先之，禮以率之，政以明之，刑以恐之，而樂以化之。

於是有黍、稷、稻、粱、瓜、瓠、茶、苴、雞、豚、狗、彘以爲之食，有蠶桑、筐績、絲麻、布帛以爲之衣，有塾、黨、庠、序之設，有親、義、信、序、別五教之敷，有恭、重、端、直之容，有盥、漱、櫛、浴、笄、總、捍、遰之備，有温、凊之儀，有哭、踊之度，有祔、練、祥、禫之節，有城郭、甲兵之守，有宗廟、朝廷、宫室之制，有朝覲、會同、聘享、征討之事，有司徒、司馬、司空、膳宰、役夫之職，有蒐、苗、獮、狩、穿、絡、鞭、策、縱、控之施，而又有轂卵、蚳蝝、罛罶、斤斧、虞衡之禁，有加冠於首之責，有親迎、共牢、合巹、相見、飲酒、投壺、習射之文，有擊踞、曲拳、降登、俯仰、旋辟、揖拜之儀，有玉帛、籩豆、敦牟、卮匜之器，有琴、瑟、柷、敔、鐘、鏞之音，干戚之舞，有郊社、柴望、祈禳、八蜡之祭，有鞭、撲、劓、刖、五流、五宅之威。權量以平其僞，龜策以稽其疑，藥餌以治其疾疢。是故天下之民有以各安其生，而復其所得於天之固有，而聖人固非有勉強於其間也。

是故堯、舜、禹、周、孔子，吾儒之於道，順而睇之者也，故其所從事者實，而其言歸於有用。老、莊、佛，異氏之於道，逆而睨之者也，故其所從事者虛，而其言歸於無用。曰：「彼所以爲是紛紛者，何也？」其初，五行而已矣；五行，陰陽而已矣；陰陽，太極而已矣。太極是無極也。夫既無極矣，而又奚以是紛紛者爲哉？

觀化

吾與萬物，羣生於天地之中，其萬有不齊邪？其有至齊者存邪？張目以視之，不可得而見也；傾耳以聽之，不可得而聞也。一而二，二而三，三而四，四而五，五而十，十之十爲百，百之十爲千，千之十爲萬，其紀之不可勝紀邪？其推之而不能自已邪？淸者、寧者、靈者、蠢者、動者、植者，其爲物不同也，而莫非物也。

一物一聲也，一物一色也。一物之聲，聲各聲也；一物之色，色各色也。鳥聲之交交也，鵲聲之楂楂也。交交者，人見以爲鳥也；以鳥而聽鳥，則其交交也有萬。楂楂者，人見以爲鵲也；以鵲而聽鵲，則其楂楂也亦有萬。彼鳥鵲之於覘人也，亦若是已矣。蒼水之民呼中角，黄水之民呼中宫，白水之民呼中商，黑水之民呼中羽、徵。雖然，一國一音也，一鄉一音也，一里一音也，一家一音也，一人一音也。自一人推之至於九州，漸之於近也；自九州引之至於一人，漸之於遠也。楚人與越人共語，秦人不能別也；朝夕與游者，足音跫然，不出戶外而辨之矣。一乳而兩子，不相期而與之相遭，庸詎知伯之非仲邪？庸詎知仲之非伯邪？雖然，有辨。其父母知之，其昆弟知之，其妻知之，其子知之，其同室之人亦知之。一人之身，兩手也，兩足也，兩眉也，兩目也，兩耳也，兩鼻之竇也，一也、不一也。兩手之持，一蛇一龍；兩足之行，一雲一風；兩眉之峙，一華一嵩；兩目之澄，一河一江；兩耳之入，一纖一洪；兩鼻之出，一雌一雄。羣鳥方哺於林，共出求食，一鳥銜食先歸，其雛望見之，軒口嘈嘈；而衆巢之雛皆伏，彼必有以異其形容故也。

游蟻求羶，行乾丘，見魚骨，歸以報穴蟻。穴蟻以上於巨蟻；巨蟻下令珠中率其卒伍二十餘萬衆取之。適齊盧過乾丘，得之以去。巨蟻至，尋之不見，則怒以游蟻爲謬妄言欺我，實無魚骨也；乃聲其罪，羣齧而殺之。

齊之水躁，越之水重，秦之水泔，楚之水弱，燕之水沈滯，宋之水輕清。風之蓬蓬然起於北海而入南海也，風一也，而不一也。爲凱，爲谷，爲融，爲閶闔，爲不周，爲廣莫，隱隱谾谾者，彼何聲邪？其牛鳴窌邪？其奮往而不知歸者邪？雖然，有土焉，有水焉，有石焉，有火焉。石英也，鍾乳也，甘遂也，大苦也，牛溲也，敗鼓也，參、芪也，赤白之砒也，温涼益損之異施也。爲根、爲莖、爲枝、爲葉、爲華、爲實、爲皮、爲核、爲首、爲尾、爲顛、爲末、爲中身、爲要節、爲近水、爲附石、爲精粗、爲厚薄，其性之一，出焉而異宜也。食之使人壽善而光榮，或鬱滯而蕭索。

道之所居，氣與居之。氣浸假而有象，象浸假而有數。道也者，不貳者也；數也者，不一者也。奇零也，參差也，自一而長之以至於無窮也，其可以道里計邪？夫彼司化者亦乘於氣數之中，而不能以自主耳；非其能爲不齊，而不能使之齊也。鷹爲鳩，虺爲鼈，田鼠爲青魚，蜻蛉爲撻末。蛾子之爲蠶也，蠶之復爲蛾，而遺其子以死也，非蛾之與蠶所能自止也。

結璘與鬱儀遇於青冥之野。鬱儀謂結璘曰：「吾與若御此輪也，自始有之而御之者，數萬年於今矣，而未之或改也。」結璘曰：「若欺予哉！若今所御之輪，非若昨所御之輪也。吾今與若言，若之輪，非嚮若與吾言若之輪也。」鬱儀曰：「若何以知之？」曰：「以吾之輪知之。」於是兩人相視而嬉曰：「吾知之，若亦知之，彼外人不知也。」

養性

均是人也，或則聖，或則愚。聖人之所以爲聖，愚人之所以爲愚，其皆出於天乎？曰：其所以降稟不猶者，天也；君子不以爲天也。

然則性果有善有不善邪？曰：性之原於天也，無不善也；其在於人而不善者，以生也。是故其人之不善也，非性之不善也。天下之物有美者，則必有不美者以賊之。口之於味也，目之於色也，耳之於聲也，非性也，賊性之性也。是三者，天之所以與我，亦非有不善也，其岌岌乎其意之可以爲不善者任乎人，而不善者以生也。口也者，善天下之味者也。味可嗜也，吾口逐於味，而口之性以賊也。

今夫駃騠，前之以橛飾，而後之以鞭策，放而游乎五達之衢，雖有蹄齧之能不足施矣。聖人之於味與我同嗜也，聖人之於色與我同視也，聖人之於聲與我同聽也，聖人能不賊耳。盡其性、治其賊性之性，目視色，耳聽聲，口飫天下之肥甘，使其爲吾賊者，皆以爲吾用。性者主，賊性者奴也。

達命

吾分之所宜然，不容以不盡也，吾爲之；爲之而有不利，勿問之矣。非吾分之所宜然，不可使之加身也，吾必不爲之；不爲之而或有利焉，勿問之矣。

理也者，有定者也；氣也者，無常者也。氣坱然迴薄於太虛之中，有陰陽則必有清濁，有清濁則必有善惡，因而鼓之，以爲生物之機，則必有吉凶。陽善之氣，天與人以類相召，不期而相遭；陰惡之氣，天與人以類相召，亦不期而相遭。天未嘗有心也，遭之者或不以其類，而奇零參差不齊之數起矣。故曰非人之所能也。

吾觀攻剽劫奪，不避金鐵之誅，毁肌膚而斷肢體者，皆若有所不獲已。則其所以至此，未嘗不出於天；而天將有以辭之不任受矣。今之人莫不言命，其將謂伯夷不得不廉而盜跖不得不貪邪？使知命者日立於巖牆以俟之，嗚呼，其亦無是理也！

心　知

東海之產，有鉛松、怪石焉，吾未之見也，不得而知之。西海之產，有鏐鐵、銀鏤焉，吾未之見也，不得而知之。百世之上，百世之下，方名器數之委曲而繁多，吾未之見也，不得而知之。

然則心果塊然獨守於方隅乎？曰：是其施之不能以驟及者然也。盈天地之間，皆吾心也。是故爲吉、爲凶、爲悔、爲吝，人物事爲之變，苟有先見之微，則吾心必覺之。然而朱黃黼黻之色，蔽吾之明；琴瑟柷敔鐘鼓之喤喤，亂吾之聰；山海之珍異，爽吾之口；椒蘭苾芷之芬香，朽吾之骨；疏房邃宇，使吾之盤樂而燕私，吾惛不復能覺之矣。惟天下至誠，主之以中正無妄而常虛，故其心之幾，與天地之幾，常出於一，是惟無觸，觸則知焉。

吾有友在吾家數百里之外，時其相遇，則先是夜必夢見之。夫天下之人蓋無一不在吾心蘊蓄之中，而未嘗與之相接，則兩人相與之幾伏而未作，其精神不足以相維繫也。吾友之於吾，如絲之牽也，如繩之引也，如水之循行乎故洫也，其可知也已。夫彼之過我門而造訪也，必其心意之相屬，其幾有先至於我者矣。方吾旦晝之間，紛華縟飾，囂然沓至於耳目之前，出入之無鄉，往來之無常，激水而使其光燭鬚眉，必不幾矣。日之夕矣，羣動其皆寂矣，而息深深，而百爲無足以相侵。斂吾之精，約吾之神，斂之又斂，約之又約，而乃返其眞，眞則覺矣。嗚呼！此至誠之心也。

息爭

昔者，孔子之弟子，有德行，有政事，有言語、文學，其鄙有樊遲，其狂有曾點。孔子之師有老聃，有郯子，有萇弘、師襄；其故人有原壤，而相知有子桑伯子。仲弓問子桑伯子，而孔子許其爲簡；及仲弓疑其太簡，然後以雍言爲然。是故南郭惠子問於子貢曰：「夫子之門，何其雜也？」嗚呼，此其所以爲孔子與！

至於孟子乃爲之言曰：「今天下不之楊則之墨。」「楊、墨之言不息，孔子之道不著。」「能言距楊、墨者，聖人之徒。」當時因以孟子爲好辯，雖非其實，而好辯之端由是啓矣。唐之韓愈攘斥佛老，學者稱之。下逮有宋，有洛、蜀之黨，有朱、陸之同異，爲洛之徒者，以排擊蘇氏爲事；爲朱之學者，以詆諆陸子爲能。

吾以爲天地之氣化，萬變不窮，則天下之理亦不可以一端盡。昔者，曾子之「一以貫之」，自力行而入；子貢之「一以貫之」，自多學而得。以後世觀之，子貢是則曾子非矣。然而孔子未嘗區別於其間，其道固有以包容之也。夫所惡於楊、墨者，爲其無父無君也；斥老、佛者，亦曰棄君臣，絶父子，不爲昆弟、夫婦，以求其淸淨寂滅。如其不至於是，而吾獨何爲訾謷之？

大盜至，胠篋探囊，則荷戈戟以隨之；服吾之服而誦吾之言，吾將畏敬親愛之不暇。今也操室中之戈，而爲門内之鬬，是亦不可以已乎！

夫未嘗深究其言之是非，見有稍異於己者，則衆起而排之，此不足以論人也。人貌之不齊，稍有巨細長短之異，遂斥之以爲非人，豈不過哉！北宮黝、孟施舍，其去聖人之勇蓋遠甚；而孟子以爲似曾子、似子夏。然則諸子之跡雖不同，以爲似子貢、似曾子，可也。

居高以臨下，不至於爭，爲其不足與我角也。至於才力之均敵，而惟恐其不能相勝，於是紛紜之辯以生。是故知道者視天下之歧趨異說，皆未嘗出於吾道之外，故其心恢然有餘。夫恢然有餘，而於物無所不包，此孔子之所以大而無外也。

解毁

世皆謂毁人者己之不修，而畏人之修，是其罪莫大焉。嗚呼！此其毁於人者，蓋亦與有責也。

孟子曰：「行有不得者，皆反求諸己。」小人雖畏人之修，必不能無端而肆其非議之言；雖無端而肆其言，人且將不信。彼其毁之者，必其爲闊絶之行，而與其言相近似、不相遠者也。蟲之所生，物必先腐。昭昭然白黑之分，必不能指白以爲黑。小人雖善用其毁，吾未見其能加於聖人也。

說者曰：「宰我以孔子賢於堯、舜，雖未有以知其必然；而要以孔子之聖爲可以止矣。桓魋猶且欲殺之。」夫以人之疾孔子且至於欲殺，而吾未聞其有毁孔子之言，此其所以爲孔子，惟以孔子之不爲闊絶之行也。曰：「叔孫武叔則毁之矣。」夫惟武叔毁孔子，而後知天下之不毁孔子也。彼其言未既，而天下已笑之矣，此所謂無端而爲非議之言，而人不之信也。

說者曰：「人安得聖如孔子？」夫人惟以不得如孔子，而不以孔子自待其身，此其所以終爲庸衆人且不可得也。夫人必有不敢難視乎孔子之心，而求必以至之，然後可以不爲庸衆人，雖使人之毁譽交至於吾前，而吾不動於其心。故曰：毁於人者之與有責也。

愼始

天下之事，惟其未有以倡之。有一人倡之於前，以至比閭族黨之間相效而成俗，此不惟中材庸主不能以威迫而勢禁也，雖使聖人持之，且將無以善其後。是故古之善爲治者不恃法而恃禮。禮者防之於未然，而法者禁之於已然。夫既曰已然矣，而又安能以法禁之哉？

昔者，儀狄造酒，禹飲而甘之，曰：「後世必有以酒亡其國者。」禹之惡酒也甚矣！使其可禁，則禹將申一令於天下，曰：「必無造酒！造酒者有刑。」然且曰後世以酒亡國，知天下之既以有酒而勢將不能以復止也。勢不能以復止，則不惟不禁之，而且因而利道之。周公之制禮也，非酒不成，而加之以百拜之文，是以終日飲酒而不至於醉。孔子之酒無量，而又曰：「不爲酒困，何有於我哉！」夫以周公、孔子之聖，而生於有酒之世，不能不飮也，況里巷之愚民乎？秦、漢以來，有志之君，思以爲足國之計，所以禁民之釀酒者，蓋亦無所不至矣，然其效究何如哉？且夫舉天下之無味而辛苦螫於口，未有如煙草者也。自萬曆之季，閩人一食之，不及百年以至於今，而天下之民無貴賤賢愚，鮮不甘而嗜之。國家亦嘗申禁戒之令矣，而卒於不行，又况嗜欲之大者與！

今夫嗜欲之所在，智之所不能謀，威之所不能脅也。奪其所甘，而易之以其所苦，勢不能以終日。血氣心知之所便安，愚昧者之所爭趨，而欲以朝廷之法令驅迫之，則其術將有所窮，而其權將有所黜。然數十百年之後，春秋、戰國之間，嘗有任俠奸人矣；以一朝之感激爲人報仇，至於皮面出腸而不悔。息滅消亡，無復聶政、荆軻之餘韻者，此豈待朝廷之禁令誅絶哉？夫朝廷之所爲禁令者，以死懼之而已。彼其所爲者皮面出腸也，而又安得而禁之？然不待禁令，而彼其所苦有以自斷於中矣。若夫所爲者非皮面出腸，爲之而後皮其面、出其腸，彼猶將徼倖於面之不皮、腸之不出也，何憚而不爲邪？鬬雞、走狗、博塞、呼盧，雖不爲之，而其情未至於不得已也，然英君賢相申之以甲令，嚴之以放流，而其風終於不息，此足以見小民之情矣。

仲尼曰：「始作俑者，其無後乎！」誠惡乎其始之者矣。今夫水，其始涓涓，山下之泉也；而其流遂爲江河。今夫火，鑽木以求之，擊石以出之，其始一縷之光也；其後遂燎原而不可嚮邇。里之民有幼而習爲優人數十年，年老矣，其子孫饒於貲，恥其所爲，而請歸養焉。彼既已慣習於讙囂之樂，而苦其家之闃寂而無聊，卒逃去，終身爲優而不返。行乞者，世之所謂至汙而極賤也，不爲則已，爲則將有甘之者。夫不耕而食，不鑿而飲，而殘冷之杯炙，有時而勝於力穡之農夫。彼既已嚌其行乞之胾，則雖裨之以恆產，而不與易也。

吾觀君子之於不善，惟未嘗一試之，如閨中之處女耳。設或中於小人之訹言，以小惡爲無傷，姑一嘗焉，而得其所甘，則其心將遲回眷戀而不容以自已，甚則決壞藩牆，至於毁身敗行而不顧。嗚呼！此又何必小民也哉？雖然，古之爲人君者深宮宴處，久絕其嗜欲之萌，而禮樂政教委曲繁備，又有以深杜其習非之路，不待威迫勢禁，而其民聞其風而自化，則雖以累朝深錮之習，何不可一朝而自止乎？嗚呼！此殆非後世之所能及矣。

叢説

物有徑，吾心有矩；物有圍，吾心有規。規與圍合是生圓，矩與徑合是生方。規者圓之體，方者矩之施。何以知物之方哉？以矩；何以知物之圓哉？以規。雖然，徒規不可以圓也，以圍得之；徒矩不可以方也，以徑得之。

一出焉，一入焉，其何有於能存？守其中，肅其鄰，懔其一，絕其紛。渾兮若雞之伏，專兮若蝘之登木。夫惟不叩，叩則鳴矣；夫惟不決，決則盈矣。

彼以有而我若無，彼以實而我若虛，彼以智而我若愚，夫是以不居。夫不居，則物莫之與俱矣。

小人之乘人也微，可上則上之。去爾競，彼將以爲應；正爾形，毋予以可輕。温兮其若春，肅兮其若秋，儼兮其強而不亢，敦兮其弱而不流，雖有剽悍，孰能侮之？我之甘，彼何以出？我之苦，彼何以入？是以聖人身爲的。夫不身爲的，是謂面南以求北；夫面南以求北，其於求北也愈遠矣！

井田

或問井田，曰：此開國之制也。夏后氏之貢，殷人之助，周人之徹，蓋皆禹、湯、文、武之所經營，而後王無與焉。奚以明其然邪？今以一人而有五子，五子而有二十五孫，一夫百畝之田，未及數十年，將增而爲數百千畝之多。不授之，則一夫非百畝，而民且有無田之夫；授之，則國中安得無盡之閒田，隨其時之求取，盡人而給之？且方其未授之時，田安在？使百姓耕之，則已授之於百姓矣；不使百姓耕之，國中貯無盡之閒田，不以與百姓，而荒廢棄置，於情則不安，於勢則不可。況一夫各有其百畝，又使八家同養其公田，此其田將誰使耕之？有一夫則必有百畝，數世之內猶或可支；周之末至於八百年之久，天下之田不加多，而民日益衆，不知將何以給之？

吾意先王之制，蓋當國家初定，取天下之田，與天下之民，合計其數而權之，而民各分以其可得之田。至其後世，子孫有蕃衍、有寡弱，寡弱者不得不富，蕃衍者不得不貧，而後王不復能均之矣。洪範之言「福」「極」，有富、有貧，此其徵也。使國家能悉取而均之，則天下之民一而已，豈復有貧富哉？如以爲不然，則是上之於民，於其祖父時取而均之；於其子孫數十百世之後，又皆數數取而均之。奪民所已授之田，而轉以授於未授田之民，紛紜變亂，田不日多，則授田不得不日減，其勢將使百畝者減而爲數十畝，數十畝者減而爲數畝然後可，此必不能行之事也。

或曰：孟子於滕公嘗敎之以井田矣，非後世乎？曰：周室旣衰，井田旣壞，孟子欲使滕之君反古之制，如文、武、周公之初創，而其勢固已不行矣。

焚書辨

六經之亡，非秦亡之，漢亡之也。後之學者見秦有焚書之令，則曰詩書至秦一炬而掃地無餘，此與耳食何異？

夫書，秦固未嘗盡焚也。太史公曰：武帝招延文學儒者數百人，而公孫弘以春秋白衣爲天子三公。天下之士，靡然嚮風。論者謂漢以祿利誘進天下之士，故求經而經亡。而不知經之亡，蓋在楚、漢之興，沛公與項羽相繼入關之時也。

夫小人之爲不善，未必其一出而禍天下。惟坐視其壞，而莫爲之所，其終乃一壞而不可救。是故書之焚不在於李斯，而在於項籍；及其亡也，不由於始皇帝，而由於蕭何。何則？博士淳于越進諫始皇，謂宜封子弟、功臣自爲枝輔。下其議李斯。李斯恐天下學者「道古以非今」，於是禁天下私藏詩書百家之語，其法至於「偶語詩書者棄市」，而「吏見知不舉」則「與之同罪」，噫！亦烈矣。然其所以若此者，將以愚民，而固不欲以之自愚也。故曰：「非博士官所職，悉詣守尉雜燒之。」然則，博士之所藏具在，未嘗燒也。迨項羽入關，殺秦降王子嬰，收其貨寶婦女，燒秦宮室，火三月不滅。而後唐、虞、三代之法制，古先聖人之微言，乃始蕩爲灰燼，澌滅無餘。當項籍之未至於秦，咸陽之未屠，李斯雖燒之而未盡也。吾故曰：書之焚，非李斯之罪而項籍之罪也。

昔高祖既定天下，論羣臣之功，以蕭何爲第一。吾嘗觀楚、漢相距數歲，高祖敗而遁逃，亡軍失衆，而蕭何悉發關中老弱補其空乏。高祖與項籍相守滎陽，而蕭何轉漕關中，輸給軍糧不匱。高祖數亡山東，而蕭何常全關中以待之。此其於漢取天下之功，爲不少矣。雖然，吾以爲蕭何，漢之功臣，而六經之罪人也。何則？沛公至咸陽，諸將皆爭取金帛財物，而蕭何獨先入收秦丞相御史律令圖書，漢以故具知天下之阨塞及戶口之多少、強弱所在。然蕭何於秦博士所藏之書，所以傳先王之道不絕如綫者，獨不聞其愛而惜之，收而寶之，彼固以聖人之經，無關於得失、存亡所以取天下之籌策也，故熟視之若無覩耳。

今夫富民遺其子孫以室廬，至其後之不肖，不因之塗塈，惟增其殘毀，以至轉而售之他人。彼鬻而有之者，又取其瓦甓以去，而遺其梁棟。風雨之所漂搖，蟲蟻之所剝蝕，其鄰里之居民，因竊取之以爲薪爨，而向之室廬乃始尺寸無復留者矣。彼不肖而殘毀之，誠無足怪，獨奈何鬻而有之，顧遺其梁棟而不知惜也？昔者，嘗怪漢興大反秦之所爲，而禮樂法度，則一遵秦故，而未嘗稍變。由今觀之，然後知蕭何之所以相漢者，惟知有秦之律令，而聖人之經則棄而燒之已久矣。此唐、虞、三代之治所以終不復見與？

嗚呼！方沛公之入關，蓋六經絕續存亡之頃也。天下之詩書皆已亡，而惟博士官所職尙無恙。當是時，固舉九鼎之重而繫之一髮哉！且夫聖人之經，其與秦之律令圖書，其爲輕重大小何如也？設使蕭何能與其律令圖書並收而藏之，則項羽不能燒；項羽不燒，則聖人之全經猶在也。嗚呼！彼蕭何者，眞所謂刀筆之吏矣。

男子三十而娶女子二十而嫁

男子自十六以至三十，可以爲人父矣，三十而不娶則已老。女子自十四以至二十，可以爲人母矣，二十而不嫁則已遲。夫男曠則蕩，女怨則傷，怨曠之氣積而干陰陽之和，則日月山川或崩竭而失其常度。聖人曰：此其道皆必於夫婦乎謹之。

越人有挑其婢子而不從者，遂惡之，常使之獨處。婢子年老且四十，而未嘗有夫。於是其妻生子而瘖。子長，知讀書，暗記而已。既而悔之，爲擇配；一夕，而其子之瘖者愈。此乖氣之所致也。

然則，其緩於男而急於女也，何居？曰：男子處外，意不適則放而之乎山砠水涯，雖曠而可以不至於病；女子者，生於幽閫之中，坐於一室之內，有所感而不平，想虛弔影，故其心結，結則傷，傷則死矣。聖人以男之可以不至於病，而女之遂至於死也，則是情之至急者莫如女，而男次之。於是斷然以女先於男，而不爲僭。

且吾聞之，陽則不疑於老，老則足以有爲；陰則不疑於少，少則弱，弱則能受而可以成孕育之功。嗚呼！此聖人之扶陽抑陰，本人情以通天下之和也。

泰伯高於文王

使文王而生於泰伯之時，其不能爲泰伯之爲邪？嗚呼！其亦能爲也。使泰伯而居文王之位，其不爲三分有二之天下以服事殷，其又將過之邪？嗚呼！其無以過也。若是，則泰伯與文王等耳，何以異？

雖然，天下之事將然者不可知，而惟已然者可以循跡而較。文王可謂無愧於其君；泰伯則無愧於君，而又無歉於其父。且文王之三分有二以服事也，人知之；泰伯者，一日與其弟仲雍採藥而至荆蠻，久之不返，有來告者曰：已爲吳人，斷髮文身矣。設使衰周之世無孔子，則人孰不以泰伯爲狂哉？嗚呼！此泰伯所以高於文王也。

續泰伯高於文王

泰伯高於文王，朱子之言，蓋謂以天下讓商也。

夫泰伯欲成太王翦商之志，使其位傳之季歷以及文王，故與仲雍並逃荆蠻，以讓季歷也。季歷在位，則翦商之勢成矣，吾未見其讓商也。使泰伯果有讓商之心，必使己居其位，終其身不取商之天下可也；何爲逃之荆蠻？逃之荆蠻，無與於商之天下也；欲其位傳季歷而已。夫己居其位，其權在己，可以不取商之天下，謂之讓商可也；逃而去之，以成太王之志，使其位傳季歷及文王，翦商之勢，如決河而放之海，顧乃謂之讓商乎？

紂惡已極矣，天命已移，人心已去矣，商之天下，無所庸其讓也。當是時，天命之眷顧者周也，人心之嚮往者周也，周之代商，如春之代冬，其秩敍當然。其以天下讓也，蓋謂周人一家之中，自相推讓耳，於商乎何與？

且夷、齊之叩馬，傳之者謬也。「湯武革命，順乎天而應乎人」，以武王之聖，爲伐紂之舉，夷、齊之不諫，可知也。以夷、齊之賢，知商祚之終，其不叩新王之馬，又可知也。

難言一

丙吉出，逢清道羣鬬者，死傷相藉，吉過之不問。前行，見逐牛者，牛喘吐舌；而吉駐問「牛行幾里矣？」或譏吉失問。吉曰：「民鬬死者，一獄吏治之耳！三公典調和陰陽，若牛行近而喘，是時氣失節，職所當憂。」於時咸服以吉知大體。

劉子曰：如吉言，乃所謂不知大體者矣。以三公之所調者陰陽邪？則牛固囿於陰陽之中，在所當調矣；彼民之鬭相殺者，豈獨蔽於陰陽之外，三公可不調之邪？以宰相之尊，視民之死，誠小事不當親；則民固小，而牛之於民又其小者。雖民之相殺，爲獄吏所當禁備，然宰相則已見之矣。「君子之於物也，見其生不忍見其死」，民死而尸橫於道，獨安能恝然而已哉？

且牛非無田夫爲之主也，休之以嘉樹茂陰，啖之以芻菽，牛之喘立可定也。彼田夫置不爲意，而宰相顧恝焉廑之以爲己憂，是亦不可以已乎？吾以爲牛之喘，陰陽不和之小者；若夫民鬭至於相殺，其爲陰陽之不和乃誠大也。陰陽不和則牛喘，是必且陰陽和然後人乃相殺乎？稚子匍匐將入於井，家相坐而熟視之，曰：「彼有攜持之老嫗在。」俄而雄雞相鬭於庭，竊竊然恐其繫主公之休咎。彼丙吉何以異於是？

夫牛非自喘也，人有逐之者矣。設使陰陽之既和，雖逐牛而牛能不喘邪？方春和時，亢陽剛暴，吉宜自知之矣，何問於牛？

牛喘則以爲職所當憂，人死則舉而歸之獄吏，則是朝廷設京兆之尹、長安之吏所以治民，而宰相者，特以治牛耳！「不能三年之喪，而緦小功之察」，吾未見吉之知大體也。

難言二

馬援使交趾，而以書遺其兄子於茂陵曰：龍伯高，吾愛之重之，願汝曹效之；杜季良，吾亦愛之重之，然不願汝曹效之也。效伯高而不得，所謂刻鵠不成尙類鶩者也；效季良而不得，畫虎不成而反類狗矣。

劉子曰：此非君子之言，自棄者之言也。以季良爲不足法邪，何愛重之與有？以其憂人之憂、樂人之樂爲果足愛重矣，顧獨不欲二子之效之，是援靳其兄子以爲善也。夫援徒以虎大畫之難成而已，遂不當效之邪？吾未見刻鵠之小而遂成也。且彼固知刻之不成而類鶩矣，以其有所類邪？亦非虎之不成爲獨無所類也。以其爲此而類彼，所類者非其所爲邪？則所謂鶩者固非鵠，彼類之者，卒何以異於虎之類狗？狗則失矣，而鶩亦未爲得也。爲之而無成，鵠與虎俱不成也；爲之而有類，狗與鶩皆所類也。鵠小於虎，而狗亦大於鶩，與其刻不成而類鶩，不若畫不成而類狗。

或曰：擬特以李良之爲輕薄，不足效也，而不欲斥言之耳。是說也，余蓋嘗臆之云。

難言三

唐之初葉，王勃、楊炯四人以詩著名於世，而裴行儉譏之曰：「士之致遠，先器識而後文藝。勃等雖有文才，然浮躁淺露，豈享爵祿之器邪？」

劉子曰：人之有窮通得喪，天也。行儉幸值其富貴，王勃諸人不幸而值其貧賤，乃遂以己之富貴，驕諸人之貧賤，則過矣。

彼行儉特以享爵祿爲器識焉耳。夫爵祿而必欲其享，享爵祿而猶必有其器邪？行儉則欲享爵祿矣，王勃諸人未嘗曰吾欲享行儉之爵祿也，而行儉乃代爲之私憂過計邪？賓王之檄則天，盡其道而死者也；王、盧之水死，特天命之不幸耳。若夫以縣令終，與彼之以宰相終者何異？如以宰相有器識，而縣令則無，則古之略無器識者莫如陶潛，一縣令且不能終，又出炯之下矣。如以無器識則不能享爵祿，則是孔子以無器識故窮，顏淵以無器識故夭，龍逢、比干以無器識故見殺乎？依阿於女后之朝，不以爲恥，而憪然自以爲能致遠，致遠者固如是哉？

吾觀行儉之所謂器識，蓋鄙夫之厚貌深情無所不至者也。孔子侍坐於哀公，未食桃而先食黍。里之富兒笑之曰：「東家某疏食水飲，豈知食桃者哉！」彼行儉何以異是！夫豈獨行儉，狄仁傑世所稱返周爲唐者也，其或者仁傑唐之「貴戚之卿」與？如其不然，唐之改爲周，與周之復反爲唐，於仁傑何與，而低首屈膝於淫亂之婦人以爲之？自予觀之，非返唐也，苟周之富貴耳。其周之卒返爲唐幸也；而仁傑固已爲其女兄所嗤矣。設使天命已去，唐之祚終不可返，吾不知仁傑何以自解邪？

夫浮躁淺露，後世之小人文致君子之詞，而行儉固以倡之矣。文藝之於立德、立功則末矣，豈其不如享酒食之榮華者乎？

續難言

許衡當元至元之世，既以講學得爲顯官矣。至其將死，乃以不能辭官爲虛名所累，而戒其子以勿立墓碑。夫生則爲官，死雖去其墓碑何補？此其言蓋矯拂以求名，非君子立誠之道也。而其言之尤悖者，則曰：「儒者以治生爲急。」

劉子曰：今使光天之下，海隅之廣，蒼生之衆，猶有一人之不治其生，則衡之爲此言也，吾無怪其然！彼世之人，自京國以至閭閻，自王公以及黎庶，辨明而起，夜分而未息，採金於山，探珠於海，求穀果絲庥於阡陌，冬不畏寒，夏不畏暑，陟巉巖不避熊虎，投淵浸不避蛟鼉，蜀山之險遠，而舟騎錯行，溟海之風濤，而帆檣雲集，皆治生之人也。衡猶惟恐其未諳，急呼而告之，不亦贅乎？

或者曰：天下固有不治生之人矣，厥先祖父苦心思，勞筋力，辛勤拮据以有兹田宅，而子孫視之如泥沙、草芥，甘食好衣，六博蹴鞠，漁女色，狎倡優，蕩廢以盡，以至飢凍逼身而不悔，彼惟不知治生，故至此。然衡不以戒不才之子弟，而顧獨以之警儒者，夫亦思儒者之志果將奚爲乎？而衡爲此言，是將使儒者秉農圃之犂鋤，勤賈胡之販賣乎？

且夫衡之學，固自以爲學孔子也。然孔子之稱君子也，曰「謀道不謀食」，「憂道不憂貧」。衡則以爲貧甚可憂也，食不可不謀也，是衡之言與孔子背也。衡之學固自以爲學孟子也。然孟子之告滕公也，曰：「無恆產而有恆心者，惟士爲能。若民則無恆產因無恆心。」衡固士人也，而欲下同於編戶之民，是衡之言又與孟子背也。

嗚呼！衡既以學道博天下之虛名，而又以治生收天下之厚利。衡於名利之間，可謂兼收而兩得矣。夫衡者，元儒之顯著者也，爲鄉閭講學之徒所尊信，稱之曰魯齋先生。故雖孔、孟之言或見爲迂遠，而幸其出於魯齋之口，則將假之以濟其貪汙，余故不可以無辨。

雖然，吾觀世俗之情，能治生則生，不能治生則死；能治生則富貴，不能治生則貧賤；能治生則尊榮，不能治生則卑辱。而世之迂儒生長山澤之中，少所聞見，或猶守其不忘溝壑之心，宜其餓死於蒿萊，而世終莫之知也。然則，衡固儒之識時變者也，其言亦後世迂儒之藥石哉！

羸說

乘騎者皆賤羸而貴馬。夫煦之以恩，任其然而不然，迫之以威，使之然而不得不然者，世之所謂賤者也。煦之以恩，任其然而然，迫之以威，使之然而愈不然，行止出於其心，而堅不可拔者，世之所謂貴者也。然則馬賤而羸貴矣。

雖然，今夫軼之而不善，夏楚以威之而可以入於善者，非人邪？人豈賤於羸哉？然則羸之剛愎自用而自以爲不屈也久矣！嗚呼！此羸之所以賤於馬與？

劉大櫆集　卷二

序跋類

書戰國策後

嗚呼，教化之衰也，春秋、戰國之間，足以覘世變矣。自共和以及嬴秦，陵夷何其甚與！

周平王東徙洛邑，秦遂列爲諸侯。自是王室微，侯伯執政，強陵弱，衆暴寡，征討不稟於王命。王奪鄭人田，鄭人射王中肩，戎伐凡伯，臣弑君、子弑父者有之。然齊、晉、秦、楚爲盟主，假仁義，以尊周室爲名，興師伐國，上軍、中軍、下軍步伐有度。列大夫相與應對爲言辭，抑何退讓恭詳、恂恂長者有禮也！雖無道，繩之以禮，猶慴服不敢囂爭。

下逮七國，詐謀劇而傾危之士起，合從、連横，詭譎不信，要在戰勝攻敵，以相兼并爲能。李悝盡地力，衞鞅富國，重法立威；孫臏、吳起之徒，以善戰爲齊、楚上將；長平之役，白起阬趙卒四十餘萬人，比於春秋，抑又甚焉。當是時，周之禮樂、法度猶存未盡泯者，成、康歿而民生不見先王之治數百年，其爲升降，可勝道哉！

讀伯夷傳

夫事有委巷小人之談，而儒者采之以爲傳記，則其言流傳既久，深入後世之人心，不復考其是非得失，堅持之而不可拔，雖有智者與之辨別分明，而彼終莫之吾信。昔者，伯夷、叔齊兄弟讓國，並逃於首陽之山，孔子謂其「求仁得仁」，及孟子之所稱述詳矣，未聞有恥食周粟之事也。及司馬遷作史記，乃謂武王以臣弒君，伯夷叩馬而諫。後世淺見之士，莫不信之以爲誠然，或反爲文以刺譏武王。嗚呼！此君臣之義所以不明於天下也。

夫名不可以兩立，而事不容以兩是。使伯夷之言，誠合於道，則武王爲亂賊之徒，不得與堯、舜並稱爲至聖；使湯、武之革命，果爲順天而應人，則伯夷安得爲此非聖謗道之言哉？然則「恥食周粟」者，委巷小人之談也。

余嘗考之：孟子謂「伯夷非其君不事」，不知所謂其君者，紂乎？武王乎？如遷之所紀，則武王非其君矣；武王非其君，則必如紂者乃爲伯夷之君乎？然余又聞伯夷避紂矣。紂既非其君，而武王又非其君，天下安得非紂非武王之君而事之？謂「治則進，亂則退」者，伯夷也。居北海之濱，是亂則退矣；若武王有天下，又逃之窮山絕谷之中，是不爲治則退乎？

西伯善養老，而伯夷與太公偕來。蓋伯夷之歸周久矣。及武王伐紂，惟太公鷹揚而往佐之，是伯夷之老而既死也。使其尚在，則伯夷之鷹揚，當必更甚於太公。伯夷叩馬，而「太公曰：『此義人也。』扶而去之」，若素不相識者然。夫兩人皆名賢，同居西伯之宇下，而顧漠不相識，此非人情，則其言之虛妄，不待智者而知也。

太史遷之作紀傳，唐、虞、三代皆直書其事，其於伯夷獨增「其傳曰」之三言，然則遷亦姑存其言而未必深信其事者與？

自秦焚詩書，用漢儒之臆，竄亂聖人之經，其國史所書，或蓋失飾非，得之傳聞而多失其實，其舛謬非一端矣。孟子謂武成不可盡信；而於虞舜、伊尹、孔子、百里奚，人言之譌謬，皆爲之反覆辨明。又況周衰迄秦、漢，紛紛著書之士，掇拾煨燼之餘，聽其言而一皆信之，不復致疑其際，豈不亦好古而失之愚也哉！

讀萬石君傳

太史遷之傳石奮也，褒之乎？譏之乎？曰：「譏之。」曷以知其爲譏也？曰：遷之報任安者，曰「人臣出萬死不顧一生之計，赴公家之難」，「而全軀保妻子之臣媒孽其短」，誠私心痛之」，彼石奮者，特全軀保妻子之臣而已。且遷已明斥石慶之非矣，曰「文深審謹」，「在位九歲，無能有所匡言」。

夫君之所求乎臣，臣之所爲盡忠以事其上者，在匡君之違，言君之闕失，使利及生民而已。若夫君之所可，而因以爲是；君之所否，而因以爲非；其所愛，因而趨承之；其所惡，因而避去之，此廝役徒隸之所爲，曾謂人臣而亦出於此？

當是時，與慶駢肩而事武帝，其以滑稽著，則有如東方生；以伉厲稱，則有如汲黯。而朔之於上林苑，極言其害民，於董偃極言其當斬；若黯則又有甚焉，曰：「陛下內多欲而外施仁義，奈何欲效唐、虞之治。」然武帝於此二人者皆莫之罪也，顧謂古有社稷之臣，黯近之。

嗟乎！吉凶禍福，人世之遭逢，皆上天之所命也。福非求之可獲，禍亦非避之可免。黯數忤帝意，常使帝默然；又面觸弘、湯，弘、湯咸深心疾黯，而黯卒無恙，得以壽考終其身。然則，戇直亦可以立朝，而君子之爲善者，當益以自信，豈必依阿以逢世哉？後之爲人臣者不爲怙寵之立威，則或以萬石君自況，是自居於闒媚之小人也。

遷之論塞侯曰「微巧」，其論周文亦有處讇之譏，謂其近於佞，而又以爲篤行之君子，遷之言緩而不迫類如此。跡其連類而書，與奮、慶同傳，然則奮、慶者亦遷之所謂佞巧者與？

書荆軻傳後

天下之變，不幸出於君父之大。當傾危之頃，有健丈夫起而圖之，惟其萬全而無害，乃可以杜塞囂囂之口；其或值天時人事之窮，一敗而不可復收，則天下後世之議，必紛然而起。此古之忠臣義士所爲悲傷痛悼，而持兩端者往往徘徊於進退之間而不能決也！

昔者，秦之將滅六國也，燕太子丹既爲質於秦而歸，慨然念國亡之無日，社稷之不得血食，食不甘味，寢不安枕，膝行以迎荆軻。荆軻提三寸之匕首，直指虎狼之秦庭，左手把秦王之袖，而右手揕其胸。始皇死則秦必亂；秦亂，然後燕出勁師，合齊、楚之衆并力西嚮，則秦可以滅，而燕可以王。惜乎！天不祚燕。舞陽勇士也，奉督圖而色變；荆軻知刺劍之術，而中銅柱不可拔。其後，秦急攻燕而燕亡。議者不察，遂以丹之謀爲速禍，而目荆軻爲盜。

夫秦欲得天下耳，雖使燕奉臣妾於秦，秦猶將滅之，何係於荆軻之有無哉？彼韓、魏、楚國者，不聞有荆軻入秦之舉也，早已先燕而亡矣。且夫秦未嘗得天下也，燕之與秦競爲敵讎，其勢不容以兩立。荆軻燕人爲燕，而擊仇讎之秦，使其事成，則軻之功不下於蕭、曹、平、勃；雖其不成，猶將比跡於周苛、樅公，非匹夫倡亂以賊其長上所可同日語者，而目之爲盜，於義何居？自是之後，張良襲其餘智，椎秦於博浪之沙，其事亦不成也，而論者謂子房爲韓報仇。夫良於韓之既滅，猶可爲韓報仇，豈太子於燕之方盛，獨不可爲燕報仇哉？良之擊，擊之於秦既得天下之後，亂民也；荆軻之刺，刺之於秦未得天下之先，非亂民也。今夫書陽虎爲「盜」者，以竊寶玉大弓，爲蒙昧不明之事。其果出於陽虎與？抑不出於陽虎與？未可知也。持匕首而入秦庭，豈蒙昧不明之事乎？且寶玉大弓，孔子第知有竊之者耳，而傳者實之以爲此陽虎也，其是否未可知也。持匕首而刺秦王，衆知其爲荆軻，而乃於千有餘歲之後，疑之爲盜哉？

予以爲荆軻義士，而丹忠臣孝子也。獨惜丹操之已迫，荆軻欲有所待勇者與俱，而丹遲之；至使舞陽震慴秦庭之中，惟軻一人，故擊秦王不中耳，設使有勇者爲之左右，秦王欲環柱而走，不可得也。

嗟夫！後之學者，欲譏論古人，則必置身於古人之地，以度其心，而毋拘牵於成敗之迹。使刺秦之事成，則天下之頌勇智者，將在太子與軻；惟其不成，而紛紛之說得以隨其後。然則，世之爲君父而舉事者，其必要其成而後可哉？

書唐學士德俠傳後

古之君子其所以汲汲於仕進，而不甘閉戶以終老者，固非爲一己之宫室、妻妾、肥甘、輕暖計也。視天下之民，皆吾之同胞，不忍見其阽危淪陷，而思有以康濟之，使無不得其所也。故曰：「禹思天下有溺者，由己溺之；稷思天下有飢者，由己飢之。」伊尹「見匹夫匹婦不被堯、舜之澤」，「若己推而內之溝中」，仁人之用心，固如此也。

或曰此蓋得位乘時，然後得以遂其志；如其不得志也，則將比之「鄉鄰之鬭」矣。予應之曰：非也。周官有不睦、不婣、不任、不卹之刑；孔子曰：「以與爾鄰里鄉黨夫！」孟子所謂「鄉鄰之鬭」，蓋謂四海之大，九州之遠，目之所不見，耳之所不聞，於吾心無所感觸焉耳。如其在族姻僚友里黨之間，朝夕之與共，出入之與俱，非目見其形，則耳聞其聲，見其寒而不解以衣，聞其飢而不推以食，此殘忍之尤，安得自託於「鄉鄰之鬭」？

吾獨怪後之居上位者，將畀人以科名爵祿，必度其人之能報我者，而後與之；否則，閉拒之使不得通，不以爲天位之與共，而以爲私恩之可市，如農夫之力穡，而望其有秋。

吾觀方君舜和當其與唐守之遊，守之亦里巷之窮士已耳，豈知其名魁多士，膺顯秩於朝廷哉？至於孫一松者羇窮困苦，不忍視其塡溝壑而死，力足以拯則拯之，而不告以姓名，其無望報之心可知也。然而唐公歸里，非舜和在座，則里人之燕請不赴。一松遇諸塗，而邀之歸，授以禁方，由是方氏數世蒙其利。然則，有施而無不報者，天之道也。彼必度其人之能報而後施，亦獨何哉！

春秋發微序

吾嘗謂聖人之心，如日月懸象於中天，而光輝照灼乎海宇。其見之文章，則藏蓄高遠，而不可以一端測也。

昔者，孔子作春秋，其言甚簡，而其義至深。楚君子左丘明者，去聖人之世未遠，因舊史之遺文，故老之所睹記，及時而爲之傳，其言既非無稽；而公羊、穀梁二子復承其師說，而爲之反覆推明。故經文雖樸略，而頗有端緒可尋。後之學者，乃得因三子之言，以求其是非得失之所在。然則，三子之功偉矣。

惜乎！三子不能盡明聖人之義，而復廁之以舛謬傅會之談也。故曰：左氏失之誣，公羊、穀梁失之鑿。夫信三子，則爲三子之所蒙；不信三子，則又自以其私測聖人，而未必聖人之心之果在於此。

吾友沈君兼山沈潛於春秋之義數十年，其於三子之言固已熟習於胸中，而要其胸中無三子之見也。靜一心以求聖人之心於千載之上，未嘗過信前人，而又非執一己之偏見也。然則，其於聖人之心未必盡合也；而其不合者寡矣。書之於簡，命之曰春秋發微。

删錄荀子序

孔子歿，聖人之道衰。譎詭權變之士，爭以其言干世主，著書者紛紛出焉。楚有環淵，鄭有申不害，宋有墨翟，趙有公孫龍、愼到，齊有鄒忌、鄒衍、鄒奭、田駢、接子、淳于髡之徒，皆各得一術以自喜，以詆諆孔子爲務。

而荀卿獨爲晚出。疾世之治方術之士皆愚者，一物一偏，而自謂知道，實無知。治國者不能飾動以禮義，論德定次，量能授官，使賢不肖得其位，能不能得其職，而欲以求治，猶立枉木而求其影之直。於是推本堯、舜以來相承之意，辨儒、墨之分，明王業，以爲有亂君無亂國，爲國必本之修身。國無禮則不正，禮之於國，猶衡之於輕重，繩墨之於曲直，規矩之於方圓。卒述王制，著勸學、修身、議兵、禮、樂論十餘萬言。雖於聖人性命精微之旨，未能具見其源流，考其言多所紕繆；然亦可謂好學篤志君子者矣！

韓愈有言：删荀氏之不合者，附於聖人之籍，孔子之志也。余倣其意，節而録之，得什之四五，其有牴牾於聖人，而文辭粲然有可觀者，余亦存之，不能割也。作删録荀子序。

陸宣公文集注序

生今之世而慕古之人，觀乎古人，則今人可知已。蓋孟子願學孔子，賈誼投弔乎屈原，諸葛孔明自比於管、樂，以性之所近，爲情之所鍾，由今日之嚮往，知將來之施設也。

平定張君蓀圃，以進士知新安之歙縣。其平生讀書，窮極幽遠，於古之碩德名賢嘉言美行無不跂而望之，以爲不可及，而所心儀不置，則尤在唐之陸相一人。當德宗之世，奉天山南蒙塵至再，賴武臣戮力於外，而宣公常在左右，決可否於中，降罪己之詔，回將去之心，卒以收復舊京，宗社無隕，陸公之功爲多。德宗貪猜，不終其分，而公終始一心，進退無間。蓋其爲學，本仁蹈義，通古宜今。其趨正，其守堅。居一室而遠見千里之外，在今日而豫知後事之來，無毫髮之差，有蓍龜之應。而其爲言，愷切開明，感心愜聽，永爲人臣進言之法式。

張君讀其文愈重其人，論其世遂釋其義，非以後之人爲有不知，故爲是箋訓之煩而已。當其時，兩河用兵，民窮財匱，藩鎭之強，盧杞之姦，裴延齡之詐妄，朱泚、李懷光之叛亂，而公以一身屏障其間，其所爲納誨陳辭，莫非堯、舜、三代治世之蹟，使後世讀張君之注，恍置身有唐之世，親見陸公而與之論議，則注之傳，豈徒以見公，蓋將教天下萬世之爲人臣，莫不懷忠直以事其上也。

夫有陸公之文，則其君雖不能盡用，而其功已著於當世。有張君之注，則後之人皆得論其世，而陸公之學愈以昭揭於無窮。自陸公以來，至於今八百餘年矣，而君獨愛慕之如此。然則，觀陸公可以知張君矣。

吳氏族譜序

銅陵吳氏，余識兩人焉：曰粹夫，曰敬思，兄弟皆能守其家法者。一日修其宗譜既成，而請序於余曰：「吳氏故家新安之歙縣，自吾祖元佑始遷銅陵之大通，其未遷而在歙者，寖以微弱。有吳玉書者，抱其家譜及其子將往浙西，舟覆人溺，而吳氏之譜無復存焉。吾父嘗痛之，欲率吾兄歸江潭以尋求其世系，而吾兄早逝，吾父有志而不克遂。光純不肖，每中夜涕泣，思以繼先人之志，而力未能，然終不能自已。乃旁搜遠採，極艱難以成此也，雖殘缺尚多，而源流略備矣。」

余曰：「然。尊祖敬宗收族，惟宗譜是賴。昔范文正公守錢塘，過姑蘇與族人高會，徧閱家集，續爲宗譜，然後范氏之世系可考。孝子仁人之用心，固宜如此也。」

粹夫曰：「吳氏不自歙始也，先世世居鄱陽，祖有名逸者遷居浮梁、白水間。遭黃巢之亂，逸妻程氏挈其子宣遷居休寧之江潭溪口。江潭傳十餘世，而祖名史白者，復自休寧遷歙。自歙而分散，或遷杭州，或遷襄陽。其遷大通者元佑，至光純以及光純之子十一世矣。」

余曰：「古者，諸侯大夫世世相承，有大宗、小宗，以明嫡庶之分。大宗百世不遷，則義相親，恩相屬，宗族收，而世傳不紊。故周之盛時，未有譜牒也。戰國諸侯相吞并，國移而族亂，於是始有迷失其先世者。曹魏以還，九品中正以門第相高，姓氏藏於官司，尤重譜牒。中更苻、石之擾，晉室南奔，漸至磨滅。下逮有唐，故家世族猶以族姓相矜尚，唐衰而天下分崩離爲十一國。其宗譜有掃地無存者矣。夫五宗既廢，人如鳥獸各營其生，飄然不相維繫，而亂離洊至，族譜復至淪亡。雖有孝子仁人，肫然水木之思，而情無由自致也。」

粹夫曰：「然！吾宗之在銅陵，有廷玉之孫必輝、必茂、必榮兄弟三人，復自大通遷寧國之湖樂，其於光純五世之內也。寧國去大通未遠也，而既已離居不相往來也，若無宗譜，歷年既久，其爲族人，何據而知之？」

余觀粹夫之爲此，甚辛勤矣，而不獲辭。其事亦人所能爲，而縉紳大夫或不暇以爲也。爲序而論之如此云。

吳氏重修族譜序

吳之受氏自泰伯始。太史公次世家首泰伯；次列傳首伯夷。豈非以其讓天下、讓國，人所難能，將以爲世之苟富貴而忘其廉恥者懲戒哉！泰伯之後有州來季子復以讓國稱。其後，漢有吳寶，不仕而採芝於商山以老，世傳爲綺里季云。而晉有吳隱之者，初爲廣州刺史，飲貪泉而不易其心，至賣犬嫁女，坐無氈席。由是觀之，吳蓋多以廉讓著聞者乎！

夫因生賜姓，胙土命氏。黄帝之子二十五人，而得姓者僅十四人，姓至難得也。然諸侯以國爲氏而後世因謂其氏爲姓，姓氏混淆矣。雖然，賜姓之初，一姓也，命氏之初，一氏也，而枝葉蔓衍於天下，源遠流分，不復知其本始，故雖一姓而不相通，一氏而不相識。雅山之吳自漢棟材以來，移家九子之新城；其後五十餘世，而希裕復自九子遷於吾桐，且三百餘年矣。今其在九子、新城者，巍科膴仕，緜延不絶；而遷桐者雖食指數千，多士濟濟，而科名或有所不逮。夫枝葉蔓衍，而或著或微，蓋偶也；而世俗以門第相高，往往自矜其閥閱，而輕視他族爲小姓。誰非黄炎之胄，而謬相狎侮如此！

吾觀周之子孫，世有其天下，孔子不稱，而獨稱泰伯之讓，卽吳之世有其國，後世不稱，而獨稱季札爲賢。雅山之吳在桐城雖不及其在九子、新城之盛，而雍容揖遜，守詩禮之業於不衰，固可無愧於其本支也，其視他族之富貴祿爵猶涕唾焉，而何羨乎彼？又況世守其詩禮廉讓之舊，而他日之富貴祿爵將更有盛於宗族之在九子、新城者乎？

乾隆二十有二年，裔孫涵虚等重修族譜，請余一言。涵虚者，與余舊相善也，故不辭而爲之序。

范氏族譜序代

古之聖人欲民之孝悌相親，而恐其乖離不屬也，故立爲五宗之法，有大宗，有小宗。秦、漢以來，卿大夫不得世其家，於是大宗法廢，而小宗亦因以不行。然自高祖以下，五世之親，共相爲服，則小宗雖不行而猶之行也。獨大宗蕩然無復毫髮之存，而所恃以稍留其意，使一體之親不至於相視如塗人，則惟族譜之作而已。

范氏之先，受姓於晉之武子。其後遞顯遞晦，見於載籍者，漢有滂詔使范滂，唐有相國履冰。相國家於幽州，六世孫隋爲處州麗水縣丞，值中原之亂，留滯江南不得歸，四世而至文正。自文正起家中吳，敦睦九族，創立義田、義宅、義學，而范氏之在江南者益大。文正守錢塘，過姑蘇與族婣高會，憫舊牒淪亡，搜閱家集，續爲宗譜，而范氏之世系昭穆始釐然可考。然則，范氏之有家乘，使其子孫世世增修之，而守以弗墜，支屬雖繁，源流雖遠，而有急相周，有憂相弔，往來和協，獄訟不興，先王孝悌相親之意不至於澌滅無存，豈獨其子孫之賢，益以見文正之澤流後世，更千百載而未有窮也。

余自束髮知有文正公，稍長讀書，見其爲秀才時卽以天下爲己任，心竊嚮往之。最後，讀公之告諸子者，曰「吾族之於吾有親疎，而自祖宗視之則無親疎」，益低徊留連，想見其爲人。夫以嚮往想見其人之心，而生不並時，一旦得見其子孫，不啻見其人於千載之下矣。乾隆三年，余奉命巡撫河南，河南之洛陽，文正墓在焉。適守墓裔孫君建行身不苟，因表請爲博士，而格於部議不行，迄今以爲憾事。丁卯之春，復奉命視學江蘇，則文正之族姓咸聚於此。長洲縣學生范炳、吳縣學生范顯桂出其家乘，請序於余。余生平固竊奉文正爲師，而吳爲公故里，益欲以效法文正者，與諸生共相砥礪，挂名家乘之端，以垂之久遠，所欣願也。故不辭而爲之序。

程易田琴音序

有天地而數生於其間矣。一生三，三生六，六生九，數至於九而終焉，十則又爲一矣。是故伏羲畫卦成六爻，而周公之繫爻也，用六，用九，河圖之數十，而洛書之數九。自九而積之，兩其九則爲十八，三其九則爲二十有七，四其九則爲三十有六，三其三十六，則百有八也。古者，錢刀以百八爲貝，釋氏之梵誦以百八爲珠，其考鐘，其擊鼓，以百八爲紀。百八者，十二其九也。十二辰，十二月，十二世，十二會，以及樂之六律、六呂，無非十二也。而琴之徽用十三，於十二之外而加閏焉，則其數奇零，而與十二之數不相當，故其音每出於十二律之鎛。夫樂出於虛，其出於鎛，猶之其出於虛而已。

程子易田欲學琴以養其心，平其疾，而以爲不明於琴之音律，琴不可得而學也。於是審其音以求當乎其律。欲當其律，必先中乎其度；欲中其度，必先積之以數。積之以數，而其度至於三百九十五之多，而其得音也一百有一。然求其與律相當者，黃鍾、林鍾、太簇、南呂而已。其餘蓋無一與三百九十五之度相應，猶之其出於虛而已。琴固有七絃之音以爲經，而又有百一之音以爲緯，猶之爲百八而已。

古樂之存於今者寡矣，惟琴猶留上世之遺，而其音與六律不相準。余故爲推測之如此。試質之易田，以爲何如也？

徐崑山文序

雍正三年，余遊京師，與四方之英豪相結，而有友一人，曰徐君崑山。余性喜爲辭章，崑山亦舍是無以爲好。余於今之號爲能文者多所稱許，而崑山獨少可多怪。然崑山嘗手鈔余所爲經義及詩歌古文，積爲巨册，雖古經史諸子百家之書，經余之評論標錄，崑山必繕寫藏之。余與崑山旬月不見則相思，既相見則於立身求志之方，未嘗無所得。余在羈旅，飢飽寒燠之未得其宜，崑山未嘗不爲之經營籌畫。蓋古之以文章道誼相期許，而世所稱緩急可恃者，崑山一人而已。

念余之得交於崑山，以高君仰亭。崑山家在城北，高君館於城之東北隅，余有弟蘗村與余皆在城北授徒爲生，相去或三里，或一二里，旦夕相遊從。余與高君飲酒歌呼，崑山獨重厚長者，緘默寡笑言，衆皆敬憚之。

丁未之春，高君舉進士，去爲吏部選郎。是秋，蘗村病死，余亦徙居今少宰吳公之家。其後崑山復中庚戌科，擢工部屯田主事。獨余偃蹇如曩時。余弟既長逝，而二君者又不得朝夕繼見，忽忽六七年間，聚散存亡，其安能以無感乎？

崑山既爲工部郎，工部事繁劇，嘗歎曰：「吾不復能以文章自娛矣！」乃出平生所爲文，屬余序之。余謂自古文章之傳於後世，不在聖明之作述，則必在英雄豪傑高隱曠達之士之所爲，而齷齪凡猥奔趨榮利之輩，卒歸泯滅無一存者。崑山直信温恭，於古之人幾可以無愧，其文之傳於後世無疑。而余獨於崑山不勝往事之悲，讀其文爲之三歎云。

楊黃在文序

余受知於望溪方先生，先生之故人聞喜楊君黃在有道而能文，先生數爲余言楊君，余心慕焉，而無由緣相見也。乾隆十三年天子命前少宰博陵尹公視學江蘇，求賓佐於先生。先生以余與楊君應。楊君攜其子雲松與余先後至使院，晨夕聚處。讀君所爲時文，浩乎沛然，歎其才力之閎肆。尹公謝世，余復與君父子聚處望溪先生之家，益懽然無間。無何，別去不相聞。己巳之秋，望溪先生卒，余哭之於白下。踰年，余以經學應舉在京師，而君之子不遠千里遣使來告喪，且斂其平生文章，命余爲序，因得縱觀君所爲古文。

蓋君嘗以進士知江西之建昌，遷知廣東之德慶。讀其西江政略，知君之誠心愛民，而有道以處之；讀四書摘誤，又知君之潛心理奧，非好學深思，不能心知其意也。其他序、記、傳、誌之作，皆雅潔可誦；詩歌雖非所好，而亦秩然成章。

夫自古文章之傳，視乎其人。其人而聖賢也者，則文以聖賢而存；其人而忠孝潔廉也者，則文以忠孝潔廉而存。匪是，則文必不工，工亦不傳。楊君之爲人與其爲文，旣皆幾於古人，余之文何足以增重君？徒以君之子與余深相知契，而孝思不匱，能不忘其先人，故惓惓如此。嗟夫！望溪先生既不可復見，而平生故舊相繼殂喪，自顧身世，其安能無戚然於懷邪？於是流涕而書之，復歸之其子，俾刊以行焉。

汪在湘文序

汪子在湘與汪子稗川同姓，而有兄弟之好。余故識稗川，而稗川介在湘以交於余。兩人皆天下之英才也。

余窮無所用於世，晏居獨處，嘗取三代、秦、漢以來賢人志士之所爲文章，伏而讀之，慨然想見其用心，欣然有慕乎作者之能事，間亦盜剽倣效擬作以自娱嬉。竊歎古之爲文者，蜀山、秦隴、江、河之瀆也，後之人隙以爲部婁、汙渠。思有以振興追躡之，而苦才力之不逮，徒懷虚願，誰其助予？其後得交於歙之諸君子，有同志焉。

蓋天之生才難矣，有才矣而或無其志，有志矣而或無其功。彼横目之民知有榮利而已，爲宫室、膳啗、妖麗之奉，辱身以求之，老死而不止，是其所知，猶犬之於骨、鴟鴉之於鼠、蛆蠅之於糞穢也。彼豈知天下之正味哉？

在湘於世落落鮮所諧合，居一室，終日默然，危坐讀古人之書而已。尤愛余所爲文，其讀之不自休息，無以異於讀古人之書也。余亦以諸君子之才與其志，果足以興起三代、秦、漢之文章，而又不遺餘力以求之，每顧之不言而自喜。辛卯之歲，余以老病將歸，諸君子相送，遠出城闕、河橋之外，依依不忍別去，或有泣下者。歸未及期，則聞在湘已病沒矣。嗟乎！余無可以自適者，最後乃有此同志數人，天於此又奪其一人焉。余獲罪於天而摧折之如此邪？

甚矣，文之難言也！歐、蘇既沒，其在明代，惟歸氏熙甫一人。然熙甫求爲進士而不得，勞其心於八比之時文，而以其餘力作爲古文，故其置身不及唐以上。然則，古文之衰五百餘年矣。在湘乃獨爲人世之所不爲，可謂魁傑有志之士也。在湘死，稚川益漠然無與共學者。然在湘有賢子，括其先人所爲文付之刻工，以求正於四方之君子。四方之君子，其必有讀之而歎爲不可及者，豈余一人之私言哉！

江若度文序

天之於人，其偶爾生之邪？其一生之而其事已畢，不復措意其間邪？愚不肖者所在皆是，而賢智者或數十百年乃一見；且一見，而天亦若竭盡無餘力。準以人之情，其栽培而護惜之宜當何如；乃天則摧折之惟恐其不至，何哉？雖然，與吾並世而生，固有賢者矣。吾未嘗不知其賢，而情或不與之相屬；有其人甚卑庸，而吾甚愛之。有厚施於吾，吾一報之，而吾意若以爲已稱；有其人之施於吾者甚淺鮮也，乃吾亦既報之，且屢報之，而猶歉乎其未足。反而自問，有不知其所以然者。然則，雖天之於人，其能與人之情大相懸邪？

余同里江君若度幼卽穎異，好讀書，其爲人質慤，其學無所不窺，其文章湛深而有本，然困不得志。年四十五，始得除江寧府學訓導，未適官，遽遭父喪，遘疾而卒。嗚呼！謂天之無意邪？荒鄉僻處，胡爲而有斯人也？謂天有意以生之矣；年不及中壽，位止於學博，而又不得一日之官以沒，此何爲者邪？

友人方君巨川求得其平生遺稾，鏤版以行於世。四方之知江君與不知君者，因其文以考其實，而江君之懷抱，可一寓目得之。江君於是爲不死，而方君亦可謂篤於友朋之義矣。

海舶三集序

乘五板之船，浮於江淮，滃然雲興，勃然風起，驚濤生，巨浪作，舟人僕夫失色相向，以爲將有傾覆之憂、沈淪之慘也。又況海水之所汩沒，渺爾無垠，天吳䀹睗，魚黿撞衝，人於其中，萍飄蓬轉，一任其挂罥奔馳，曾不能以自主，故往往魄動神喪，不待檣摧櫓折，而夢寐爲之不寧。顧乃俯仰自如，吟詠自適，馳想於沆瀣之墟，寄情於霞虹之表，翩然而藻思翔，蔚然而鴻章著，振開、寶之餘風，髣髴乎杜甫、高、岑之什，此所謂神勇者矣！

余謂不然。人臣懸君父之命於心，大如日輪，響如霆轟，則其於外物也，視之而不見其形，聽之而不聞其聲，彼其視海水之蕩潏，如重茵莞席之安；視崇島之崕峴當前，如翠屏之列，几硯之陳；視百靈怪物之出沒而沈浮，如佳花、美竹、奇石之星羅於苑囿。歌聲出金石，若夫風潮澎湃之音，彼固有不及知者，而又何震慴恐懼之有？

翰林徐君亮直先生以康熙某年之月日，奉使琉球，歲且及周，歌詩且千百首，名之曰海舶三集。海內之薦紳大夫莫不聞而知之矣。後二十餘年，先生既歸老於家，乃命大櫆爲之序。

程易田詩序

余性顓愚，知志乎古，而不知宜於時，常思以澤及斯民爲任。凡世所謂巧取而捷得者，余皆不知其徑術，以故與縉紳之士相背而趨。終無遇合，退而強學，棲遲山隴之間，雖非有苦，而亦未嘗有樂也。年已晚暮，始爲博士於黟。博士之官，卑貧無勢，最爲人所賤簡。而黟、歙鄰近，歙尤多英賢，敦行誼，重交遊，一時之名儁多依余以相爲劘切，或抗論今時之務，注念生人之欣戚，慨然太息，相對而歌，蓋余生平之樂無以加於此矣。

程子易田尤所稱著材宿彥，亦旦夕相從。其所爲詩歌，攄詞樸直，而寄興深至，嘗謂其有陶潛之風。易田固信余，余亦甚重易田也。雖然，余老矣，今年年七十有三，將歸休於樅陽江上，而易田年逾四十，猶困於諸生，家又貧，故里不足以自活，亦將餬其口於汝陰，念欲長與諸君子遊處不可得矣。

居稽也，弦誦也，欣欣而忘其倦也，歡聚未幾，離散隨之。余於此其猶能獨樂焉否邪？夫以生平未嘗有樂之人，徒以與諸君子遊處而樂，今復以聚之不常，而不樂生焉。回憶獨居時雖無所樂，而亦非有不樂也；則是今日之不樂，由前日之樂而來也。夫造物之於人安能使其長樂哉！

因取易田之詩所謂濠上吟者，反覆咀吟，益歎其文章之古，與其人之心貌相稱。屬其板刻之，以與四方之知言者共讀焉，而余爲序之如此。

海門初集序

文章者，人之心氣也。天偶以是氣畀之其人以爲心，則其爲文也，必有煇然之光，歷萬古而不可墮壞。天苟不以其心畀之，則雖敝終身之力於其中，自以爲能矣，而齷齪塵埃，頹然不能以終日。夫爲文而至於萬古不可墮壞，此其人雖欲不窮得乎！

余友鮑君步江生於古南徐之鄉，無師友以爲之訓迪，而少卽善爲詩。其才力之放縱，浩乎無所不極，直將追古人而上之，所謂天偶以是氣畀之其人以爲心者也。然其人之窮，殆與余無以異。今少宰尹公之在揚州也，鮑君甫弱冠，以詩爲贄，公一見而稱賞不容於口，命其子亨中締交，相切劘爲詩。會有博學鴻詞之詔，公數言之於大府，將以君應舉，而竟不果。蓋自鮑君出尹公之門下，如客之得歸，往來無虛日。公之所以提挈之者，無不至矣，而卒無以解於鮑君之窮。

余遊京師，間嘗挾君之詩所謂海門集者以示同遊，其譽之者固多；其漠然不置可否於其間者，又加多焉。求其故而不得，問之知君者，或曰：嫉妒者之口也，彼亦號爲工詩，奈何稱譽獨及於鮑君？或曰：忽焉而不加察也，與彼并世而生，彼固以爲今之世安所得古之人乎？或曰：識不足以及之也，鮑君之所爲詩，其用功深矣。是三者固然。然余又嘗酒酣，口誦鮑君之詩，與諸君爭論者久之；諸君聞其語既多，又未嘗不深加賞歎，以是知人心之同，無古今智愚一也。

然則鮑君雖窮，窮於今，必不窮於後，窮於人，未必窮於天，以視夫今之赫然貴顯震耀於一世者，夫固可以無憾矣！

鄭山子詩序

余縻於黟，間以公事至歙，因得與歙之賢士交游。汪君稚川、方君晞原、金君蘂中，歙之賢也，而皆與鄭君山子相友善。余以三君之賢，知山子之賢，心慕山子而無由得見。蓋山子年已八十餘，余之來，則山子已長逝矣。其後，山子之從弟用牧與余交最親，用牧，休寧之賢也。余又以弟之賢益知其兄之賢。

用牧出山子所爲詩，俾余論定。余讀之纔二百篇，蓋山子雖工於詩，而不欲以詩見稱於人，故其存者絕少。夫山子負超卓之才，而不見用於世。其平生磊落英多之概，吾無由覩其光。而其胸中之所有，韜涵浸漬，既無以窺其涯涘；獨其文章可傳於世。而余之所見，特其棄擲灰燼殘缺之餘，其所爲幽憂感憤不平之氣，偶寄於山川風雲物類之微，而足以寫其鬱積之思者，又無以覩其全。以余之轗軻失志，蓋略與山子同，獨安能無慨然於其間哉！

雖然，一勺之水，可以知滄海之大；一臠之味，可以知膾炙之美；一粉米之繡，可以知黼黻之華。山子之詩，雖其可見者止此；使後之知言者讀之，單辭隻字，皆其心腑之所流結，夫亦可以想見其賢矣。乃爲序而歸之，使藏於其家。

吳青然詩序

雍正十一年，天子有意久道人文之化，肇開博學鴻詞之科，命王公亘卿暨督撫、諸路州縣羣有司悉心延訪。萃九州之衆，積四年之久，內外臣工共所推薦，得二百人，而余與吳君青然幸與其選。

青然世家滁之全椒，少卽工詩。而居室人倫之間，獨遭其變，其有無聊不適、悲愁憤歎，一託於詩。然哀而不傷，怨而不怒，中聲淸越，犂然其均當於人之心，而逌然其獨愜於己之志，以是進而列於天子之樂官，固宜。雖然，士固有終身草茅陋巷之中而不悔者，其習苦舊矣。彼其拔之於雲霞之上，與其不幸而復墜於塗炭之中，豈於其人有加損哉！

獨憶青然與余同被徵召於京師，相識也；既而同罷放黜，相憐因相善也。邸舍相近，旦暮相過從，每相與飲酒留連，愁思至夜分不寐。青然曰：「我生平精力單敝於詩，非子無以知我，子其爲我序之！」余應之唯唯。一日，余與含山王君令梴、同里葉君書山、姚君南菁同飲酒於合肥張君蒼崖之寓。青然偶不在。中夜酒酣，相與語青然家庭之變，有人之所難爲者。余爲感憤，至泣涕交橫不自禁。已各以事散去。

青然與王君同入督學順天劉公之幕，張君、姚君以計偕留京師，獨余與書山共舟南返。去年，書山決策甲科，爲翰林。劉公復督學江南。余偶過其署，則青然已歸全椒；獨王君猶在幕中。余與王君共處，一月之間，未嘗不言及青然，而相爲歎息者久之。既歸家，家兄奉之自京師以書來，曰青然趣爲其詩序甚亟。夫青然之詩，人皆共知其必傳於後，何待余言？余於是蓋有感也。古者，太史氏采詩獻之天子，天子受之藏於法宫。青然之名氏既達於天子矣，而終以不遇而返，豈非其命邪？然青然亦第爲其可采者而已。

朱子潁詩序

余與子潁别二十餘年矣。憶昔與子潁遊，子潁未及弱冠，余雖有一日之長，而與爲嬉戲，異乎世俗之所謂師弟子者。然其情乃益深，而義顧彌篤。雖子潁上有兩兄，皆從余受學，而其心相矜重，殊不逮子潁。

子潁奇男子也。其胸中浩浩焉常有擔荷一世之心，文辭章句非其所措意，而其爲詩古文乃能高出昔賢之上。後數年，子潁偶以七言詩一軸示余，余置之座側。友人姚君姬傳過余邸舍，一見而心折，以爲己莫能爲也，遂往造其廬而定交焉。姬傳以文章名一世，而其愛慕子潁者如此。

子潁之父、祖皆爲達官，然不爲子孫留遺計，而子潁少時衣食不足。子潁所與交遊，皆當世名賢，時過子潁論文，子潁與相對終日，或不能設食，蓋子潁之窮如此。

余别子潁閉門里居，忽忽十餘年，則聞子潁已舉於鄉，出宰巴蜀之屬邑，其自秦入蜀，道塗覽古之篇，尤爲深入唐人之室。子潁在蜀，值軍興，領兵八千人，出使雲南永昌，逾美諾之巖，往來阻險師旅數千里之地。自重慶移守泰安，又值鄰郡賊起，子潁早詣大府，爲設方略，親戰臨淸城下，射殺賊首一人，定其餘孽。然其憂深家國，心爲瘁，髮爲白矣！嘗思退而稍息其勞，而輒爲上官所留，欲歸不得。乙未之春，姬傳以壯年自刑部告歸田里，道過泰安，與子潁同上泰山，登日觀，慨然想見隱君子之高風，其幽懷遠韻與子潁略相近云。

嗚呼！子潁昔日之窮，非子潁之能窮也；今日之爲郡守，非子潁之能爲郡守也；其出入師旅，屢經鋒鏑之危，非子潁之能行乎患難也；則今日之欲歸，非子潁之能自爲歸也。姬傳歸而子潁不能，蓋有天命焉。然則，子潁之於爲官，去可也，留可也。去而溷迹漁樵之侶，留而爲字內建不世之勳，無不可也。若夫文章之事無窮也。子潁其於簿書叢集，稍求頃刻之暇，出其才力以與古之風人學士相追逐，此則子潁之所能自爲者也。夫如是，則政理之餘，時有以自樂，豈必巖棲而野處，然後爲能息其勞哉！

王載揚詩序

公卿大夫皆有職，農工商賈皆有業。今之讀書者號稱爲士，其上可以爲公卿大夫，而其下不可以爲農工商賈。其幸而得爲公卿大夫，則方坐論奔走之不暇，奚暇其他？其不幸而不得爲公卿大夫，其將奚爲？爲詩而已。故曰：窮而後工於詩也。

國家設科名以取天下之士，始自縣令之考試，彙其可取者以達於府。太守考試之，復彙其可取者以達於督學使者。其得與於督學使者之選，謂之秀才。每三年，則又有主司者集一省之秀才而考試之，彙其可取者以達於禮部，謂之舉人。禮部復集天下之舉人而考試之，其得與於禮部之選者，謂之進士。進士然後釋褐登朝爲大夫爲公卿矣。然其道皆以四子五經之書，爲八比之時文，至於詩蓋無所用之。而天下之習爲舉子業者，多不能詩；其能爲詩者，亦不復留意舉子業。嗚呼！此詩之所以能窮人也。

王君載揚不屑爲科舉之學，一意肆力於歌詩。而性又疏放，不能深自策厲，以趨於仕進之途。家本貧，衣食不足以贍，而顧常好載籍、筆墨、彝器、雕刻、玩弄之具，星羅於几席，以自爲娛樂。其於書必求其刻之最工者，而錦函以盛之。至於惡衣糲食，冬寒衣敝袍，人多笑之而不悔。昔米芾作唐人冠服，違時異俗，人謂之顛，載揚亦似顛；倪瓚構雲林之堂，置古鼎、尊、罍、玉器、書、畫其中，人謂之迂，載揚亦似迂。而載揚之窮，則又昔之顛與迂所不及者，宜其詩之每進而益上也。

載揚之於詩無所不窺，而其雕鏤刻畫之巧，未嘗不與其玩弄之具同，如珠，如玉，如時花，如蜀錦之新濯，如藻火粉米之煌煌，蓋其工如此。然則，載揚其將益窮，窮且無有已時。載揚酒酣嘗歎曰：「吾其長貧賤乎！」余觀載揚，今之公卿大夫無此人，農工商賈亦無此人，載揚不窮，誰當窮者？嗟乎，載揚其遂將窮以至於死哉！載揚所著詩曰鶯脰湖莊集。桐城劉大櫆與同寓居少宰吳公之家，知之最深，於是爲之序。

岳水軒詩序

余少讀宋史，至岳忠武王，未嘗不反覆嗟吁，盡然流涕，而歎世主之不明也。忠武之志扶宋室及轉戰恢復之功，世皆知之；若其進退、從違、生死，一皆合於聖人之義，則人未必盡知之。竊以爲三代而下，如忠武者不過數人。而生不及其時，不得親挹其輝光，以爲恨事。其後，得交於王之裔孫水軒。夫以生平愛慕忠武之心，畢一世而不得見，見其裔孫，則不啻見忠武矣。雖使水軒泯然如衆人，吾猶將敬之，況其抱負非常哉！雖其拒而不吾與，吾猶將附之，況其深相綢結哉！

猶憶在金陵，登水軒之堂，飲酒嘯歌，意氣閒放，忽忽十餘年，復相見於新安，則兩人皆蕭然白髮，無能爲也已！水軒於百家技藝之事無不能，於古今治亂成敗之故無不知。然不得一見之施用，徒數數參謀幕府而已。忠武既摧殘莫遂其志，而水軒復奔走道塗，天於斯人，既有意以生之，而復無心以棄之，何哉？雖然，水軒雖不見用，而其胸中不可抑遏之氣，無所發其機牙，則往往作爲歌詩以自適，信乎其詩之可傳於後也。

古之君子居上位而執政權，祇以爲民而已。水軒之爲人謀甚忠，既已澤及生民矣，其出於己與出於人，夫何間焉？百世之下，讀其詩如見其人，與其功之在天壤者相輝映也。水軒其亦可以無憾矣！

王天孚詩序

勝水王君天孚自愛其才氣，而思與古之人爲徒，不屑爲卑庸鄙惡之文以干時而求進，惟詩歌是耽。情發於聲，聲成文而與天籟者合，非有受於人，而忽自得之，雖其窮居寂處，蕭條一室，而可以無慕於世俗之紛華矣。

余讀其詩，稽其平生之履迹：入巴蜀，探峨眉，下三峽，走金陵，泛秦淮，涉桃葉之渡，至於燕京，上黄金臺，覩宫闕之宏壯。挈篋擔囊，重繭而累蹠，計其所經行不啻萬里，則其胸中之所有稱是可知。其爲詩也，巧而不鑿，麗而不淫，蒨而深澹，豔而和平，未嘗有世俗一切之語言横亙濫廁於其間。王君其有道君子哉！

雖然，古之道無所用於今。爲古之詩則宜爲一世所不好，爲古之人則宜爲一世所不容。雖使王君足迹滿天下，吾恐世之人未有能知君者。抑君子求其在我，而知與不知固不論邪？

余牴牾於世，而好與當世之英賢相結，孜孜焉，汲汲焉，如飢之欲食，如嗜欲之求而未得，毫毛絲粟之材，吾未嘗不與之交，而王君者，吾獨未之見。顧自以爲讀其詩，而見與不見，又可不論邪！

王君家介休，禹貢冀州之域，大河之東，太華、中條之聳峙，龍門、呂梁之奮迅，陶唐、有虞、夏后氏之所都，賢人君子之顯於世，史不絶書。王君歸，其杜門裹足，益肆其力於古之人焉其可也。

海日樓詩序

慈谿周君東五自負其氣，浩然而莫禦，窅然而深藏，讀書穿貫今古，以流爲詞藻，卓犖輝光，稱其胸中之志意。然而屢試於鄉不得舉。周君家貧，嘗西之秦、隴，度函谷關，上慈恩之塔，歷鴻門楚、漢交爭之地，南浮江湘，過巴陵、洞庭，登岳陽樓以望君山，則所謂山川淑靈之氣，盡寓之於目而得之於心矣。一日，與余抵掌當時之務，究切利病，指次賢能，得失判決乎當前，高下臚列於胸臆，瀾而有本，覈而不誣，余乃益知君爲天下之才也。

夫昔之詩人狹隘而僻陋，中之所蘊者淺，故外之所著者微。周君讀六經、孔、孟之書，明先王之道，熟悉於古今治亂興亡之故，而又周知四方之風土人情，權時世之宜，使其出而爲用於家國天下，文武兼資，智勇並擅，當有追躡古人者，區區歌詩云爾哉！惜其將老而猶未得施設也。後之人徒見其詩而已，其可慨也夫！

張宏勛詩序

天下之達道五，而其一曰朋友之交。朋友者，所以析疑、勸善，相切磋以進於道，故爲仁者必取友。一理之未明，讀書十年之久而不能貫，諮之於友，一朝而豁如；無友則雖終至於悟，而日月亦已淹矣。凡人之爲善，獨爲之則怠，共爲之則精力以相感而生；將爲不善，然懼吾友之知，亦或逡巡而中止。

嗚呼！友道之衰也久矣。逐逐焉惟勢是趨，惟利是鶩，勢既去，利既盡則疏，又或相見則相諛，背則從而毁之，此不可以爲友也。余觀今之爲友者，無故而聚於一室，酒食嬉戲，相與爲放辟淫侈之談，孔子之所謂羣居而言不及義，豈不難矣！抑或弛廢其心，其與友相接，漫漫昏昏，無可相切磋之具，是則余之憂乎？

余謂人不可無友，而友不可以常聚，平居則各鍵其門，各專其務，如田之有畔；逾時而一晤，晤則出所疑以相質問吾友，所得於未相見之日者有幾？其未知而今乃進於知者幾何物？其已能而習之以無至於忘者幾何事？有善則相旌，有不善則相訾，友之道如是而已。

余客遊京師，寓居京城之外，而震澤張君宏勛寓居城内，相去六七里，每旬日或半月之間，則張君必一出相見，相見則必有書一幅、畫一卷、詩數篇袖而出之以共賞，宜其業之日益精。久之，其詩日益工，則亦日益富。裒然成集，而問序於余。余偉張君之每出必以文會余，而愧余之獨無以就正於張君也，於交友之道不能無所感，遂書之以爲張君詩集序。

周書巖詩序

古之選舉出於一，而後之選舉出於二；古之賢才無歧徑，而後之賢才有分途。「乃文乃武」，伯益以之頌帝堯，文事武備，穀梁以之稱孔子，「赳赳武夫」，詩人以之詠兎罝。蓋古之君子德完能博，惟吾君之所選用，而皆足以見其設施，無分於文武也。

自戰國以逮秦、漢，入者爲相，出者爲將，而途始劃然以分。夫古者男子之生，桑弧蓬矢，以射四方。射者志正體直，進退周旋必中禮。故諸侯之射必先以燕，卿大夫之射必先鄉飲酒，天子試士於射宮，容體比於禮，節比於樂，而其中多者乃得與於祭。蓋孔子射於矍相之圃，而觀者如堵墻。古人之重射也如此。今之人見有操弓挾矢則皆鄙笑之，曰：「彼武人也。」夫彼武人者，不以今之文士爲無能，而文士顧以武人爲非類，豈不顚倒而失其所持循哉？

雖然，吾觀三代以下，其文士類不能武，而武人之能文者所在多有。宋之沈慶之，梁之曹景宗，北齊之高昂、斛律金，其詩皆流傳赫然，至今猶在人口，不知於今之文士果何如耳？

六合周君書巖讀書，喜爲詩，其應童子試，試文科不利，聊復試武科，乃一發得之。今筮仕有年矣，將遷守府，而以太夫人春秋高，歸養於家。因出其平生所爲詩以就質於余，且屬爲之序。余與書巖促膝者再，聽其議論，讀其文章，温然豈弟，不知書巖之爲武人也。又其平生好山水，所至流連慨詠，久而忘歸，其足跡所經，於姑蘇、白下、鄧尉、靈巖、秦淮、鍾阜之勝，無不遊，遊輒有詩以紀之，而其詩皆沈健有得於詩人之旨趣。吾求文士之勝書巖者而不得也，於是書以序之。

羅西園詩序

爲其事而好，好之而久，未有不能工者。其好之久而不工，則其所得於天者薄也。天之所與，而人自棄之，舉世多有；天之所不與，而人自取之，未之前聞。

海宇恬熙，兵革不作，農務於耕，工飭於材。士大夫委蛇朝宁，或退而閒居，登臨讌飲，生死別離之交，相與作爲詩歌，吟詠太平，抒其自得，寫其憂愁，雕鑴篆刻，更唱迭和，戶聚其徒，鄉嘯其侶。然作之未幾，旋歸泯滅，求其永久，自古云難。

夫文章之傳於後世，必其有得於天地菁英之氣，如珠如玉，如珊瑚木難，抛淪糞土，而寶光夜發，望氣者皆能見之。若夫杯盤匕箸几筵筦簟尋常之物，雖里巷無知之人，朝夕顧視，未必其驚相告也。何則？常物者，人之所能爲；而非常之物，則天之所偶畀也。

羅君西園平生嗜學，造次之間未嘗釋手，尤喜爲詩，流連景物，不懈以勤。其天機之所觸發，俊爽清妍，不知於古人何如。蓋西園之於詩，自垂髫以至白首，前後四十餘年，好之而久，故其工如此。此雖人力，然亦得之於天者厚也。余交西園，敦厚長者，遺余爲序，其何敢辭？惜乎余之卑微，其言不見信於世也。雖然，賢如西園，詩之工如西園，固智愚之所共見，亦奚待於余言？

沈茉園詩序

沈君茉園出其平生所爲詩曰初卉集者視余，余讀之終篇，欷噓不能去。曰：此盛世之風也。古之君子未有不願爲清廟猗那，而顧願爲寺人孟子，懷周道、憂黍離者也。夫未嘗有孽子孤臣伯奇、屈原之遇，而強爲怨咨愁苦之言，豈不悖哉！

沈君纍然太學生，嘗工舉子業，屢試不遇，而其心愈下，其氣愈和，雍然其德，退然其容，作爲歌詩，雕鎪抉摘，無憔悴之思，無鬱堙之態，身在布衣窮巷，而爲文與公卿達人無以異，則他日沈君之爲公卿達人可知也。

雖然，下民之悲愉喜戚，與上天爲感應，欣忭之情，踴躍之節，忿憾不平之氣，太息之聲，充周鬱積，而天下之治亂興衰以出。富貴不足道，吾於沈君之詩，又以卜世運之方隆焉。

嚴遙青詩序

自有書契以來，則已有文章之學。堯典、臯謨唐虞之紀載，擇當時有道而能文者爲史官，以職司其事。文王、周公繫易，孔子成春秋，皆以大聖人之才，躬親著作，故其文辭炳然如日月之光，照耀中天而流傳於萬世。孔子之教弟子，有德行、言語、政事，而游、夏獨以文學見稱。蓋其學有師傳，代相祖述。歷戰國、嬴秦迄漢之中葉而衰；唐、宋之英賢，奮乎百世之下，振起其頽廢，而能者不過數人。後之學者無所稟承，其不得與於斯文固宜。

若夫風詩者，鄉閭之婦孺莫不能爲詩歌，以諷其在上之政治，而寫其心之所欲言。夫以女子小人所能爲，而今之學士大夫顧有所不逮，何哉？科舉時文之習，詘誘於其前；而富貴貧賤得失之念，汩沒於其內也。

嚴君遜青爲學官弟子，而其心泊然寡營，不爲科舉所蕩搖，不以得失而摧挫，常肆其志於山窮水僻之外，率然而吟，蕭然而詠，故其平生所爲詩，裒然成帙，有以樂之終身，卓乎其可傳於後世。而以徵序於余。惜乎余之卑微，不能使人尊而信之也，然知言之君子其必有取焉。

朱東發詩序

余友朱君覲扆以文章鳴一世，雖鄉里之兒童從塾師學句讀者無不知有朱君。其受知於督學使者，蓋屢冠其曹，而久羈試院，不獲大其敷施。乾隆辛卯始沐殊恩，賜名得同於鄉舉。當是時，君年已七十餘矣。然君有才子二人，曰東發、曰鳴初，其父子隱然名動天下者，將擬於眉之蘇氏，而東發尤工於詩。

夫詩之爲用廣矣。其達而在上者，登歌清廟，揚厲朝廷之盛德，而比隆商、周雅、頌之遺；其窮而在下者，抱其所有而不得施設，悲愁感憤之無聊而見於吟詠，亦得窮人情物類之微，而極寫夫日月風雲之狀，使人讀之可以歌、可以泣，不知手足之舞蹈也。然天下豈生而皆達者哉？則羈愁之響忽變而爲雅頌之音者有矣。東發既以六經、孔、孟之微言，摭而爲制舉之文，其於取科名有餘裕矣；而又出其蘊蓄，作爲歌詩，而其詩又不徒排比聲律爲今人之試帖已也，蓋嘗沐浴於三唐之作者，窮其源以及乎漢、魏、六代，溯其流以及於宋、金、元、明，而逌然自成爲東發之詩，雖以之登歌淸廟，其誰曰不宜？

嗟乎！朱君以魁壘不世出之才，生於東吳文盛之地，當儒學奮興之時，宜其高科膴仕以與里之縉紳大夫馳騁於一時，而抑遏閉塞，久幽而不顯，蓋天旣畀之以文章，姑黜其貴勢，而因以厚其積於兩嗣君也。昔在蘇氏，明允偶未遂，而文忠、文定相繼登朝，其勳業丕著於當時，而文章並傳於後世。讀東發之詩，朱君可以欣然而笑、拂衣而舞矣。

皖江酬唱集序

詩也者，樂之本也。樂也者，仁之聲也。士君子託居民上，不忍虐使其民，而温良慈惠，惟以愛民爲心，則其和風廣被，一日而形爲歌詠，常有藹然之音焉。

吾郡太守鄭公至自南海，抱質懷繩，專精委務，德懋於厥躬，恩隆乎兆庶。時值天旱，隱念民生之疾苦，禱雨龍山，不憚跋履之勤，崎嶇之阻，鹽汗喘息，冒炎熱而不自知。精意之所流通，上及九天。龍躍雲蒸，霈然降雨。田禾隴黍，旣槁復蘇。閭左窮檐，驩聲騰沸。公顧之而喜。爰乃對花而飲，乘月而歌，先民而憂，則亦後民而樂也。安慶之與池州，壤地相接，鄭公既賢，而池州太守張公又賢也。張公間因事至安慶，以客爲主，則鄭公轉主爲客。故對花之筵，鄭公主之；而乘月之筵，張公主之。予唱汝和，無往不復。鏤冰斵雪，纂組繽紛，璨璨乎珠玉之輝，飄飄乎雲霞之態，以是而宣諸金石，比之管匏，信所云藹然之音者也。

於時，一府之中，屬邑之吏，與夫分發安徽將之官而待命乎大府者，里居之績學而未仕於王朝者，一尊卑，齊長幼，苟有能詩之稱，皆屬而和之，聯爲巨編，驚人聽睹，名之曰皖江酬唱集，而遣大櫆爲之序。

劉大櫆集 卷三

序跋類 書説類

蚓竅集序

昔在帝王之世，一人正位於上，而羣賢翼戴於下，未聞有賢人而隱居者。周衰，孔子不遇於時，而其徒若顔、曾、冉、閔皆不仕宦以老，此非有意於隱，以世無用我，不得已而山林也。若堯之時有許由，夏之時有卞隨、務光，值可以有爲於天下，而視若泥滓。彼其人不以有道而舒，亦不以無道而卷，方且御風餐霞，游情於日月之上，肆志於虚無之鄉，又奚暇帖帖焉以祿爵爲事，是乃所謂隱者與！

吾鄉章頤庵先生生於明永樂，及正統、成化之年，其兄舉進士，爲武昌太守。朝廷方入粟補官，以先生之才與其資，皆足以掇巍科、登膴仕，顧棄不取，獨奉其太夫人極山水園亭以自樂，此其性情有異於人者。故其爲詩澄澹蕭疎，類古達人之風尚。

夫陶潛去彭澤而其詩甲於魏、晉以來；林逋、魏野不仕於眞宗之朝，而傳其詩至今不廢。信乎有其人然後有其詩，而誦其詩因以知其人。生先生之後，不得見先生；見先生之詩，如見先生矣。

見吾軒詩序

余友張君中畯之亡，余既爲之志其墓矣。其後二年，其子曾敞次集其平生所爲詩歌，俾余論定而爲之序。

余既卒業，乃以歸而告之曰：「文章者，古人之精神所蘊結也。其文章之傳於後世，或久或暫，一視其精神之大小薄厚而不踰累黍，故有存之數十百年者，有存之數百千年者，又其甚則與天地日月同其存滅。夫與天地日月同其存滅，六經之文也。自六經而下，其文遞降而薄，則其傳亦遞降而近，有不可以一槩齊者矣。子之先君子其精神貫日月而塞天地，其必傳於後世無疑也。」人之生世，大約不過六七十年，而文章遂足以支於無窮，然則中畯雖其年不及中壽，而精神固已長留於不敝矣，尙何憾哉！

憶昔與中畯遊，旦晚相過從，時時出酒食以相慰勞，酒酣以往，相與縱論古今之變、當時之利病得失，悲吟慷慨，意氣勃然。嘗竊謂天之生是人也，殆將大成其才，而使其功施於當世。嗚呼！孰以爲民之無祿，天不憖遺，而中畯則既死矣。中畯之名滿天下，世之知中畯與不知中畯者，皆慕與之交，然或震其文章，或多其智能，而於其心術行誼之隱，可以託妻子而共死生患難者，或未能深知之也。

天之生才，常生於世不用才之時，或棄擲於窮山之阿、叢薄之野，使其光氣抑遏而無以自達；幸有可達之機矣，而在位者又從而掩蔽之，其阨窮以終、淪落以老者，何可勝數！中畯故相國文端公之孫，而少宗伯約齋先生之子也，其世父保和公復繼爲宰相。天子既已知中畯之才，雖未及驟用之，而眷注深矣。彼阨窮淪落者不足道，若夫既值其可爲之時，又居其得爲之地，而卒摧折之如此，豈天之於人亦有不能自主者邪！雖然，人之終其身盡力於文字，求一言之存於後世而不可得，中畯乃獨得雄直之氣，以與古之作者相頡頏。然則中畯雖不得大有爲於天下，而後之人讀其詩，亦可以想見其蘊矣。

倪司城詩序

余友倪君司城，非今世之所謂詩人也。其試童子，嘗冠於童子矣；其在太學，嘗冠於太學諸生矣；其應鄉試而出，太倉王相國使人亟求其草稾觀之。然則司城之於舉進士可操券取也，而卒不獲一售以終其身。雍正之初，嘗爲中書而使蜀矣，其後爲洋與南鄭二縣令，前後十六年，其德澤加於百姓。大臣嘗有薦其才可知一郡及爲藩臬之副使者，而卒老於縣令不得調。信乎人之窮達懸於天而非人力之所能爲邪？

司城於書無所不讀，而尤詳於聖人之經，必究極其根源乃止。其齒長於余十有餘歲，而與余同學爲古文。余間出文相質，司城雖心以爲善，而未嘗有面諛之言，其刻求於一字一句之間，如酷吏之治獄，必不稍留餘地。余少盛氣不自抑，或與之辨爭，至於喧閧。然司城不以余之爭而稍爲寬假；余亦不以其刻求而自諱其疵纇也，苟有作必出使視之。其後每相見則每至於爭；而一日不見，則又未嘗不相思。蓋古之所謂益友者如此，而余特幸與之爲友也。

司城抱負奇偉，不得見於世，則往往爲歌詩以自娛。其壯年周遊黔、蜀，崎嶇萬里，其詩尤雄放，窮極文章之變；雖其他稍涉平易者，而語必雅健，能不失詩人之意旨。時人不能盡知，更千百世後必有能知之者。

余雖與司城同鄉里，其久相聚處，乃反在異地。司城既家居，不相見者常至五六年。歲庚午，司城一至京師，余與相聚纔數日，悵然别去。忽忽閲四歲。今春，余將之武昌，道過司城。司城出酒肴共酌，意氣慷慨，其平時飛動之意，猶不能無。然而司城年已七十矣！司城所爲詩僅千有餘篇，其鋟板以行世，用白金無過百兩，而家貧力未能及，余將與四方友人共謀之，而未知其何如。雖然，司城之詩藏於家，其光怪已自發見不可揜，雖其行世豈能加毫末於司城哉！然則，鋟板與否存乎人，而司城固可不問矣。

馬湘靈詩序

馬君湘靈與余居同里，生同庚，學同業，其喜爲詩同，其嗜酒同，飲酒既酣，其狂言震於廣座也同。余棄於時，而湘靈亦屢試不舉，爲同遇。余生三子皆夭，而湘靈亦未有子息，爲同病。人之不同如其面，余與湘靈幾無不同矣。而亦有不同者，蓋湘靈之爲人，余固嘗兄事焉；若其所爲文章，則余方欲師事之而未能；此其不同也。

憶昔與湘靈同在京師，一日，日已晡，湘靈過余旅舍，余出酒肴共酌。時余兄奉之亦在坐。湘靈被酒，意氣勃然，因偏刺當時達官無所避。余驚怖其言。湘靈慷慨曰：「子以我爲俗子乎？」余謝不敢。湘靈命酒連舉十餘觴，大醉讙呼，髮上指冠，已復悲歌出涕。余見湘靈言之哀，亦泣涕縱横不自禁。湘靈乃指謂余兄曰：「彼乃同心者！」因出其平生歌詩示余。余讀之，風翻雲涌，而喉間氣鬱不得舒。於是相對黯然，罷酒別去。

忽忽二十年，則聞湘靈已老病，不復能遠遊。或扁舟自放於九龍、三泖之間，間則歸里，與縉紳之去位而里居者，連爲吟社，尋山釣水而已。嗟乎！以湘靈之才與其志，使其居於廟朝，正言謇諤，豈與夫世之此倡而彼應者同乎哉？奈何窘蹶涪湛，抱能不一施，遂爲山澤之癯以老也！

癸未之秋，湘靈褰其所爲詩遺余數百里之外，使爲之序。余誦湘靈之詩，循環往復，益歎湘靈年雖老而少年英銳之氣不衰。此其必傳於世，世人之所共知，固不藉余言以增重。若其人之磊砢，不猶高出時俗人萬萬，則非余言莫之顯。雖然，後之人苟能讀湘靈之詩，亦可以想見其人矣。

左仲郛詩序

詩也者，所以爲樂也。去先王之世既遠，樂亡而詩獨存。夫詩存則音存，音存則樂雖亡而不亡。吾以爲今之學者不得如古之人安弦舞勺，而其業莫要於爲詩。

昔者，聖人制爲詩以教天下。田野之農夫，閨房之女婦，鄉曲之孺子，類皆能爲歌謠以頌其上之美而譏其失。刑罰之煩，賦斂之苛，皆有以自達其隱。抑塞之情舒，而忿憾無聊不平之氣寖以微矣。詩亡，則上下之意指痞聾痞結，而陳勝、吴廣始得以縱横於阡陌之間。

夫詩成於音，音成於聲，聲成於言，言成於志。志平則音和，志哀則音促，志敬則音凝，志佚則音蕩，故聖人樂觀焉。夫然後奏之以金石，吹之以管笙，宫以宫倡，徵以徵和，高下疾徐，莫不中節，屈伸俯仰，雜而成文。有詩而君臣之志通也，有詩而父子兄弟之恩浹也，有詩而夫婦之好永也。夫詩何負於人哉！蓋孔子嘗弦歌三百，以求合於韶武雅頌之音，故曰：「小子何莫學夫詩。」「不學詩無以言。」詩成，而禮樂之化行矣。

左君仲郛温然長者，敦行於其家，而以其賸餘施及朋友。愛慕古人之文章，而於詩好之尤篤。遠取魏、晉以來之作者，含咀而得其自然之響。抒人情之幽渺，繪物態之繁多，宣兩間之秘奥，信乎其詩之幾於樂也。雖然，余之於君可謂知之矣，若其於君之詩，惘然遂以爲知音，不知君其許我邪？抑猶未邪？

江汶川詩序

天地之美好，不能盡鍾之於人也。或使之致身富貴，坐享一時之光榮；或畀以才德，名垂於後世而不朽；或壽考康寧久不死，而累閱人世之興廢。此數者天地之所愛惜，而不欲兼以與人，故優於此則絀於彼，亦其勢之固然，無足怪也。

余友江君汝川少習爲時文，爲學官名弟子，屢擯於主司，無所用。而性好遊覽，跋山涉水，崎嶇燕、秦萬里之外，窮愁艱阻，可喜可愕、忿懥無聊之氣，一皆寓之於詩。夫詩之爲技小矣；及其得之於手而應之於心，雖寢食可以相忘，而況於人世之得失、去來之無定者與？余觀江君之爲詩，於唐似韓君平，於宋似陸務觀；而江君之才又自有超於君平、務觀之外以自成爲一家之文者。江君雖欲不窮於世，豈可得哉！

雍正乙卯之秋，余與江君同在京師應舉。其時士子之數多於號舍，號舍不可得，乃與江君同坐編篷之下，大雨，衣襦皆霑溼，相顧咨嗟失色。其後同爲考官所黜，倉皇別去。忽忽二十年，乃復相遇於燕城。兩人鬚髮皆白。江君取酒共酌，因出其平生所爲詩讀之，風雨馳驟，猶若不可抑遏。然余微覩其意態，回視往昔相從時，豪縱自喜，十已減去五六；然則，余與江君其皆老矣乎！

其體，視他人苟得之富貴，猶糞壤也。余雖喜爲詩，而才力不逮江君遠甚，反而內顧，其何以自掩覆邪？雖然，士君子能自修其身，而無愧於心，則所謂不朽者，當自有在；而其名之傳於後世或不傳，固可不計也。遂書之爲江君詩序。

張訥堂詩序

龍眠之山，高秀緜亙，至三十餘里之深，而不可窮竟。其清淑蔥靈之氣，盤委積疊，而鍾之於人。故我桐城張氏文端、文和父子相繼爲宰相，其他爲朝廷之達官者，不可勝計。意以爲山川之力竭盡而無餘矣，而訥堂乃更以文章顯名於斯世。

訥堂故侍講中畯之仲子，文端之曾孫，少宗伯約齋先生之孫，而文和其伯祖也。夫文章之與勳業，其輕重不較而明。然曾鞏有言：自周衰至今千有餘歲，其間能文章之士，漢及唐、宋三代而已；而三世之盛，能以文章特見於世者，率不過三數人。是則爲國家建立勳業前代多有其人，而能文章之士曠世而不一見也。

訥堂生於家門全盛之時，其有一技之長，咸得以自奮而備位於朝宁。乃訥堂一舉於鄉，而久困公車，南北奔馳數十年。蓋天所以挫抑之，使其胸中浩然之氣蘊而不出，鬱而不舒，因之羈愁感憤，適遇夫風霜雨露山水花鳥，而莫不抉其幽深，形於詠歎，盡發之爲文章，以傳於後世，增益其所不能，固在於此。

憶昔與中畯遊，時至其邸舍，評量今古，詰駁是非，或飲酒留連至醉。訥堂則方總角，與其諸弟從塾師受書，已能屬對精切，余心竊異之，然亦不知其歌詩之工至於如此！中畯既長逝不可復見；見訥堂之儀止，聽其言議，讀其文章，中畯之聲容恍然如在。甚矣！中畯有不凡之子能世其家也。

夫天下之人衆矣。勞其心思於文字之間，無地而不有其人。然求其一言之存於後世，殆不可得。訥堂乃能於累世華膴之下，而兼有夫儒生韋布之長。後之人讀其詩，而考其家世，見其父子祖孫奕葉相承如此，孰不神往而慕豔之？則訥堂之詩之存，豈獨一人之美善，所以著中畯庭闈之訓，又以昭文端、宗伯之澤於無窮也。

訥堂將適京師，出其平生所爲詩，俾余論次焉。余循環諷誦，而益歎其才力之富，蓋無體之不工也，不可以無言，乃併爲之序。

張秋浯詩序

天地之氣，默運於空虛莽渺之中，蘊積之久，不能自抑遏，而發之爲聲，雷乃出地而奮。至於風雨之拂草木，水之激石，其次焉者也。氣之精者，託於人以爲言，而言有清濁、剛柔、短長、高下、進退、疾徐之節，於是詩成而樂作焉。詩也者，又言之至精者也。若夫鳥獸之嘷音，傒蟲蠅蚓之鳴，又其微焉者矣。

且夫人之爲詩，其間不能無小大之殊。大之爲雷霆之震，小之爲蟲鳥之吟，是其小大雖殊，要皆有得於天地自然之氣。而氣之大者，其聲常充塞於天地之間。嵩、衡、岱、華之巍峨，非部婁之可及也。

張子秋浯生長貴顯之家，累世簪纓之胄；而乃縈情於歌詠，寄志乎風騷。比擬辭華，雕鏤物象，躋巉巖，淩浩淼，馳騁乎江山之壯，而研摩於月露之微。鯨吞虬横，窮極奇變，信乎能爲雷霆之震，而不屑爲蟲鳥之吟者也。

秋浯之兄訥堂以詩鳴一世，而秋浯放恣縱横，欲跨訥堂而上之。昔韓洎嘗輕其兄之文，以爲繩樞草舍。訥堂之文，不可輕也；秋浯亦未必敢輕之。平其心以相衡量，使之並礬而爭焉，其可也。

張荔亭詩序

古之人文，盛於西北；而後之人文，盛於東南。西北之地，高厚廣博，故其氣之所鍾，生知神聖，勃然羣起於一方。及其久也，西北之氣，盡泄無餘；而英雄魁壘才技之士，乃更叢植於東南之地。蓋天地秀傑之氣，不能不鍾之於人，拔地以怒生，而各有其時，此其大較也。

若夫一郡、一邑、一鄉里之間，其人物之生，亦互爲乘除消長，此盛則彼衰，彼興則此覆，往往皆是。而造化之機緘倏忽遷轉，時其聚也，而賢智才能遂畢萃於一門之中。漢之曹氏，宋之蘇氏，父子兄弟，莫不能爲文，而皆有以傳於後世。在唐中葉，竇氏叔向之子牟、羣五人，皆以能詩著，裒爲一集，而號曰聯珠。

若我桐城張氏既已再世爲宰相矣，而侍講中畯先生以文章馳名翰苑中，諸子森森繼起，櫃亭、訥堂、秋浯皆才名蓋世，最其幼者荔亭也。余嘗見其弱冠時，爲詩已拔出儕輩；倏忽十年間，學益富而深，才益老而横，著作滿篋，士林爭相傳誦。信乎秀傑之氣，鍾於一家，所謂連理之木，同穎之禾，雖景星、卿雲、麒麟、鳳凰，未足爲希世不易見之寶也。荔亭之詩，不待余言以重，而余竊自喜得交其父子兄弟間，故樂爲道其一門之中文學之盛如此。

伯父紛既先生詩序

周以前，士無以詩名者。嗚呼！此國風雅頌之作，所以至今存也。古之爲詩者，非以爲詩也而爲之。發乎情之不容已然後言；言之不足，然後歌詠之。雖里巷無知之野人，莫不能爲詩，而聖人取之以爲後世法。今世士大夫以詩爲業，童而習之，白首而不遷。嗚呼！此今之世所以無詩也。

吾伯父紛既先生之爲詩，不惟其辭之工，而惟其有以寄吾意。意動則操筆立書，連紙不能休。今之集其詩，又皆反乎人世之欣厭以爲去取。然則，今之世有能爲古之詩者哉，其知吾伯父之詩矣。

曹氏詩序

余數從吳趨友人爲漫浪之遊。竊見篋笥中往往有七子詩卷，爲今宗伯沈公所論次。七子皆吳中名儁，多顯而在位者，其一人則上海黄子星槎也。宗伯以詩名海內，其持論頗嚴，而黄子特見褒評，固知黄子之超越儕流。讀其詩，渢渢乎大雅之什，鏗金石而燦琳琅，心悦之而無由相見。其後，余爲博士於黟，而黄子亦司諭在歙，間以公事聚晤，則締交甚密。

一日，飲酒既酣。黄子出詩一編示余，而匿其姓名不告。余讀之未竟，矍然曰：「何其似吾星槎也！」星槎曰：「非是人之學星槎，而星槎之詩學於是人也。」猶不告以姓名。久之，乃復欷歔太息曰：「此吾亡妻曹氏之所作也。今已矣，無與爲詩者矣。」

蓋曹氏世爲松江巨族，星槎之母夫人，亦曹氏也。當是時，星槎上事其母，備極旨甘，夫人上奉其姑，又能先承其志意，姑婦相敬愛無已。而星槎與夫人時時作爲詩歌，嗚一家之豫順，以上承堂上之歡，其天倫之樂，固有貴遊所不及者。夫人之亡，豈獨星槎之不幸，抑亦太夫人所共憐惜也。昔在王駿、管寧願學曾子，終其身而不欲更娶，其不以此也與？

余觀夫人之詩，麗而不雕，濃而不膩，温和而愷至，一束於禮法之中，而不敢稍有放縱華靡之習，雖漢之班昭、蔡琰，無以過焉。惜其年之不永，其所存者止此，而又不得賢有力之人爲之揄揚，徒使其殘賸之篇章，傳誦於吾徒不遇者之口也，豈不悲哉！

東皋先生時文序

世皆以古之道無所用於今，是大不然。堯、舜之道遠矣，及東周之季，而仲尼祖述焉。冉牛、閔子、顏淵可謂賢矣，而孟子以爲「姑舍是」，「願學孔子」。詩自五七言之體興，歷漢、魏以及隋、唐，而杜甫集其成；文自東漢以代降，而韓愈振其衰。士不好古耳，好而求之，未有不至者也。

鄉舉里選之制廢，以文辭取士，至有明而其術窮。爰取四子之書，創爲八比之文，家誦戶習，而能者出於其間，若唐氏、歸氏其資之於古者既深，則其垂之於後必遠也。沿用既久，後學厭棄先矩，乃更旁羅經史，以相附益，炫其采色音聲，而於古聖立言之旨，寖以違戾。迄於今而承襲舛訛，先民之遺學掃地盡矣。

東皋先生崛起東武，洞見孔、孟之心意於語言之外，而盡其精微，不爲宋、元諸儒之所屛蔽，而行之以古作者之文。其言與聖人之言相赴，不闕一義，不增一辭，炯乎如日月之光，靡不照灼，非唐、歸之文，而唐、歸無以過之，超然能復古者也。

由是觀之，以古之道爲不足法者，妄也；以古之道爲高遠而不可幾者，怯也。今之善弈者未必不如秋，善射者未必不如養。至於賦詩作文，專以末流自待，言及於杜甫、韓愈，則愀然變色，以爲是天人，非吾之所企，吾是以悲其志之不立也。

有志者視先王之法，堯、舜、孔子之道，皆可以一身任之而有餘。夫以堯、舜、孔子之道，一身任焉，則其志愈大，而力亦從之。文章末技也，於以復古奚難哉？讀先生之文，可以蹶然而興起矣。

徐笠山時文序

凡人之業，精於其所獨造，而敝於其所共趨。與衆明其理，而已獨有所獲焉，是知之至也。與衆習其事，而已獨有所優焉，是能之至也。今天下相率以孔、孟、曾、思之言，爲八比之時文，各持其一是，各恃其一長，彼其誠心莫不自以爲察辨於儒生之説，而洋溢乎學士之文矣。然而耳震於啁哳之蛙聲，而琴瑟磬管之鏗鏘，以爲無族之鳴也；目眩於紅紫之亂色，而朱黄黼黻之煌煌，以爲無文之樸也。豈不顛倒而失其本心矣哉？是其人莫不有所知，而非吾之所謂知也，莫不有所能，而非吾之所謂能也。

夫文章者，藝事之至精；而八比之時文，又精之精者也。立乎千百載之下，追古聖之心思於千百載之上而從之。聖人愉，則吾亦與之爲愉焉；聖人戚，則吾亦與之爲戚焉；聖人之所窈然而深懷、儵然而遠志者，則吾亦與之窈然而深懷、儵然而遠志焉。如聞其聲，如見其形，來如風雨，動中規矩，故曰：文章者，藝事之至精；而八比之時文，又精之精者也。

今以漢、唐以來，詩歌、古文之信而傳者，與今人見之，其昧者爭避之，以爲不祥之物也；其知者以爲是有之，是吾鄉者嘗於某先生之笥見之者也。今以並時而生、所爲之詩歌、古文果足以追步古人者，與今人見之，其昧者爭避之，以爲不祥之物也；其知者以爲是有之，是吾鄉者未嘗見之，而吾鄉之所見，嘗亦有類此者也。

明人以時文取士，其亦有追步古文，而不爲世俗之文者矣，而其人不及二三人，其文不能數十首也。雖在於今，其亦有追步古人而不爲世俗之文者矣，而其人不及二三人，其文不能數十首也。今以前代之時文，與今之時文，果足以追步古人者，與今人見之，則適適然驚矣，望望然去矣。何者？彼其於詩歌古文，徒見其善者也；彼其於時文，雖有善者不見，徒見其不善者也。徒見其善者，以善者示之，彼以爲類也，故安之也；徒見其不善者，忽以善者示之，彼以爲不類也，故怪之也。

彼其求之者，帖然旅進於其下，各持其一是，各恃其一長，曰：若者爲舉人矣，若者爲進士矣。彼一夫者，懵然踞坐於其上，持彼之一是，恃彼之一長，自以爲繩墨，而以之衡天下士，曰：如此則中吾彀，如彼則不中吾彀，如此則得之，如彼則失之矣。彼幸而得之者，亦遂欣欣焉自鳴其得意，以爲是果有道焉，吾乃今得之矣；彼不幸而不得之者，亦遂悵悵焉撫己而自疑，以爲是或有道焉，吾特未能得之耳。於是得之者愈益驕，且以爲嚮者吾固未嘗能爲文，能之自今日始。於是招彼不得者而誨之曰：「來！吾語若。是蓋有道焉，若虛以從我，我告若；若不虛以從我，我不告若矣。」彼不得之者，久不稱其意，其心不能無少動，欣欣焉而來曰：「庶其告我哉！」嗟乎！以彼其言叩其心，獨安能無慚於幽獨之間乎哉！此世之能爲古人之文者，所以潛蹤滅影，牢關深閉，藏其文於筐篋之中，而不與今人見之也。

吾友徐君笠山之文，吾嘗與望溪先生論之，以爲追步古人，而不爲世俗之文者也，與衆明其道，而己獨有所獲焉者也，是知之至者也，與衆習其事，而己獨有所優焉者也，是能之至者也。其藏之筐篋之中，以傳於天下後世焉可也。

郭昆甫時文序

人必有一介不取之操，而後可以臨大節而不奪。有臨大節不奪之心，而後其見於言者，輝光潔白，而不受世俗塵垢之汙。甚矣！文之不同，如其人也。一任其人之清濁美惡，而文皆肖像之。以卑庸齷齪之胸，而求其文之久長於世，不可得也。

余友郭君昆甫生於衡、湘之間，而盡得其山川淑靈之氣，固所謂雄偉磊落非常之才；而其矢志行身，必本乎孝弟忠信。大行則發之於事業，窮居則不得已而見之於文章。余固粥粥無能，不能及昆甫萬分之一。以昆甫嫉惡之嚴，宜其無所取於余；顧獨相信之深，且欲共相攀援以躋於賢豪之域。余自顧而慚，不知余何以得此於昆甫也！天驥絶塵而奔，尾以蹇驢，不知其能同至焉否邪？

余觀昆甫特立之志，方進取於古人，而未有止息。其動履必折衷於道義，而窮達禍福不以易其心。使其立乎本朝，而古人之功業，不復見於今世，吾不信也。況其外之文乎？志也者，幹也；文也者，其華滋也。且夫文章得天地之菁英，而光采迸發，不可蔽掩，彼其設心冒利，苟爲干進之階者，固宜其驚猶鬼神見之而卻走哉？

雖然，余與昆甫各以私繫，不可合並。追思往昔飲酒終日笑謔歌呼之樂，邈不可得。閉門讀書，忽然有得於心，拂衣起舞，欲就質之昆甫，而昆甫隔在關河數千里外。念人事之變化、會合之不可常，壯者老，老者病且衰，爲之太息歔欷泫然流涕者久之。於是爲序其文，以寫其憂思，因寓昆甫視之，以爲何如也。

方晞原時文序

方子晞原將刻其平生所爲制義，而請序於余。余應之曰：「子之文，不合於時者也。而重以余言，其毋乃未獲揄揚之益，而益滋之詬厲乎！」蓋孔、孟之微言，經前代諸儒之論辨，而大意已明矣。後代更創爲八比之文，如詩之有律，用排偶之辭，以代聖賢之口語，不惟發舒其義，而且摹繪其神，所以使學者朝夕從事漸漬於其中而不覺也。故習其業者，必皆通乎六經之旨，出入於秦、漢、唐、宋之文，然後辭氣深厚，可備文章之一體，而不至齟齬於聖人。傳習既久，日趨詭異，加之以患失之心、求得之念，而流弊至不可勝言。

晞原志在返古，獨從余相爲劘切。遵唐、歸之遺軌，而不惑於世俗之趨尚。一時與晞原同學者，操速化之術，多竊巍科以去，方且笑晞原之拙，而晞原以爲得之有命，終不易其所守也。

雖晞原之在今日，傫然諸生，不獲與時彥爭榮，然守其道而不變，安知其終不得邪？彼其得之者，自喜以爲術之工，而不知其爲天之授也。天苟授之，使其爲晞原之文，豈遂不得邪？夫學爲速化之術者多矣，豈其皆得邪？爲𥠖原之文而得，所謂兩得之也；爲速化之文而不得，所謂兩失之也。後之學爲文者，可以決所從矣！

顧備九時文序

顧君古湫將刻其平生所爲文章以行於世，而以余之有舊也，願一言以廁其簡端。余聞之而笑。夫古湫之文，固已不宜於世俗，而重以余言，其不益滋之詬厲哉？

楚之南有漁者，冀得吞舟之魚，而惡其鉤之曲也，乃取莊山之金以爲錐，投之瀟湘之浦。大魚之食其餌而去者以千數，而終年不一得魚也。人見之，或諷其少曲。漁者曰：「寧終吾之身不得魚，顧不忍曲鉤而求之爲恥也。」楚之人皆笑以爲愚。古湫舉進士，爲文章於舉世不爲之時，其不爲楚人之所笑者幾希！

雖然，破癰決瘍，去之惟恐其不盡，而蠅蝱之所爲得也；溝中之瘠，孰不掩鼻而過之，而蚋蛄之所爲得也。大瑟朱絃，非里耳之所聞；明堂複廟，非猿鳥之所處。久矣夫薰蕕之不可以同器而載也。

夫古湫方將翺翔乎萬物之上，轉徙於青冥之表，安能斂精神於圜穢之地，以求悅衆人之耳目哉！是故古湫之失，不足以蔽其所得，有眞得者存焉；世俗之得，顧自以爲得耳，彼其所失者多矣。然則世俗未嘗有得，古湫未嘗有失，雖失之，而行且得之。夫得失何常之有！

宋運夫時文序

與吾並世而生，吾愛之慕之，願與之交歡，有終身不得見者矣。使四方之士，倏然羣聚於一室，蓋其難也。

丁卯之春，天子命工部侍郎博陵尹公視學三吳。於是東雋南英，晉儒燕紳，殊音異習，或相知或不相知，雜然喧嘵，連牀並席，所以商校譏評，拔尤選奇，育材作人，共襄文治者也。

中山先生來自深澤，掇進士之巍科，爲西川之賢令。其體魁梧，其質淳厚。與之語，温然而和；叩其中，粹然而善。久與之居，不能舍以去也。間出其所爲文章示余，詩、書之英，屈、宋之華，其度凝然，其氣勃然，其法律森然，金輝玉潔，以自成爲一家之言。請余爲序，志意殷然也。余以悤冗不暇爲。未幾，而尹公卒於松江之官署。向之聚於一室者，今將散而之四方矣。余雖欲久與先生居，不可得也。遂書之以爲先生時文序。

綦自堂時文序

江水自巴蜀東注。而嶓冢、滄浪由秦之金牛，蜿蜒東南數千里，至大别入江，江、漢合流，當荆州之都會。踰嶺而南，爲百粤之地。而嶺北諸水，瀟、湘、沅、澧、敍、酉、辰、無、資、漸東北匯爲洞庭，以合於江、漢。洞庭之廣方八百里，韜涵沈浸，噴雲納霧。君山崒嵂於其中，衡嶽巍峨於其上，雖以魯之大野，燕之貕養，晉之陽紆，句吳之震澤，增益之而不加多。故其氣之所蒸，鍾秀於人，自屈原、宋玉、唐勒、景差，代有淹雅非常通經能文章之士。

綦君自堂家於洞庭之傍。其爲人潛靜而惇篤，其於古人之術，無所不窺，有一言之疑，窮日夜以探之，必求其愜於心而後已。其於交友亦然。有一言之未愜於其心，常反覆以論之，必求其無憾而後已。故其爲學，鴻深溥博無涯涘。蓋江、漢、洞庭之鍾秀於斯人也。

間嘗出其時文以示余，思澄以奥，氣直以豪，浩浩乎如洪河大川之奔流不可禁禦。余嘗謂時文小技，然非博極羣書不能作，今於綦君信之矣。

張蓀圃時文序

余嘗謂古昔聖人之言，約而彌廣，徑而實深，卽之若甚近，尋之則愈遠。儒衣之子，幼而習之，或通其詞訓，而未究其指歸。後之英主，更創爲八比之文，使之專一於四子之書，庶得沿波以討源，刮膚以窮髓，其號則可謂正矣。然設科名以誘之，懸爵秩以招之，得失眩其中，榮辱奪其外。其始也猶有矩矱之存焉；其既也，用貪冒苟得之心，以求悅於鄙夫小人之目，而其道始離矣。

平定張君蓀圃與四方之士同以進士舉，而獨不趨於時好，不騖於速成，抽曲盡之思，顯難詳之義，浸潤乎六經之旨，敷揚乎兩漢之辭，並之於雲日而光明，賡之以管絃而和洽，洋洋乎，渢渢乎，斯可謂之文也。

然而不自收拾，隨手浮漂，其一藝之成，輒爲人持去，故其所存纔二十餘首。夫隨侯之珠，徑不盈寸；趙王之璧，枚不踰雙。至寶之所在，其精神有貫徹乎山川者，豈其以多爲貴哉！

潘在澗時文序

文章者，人之精氣所融結，而以能見稱，天實使之。日月使之有輝，山川使之有雲，鳥獸使之有毛羽，草木使之有花。夫花則一而已，然使其地有盛衰，使其時有先後。北之藥，南之梅，地使然也。秋之菊，春之桃李，夏之芙蕖，時使然也。紀洛陽之牡丹，以州、以姓、以色，及其無窮，鹿胎、倒暈，殊種異態，殆於不可究詰。今之洛陽猶是也，而牡丹之盛，不復如曩時。蓋天偶以其氣鍾於是花，使於有宋極盛之時，而一發其光，後世更千百年，雖洛陽不再見也。浮屠釋子蔓延於中國，然晉有惠遠，唐有大顛，宋有惟儼、秘演、了元、參寥，皆得與當時之名賢偉人相友善。今之時，吾見浮屠多矣，求如惠遠諸人之交游而不得也。豈天靳浮屠之能，不使復生於世，亦如洛陽之花邪？抑天既生之，顧使其竄伏於窮崖絕壑，而使吾不得見之邪？

人之生同類而殊能，蓋皆天使之。然堯、舜、禹、湯使爲君，伊尹、周公使爲相，孔、孟使爲師，孫臏、吳起使爲將，聶政、荆軻使爲俠，老聃、莊周使爲激詭，商鞅、李斯使爲變亂，曹操、孫權使爲奸雄，涂楎、管寧使爲隱退，烏獲使其力，孟賁使其勇，慶忌使其捷，師曠使其聰，離婁使其明，班輸使其巧，養由基使射，盧、扁使醫，伯牙使琴，秋使弈，宜僚使丸，鍾、王使書，僧繇、道子使畫，彼其能之，必有以使之也。天使之能則能，天不使之能，窮其人終身之力，猶不能也。且天或一使其人能之，而後世遂不使同其能矣。降此以推，使之爲儒生，使之爲農圃，使之爲工匠，使之爲富商大賈，使之爲巫，使之爲匄，使之爲優，使之爲盜賊，使之爲餓莩，若此者蓋莫非天使爲之，欲不爲之而不能也。

人之所能自爲者，文章也。而其人之生，則天使生之。左丘明、屈原、荀卿，使生楚，司馬遷使生秦，相如、揚雄使生蜀。古之人文，盛於西北，而後之人文，盛於東南，地使之也。秦、漢以前，其人莫不能爲文，而唐、宋以下，則其能者不過數人，時使之也。其時同，其地又同，有相因而至者。律以雄鳴，使以雌應之；音以宮倡，使以徵和之。韓愈、柳宗元使並時而生於大河之南、東，歐陽、曾、王使並時而生於豫章，蘇氏之文，使並時而其父子兄弟生於峨眉之山下。時文亦然。唐氏、歸氏使並時而生於吳會。

今之時，淳安方氏，天獨於其時文而使之能人所不能，淩虛倒影，人巧盡，天工出焉。其來友敎於新安，而歙有潘君在澗與之爲應和。讀潘君之文，如陟巖險而愈得其便習，天蓋不欲使方氏獨能之，而使潘君與並時而生。淳安，漢丹陽之郡，歙之分地也。余之在黟，其地與歙爲鄰。余蓋幸天之使余得交於潘君，而惜方氏之未見，於是乎言。

張俊生時文序

唐以詩取士，而杜、李二子無與於科名；明以八比之時文取士，而歸氏熙甫晚乃得第。信乎高遠傑出之文，非世俗之所能知，古今同然乎？雖然，唐之以詩拾祟科者，今人不傳也。至於時文，則必取腐敗者誦讀之，而先民諸作藏瘗不觀。時文之日就卑下，固其宜也。

今之時文，號稱「經義」。以余觀之，如棲羣蠅於圭璧之上，有玷汙而無洗濯，雖古聖之言，光如日月，極人世之能，不足使之晦蝕；而時文自爲其不道之言，究何補於經哉？吾友張君俊生恥爲世俗之文，而爲文一以先民爲準則。然俊生之於鄉試一發得之，則是先民之文，亦得以弋取科名，而彼之耑耑以科名爲學者，徒自爲腐敗而已。

夫自書契以來，六經既往，文辭之士興，剽英獵秀，以求自見於世者多矣。然卒與糞壤同穢，由其繆戾於聖人之道，植基淺狹，而光氣不能自表見也。有志慕古之士，觀俊生之文，可以益堅其嚮往矣。夫寧獨時文也哉！

葉書山時文序

葉君書山志甚確，行甚方，不妄與人交。冬寒雨雪，依燈火坐讀禮經，門外雪深猶不輟。余嘗與夜談，僮僕候者皆已垂頭睡，兩人更自取燭繼之，不知夜之如何也。

人多不讀書；奮發如此，星辰之遠，鬼神之幽，可探而索也，況文字乎？曩者誦漢書，見班固稱揚雄好學，心竊慨想，恨不得生雄之世，與相砻礪，今何幸日從書山遊也？

書山不喜爲科舉之文，以家貧嘗爲童子師，間爲之，又時時棄去，故存者無幾。然其穿穴險隘，繪摹情狀，雖昔之專篤純一、老其材於斯者，或無以過焉。作書山時文序。

與吳閣學書

櫆再拜，奉書內閣學士吳公閣下：伏惟明公卓犖天授之資，抉摘今古，探其奥突，發爲文章，珠璀玉璨，渢渢乎長離之鳴，鏜鏞之響。而位勢近於台輔，德澤加於兆庶，閩海荒徼，聞公之名，無不束手斂衽，瞻顧而不敢前。櫆方孩稚，即知慕望。竊願裹糧負笈，徒跣相從；而自顧卑賤，巨公貴人無可通之路。又僻處江鄉數千里外，欲翹首跂足，望見君子之光儀，既不可得；向風奉尺素之書，號呼請託於門，則懼不見納。是以杜門自守，遙望堂階，茫如梯天，蹴踏不敢遽進。

近者客舍蕭條之際，忽聞從騎馳入，曰：明公且至。夫生平愛慕願望之人，十年不見，而猝然羈旅相值，喜出意外，安能默默不以自明？然猶以尊卑闊絕，草茅之夫，拜跪趨承，自慚鄙陋，惟恐獲戾於左右，而自取不敏之誅。明公不嗤笑以爲狂惑，而憫其窮屈，施之賞歎，慨然以樂育天下之材自任，懇款周詳，意思高厚，實非槐之初念所敢企及。語云：伯樂一顧，價增三倍。明公於槐非有平昔過從之素，一旦褒其文，大其聲，疾呼於儔人會聚之中，以吹埃咳唾矢口之力，拔擢閭閻孤處之儒生，出之泥塗之汙，而措之几席之上，其爲全活之恩、長養之德，不知將何以報之。

且夫負異懷奇之士，非無絲粟之能可採取者，莫不攘臂慷慨，咸思自致於青雲。而槐居閒處約，困不自聊，日月無窮，歲復一歲，欲往京師應舉求官，念無扳聯之親、投契之舊，朝夕薪芻食物之資，無所取給，誠恐一日失所，飢寒幷迫，惶惶焉無可告訴。今則翻然矣、勃然矣。苟明公以爲知己，既有推引之力，又有哀憐之意，竊用私心自喜，以爲獲所依歸。夫負販之輩，苟急所圖，奮身以往，猶不可遏，況當路而施仁有明公者以爲之主也哉！

再與吳閣學書

十二月二十一日，櫆再拜，謹奉書內閣學士吳公閣下：向上書後，待命凡四月有餘，不見還示，乃復敢畢其說，伏惟明公鑒其愚。

櫆聞之：人有失足九仞之井者，烏獲持長綆千尋，方欲拔而起之，而井中之號呼不止，何者？幸生之期愈近，望救之心愈迫也。櫆不肖，樸騃粗鄙，才能無可採，而名聲不聞於里巷，爲世俗之所共棄久矣。明公不知其愚，猝然於道途之間、羈旅之際，一見而以爲可取，歸於中朝，執縉紳大夫之裾而告之曰：「桐城劉生者，今之昌黎也。」自東漢文壞，曠數百年，以至於唐，唐興百有餘年，而韓愈氏出而振之，至今未有倫比。以櫆之不肖，一旦而得以肩隨其際，明公之知櫆者至矣，其所以待櫆者厚矣。而櫆復有所云云，則九仞號呼之說也。

自古布衣以大臣之薦聞蒙顯擢者，史傳中不乏其人。況今天子新卽位，勤於政理，求賢如有所不及。明公方荷眷注之隆，立便殿，朝夕與天子相吁俞。四方之士，爭得明公之一言以爲重。明公不言也，明公而有言，九仞之墜，宜無不起者。

夫明公之於櫆，固不惜一施手之勞也。設使以櫆之見知於明公，而櫆之溺卒不可拯，則命也。雖有知櫆者千百人，非所敢望矣！抑又聞之：韓愈氏四舉於禮部而不遇，皇皇乎飢不得食，寒不得衣，乃卒至宰相之門，上書自請。櫆之窮何足道？然獨悲夫古之爲韓愈氏者之窮至此也。

與李侍郎書

蓋聞古之怪偉磊落英多之士，負非常之志願者，其始未嘗不屏棄草野，磴然自守，不爲苟合詭隨以取容於當世，而卒能自致光顯，以與國家建大業而成大勳。蓋必有一人焉，高居雲霄之上，不惜措手之勞，提攜拔擢之恐後。然後上之人暢然不至以失人爲憾，而下之人亦竊私心自喜，以爲得其所憑依。

往者，明公以明聰傑出之資，任館閣清華之地，窮金匱石室之藏，豫論道經邦之略，天子之吡，縉紳大夫之師，而樂善無窮，謙謙焉、欿欿焉，常若有所不足，虛左絕席，以待四方之士。四方之士風從雲集，苟有毫毛涓滴之能，無不奮袖慷慨，願得匍匐自致於明公之門。其有沈淪下里，不得親明公之謦欬者，皆閉門屏息，愧赧而不敢自比於人。鄉州閭左之人，見其不獲禮於明公，皆輕相狎侮，不復以爲可望。而當是時，士之有能自負者，果無不見收採；其不見收採，果皆無毫毛涓滴之能，而不足爲士。蓋伯樂過渥洼之渚，而馬羣爲空。近古以來，號稱得人之盛，未有如明公者。而櫆不肖，方伏在山林巖穴之中，學旣疎蕪，地復懸隔，不能稍自振厲，以窺見大賢君子之門牆。中夜涕泣霑袍，搤腕歔欷而不能自已。

近者，跋山涉水，奮身而至京師，庶幾得望見君子之光矣。而運會未就，又値明公出鎭遠方之日，日夜翹首跂足，望西南之鄉，而忽忽如有所失。士之遭逢，其果有幸不幸乎？以櫆與明公並世而生，明公之知人，櫆之可以見知於明公，而願見不可一得。然則古之接膝而不相知者何足深怪？

今幸明公以天子之明詔，峨然遠來；入內庭，爲宰相，與天子相吁俞，計日可得也。是以不勝拊髀雀躍之至，而先獻其平生所爲文數十篇於此。

與鹽政高公書

左君書至，知明公欲以櫆充博學宏詞之選，將薦之天子，而未知櫆之任受否也。夫櫆素非山林逸遺之士不求聞達以爲高者。客遊京師八九年矣，皇皇焉求升斗之祿而不可得，智窮力屈，乃一爲省覲而歸，歸未數月，又將負篋擔囊，羇言遠涉，持貨賄日遊於市，豈其辭沽直者。譬如山木，楩楠是資，其憚爲工師取乎？夫何不任受之有！

雖然，博學，美數也；宏詞，高名也；入而在位，以朝夕備天子之顧問，重任也。空空而爲博，戔戔而爲宏，櫆兹愧焉；無所挾持，不量粗鄙，而肩荷天下之重任，櫆兹懼焉。抑櫆聞之：姬公爲相，一沐而捉髮者三，爲迫於見賢也。明公雖欲比德於姬公，如櫆之非賢者何！且明公荷眷注之隆，王事劬勞，不遑息偃，其於草野之後進，昧昧一無識知，宜非所記憶；雖記憶之，亦將有不暇。然明公卒辱收之，以至於此。此非區區感激之私所可言盡！

櫆既歸之一月，卽欲求船東下，則聞太守尹公已遷爲運使。將及涼秋，稽首明公之庭階以親聆訓誨，則又不幸有采薪之憂，於今三月餘矣。雖獲小愈，而氣血肢體，未能和暢。是明公之愛育人才，出於中心之誠懇，而櫆終不克享德於明公也。謹遣僕人奉書左右以聞，無任慚恐！

與某翰林書

櫆，舒州之鄙人，而憔悴屯邅之士也。率其顓愚之性，牢鍵一室，不治他事，惟文史是耽。意有所觸，作爲怪奇磊落瑰偉之辭，以自爲娛樂。未嘗一往至康莊之衢、懸薄之第，曳長裾、趿珠履也。四方之薦紳先生不聞其名氏，鄉里之愚，笑譏訕侮，必欲擠之陷穽而後已。獨先生於櫆非有攀援之交，共事之情，久故之知，去其人三千餘里，河山關隔之外，一旦見其文，擊節賞歎，誇道於冠裳稠疊之中，謂古之傑魁之士莊周、司馬遷復生於世，而未能識其顏面，以爲恨事。激昂憤慨，思欲拔而起之，如恐不克。非夫骨肉之愛，何以及此！此皆先生之天性仁厚，孜孜以推賢進能爲務，而於櫆適爲同聲之應，遂以蘊結於無窮，豈嘗以是爲功德於櫆，而垂之於不報之所哉？

櫆窮居獨處，間嘗博觀往古文章之士，生苟同世，無不相知。然則先生之知櫆，櫆之見知於先生固宜。櫆明年將至京師，使得立於堂階之下，而望見先生之光儀，幸甚！獨不知先生其將何以進退之？

與王君書

櫆謹以舊所爲文十三首，再拜獻王君足下。方今往來都市，側足當道之門牆者何限。

櫆曾不以身與其間，乃獨排擯俗尙，叩足下之門而請，其非有他意以干足下，皭然明矣。

獨念近世以來，其以文章鳴世者，追逐時趨，日就衰壞。獨足下鑄脾琢腎，辭出於己，淘汰淨盡，丘壑變遷，頡頏古人千載，毫毛不欲有所讓。足下之志何其與世殊也！

櫆性椎魯，生卽善病，又僻處窮鄕，無所賴藉。乃冥其心思，追古人而從之，以故凡厥所有，皆與世齟齬，祇可自娛，不堪共質。間嘗出以示人，驚見駭聞，非怒則笑。其怒我者，其厚我者也；其笑我者，其薄我者也。今人之懷抱，大抵同矣。前此以觀於人者，既不相入，則後此者，亦可知矣。用是卷而藏之，寂寞以俟來世之子雲，不復與世人相爲酬答。而獨於足下云云者，足下所爲文，非櫆則莫之能好，而櫆所爲文，固非足下不知也。

夫同聲相應，設使古之魁閎之士，如韓愈、柳宗元，生同州里，而畢世不相聞知，雖至今千載，猶有餘恨。然則，櫆之於足下可知矣。乃足下之文，櫆則已收而寶之；而櫆之文，足下顧猶未之見，此櫆叩足下之門而請，汲汲焉所不能自已也。世不我知無害，足下而不知我，則必我之無可知者矣。是以郵寄之，於此用以自決，惟足下賜觀覽焉！

與左君書

櫆在兒童時，卽知有足下之賢，潔淸自持，與世俗殊向。卽欲擔囊往從之遊，而事故羈牽，不獲如志。近者，於皖城一得相見。足下不以其無他過人，遂有顧交之念，出於懇懇之誠心。夫以足下之汲汲於古人，立志行身，幾皆可以無愧。而櫆方坐於闇昧之中，思一追尋足下之光華不可得。足下不自知，乃一見卽以古之人相許，亦見其相望之深、相期之厚。則櫆雖不肖，而其於世俗之不相知，雖累千百輩其不足爲辱，而足爲榮也，省矣。又何恨乎？

櫆非知文者，足下顧出其平生所著述，俾相商訂，此無異投金玉於拙工，不破碎毀壞之不止。雖然，櫆之從事於此，不可謂不久。方其盡心力而求之，軒皇以來，聖經賢傳，以及百氏諸家之辭章，爲日星、川嶽、牛鬼、蜉蝣，種種形神，世旣有其書無不求；求而得之，而不知其解者蓋寡。則其於足下之文，希風掠影，苟有所測，敢不盡心？

夫文字，末技也，其於吾人乃所謂餘事。然見世人頗不知有此，可歎也。司馬子長、韓退之所爲文具在，世亦皆蒙謂之好，然使藏去司馬遷、韓愈名氏，令今人見之，鮮不資以爲笑，豈復能深加賞歎哉？謹撰序文以往，聊用發舒其懷念之情。須相見乃能盡意。臨楮悵望，不宣。

再與左君書

前在庭見所書汪節婦事，知足下於不善無不譏，於善無不欲張而大之，崇德罰惡，動於肫懇。既歎足下之處心居志絶乎人。及甸南到皖城，又知足下欲以此事聞之縣令，入縣志，爲節婦留不死於千載。足下之於人，何其思思無已也！雖古仁人之念，無以踰此。然櫆視之，此事亦可爲可不爲耳。

凡人之傳，姓字存也。姓字何足深據，往往有更易之者矣。方策所載，其人見以爲其人云爾，尙有雷同者矣。且古之著書者，或託於他人以傳，或書存而姓字磨滅，或一書而疑似數人之手，終不可辨。詩三百篇，多不知其作者所自；尙書紀唐、虞、三代言動，亦安知當日史官爲某氏、爲某名也？論語、禮經，孔子弟子所錄次，究竟不知弟子之名氏。左丘明傳春秋，或疑非丘明作，劉歆必謂之丘明無疑，孰非孰是？孔子曰：「左丘明恥之，丘亦恥之。」其爲此之丘明歟，不爲此之丘明歟？未可知也。孔子以丘明自比，丘明當爲孔子同時人，且先達者。春秋傳於「孔子卒」之後，是又有一丘明矣。世第曰左丘明，丘明既不一人，胡以別之？國語之書，果丘明外傳乎？抑他人作乎？司馬遷所稱「厥有國語者」，安知非卽春秋傳？或曰：穀梁赤，漢儒也；然亦安知必非子夏弟子邪？戰國策未必一人作也，抑其作者爲誰哉？著書者，姓字淪沒若此；其載於書者，安足爲信？春秋書「尹氏卒」，尹氏，男子乎？婦人乎？李白生長何地？舊唐書與新唐書牴牾，辨論嘵嘵，卒不明白。宋朝人有張先者，與湖州張先同時，皆字子野，高下不必等，而姓字了無所異。

然則士君子立身行己，非以爲名於後世也，蘄己心之快足耳。堯、舜、禹、周、孔子，過此十二萬九千六百年後，亦不復知矣。世雖不知，堯、舜、禹、周、孔子固在也。其精意流於上下，並日月，貫鬼神。天地存卽其理存；其理存卽其人存。浩乎四海不足爲大，亙乎往古來今不足以爲久且遠，安用姓字爲？而君子於世之末節小行，汲汲焉惟恐聞之不詳，書之不實，而傳之不廣，特吾人好德之心不能自止，且以爲來世勸耳！

嗚呼！此又視其文字之工拙何如矣！工則其人傳，不工卽其人雖傳不顯。周以來史籍具在，而世人讀宋、元之史，必不如其讀左、史。許遠守睢陽，頗爲當世所訴詈，及韓愈爲作傳後敍，而近古來死事之臣，流播人口，蓋多不及遠者矣。

汪節婦事，足下既以書之於紙，誅奸發潛，卓不可廢，又安以縣志爲也？櫆之先大父有側室章氏，非獨志行可矜，乃其撫字之恩有可感者，思所以報之末由。會郡守修府志，欲籍名志中。近思之，亦不須此。略撮所知大槩，草書一通呈閱。寄往節婦傳一首、經義四篇，此所謂啖鄉豪以戎菽，以負日之暄獻君王。足下接之，想見啞然笑也。冬寒矣，惟萬萬自重！不宣。

答吳殿麟書

殿麟足下：頃惠手書，辭重指疊，大抵閔我之窮，憤我之屈，意氣肫篤，迥出世俗尋常之外。茫然增悲，且感且愧！

然竊自思念，僕雖窮，要無足矜，非有屈，又何能憤邪？天之生人，其賦性受性異於禽獸。故古之君子戰兢怵惕，以自保其靈明，惟恐失墜，而終其身常在憂懼之中。自善其身矣，而又不忍同類之顚連，乃始出其身以先覺乎天下。其身雖在崇高，而心實存乎抑畏，其外雖若逸豫，而內更益其劬勤。若是者何也？凡以爲天下之民，非爲己也。是故不必富貴，不必不富貴。貴則施澤及一世，賤則抱德在一身；富則有以自厚其生，貧則有以自處其約。時其天明則與物皆昌，時其陰閉則與物皆塞。爵禄之來也吾不拒，其去也吾不留。其來也吾不以一毫而增，其去也吾不以一毫而減。故可富可貧，可貴可賤，而吾之修身勵行，要不以一朝而變易也。

且夫君子之心，豈不欲四海九州同歸於太和之域哉？然而有命焉，非我之所能爲也。今夫隋侯之珠，無網罟不能自出於淵；崑山之玉，無椎鑿不能自達於璞；九和之弓，少府之弩，無射者以發其機，不能貫魯縞；樸屬之輪，駃騠之馬，無御者以執其轡，不能獲一禽；麟不能馬足而走；鵬不能戢翼而飛。夫挾奇材、懷異質，不能自結於中貴執柄之人，阸於州部𡾊巖，無由自見其美，從古以來皆然，非獨一世也。如以天下之美在我，不辨從違，不論可否，而第欲從心直遂，是溽暑而欲進其狐貉，沍寒而欲施其絺綌，執獮猴而衣以黼黻衮裳之服，遇斥鷃而饗以鈞天九奏之音，必不售矣。

人不能自見其面，而鑑以照之則明。彼生而富貴者，其骨相與人殊矣。其外妍，覩其貌而相悦；其中慧，聞其言而愜心。於是被之以時服，振之以華纓，輕軀輭步，進退中繩。璐珥珠璣，其所素蓄也；碧盧照乘，以相投贈也。使天下之男子婦人，寤寐寢興，咸願與之交歡，而恐其不及。有如越女秦娥，淩風獨立，而顧使東家之醜婦，參錯其間，自以爲不類，故裹足不敢前也。夫僕者，天下之𩕳平聲醜也，反脣歷齒，蹙頞豎肩，衣敝緼之衣，繫疏麻之履。今人目雖無所見，奈何令薪采之夫與繁華之子比立而并觀哉？

今夫農圃之人，汗手塗足以謀食；商販之輩，買賤鬻貴以阜財；巫匠之徒，祈生送死以逐利；仕宦之侶，偷榮竊祿以肥身。若夫畎畝山林之士，埋藏於窟穴之中，與世共處而心不與處，與俗相違而身不與違，此亦各有其分，顧惟上天所命，譬如薰蕕冰炭，豈得而強同哉？夫崇山狹谷，熊虎之所據也，人歷其險而悽傷；古木虯枝，猿猱之所狎也，人陟其巔而惴慄；斷港梢溝，鰌鮔之所游也，人入其中而溺死。人既性異於物，而人與人性更不齊。若僕者，鄙野之姿，枯槁之質，泉石之耽，而澹泊之爲樂。僕之不可爲公卿大夫，猶犬之不可負重，牛之不可急驅，馬之不可執鼠，彘之不可守閭，猶喑者不可使言，傴者不可使仰，短者不可使援，生而有疾在其體，安得與強梁者並走而爭先邪？人世之好尙，匪我之心思所能測度也。

目無不欲色，而色之美者未必愛；耳無不欲聲，而聲之希者未必聽；口無不欲味，而味之和者未必嗜；鼻無不欲臭，而臭之芳者未必佩。故有以無鹽而濫廁於深宮；以下里而和者數千人；以創痂之穢汙，而齧之流血；以大臭之無能與居，而隨之不能去。好惡者，存乎己者也；誹譽者，存乎人者也。彼物之自外至者，豈我之能爲謀乎？

今夫星紀之運，江、淮之流，日夜奔趨，無時而止息。彼世之勤求富貴，以爲尊榮也。自我觀之：好逸而惡勞，喜安而懼危，貪生而怖死，人之情也。仕宦者，舍逸即勞，去安生而入於危死之地，自以爲榮，吾不知其榮也；自以爲尊，吾不知其尊也。

且夫天下之事，非其義則不可以冒其利，無其德則不可以邀其福。非義而利，利將爲祟；無德而福，福且爲戮。古之時，未有以爵祿爲榮者也。世降而德衰，然後諸侯利有其國，大夫利有其家，庶士利有其職位。夫黄金爲丸，彈瓦雀於高巖之上，人必笑其爲愚。心豔乎富貴之爲樂，苟得壯其宫室，多其妾媵，服其輕煖，飫其肥甘，則雖觸死亡之罪，嬰刀斧之誅，甘心而不悔。夫郊祀之牲在滌三月，然後陳肩臑於鼎俎，非不榮也；然而爲牲謀，不如其在牢栅之中。辟狐豹之皮以爲天子之裘，坐明堂而莅宗廟，非不尊也；然而爲狐者悲其不得首丘，爲豹者痛其不終隱霧。人心之靈異於物，至於窮達顯晦之交，智不如狐豹，何也？

君子者修其在我而已。日月不爲黎老之憂悲，而稽其躔度；雷電不爲嬰兒之恐懼，而匿其聲光；都梁、蘇合不爲服媚之無人，而移其臭味；君子樂天知命，不爲愚氓之冷煖，而惰其操持。獵姚、姒之精，咀盤、誥之華，所以蓄吾之知；坐思行追，默識乎黄帝、堯、舜、孔子，所以尚吾之志；居窮履困，毫毛不敢取於人，所以堅吾之守；見物之生，不忍見其死，所以長吾之恩；由義以生，其氣浩然充塞而無所屈撓，所以全吾之勇。天之高，非步仞之可窺也；地之廣，非道里之可計也。君子盡其在我，而人何與焉！蓋明天之道，察地之理，因時之序，安其固然而已，豈能拂天地之經，乖四時之運，以日爲夜，以冬爲夏，以奔忙爲休暇哉！

嗟乎！若吾子者，孩稚喪其母，而父有癃殘之疾，左右侍養無違，凡七八年不倦。近者，父年彌老，病亦彌篤，乃更與同牀而臥，昕夕扶持，不敢須臾違離其寢處。昔賢所爲善事其親，固僕之所厚望於吾子者。比俗之人，富貴爲榮，棄其親於千里之外，定省缺然，痌瘝莫問，其不足動吾人之歆羨，皭然明矣。誦足下之書辭，不能無慨於中，報章緐贅，惟加諒察！

答周君書

周君足下：僕賦資椎魯，又生長窮鄉，不識機宜，不知進退，惟知慕愛古人，務欲一心進取，而與世俗不相投合。心甚方，雖鑿之不圓；舌甚鈍，雖磨之不利。單身孑立，無親舊以爲攀援，無錢財以資結納，無華顔軟語以媚悦貴人之耳目。日在京師與搢紳大夫相接見，而舛戾乖違，不得其歡心，而秖逢其怒氣。自分委泥塗、塡溝壑，蓬累終身，無復悔恨。足下哀其困憊，賜書勸勉，勤懇諄篤，感至愧生。然謂僕必待弋取甲科，簪紱垂紳，而後與其謦華相稱，則與僕之中心似不比附也。

夫天下大矣，古今之人多矣，或焜耀巖廊之上，或沈湮草澤之中，或辱身以取顯榮，或抗志以甘窮餓，此其不齊，什伯千萬，皆上天所命，非人力能爲。居其外，則互相歆羡，入其中，則各極愁悲，子安得以公相之尊，望之輿臺之賤哉！

且夫應龍之變化，不因回風而載浮雲，則不能飄舉而上天；靈蛇之自騰，無瑞霧則不能無足而遨遊上下於方澤。方今之世，龍自蚴蚪於巖穴，而雲不爲興；蛇自蟠屈於淵菹，而霧不爲起。雲霧亦時有，徒自爲昏蒙否塞，雖有龍蛇之才能，無由自表見也，與螾蟻何以異乎！

昔在史魚，身死而猶薦伯玉；趙武所舉，管庫之士七十有餘家。其在兩漢，賈誼、終軍、王褒輩，皆由州郡薦擢得官。當其時，直指可薦雋不疑，執金吾可薦龔勝，衞將軍可薦鮑宣。同坐之法雖嚴，而薦舉之塗甚廣。故曰：「不信於朋友，不獲乎上。」近代以來，書升論秀之典旣廢，卽漢世辟舉之制，亦罷而不行。進士之科，煬帝之所建也，糊名之法，狀元之號，武后之所開也，宋及元、明，奉爲科律，確遵之而不敢移易。明代復試以八比之文，相與爲臭腐之辭，以求其速售。嗟乎，此豈有天下之豪俊出於其間哉！

琴、瑟、鐘、鏞、鈞天九奏之響，而以聒聾聵之耳，則不如其無聲。何者？彼固有耳而不聞也。山龍、藻火、黼黻之煌煌，而以炫瞽矇之目，則不如其無色。何者？彼固有目而不見也。故耳之聧者，不可與言雷霆之震；目之眇者，不可與言雲日之輝。蛆蠅胚胎於溷廁，故以蘭茝爲不芳；螻蚓遊止於鬱棲，故以臐膷爲無味。有司者，美惡出於其心，取舍憑於其臆，毁白以爲黑，譽濁以爲淸，以嫫母爲西施，以毛嬙爲魔女。今天下草茅卑賤之士，鶉衣係履，人所未知，雖復修身潔行，誦詩讀書，明於先王之道，深於六藝之旨，出入於周、秦、漢、唐、左、馬、孟、韓之文，欲拾取科名以求自通於朝籍，而與衡文者素無苞苴之舊，則其人必有聾聵瞽矇之疾，是蘭茝臐膷不如溷廁鬱棲之美也。

天之於人，降祥常少，降殃必多。吉，一也；凶、悔、吝，三也。且世異則事變，時去則道殊。朝爲公輔，暮作鉗徒。揚之則在殿陛之上，抑之則居横術之隅。雷轟電掣，山崩水竭，木槿晨榮，壚煙夕滅。嘗見都市中孺稚之嬰，輕俊之少，遊歷權門，姸姿巧笑，善度憎嫌，能迎喜好，珠玉時投，綺紈疊効，此其人福如鴻毛，而莫能久御也。羽翼既成，驕奢頓著，良馬輕輿，塡塞衢路，揚撲地之塵，騁當途之步，指顧自雄，宗黨傾慕，曾未幾時，不終天年，而中道夭死矣，貪悋觸法，而刑戮及身矣。豪華猶在目，而差舛隨其後。瞬息之光榮，不足以償其苟賤之辱；毫毛之利益，不足以蓋其貪競之汙。世有明達之人，豈足動其瞻企乎？

故許由終去挂樹之瓢，無擇竟投淸泠之淵，段干木踰垣而避文侯，披裘公負薪而瞋季子，顏闔聞魯君之聘而鑿坯以遁，莊周卻楚相不爲，而往貸粟於監河侯，此皆龍隱其鱗，鳳藏其羽，長爲冥飛之鴻，高翔於千仞，而不爲網羅之所得者也。益我貨者損我神，生我名者殺我身，豈不然與？莊周有言：以富爲是者，不能讓祿；以顯爲是者，不能讓名。狗方嚙骨，復有一狗睨其旁，則掀脣歷齒，狺狺相拒，惟恐其奪之也。人固無庸此骨也，故雖乞者過之若無覩；而狗顧以其骨詫人。夫人之寧爲乞者而不得爲旁睨之狗也，明矣。而子將導我其何之！

夫春風鼓動百卉昌，秋霜既降草木黃，自然之勢也。僕年已過五十，所謂無聞而不足畏者。回思幼小時，耳目聰明，筋骨壯健，出與羣兒輩比肩應舉，閱數十寒暑，卒無所成。人生鮮至八、九十者，百年則更鮮矣。今已去其大半，精氣銷亡，鬢髮凋落，豈可迷不知恥，復使之趨走塵埃，煩亂其心腸，拘牽其耳目，而勞苦其筋骨哉！生本善病，年長則百病叢集。縱使頑然更與羣兒相追逐，必不如兒輩之逢時，尾其後而有獲，雖復倖獲，又豈能長享哉？

僕有先人之舊廬，編茅爲戶，屈竹爲籬，門俯長河，與岷江通流。輕舟獨往，揭竿而漁，得魚沽酒，時與牧童樵叟連行共醉。山南水北，薄田數畝，深耕熟耨，足以備饔飧。藏書三千卷，朝吟夕諷，聲中宮商，發爲文章，傳之千萬世而不可澌滅。名，虛器也，吾取其身後；利，穢濁也，吾不以置於靈臺。何貴何賤？安居而游衍，何少何多？飽食而委蛇，孰短孰長？吾不知天地之大，一室之小，而披褐以歌詠乎先王。生於是乎遨，死於是乎葬，其生不愧，其死不亡。昔者孔子曲肱而樂在其中，顏淵在陋巷而不改其樂。竊慕此二聖，故無慕乎其他也。

伏惟足下之義，高深不可爲量；而不肖區區之心，敖辟難移，故輒陳鄙陋之懷，惟君子察焉！

劉大櫆集　卷四

贈序類

送張福清序

平涼府涇州州判張先生既判涇之六年，涇人給足富完，翕然就理。開府盧公嘉其能，以聞於天子，擢知福州福清縣事。閩僻壤，縣官重任，先生仁人長者，以仁人長者膺重任，治僻壤貫頭鴃舌之民，民何修而得此也！

昔在自古，閩、粤不齒於上國，雖有長材秀民習吏事者，未嘗出仕。舟車之險，懸崖斷塹，石芒林立，側足僅可投步，水漬漩傾側，船行亂石間，以故符節不通，人跡罕至。

今天下德化洋溢，率土咸賓，況在瀕海之郡，天文牛、女之分野，璖瑁、珠璣、布葛、龍眼、離支之産，禾稻之穀，桑蠶績織之工，羊、牛、雞、犬、豕之畜，骨鏃、竹矢、木弩之兵，與上國無異。人之來吏茲土者，如登仙焉。

四海清明，野無鳴吠之警，政平而民和，年豐而物樂。先生以暇日從容於登覽之勝，上鼓山，探榴洞，流觴於區冶之池，觀雲霧之蒼茫，天風海濤之浩渺，望水晶宮殿，弔無諸之墓，而不知虞愿之所建、常袞之所興，猶有存焉者乎？然則世所傳海上神山蓬萊、方丈、瀛洲者，陋甚不足數也。

先生之子長黍、東臨故與余善，而幼子若晟從余遊者也。先生之去，余不能無言。於是乎歌以繹之。

送孫黟縣改官鳳陽序

宛平孫侯既莅黟之六年，政協民和，農力於田，士勤於學，百爾顓蒙，罔不涵濡膏澤，佩服禮教，喁喁然嚮風靡已。聲聞所播，震驚上官。乃以丙戌之秋，符檄委至，遷任鳳陽。黟之縉紳先生髦士黎庶咸感悼傷懷，如赤子之背慈母，遝然造余而言曰：「縣大夫於民最親，然恃其威權，境內莫之敢禦，因以獨行其恣睢，而視吾民如秦、越者多矣。侯能不鄙棄吾民，而吾民安之。先時，地瘠民貧，催科愈煩，而逋負愈積。逋久不償，視爲固然。祇以辦閭閻一朝酒食之費，缺上之供，而益以深民之罪。維侯識時通變，因土宜、順民性，寬不壞法，猛不殘民，民爭自輸將，惟恐後時。每歲終，而稅糧掃籍無纖留。承積玩之餘，而釐整有條，靡不盡善。黟在前代，名才輩出。中更衰落，數十百年，登朝著者蓋寡。侯甫下車，卽欲創立書院，延請碩師，教育後俊，謀之數年，將有成矣，而卒不成以去。侯爲歎息悲傷，至於泣下。又與學官弟子款曲延接，有如家人，適相見未嘗不以奮立功名爲誨。其尤貧憊衣食不足者，輒分祿米周給之，是侯大有造於吾士與民也。黟無大猾巨盜，而委巷阡陌穿窬鼠竊，累年不獲。侯爲巡緝，往往發其篋篋，出其贓私，故枹鼓不鳴，而羣奸斂息。然後塹城溝池，有崇其墉，峨峨齒齒，經營伊始，不日而成。乃作徒杠，乃置輿梁，亘若白虹，蹴波以浮，水潦驟漲，民不病涉。神宇廟祀，湫隘傾頹，跪拜無地。侯爲修治，丹堊增輝。改築劉猛將軍廟。終侯之任，頻書有年，鮮昆蟲、水、旱之災。邑志久不修，文獻將湮。侯廣爲採察，志成而出己俸刊刻，不取足黟民一錢。黟俗惑於青烏之說，或貧窶不能葬其親，積骸滿野。侯爲辟地掩藏，至千有餘冢。侯之澤在黟民如此，奈何舍吾民而去邪？」

余曰：「然。微獨黟民之不能忘侯；侯固不忍於黟民也。夫賢侯之莅茲邑也，豈徒文書獄訟，振耀聲跡之間，苟以悅上官之耳目已哉！固將愛民如子，至德敷於胃腸，深仁浹於肌髓，曠蕩之恩，無間於百里，使君子咸蹈夫禮義，而小人皆知有廉恥，故能流風廣被，休光遐垂。四境之民，仰之如日月，畏之如神明，親之如骨肉，戴之如頭目，樂生趨事，疾如流水，不招而集，不約而齊。六年之間，嚴刑不施，苛法不作，憑怒而不聞惡言，盛威而不見厲色。在訟庭則煦煦怡怡，遇交遊則婉容卑辭，蓋皆以慈惠爲質，而張弛之咸宜。夫侯之澤又豈獨在黟民哉！詩云：『樂只君子，民之父母。』信乎！侯之爲民父母也。又曰：『豈弟君子，神所勞矣。』『豈弟君子，求福不回。』信乎，侯之豈弟，宜其在在爲神之所福，而莫非自己求之也。」

言既畢，書以贈侯之行，且以付黟民，俾貞諸石。

送淩自強序

皇帝御極之元年，詔集太學諸生於朝，使大臣考校其文辭，而加以官職。定爲五等，每歲以爲常。所以鼓舞振作，率彼多士，廣厥德心者也。去年冬，淩君自強試在高等，而天子求賢如有不及，復詔集考試諸生，拔其尤者百人，以待州、縣尹之用。草野賤士，咸覯天子之光，而淩君與在其選。

余以世俗重科名。淩君好學能文，宜射策甲科，而今特區區於是爲君惜。淩君曰：「吾父母春秋高，而家貧無以爲養。吾蓋仕有時而爲貧也。」余退而慚。蓋古之人知有君父，而其他固非所計。淩君上以爲天下國家之用，而下以薄祿奉其親，可謂志古之志，而余向者特世俗小人之見耳。

今天子將命淩君爲一邑之宰，而先使効力兩浙之地，以觀其才。其奉公勤民之道，淩君自知之。余獨慕淩君之果能以祿養也，於是乎遺之以詩。

送張閑中序

河流自昔爲中國患。禹疏九河，過家門不入，而東南鉅野無潰冒淹沒之害者，七百七十餘年。周定王時，河徙礫溪，九河故道，浸以湮滅。自是之後，秦穿漕渠，而漢時河決酸棗、瓠子、館陶，泛溢淮、泗、兗、豫、梁、楚諸郡，歷魏、晉、唐、宋、元、明，數千百載，迄無寧歲。

皇帝御極之元年，命山東按察使齊蘇勒總督河務。吾友張君若矩以通判河上事，効奔走淮水之南。乃畚乃築，供職維勤，險阻艱虞，罔敢或避。河督稱其能，以薦於天子，使署理兗之泇河。四年冬，題補入覲。而是時，河水自河南陝州至江南之宿遷，千有餘里，淸可照燭鬚眉者，凡月餘日不變。可以見太平有道，元首股肱，聯爲一體，至治翔洽，感格幽冥，天心協而符瑞見至於此也。

張君旣入覲，卒判泇河，將歸其官廨。於是吾徒夙與張君有兄弟之好者，各爲歌詩以送之。

送倪司城序

巴蜀僻在西南萬里之外。秦昭襄王時，始幷有其地。漢興，唐蒙、司馬相如開路西南，鑿山通道，地廣而民以疲。自是之後，或負其險遠，保有一隅，以聊自完固，戰爭起矣。及乎明之季世，流寇入境，盡殺其居民而奪之食，民用殄滅，廣土數千里無耕農云。

我朝之有天下，休息涵煦，百年之久，民之散者以聚，地之草萊荒蕪者以闢。庶土旣正，底愼財賦，亦其理宜也。雍正五年，命御史臣四人、內閣中書臣九人，往計蜀之田畝，而我友倪君司城一朝得與九人之列。

倪君淸愼自持，其奉公勤民之術，不足爲倪君告。然余見倪君喜爲歌詩，今馬足所經，煙火稠疊，皆曩昔凋敝之餘也；惘其更生，必有徬徨而賦者。他日歸，余將解君之裝而驗之。

送葉書山序

予友葉君書山將適京師，里之與葉君交遊者皆爲葉君喜，而予獨以爲戚。

方今明天子在上，汲汲乎徵才如有所不及，士之以才稱而至大官者，魚貫相屬也。葉君志足以希古，權足以濟今，射策於甲科以取爵位，可拭目相待。而乃以爲戚者，何哉？

蓋予窮於世，爲鄉人所共嗤笑。葉君未嘗苟與爲同，而獨相信以與爲還往。今年，予客張氏之館，每相與飲酒論文，至夜分不散。不聚首而或出三日，未之嘗有；今葉君則又去矣。

夫葉君之窮而與予聚首論文，予之幸也。葉君而射策於甲科，以取爵位，焦明矯翼，天宇蒼蒼，使予不得持罝罘而視乎藪澤，豈予之所以望葉君者哉！

恐吠一首別張渭南

士榮於後而虐於今，何害？昔韓退之作毛穎傳，人皆大笑以爲怪，而柳子厚獨喜得之，至爲讀毛穎傳題後文。嗚呼，此其所以爲子厚與！士生於當世，未嘗不爲流俗之所罵譏。然其孰得孰失，數十百年，必有能辨之者，非獨子厚也。向之不與退之讎，而相依倚，如籍、湜、崔羣、侯喜輩，猶得以名氏刺其文之末行；而笑之以爲怪者，豈復灰燼存哉！嗟乎！蚍蜉之生，未有不爲撼樹者，亦見其不知量，至於力之窮而㪚㪚以死也。

王介甫答段縫書云："世之愚者衆而賢者希，愚者固忌賢者，而賢者又自守，不與愚者合，愚者加怨於心，是以無之焉而不謗。悲哉段縫！赫然子固！猶在今世。而懃懃乎使人讀之興起者，介甫之文也。

張渭南，吾鄉之超然特異者也，而與余相善，余爲渭南恐焉。夫犬之吠所未見，非必日與雪也。其爲日之臨而雪之積焉者，皆吠之矣。渭南猶可及止也；駸駸焉而不已，吠且及於子哉！

送張長黍序

草木向黃落，居人縮手有寒態。棄妻子，別交友，騎驢獨走數千里，至京師，其爲事亦苦矣。而欣然處之，不自知爲苦，其必有不得已於心者矣。

吾友張君長黍之尊府判平涼之涇州，地僻民頑，鬱鬱不得志。去年冬，張君省其親於涇之官廨。未數月，甓乎冒炎熱而歸。今復爲京師之行。吾知張君之不得已也。

夫仰首以號於衆，而持千尋之綆過之若無覩者，所在皆然。張君之爲是役，其有有力者不惜一瞻顧之勤，拔而起之歟？抑將無所獲而空行歟？有來告者曰：君之出門猶歸然。君所望於人者，其家人也；君之號而必如其所望也，不啻其操券以取償。予聞之曰：「有是乎！」於是相與飲酒賦詩以爲別。

送沈維涓序

烏程沈維涓與余同客冬官侍郎吳公之家。居則聯几席，食則共盤盂，相得驩甚。一日告余以將南歸。

余謂客遊京師，而使人忽忽不知有羈旅之苦，以忘其室家之思者，朋友也。沈君才出尋常，而又勤於問學，其爲人温良而豈弟，與人交，言未嘗不信，而謀未嘗不忠，雖於同類殆不可多得，請以其私留！

沈君曰：「吾翁年已八十，且以書趣余歸，義不容以緩。」余聞之默然。蓋沈君在京師，則余爲得朋；沈君歸，則沈君之父母求其子而在側。父母之與朋友，其爲緩急先後宜何如？沈君行矣！余不敢復有言。

送沈茉園序

去父母、别兄弟妻子而遊，既久而猶不欲歸。滫瀡闕、定省違，父母有子如未嘗有子焉者，有兄弟如未嘗兄弟焉者，有夫而其妻獨處，有父而其子無怙，此鰥、寡、孤、獨窮民之無告者類也。雖幸而取萬乘之公相，亦奚以云。

余在京師五年矣。父母年皆踰六十，兄弟四人，在家者尚一兄、一弟、幼子三人皆已死，寡妻在室，是亦可以歸矣而不歸。嗟乎，余獨安能無愧於沈君哉！

沈君，杭州人，其在京師亦數年。一日，其家人遺之書曰：「盍歸乎來！」沈君不謀於朋友，秣馬束裝載道。嗟乎，余獨安能無愧於沈君哉！沈君行矣，余於沈君復何言！

贈方抱之序

新安在萬山之中，黟之爲邑，又當羣山四塞之衝，人於其間，如坐甕盎。自山外而來，層崖絶嶺，猿攀蟻附，雖強有力者常喘汗弗勝。恃其險隘，一人守之，千人不能過也。黟山頑梗，無巖壑足以登臨，水湍悍奔瀉，驟雨則怒濤千尺，霽則溘然而盡。一歲之收，支三月之糧，饔飧取給於江右。水涸則舟楫不通，而穀價騰涌，百果蔬菜，價十倍於他州。鰕魚不生，鳧鷺不產，鴻雁不至，無亭臺苑囿以爲眺望之資，無梵宇琳宮之閒靚以爲棲遲之地。

余匏繫於茲，斗室蕭條，塊然終日，族戚交游無過而問者。方君抱之不辭跋涉，辱以顧余。與之語，豁然以明，久與之居，暢然以適，忘其身在羈旅寂寞而無聊也。抱之辭業通博，又長於篆刻，善摹秦、漢以來之字書。其所爲圖畫，於山水、人物、草木之花、鳥獸蟲魚之情狀，靡不研揣而肖似其神。讀其詩，蕭然自放於塵𡏖之外，不求工，而工詩者莫之與敵。然則君之技能多矣，一鼓而售其才於通都大邑，當必有赫然驚人者。夫豈窘困囚拘爲新安之客邪！雖然，君去則余之無聊又甚矣。於其歸也，不能忘言，遂書其詩後以贈其行。

送胡先生序

昔孟子當齊宣、梁惠、襄之世，天下方趨於詐謀，以富國兵爭連諸侯爲務。而孟子道性善，誦法堯、舜、湯、文，宜其所如者不合也。既而與其徒述道德、明仁義，作孟子七篇以自表，身廢不用矣，尙何區區以是爲哉！蓋孟子晚而著書，若益之於夏，伊尹之於殷，呂望、畢、散之於周，方興禮和樂、施德惠之不暇，奚暇其他！然則著書者，聖人之不得已也。

余不自揆，閉戶爲空文，思以垂之於後。而先時里中胡襲參先生涵奇蓄特，周遊天下，以求大行其所志。年五十，始以孝廉舉於鄉，既困無所合，歸而與余抵掌當世之務，慨然奮發，相期以百世之人心爲己任。未幾，先生復以事將遠出。然則，古之奔走而老於道塗者，亦有所不得已與！先生行矣，請以斯言爲贈。

送姚姬傳南歸序

古之賢人，其所以得之於天者獨全。故生而向學，不待壯而其道已成；既老而後從事，則雖其極日夜之勤劬，亦將徒勞而鮮獲。

姚君姬傳甫弱冠，而學已無所不窺，余甚畏之。姬傳，余友季和之子，其世父則南菁也。憶少時與南菁遊，南菁年纔二十；姬傳之尊府方垂髫未娶。太夫人仁恭有禮。余至其家，則太夫人必命酒，飲至夜分乃罷。其後余漂流在外，倏忽三十年，歸與姬傳相見，則姬傳之齒，已過其尊府與余遊之歲矣。明年，余以經學應舉，復至京師。無何，則聞姬傳已舉於鄉而來，猶未娶也。讀其所爲詩、賦、古文，殆欲壓余輩而上之。姬傳之顯名當世，固可前知。獨余之窮如曩時，而學殖將落，對姬傳不能不慨然而歎也。

昔王文成公童子時，其父攜至京師。諸貴人見之，謂宜以第一流自待。文成問何爲第一流，諸貴人皆曰：「射策甲科爲顯官。」文成莞爾而笑：「恐第一流當爲聖賢。」諸貴人乃皆大慚。今天既賦姬傳以不世之才，而姬傳又深有志於古人之不朽。其射策甲科爲顯官不足爲姬傳道；卽其區區以文章名於後世，亦非余之所望於姬傳。孟子曰：「人皆可以爲堯、舜。」以堯、舜爲不足爲，謂之悖天；有能爲堯、舜之資，而自謂不能，謂之慢天。若夫擁旄仗鉞，立功青海萬里之外，此英雄豪傑之所爲，而余以爲抑其次也。

姬傳試於禮部，不售而歸，遂書之以爲姬傳贈。

送潢序

余窮於世，自愧祖宗之緒，及我而微。歲在丁丑，東武竇公視學兩浙。余在幕中，而宗人潢亦自姑蘇而至。潢少年能爲文章。余愛潢，潢亦甚愛余。余喜爲詩，潢亦工詩，雕鎪抉摘，唱和無虚日。潢又善歌，時其被酒，爲度三兩曲，琅然金石之音，鏘鳴於四座。余聽之忘倦，爲拂衣而舞，相對歡甚。已而相悼，又相與盡然流涕以悲。

余與四方賢俊交遊，其於異姓猶親若弟昆，矧在同姓？則固吾昆弟也。故潢雖伯父呼余，而余終弟視潢。余老矣，其能振起吾宗，將於潢焉是望。今天下劉氏之爲達官貴人多矣。獨余抑塞不得志，而潢亦屢試不舉。兩呈詩賦，皆置在二等，同進爲中書以去；而潢僅受文綺之錫。潢其病矣乎！

雖然，潢貴顯，於劉氏乎何增？卽潢不貴顯，於劉氏乎何損？富貴不足道，吾願潢之壽考康寧，而文章之日進也。今秋，余與潢幸聚金陵，忽忽將別去，有難乎其別者。乃書數言，以廣其懷。

贈張絅儒序

君子不能爲小人之事，是故天子治天下，三公論道，百卿守職，農執耒，工作器，商通利。雕蟲篆刻，必出於山林放廢窮愁之士之所爲；而薦紳大夫欲有所建白於朝廷者，非惟其心之不屑，其力亦有所不暇。

余貧且賤，既一意專攻於文學，而又以其餘旁及於秦、漢以來大小之篆章。凡夫前人之所作，後人之所述，殊形異狀，無不摹而畫之。當其伐之於石，而敷之於紙，常者鼎立，怪者龍興，高者佶然以生，而下者魚然以適，如雲，如日，如列星，如崖壑，如金鐵之流，如河圖、卦畫陰陽之分布。目之所注，手之所施，怡然中理，通於萬品之流形。雖宜僚之丸，輪扁之斲，丈人之承蜩，自以爲莫余及也。而所以然者，蓋乃得之於窮。

張君非貧賤者流也，其家資故饒。年二十二，一鼓而以孝廉舉於鄉，入內廷而服官政有日矣，豈與夫余之窮愁寂寞同乎哉！然張君亦頗好爲篆刻，其雕蟲之巧，殆有過於余者。余恐張君之不得終其好於是也，於是以君子之所爲者告之。

贈姚詠棠序

讒言其亦足中傷人也！疾之者曰：「取彼讒人，投畀豺虎；豺虎不食，投畀有北；有北不受，投畀有昊。」何其言之甚與！雖然，詩又有之：「彼譖人者，亦已太甚。」

詠棠居一室，一志篤向乎詩書，敦樸自守，與豪俊者遊處。而有爲讒於其尊府，被之以惡名者。宜詠棠之撫膺搤腕而酸鼻也。曾參殺人，自古而著之，況餘人乎？詠棠勉之！「君子不爲小人之洶洶而易其行」，古之怪偉魁梧不世出之士爲巧言所中傷者多矣。然彼所中傷必奇士，而奇士非以彼其言，亦惡能奮發，卓然有所立，以自存於後世哉！

贈張清少序

昔在鍾、王、虞、柳之徒，號稱工書，後世豔慕之。而我友張君清少亦以善書聞於里中。夫小道雖有可觀，而君子弗爲。清少年二十，作爲歌詩，灑然超絕。於尋常人，未嘗苟有所慕悅，而好與賢俊交遊。與之語，欣然喜，豁然胸中，略無有觝滯。然則清少之於善書，特其偶耳。

今夫學者將以修其德，德成而言可不立也。不幸見之於言，則根之以六經之旨，參之以諸史百子，以杜其歧趨，以稽其治亂成敗興壞之紀；出入乎周、秦、漢、唐之著述，以馳騁乎古今之變，而斟酌乎長短、豐約、大小之所宜；浸淫乎理道，網羅乎聞見，而金鑾玉耀，踔厲飈發乎文章。其於古之聖賢人則不及矣，其尚有深於是者爲天下告也，鍾、王、虞、柳云乎哉！

金復堂先生八十壽序

復堂先生少貧窶，朝出灌園，暮歸讀書，遂精通六經百家之旨。爲詩宗杜少陵，下及弘、正諸子。古文以歸氏熙甫爲足繼韓、歐之傳，常手鈔而口誦之，數十年無間寒暑。著有敦復堂文集藏於家。然深自諱匿，而人亦鮮有知之者。惟制義爲後學所推奉。里之經其指授者，咸掇巍科以去。

先生性孝友，每與其兄同心締造，艱危中相倚爲命。其後適京師，兄子隨侍而疾作，先生延醫藥、祈禱，夜不能寐。蓋其天質之厚類如此。金氏自先生之祖隨其母適趙村爲葉氏，而本宗乏祀。先府君隱痛於中；而先生更徬徨飲泣，早夜以歸宗自矢。又其時先世塋墓盡爲勢家所侵沒，先生每獨往荆榛墟莽之間，訪求數十年不倦。及乾隆戊辰，先生成進士，乃得上請復姓爲金氏，而祖墓亦得之郡城西北叢薄中。且與其兄創建宗祠，修完譜牒，續百有餘年中絕之祀事，古稱豪傑之士，殆先生其人矣。

先生接人以誠，不爲崖異嶄絶之行；而事機立斷，人不能欺。其在吏部，猾胥爲之斂迹。歲值京察，同官頌其廉平。先生之才，人皆以爲可致卿相，而先生一登仕籍，即縣車里門，杖屨從容，示儀型於黃山、白嶽之間，其高情逸韻，尤非世俗之所能及也。

先生三子：伯子以翰林遷御史；仲子以壬辰殿試第一人，與其兄同官禁近；季子與諸孫、曾皆騰聲庠序之中。而今年仲冬之月，又值先生八十之誕辰。福祿壽考，可謂兼之。律以常人之情，當顧之而色喜。而先生痛大母劬勞之苦節，念府君創業之艱難，回憶少年時且耕且讀，辛勤拮据，以有茲榮寵，俯仰數十年間，顧瞻廢興之際，有不勝其感歎者，辭不敢受賀。而子姓、外姻、閭左之交遊，親先生之德容，沐先生之風教，孰不願其享無疆之壽，以長爲後生之模楷？「躋彼公堂，稱彼兕觥」，蓋里人之情，不能自已者如此，而非先生之意也。

方庭粹六十壽序

方君庭粹年十六而喪其父，以孤童子事母，能盡其孝養。而父妾林氏所生子纔十歲，吳氏所生子纔一歲，君能移所以事母者，以事其庶母，而撫養庶母之子，無異於母弟。

自其父在時，嘗服賈於荆楚間。父沒而母遘危疾。君不忍一日離母氏之左右，捧抱扶持，垂十餘年，其經理荆楚之業，悉以委之族婣。及母沒，終喪而往視之，則所倚以經理者，如木之有蠹，而產已耗去其半矣。有族人負其資數萬，雖不敢復任以事，而念其母之苦節，復爲厚卹其家。又有竊其資百千而逃者，不究切之，而其所負他姓之債，復爲之代償焉。母氏有姪嘗假千金，及母卒，而君遂焚其券。蓋自君之尊府篤親親之義，財貨之出入，必任之族姓婣親。君確守其家法，雖屢遭顚覆，而君卒不以變更其制也。

居恆嘗誡其子曰：「葛藟能庇其本根。若身列士林，徒知一己之榮利，而視一本之親如秦、越，烏用讀聖人之書邪？且君子見義則必爲，而於苟得之富貴則輕之。吾之辛勤，豈爲汝計邪？徒以兩叔父之淪亡，諸孤未能成立，是以不獲寧處耳！」

蓋君以隻身孤寄，門內無期功之親，故嘗竭力以養其兩弟，幸其成長，俾得同心以恢拓先人之遺業。不幸十年之間，而兩弟並罹殂喪，故君雖燕居獨處，而未嘗有愉佚懽欣之色。嗟乎！天於殘忍谿刻之人，或憑翊而佑助之；至仁厚存心者，顧必愁苦其心腸，而勞瘁其筋力邪？

君性直方，嘗面折人過；而與人交，無智愚皆盡其誠。其不知者或以君爲好訐，其知者則益以君爲長者能愛人也。平生無他嗜好，惟好植花木，以爲足見造物之生意。所居在靈山。靈山故幽邃，而君於其間建祠宇，拓舊基而使之廣大，於祠旁置學舍，令子弟讀書其中。又以其隙地別置館宇，以延四方之賓客。每春時花發，馨香盈室，稱乎其爲吉人之居也。

君之子矩從余遊，其爲人侃直，一遵其父訓，其爲文章務撥棄俗尙，而浸淫於古。積善之報，庶其在此。

今年冬十一月，爲君六十之誕辰。矩請余爲文以遐致其祝。余爲誦天保之詩曰：「如南山之壽，不騫不崩。」「如松柏之茂，無不爾或承。」且略述君之生平，質言之如此云。

吳蘂圃先生七十壽序

吳君蘂圃先生居桐城豸源山中，與予伯父圭峯先生同娶於里之阮氏爲子壻。先生之子赤文及予弟欒村中外行也。欒村於予再從兄弟中，尤爲親厚；而赤文時時往來予伯父家，以故赤文之齒長予二十年有餘，而與予爲忘年之友。

辛卯之春，先生之弟生甫先生館於予家，予諸兄多從之遊。生甫先生於赤文爲叔父，而故嘗與予伯父圭峯先生同事里之教授者阮先生，而最與予伯父相親善。生甫先生時時爲予道其伯兄温然碩德長者，及其家孝友雍睦之概。予心往先生，而自恨無因緣相見也。

踰年，生甫先生歸，授徒豸源山中，鄉里就學者甚衆。予伯父亦至其家，相切劘爲文章，而赤文之子承昔年已弱冠，依從祖、祖父讀書。予又以得交於承昔。既四年丙申，生甫先生復來予家，而予弟欒村年稍長，予伯父復使受學於生甫先生，而承昔亦稍稍往來予家。承昔復與予弟欒村爲同門，而兩人交合無所間。

一日，藥園先生有故他往，西從豸源來過其弟學舍。予得拜之學舍中。鬚髮皓白，果温然重厚長者，向之心往者不虛也。予得交赤文父子間，其後每相聚，未嘗不問先生。

今年，予遇赤文於皖城。相與道平生歡，問先生起居何似，則先生猶健飲，客於廬州之邸舍，猶未歸。而十月一日爲先生之七十辰矣。予與赤文別而歸，獨以事卒卒不得晤承昔爲恨；而生甫先生以書遺予曰：「十月一日，吾伯兄七十之辰，子可無爲我序之！」夫以先生之祖、子、孫三世，親且厚也如此，而重以生甫先生之命，其何說之辭！遂書其交遊之自，以爲先生壽。

姚南菁五十壽序代

石農先生其曾王父官大司寇，於犴獄多所平反，積陰德於天下；其王父知湖廣之羅田，稱慈惠愛人；其先君子瓊修先生篤學爲諸生，不售而早卒。太夫人守節自誓。石農方垂髫，其弟季和猶在襁褓。太夫人辛勤教育，以至成人。

而石農弱無他好，獨刻苦讀書，一寓目輒能記憶，手披口誦，無朝夕寒暑，不惰以勤。於古聖賢之經傳、諸史、百子，探涉奥突，淵渟穿貫；爲文章窮幽陟險，動心駭聽，而義法不詭於前人。乾隆之初，薄遊京師。一試於鄉，再試於禮部，皆冠冕多士，遂入翰苑，名聲流於人人。人謂天子方將大用之，而忽休官以去。

士終日塵埃之中，東西馳逐，豈能於國家之闕遺，有毫末之裨補哉？徒自爲勞苦艱難而已。一日舍之而去，蕭然如涸魚之適江河，如狙猿之逸出於欄檻，如冬之塞外，得大裘而衣之。龍眠佳山水。石農讀書其中，學道日益深，行身日益謹，爲文日益富。天將以大成石農，故福庇之如此。石農安受焉，回視官職之去來，僅與塵埃比。藉使石農不得歸，雖貴爲卿相，其於古人未必能大肆其力以追媲之不少讓。

雖然，石農豈終老山林者哉！盛衰消長，密移轉運於大化之中，如環無端。石農之名，天子既在所熟悉，朝之士大夫亦罔不聞知，天蓋將老其材，而因降之以大任也。昔公孫弘年已七十，一旦起布衣爲漢相。今年八月，石農纔五十壽耳，昔人所謂「艾而服官政」者，其於大任固可優游俟之。

余於石農爲同年進士，同官相得也，而係縻於茲，不得躋堂稱兕。顧獨誦南山有臺之詩云：「樂只君子，邦家之光。」「樂只君子，萬壽無疆。」蓋石農壽，則其終爲光於邦家，必可知也。

程太夫人壽序

秋官郎程君屺南之尊府書原先生繼室吳夫人，其平生恭儉之德，仁愛之衷，孝敬其舅姑，相助其夫子，以教誡其子孫者，既已恩至而義盡矣。而程氏之先，數以博施廣濟見稱鄉里，故太夫人所以教其子者，常欲其繼先人之志，而見一善則必勉而行之。

巖鎭之中，舊有東嶽廟，建自宋德祐時，而鎭之居人由以殷盛。歷年久遠，漸至傾圮，其修葺之費，約白金可五千兩。而秋官方修鳳山臺，其功甫竣，卽繼以修廟之役。里人多感佩其德，訊之，則秋官特奉其母氏吳太夫人之命也。

先是，秋官告假歸養，適値太夫人七十之辰，其族之子姓及外姻累世之交遊，咸躋堂致祝。堂下樂作，而秋官衣錦衣奉觴上壽，里人嗟歎以爲榮。暨乾隆甲午正月，太夫人年八十矣。其族戚交遊，又將舉故事，晉萬年之觴。而太夫人特命秋官無得受賀。惟於宗族之中，擇其最親近者，人給以白金五十兩，其親遞降而疎，則其給亦遞變而減，或四十，或三十，或二十，至十兩以下；乳哺者咸得受賜，其尤貧者，復人給以衣。其費不減數千兩。其他善行，苟有益於人，皆命秋官次第施行之。嗚呼！太夫人可謂賢於人遠矣。

司徒以三物教民，其一爲孝友睦婣任恤之行，而不能者復糾之以刑。此道廢久矣。雖在簪纓富室，其視宗族里黨，邈如行路；太夫人以一女子，振往古既墜之緒，使復見於今茲，其卓識高懷，有非男子之所及者矣！先王之教女子，使供婦職而已。然三代之興，多由外戚之賢，則其德之所被，必有出於墨丈尋常之外者，而非徒婦職之供已也。

秋官之歸養，山海之羞，紈綺之華，蓋無弗致者。太夫人不以爲樂，而獨從事於損己利物之爲，豈不異哉！人生之壽命不齊，八十、九十者所在多有。惟無德以堪之，則雖有耋耄期頤之壽，與朝菌不殊也。太夫人之德，徧及宗黨，鄉閭被蒙惠澤者，孰不願其久生於世，而競爲頌禱之辭？其在詩曰：「樂只君子，萬壽無期。」又曰：「俾爾耆而艾，萬有千歲，眉壽無有害。」宗黨鄉閭之情，天下萬世之情也。

謝氏妹六十壽序

吾父母生吾兄弟四人，又女弟三人，家以娶婦、嫁女而益貧。吾伯兄鄉舉謁選，官於徐溝。時吾母尚在，乃以道遠不獲迎養，緘恨於終身。二親既沒，伯兄始起官黔之普定。伯兄沒，而余始爲博士於黟。傷哉！貧也。子欲養而親不待，終古有餘痛焉。

女弟三人，長適同里方氏，次殷氏，次謝氏，皆吾父母所寶貴而憐惜之者。三人之壻皆早世。去年，殷氏妹亦亡。其在方氏者雖未死，而敝衣糲食，幾無以爲生。惟謝氏妹衣食粗足，而遭家多難，未嘗得一日安居。其壻師其旣殂，吾妹維持門戶，撫其孤纔六歲，恐懼憂傷，備嘗艱苦。今其孤已受室生孫，甥能自立，不至蕩廢其產業，入貲將爲官。而吾妹年已六十矣。回思三十年前，驚風怒濤，恍如夢寐。

甲申五月中旬，爲吾妹設帨之辰，其在子姓姻親黨友來爲頌禱者，皆得置酒高會，獨吾伯兄、仲兄及殷氏妹九原不可復作，余又羈縻數百里外，未得手舉一觴。乃書以告其甥曰：「『爲此春酒，以介眉壽』，古之人皆然。甥能愛敬其親，則置酒以延子姓姻親黨友，亦愛敬其親之道也。愛敬其親，以及人之親，而人因以愛敬吾親，則子姓姻親黨友之來相頌禱，亦愛敬其親之道也。繼自今，親之年益高，則子之養益難待。子之愛敬其親宜有加，而親待其子之愛敬乃益迫矣。」「予所拮据，予所捋荼，予所蓄租，予口卒瘏。」謝氏甥其能一日忘哉！

乞公建義倉引

古者帝王在上，而薄海無凍餒之民。非必分上之所有以與民也，使民之自有餘而已。故曰：「三年耕有一年之蓄，九年耕有三年之蓄，不至三十年，而民有九年之蓄，則雖唐水殷旱不能爲之災。」若夫周官荒政十二，其所謂多昏蕃樂索鬼神，皆迂遠不切於事情，惟散財、薄征爲君上之所宜行，而無補於小民之窮餓，故其科條雖具，要不若積貯之爲善也。

夫下之人家無蓋藏之備，而一切仰望於上。設使水旱蟲蝗，連州數郡，朝廷遽下蠲租之詔，虛郡邑倉廥以賑之；然上之所費不貲，而下之所得無幾，嗷嗷焉日待升斗，以延旦夕，上之倉廩府庫已空，而民之死者過半矣。故曰藏之於官，不若藏之於民也。今天下田疇不加多，稅斂不加少，而天下之風俗又皆日趨於文，欲使鄉曲之農，人人皆食之以時，而用之以禮，其勢固有所不能。雖使其食時、用禮，然以一人而有五子，五子而有二十五孫，嫁子、娶妻之費，養生、送死之具，疾病、醫藥之資，祭祀、賓客之用，以富者當之，十九而貧，其以貧者當之，豈能復富乎？雖然，嘗見編戶之家，授田百畝，則飲食衣服既無不足；及其蓄積豐饒，或相倍蓰什伯，猶未見其有餘。何者？彼其所入者多，則其所出者亦衆。淫侈於酒食，頻煩其燕會，故雖粟米狼藉，而終歲之用猶苦其不給。一旦天災流行，固不能以自支矣。此其爲習，非可喩之以節儉而遂改也。惟及其有餘之時，預爲不足之備，不藏之於官，而藏之於民；不分藏於家室之私，而合藏於里社之公。其在今日所減省者，一酒食燕會之需而已；其在他日，積之遂至於無盡。其爲利甚博，而其爲術約而易操也。

去年凶災，民皆飢乏，草根木皮，掘剝幾盡；釜甑器皿，債賣無存；甚則拋割妻孥，與人爲僕妾，猶不足以自贍，而父子兄弟，羸老孤幼，繼踵而死，僵尸草澤，骸骨相枕藉。見之者怵目，聞之者悽心。古者鄰里有相周之義，而鄉田同井，則守望相助，疾病相扶，若使朝夕共處之人，親見其飢餓至輾轉溝壑而死，而莫之拯救，而吾獨安得晏然而已乎！夫一人向隅而泣，則舉坐爲之不樂。同里共井，其視同坐也親矣。輾轉溝壑而死，其視向隅而泣者迫矣，此固仁人君子所宜動心者也。

昔漢耿壽昌作常平之倉，增價而糴，減價而糶，法非不善，然以饑歲之民使其價糴，其力或有所不能，而以官司主之，其出入又有所不便。自是以來，長孫平之義倉，勸令百姓軍人出粟及麥，然歲歲募收，疑其數瀆。朱子之社倉，隨時斂散，然請假於府，那移爲難。今合兩法而用之。於義倉則取其當社自輸，不待請府；於社倉則取其計米收息，不必再捐。今值大有年之秋，與人傭耕者，每佃田一石，出穀三升；自耕其田者，出穀八升；有餘之家不爲限量，隨其力所能爲，以爲補助。至於當社立倉，一甲之中，推一人爲首，執策簡校，稽其出入，古之人有成法矣。惟諸君子倣而行之！誠如是也，雖有水旱之災，吾里之人其庶幾免乎！傳曰：「人人親其親，長其長，而天下平。」又曰：「人人親其親，然後不獨親其親。」推之他里，前後左右，莫不皆然。然則，德施之及人者廣矣！

乞捐輸以待周急引

昔先王井田之制，其鄉田同井者，則必使之出入相友，守望相助，疾病相扶持。夫以天下之大，而散之爲千百國；復於一國之中，散之爲鄉；一鄉之中，散之爲井。獨使一井之人，相親相睦，而不及於其他，宜若狹小偏私，非合併爲公之道。先王之意，蓋以散同爲異，然後可合異爲同。故曰：「人人親其親，長其長，而天下平。」

夫同居同遊，朝夕比近，而災福歡戚，漠然不關於心，其在疏遠者，尙何望乎？原思辭九百之粟，而夫子曰：「以與爾鄰里鄉黨。」聖人雖一視同仁，而獨於鄰里鄉黨尤加厚焉。家有餘粟，輒推以與之。大司徒以鄉八刑糾萬民，其六曰不恤之刑。聖人不以六德之難能者強民；至於六行，則諄諄焉，雖非其族戚師友，然貧乏而不相振救，刑斯及之。所以爲一道同風，忠厚之至敎也。

京師爲四方之會，萬民之所聚處，仕宦賓旅，駢肩疊迹，而同里黨者，必交相親愛。故昔人有會館之設，所以通其氣，聯其情，代其憂，均其樂者也。吾鄉以耕讀爲業，無商賈故亦無會館。閭巷無恆產之士，貿貿而來，僦廛舍以居。朝夕饔飧之不給；逋負旅館之主人而不能償；至於久而不能歸，甚則病不能興，死亡而無以爲斂，往往有焉。夫其迫於飢寒而奔走於四方，吾不能禁之使其不來；其來者，吾不能館；一旦有困苦顚連之出於意外，其坐視而不爲之所乎？抑將周其空乏、醫藥而殯斂之乎？此固鄉先進有祿位者之責也。

然釀金聚助，取給臨時，雖有好與樂施之懷，常憂其難繼。今將設爲資本，不以數相限，大約出白金在一斤上下，豐者至二斤，嗇者至三兩、一兩。使一人總領，牟利取息，而以其息待用。其開闔斂散，聽於一人。其取息幾何，其已用及未用幾何，登之簿書，歲終會計。其既嘗捐輸者，亦可共相檢括。淳厚之風，久遠之計，一舉而得之。

夫乍見孺子將入於井，皆有怵惕惻隱之心，固非以要譽於鄉黨朋友也。凡我里之宦游於外，與其退而家居者，抑或客游京師，而資斧寬饒，抱仁人君子之憂，而情不自已者，悉任捐輸，且請書名書數，庶於後有考焉。

劉大櫆集　卷五

傳狀類

吏部侍郎博野尹公行狀

尹氏故山西洪洞人，後遷保定之博野。九傳而至公之曾祖邑庠生諱先知，有隱德，鄉里咸稱之；祖諱澤升，邑庠生；父諱公弼，業儒，以公貴俱贈河南巡撫。母李氏，庠生諱宗白之女也，旌節孝，封太夫人。

公生三歲而孤。太夫人苦節食貧，口授論語諸經，教之以義方，其所以課督之者甚嚴。其於四方之士，必賢豪長者然後使與之交，故卒其所成就，爲天下之碩德名儒。公既長，爲顯官，而太夫人猶嬰兒視之。有不當其意，太夫人輒對案不食。公惶悚，即長跪以請，不命之起，不敢起也。蓋太夫人之教與公之孝，相賴以成，此其所以名動天下，上徹於天子之視聽，而四方尙德之君子，咸願與之交歡，而每以不得見公爲憾者也。

公諱會一，字元孚，別字健餘。登雍正甲辰進士，補吏部考功司主事，典試廣西，升授考功司員外，分校會試易經房，得人稱最盛。天子以爲賢，出知湖北襄陽府。公之治襄陽，多出太夫人經畫，郡人佩其德，作賢母祠，而刻石以紀其事。公辭之甚力，不能止也。城有老龍堤，起萬山迄長門，延袤近十里，皆壘石爲之。五月，漢水暴溢，堤石盡傾。公出帑金重爲修治，至今民賴焉。又建八蜡廟於城南社稷壇西，以爲民祈報之所。然乃皆出於官，而民不勞。襄陽有書院，而士人或無書可讀。公爲購經史百家藏於中，以資諸生之貧乏者。治西三十里有山隆然，相傳爲諸葛隱居，公爲建草廬其上。其慕尚古之賢豪類如此。

知襄陽五年，天子以爲賢，乃移守揚州。而是時西方方用兵，公以料理軍需留襄陽。明年閏五月，始至揚州。至則濬兩城之市河，通舟楫以爲民利。而以城西保障河襟帶蜀岡，田疇藉以灌溉，乃爲芟其淤澱，以資市河之蓄洩。民咸賴之。往年，鰣魚初出，漁人取以獻豪貴之家，有賞至數十金者。公躬節儉以化之。適同年生以是爲饋餉，奉太夫人命，堅辭不受。

旣治揚之二年，天子以爲賢，於是卽以爲兩淮鹽運使。郡之東，舊有安定書院，歲久傾毁。公與商士撤而新之，而揚州之士子多興起於學。公少而卓犖多才，遵太夫人朝夕庭闈之訓，言動皆必以禮，稍長讀書，益悟浮華放浪之非，深究伊、洛之源流，蔚爲儒者宗師。其學以誠爲本，遇人無等夷，一待以肫懇之懷。故士之得於目見耳聞，無不推爲長者。而性又至孝，其事太夫人誠至禮備，上達九重。自世宗憲皇帝已知其賢能，數畀以重任，至今上即位，尊崇孝養，推恩錫類，愈加顯擢。於是使督理兩淮鹽政，加僉都御史。公以私販之多，由竈戶之私賣餘鹽，請自今鹽有餘則出官錢買貯之，以配商引，而私販賴以稍息。

踰年，遂超遷河南巡撫。公膺特達之知，益感奮自勵，推誠竭力，勇於爲忠。至則備陳恤民之宜，與士民約法六章，創建營倉以濟兵食，豁減陳留、閿鄉之額徵，諸所施設，便於民者甚衆。而是時，河南開封等處四十七州縣，大水漲溢。公勞心焦思，謀所以撫綏之方甚備。其大略曰無食者暫予以一月之糧；曰無居者暫予以葺屋之資；曰緩征；曰減糶；曰貸倉米；曰移他郡之粟；曰留漕運；曰助籽種；曰勸富民使之相周；曰假富民有餘之居，爲貧民旦夕棲身之地；曰建棚舍以安流亡；曰免米稅以通商賈；曰及時興工，以資丁壯；曰多種蔓菁，以代穀食；曰捐施藥餌，以療疫癘；曰延諸生協力，以供稽察。凡此規條十六事，而要以因地隨時，便宜行事爲本。故其所全活甚夥，至今居官者多奉以爲法。河南素多盜，災祲之後滋益多。公廣爲捍禦，清保甲，考客舍，申夜禁，又於伏牛、大隗重山險隘之區，增設巡檢官，而盜亦不能爲民害。公心虛善下。平生遇朋友相規以善，則喜動顔色。其賑水災也，有諸生郭善鄰等四人陳救荒之策，公卽延入訪問，多出公之已行者，而公與之言，終日不厭也。

公之爲治，一以仁厚愛民爲務。而臺臣或言公好爲寬縱，乃入補副都御史。是時，上方甄別官司年老不勝任之員；而知饒州府事張鍾又以年老令改補京員。公上書，以人主一言，天下屬耳目焉，惟協於克一，然後能使臣庶信從。今旬日之間，前後違反，恐無以昭法守也。上嘉納之。公矢心以誠，其平時爲人謀，或與人言，無不周詳切至。其在君父之前，尤懇懇款款，言人之所不能言。上亦以此信任之，屢稱其忠厚謹愼。公性和易，與人交，上下一無所忤；至其守國家之法，雖當世之巨公貴人，不能奪也。

公在臺甫及半歲，正色直言，百官敬畏其風采，上亦方嚮用公；而公以太夫人老病，遽請歸養。天子鑒其誠許之。卽日就道。朝士多嗟歎以爲賢。公旣歸博野，太夫人喜不自勝，病亦尋愈。公侍養五載，暇時益讀書稽古，究斯道之指歸，務在躬行實踐。所與四方之士大夫往還書問，無非相規切以義；求所以行身植志之方，質疑辯難，一以明道爲己責，而因以興起鄉里之後學。公少時嘗讀義田記，慕范文正之爲人，後見朱子社倉，益欽仰其懿範，其知襄陽既五年，祿俸稍有餘，即創立東章義倉，以周給里黨。東章者，公所居博野之村也。至是乃復捐千金以修博野之縣學，又創立博陵社約，使相勸以善，而同里赴約者十二人。又創立博陵義館，請有道而能文者一人爲之師，而同里來學者十七人。蓋公之誠心愛物，不私於一己類如此。

乾隆九年七月太夫人卒。公既性純孝，而太夫人之賢，又爲近世所希有。公感生成之德，當五十不致毁之年，而哀毁逾於尋常，遂得疾，時時發作。而治喪之事，一準古禮經及朱子所輯家禮。喪禮久不行。公乃斟酌古今之宜而變通之，著有從宜錄。

乾隆十一年三月，公之服未闋也，而天子即授以爲工部侍郎，俟其服闋赴任。及是冬十月，乃之官。未踰旬，而天子使督理江蘇學政。江蘇文勝，事煩劇。公倡以質行，乃申明小學之教。以孝弟、忠信、安詳、恭敬平生所以自策勵者，與諸生共相勸勉。公素慕望溪方先生。先生方以老家居，公按行至金陵請益。先生以公有使命，辭以他出不見。公曰：「無害！吾以親師也。若有言，當奏之天子耳。」翼日，公止騎從於外，徒步直造其廬，親操几席杖履，北面再拜，願爲弟子。先生乃置酒，歡然而罷。聞陽湖有隱君子曰是鏡者，敦行孝弟，講學於舜山，去江陰使院三十里。公親枉車騎過訪，既歸即草疏薦之。當是時，公年已五十七，官至少司空矣，而禮賢樂善，孜孜如此。戊辰之夏，天子復擢以爲吏部侍郎。公校文詳慎，每去取一人，必反覆移時，積勞損氣。是時六月，天方暑，疫癘盛行。幕中同事半已病，而公亦感風成疾。公恐精神之不及，試事之不詳，上負聖天子惓惓以作養人才相委之至意，且憂且懼，遂至不起。然自得疾以來十二日，假寐寤言，大抵皆公事也。至其家人生產，未嘗一語及之。公爲今天子之所深知，眷注優隆，使其歸朝，方將任以論道經邦之職，而公既卒矣。嗚呼，是豈獨一人一家之不幸也哉！

公娶蘇氏，子二：長嘉銓，雍正乙卯科舉人；次啓銓，廕生。女三：長適國子生刁世瞻；次適翰林院庶吉士勵守謙；次幼未字。櫆獲與公子嘉銓遊，其見知於公，自始至今十六年矣。公之言行得之於聞見者爲多。今公之卒也，櫆適在使院中，故爲條次其大略如此。使世之有道德而能文章者得以考焉。

章大家行略

先大父側室姓章氏，明崇禎丙子十一月二十七日生。年十八來歸。踰年，生女子一大，三年，大家。大父因娶章大家。三年，大母生吾父，而章大家卒無出。大家生寒族，年少，又無出。及大父卒，家人趣之使行，大家則慷慨號慟不食。時吾父纔八歲，童然在側。大家挽吾父跪大母前，泣曰：「妾卽去，如此小弱何！」大母曰：「若能志夫子之志，亦吾所荷也。」於是與大母同處四十餘年，年八十一而卒。

大家事大母盡禮，大母亦善遇之，終身無間言。櫆幼時，猶及事大母。值清夜，大母倚簾帷坐，櫆侍在側，大母念往事，忽淚落。櫆見大母垂淚，問何故，大母歎曰：「予不幸，汝祖中道棄予。汝祖沒時，汝父纔八歲。」回首見章大家在室，因指謂櫆曰：「汝父幼孤，以養以誨，俾至成人，以得有今日，章大家之力爲多。汝年及長，則必無忘章大家。」櫆時雖稚昧，見言之哀，亦知從旁泣。

大家自大父卒，遂喪明。目雖無見，而操作不輟。櫆七歲，與伯兄、仲兄從塾師在外庭讀書。每隆冬，陰風積雪，或夜分始歸。僮奴皆睡去，獨大家煨爐火以待。聞叩門，卽應聲策杖扶壁行啓門，且執手問曰：「若書熟否？先生曾撲責否？」卽應以書熟，未曾撲責，乃喜。

大家垂白，吾家益貧，衣食不足以養，而大家之晚節更苦。嗚呼，其可痛也夫！

胡孝子傳

孝子胡其愛者，桐城人也。生不識詩書。時時爲人力傭，而以其傭之直奉母。母中歲遘罷癃之疾，長臥牀褥，而孝子常左右之無違。自臥起以至飲食溲便，皆孝子躬自扶抱，一身而百役靡不爲也。

孝子家無升斗之儲。每晨起，爲母盥沐，烹飪進朝饌，乃敢出傭。其傭地稍遠，不及炊，則出勺米付鄰媪，而叩首以祈其代爨。媪辭叩，則行數里外，遙致其拜焉。至夜必歸。歸則取母中裙穢汙自浣滌之。孝子衣履皆敝垢，而時致鮮肥供母。其在與傭者之家，遇肉食，卽不食，而請歸以遺其母。同列見其然，而分以餉之，輒不受。平生無所取於人，有與之者必報。

母又喜出觀遊，村鄰有伶優之劇，孝子每負母以趨，爲藉草安坐，候至夜分人散，乃復負而還。時其和霽，母欲往宗親里黨之家，亦如之。

孝子以生業之微，遂不娶，惟單獨一人，竭力以養終其身。母陳氏，以雍正八年病，至乾隆二十七年，乃以天年終。蓋前後三十餘年，而孝子奉之如一日也。母既沒，負土成墳，卽墳旁挂片席而居，悽傷成疾，逾年，癸未，孝子胡其愛卒。

贊曰：今之士大夫遊宦數千里外，父母沒於家而不知其時日，豈意鄉里傭雇之間，懷篤行深愛之德，有不忍一夕離其親宿於外如胡君者哉！胡君字汝彩。父曰志賢。

又同里有潘元生者，入自外，而其家方火，其母閉在火中。元生奮身入火，取其母以出，頭面皆灼爛。此亦人之至情無足異。然愚夫或怯懦不進，則抱終身之痛無及矣。勇如元生，蓋亦有足多者，余故爲附著之。

鄭之文傳

鄭之文者，休寧人也，字貞卿。其爲人武勇有直氣。中順治己丑兵部進士，官浙江紹台道中軍守備，駐守台州。

自明之季世，海寇嘗往來虜掠沿海諸郡縣，而台州地瀕海多山，奸民乘寇氛未靖，時時竊發爲亂，叛服不常。之文曰：山寇雖逼，其禍小；海寇雖遼，其禍大。譬之疾疹，山寇，疥癬耳。一日，遽率麾下兵，指寇所在，盡捕殺之。之文在台州五載，當順治之十三年叛將馬信作亂。之文討平之，以功著名海上。

先是福建泉州民鄭芝龍者，年少美姿貌，爲海寇所獲，由是往來海中，盡知其俗尙人情，而諸盜奉以爲渠帥。明之將亡，唐王在閩，晉爵芝龍南安侯。及大淸兵至，芝龍以其部降，遂使總督浙閩。而芝龍之子鄭成功猶聚徒海中，數入寇。十四年，賊衆大舉以寇台州。之文與戰不利，乃登城自守。其家人或曰：「城且陷矣。」之文曰：「吾職在守城，城一日不破，未可死也。」相持一月餘，而城陷。成功聞之文名，欲生得之，以刃脅使降。之文不屈。不食五日，不得死，罵賊不已。賊乃出攻城梯，倒縛之文於其上，而鞭笞之，鞭之愈急，罵愈厲，遂見殺。而其家同時死者，至十有八人。

賊退，之文家有故奴朱氏取其尸將斂；而賊攜之文頭歸海中。奴遂入海，詣賊營求之。賊初不許，奴哭日夜不絕聲。賊以奴爲義，乃擲還之文頭，而奴以歸斂焉。之文每一飯盡米一斗，及戰所向無敵，以故賊愛其武勇，而欲生致之。

之文死時，有妾二人，女子子一人。二妾請先自經死；其女見母死，亦碎首而死於階下。康熙二年我朝加恩死事者，而之文一子承恩早卒，乃以其兄子以祝爲其後，世襲拖沙喇哈番。以祝死，子賢政嗣。雍正二年，天子念其功，賜祭。乾隆三十二年復加恩世襲恩騎尉，永永無替。雖至今，台州人猶立廟祀之不絕云。

劉子曰：鄭君用牧與余交最善，爲言其族人之文死台州事甚詳，因請爲之傳。余謂傳者，史官之職也，余不可以侵其官。而用牧以國史所書，爲里巷之人所不見，終以請，聊爲述之如此。

江先生傳

先生始就外傅，見丘氏補大學衍義之書，其中徵引周禮，卽求取周禮全文誦之。自是旁通十三經，而於禮經尤深。謂朱子儀禮通解雖屢經續輯，尚多闕遺，乃廣搜前載，爲禮經綱目八十八卷，而古禮燦然可觀。其平生所爲書，於周禮則有疑義舉要；於戴記則有深衣考誤、訓義擇言；於春秋，則有地理考實。又精於天官星曆，其書則有曆學補論、七政衍、金水二星發微、冬至權度恆氣注曆辨、歲實消長辨。於樂，則有律呂闡微；於音韻，則有音學辨微、古韻標準、四聲切韻表；於步算，則有推步法解、中西合法擬草。其外又有論語瑣言、鄉黨圖考、近思錄集注、讀書隨筆。凡書二十餘編，共百餘卷，藏於家。嗚呼，可謂多矣！

蓋先生生而好古，而窮不見用於世，則益專其心於遠稽遐覽，終身樂之無休暇。其於古之制度、名物，必參互而得其據證。先生未之辨明，則其説具載方册之中，而人顧莫之見；及先生指以示人，則人皆恍然自失，而不啻其心所欲言。信乎其爲博聞强識之君子也！

先生家故貧。其居鄉嘗稱春秋傳「豐年補敗」之義，以語鄉人。乃相與輸田、輸穀立義倉，行之三十年，而先生之鄉，其民不知有饑歲。嘗一至京師。朝廷方開三禮之館，卿士預修三禮者，就質所疑。先生爲置辨，皆暢然意滿稱善。其後有欲以先生之書薦聞於朝者，先生自顧年老無可復用，而京師舊遊皆凋謝，乃感愴辭避，卒不就。先生年八十二。其卒，乾隆二十七年三月十三日也。

自六經遭秦火而亡，而詩書傳記之文，學者如蒙雲翳，猶賴有山澤逸遺之士，窮年兀兀於其中，遞相推測隱度。蓋其義有自漢儒修補以來，歷魏、晉、唐、宋、元、明二千餘歲，代加排闡，直至今日而始明者。則夫經生之維繫於斯世，豈淺小哉！先生存，則頽然一老，力學於深巖絶壑之間，朝士大夫無過而問者；先生沒，則斯文淪喪，後生新進，猝有志於學問，於何執經而請業焉？此士之迍邅憔悴、爲舉世之所不爲者，聞先生之卒，不能不盡然流涕以悲也。

先生婺源之江灣人，姓江氏名永，字愼修。

偃師知縣盧君傳

盧君者，德州人也。其大父世滋，世滋弟世㴶以博學工詩名於當世。君名道悅，字喜臣，嘗知河南偃師縣，旣老而休矣，而偃師之民思其德。偃師有潯溪，君爲治時，嘗遊息其地。民於是創爲生祠，歲時率子弟羅拜其下，稱觥爲君壽。其鄉先生有道過偃師者，父老知爲君之里人，皆更來問：「我公康強無疾病否？」告以無恙，皆相與額手稱慶。以君之旣去而民思之如此，則知君之德常在民也。

君之未治偃師，初出爲陝之隴西縣。寇賊環境，民困於悉索。而君拊循之，如恐不至。然亦用是得過於上官。上官誣以罪，而君乃罷去。

盧君年三十成進士，當康熙之九年。又七年，知隴西，未及一年罷；罷八年，復起爲偃師。偃師是時旱三年矣，而同郡登封縣方興徭役，米價騰踊，有婦人餓死於室，而夫猶忍飢就役。君爲請於大府，發帑以賑，民皆戴大府，而不知君之爲陰德也。然君終不自言；

君既沒，其門人從敝簏中得其上書遺稾乃知之，然則君之德在偃師者何如也？

君爲偃師凡十年，於是年六十五矣，遂告歸。歸二十年，而君之長子見曾以進士知四川之洪雅，亦以廉能稱。

贊曰：余與君之子見曾交，而後得聞君之賢。見曾字抱孫，澄然豁達有度，讀其詩閎俊可喜，以是知盧氏世有聞人矣。古有克家不隕其先緒，其抱孫謂邪！

張復齋傳

復齋先生，姓張氏，華容人也。其先世自江南之和州遷居縣之游橋，凡九世而生先生。先生幼即善屬文。入學後，值吳逆之亂，崎嶇兵革，與弟召修負母循環往來巖谷間，喘不得息。

康熙乙丑，成進士，知福建之晉江，多善政。上官將疏薦之，而先生以母老乞終養。百姓攀留不得，相率供其食用，泣送至洛陽橋者數萬人。侍養既二十年，乃起爲江西之金谿。

值歲歉，先生請穀得七千餘石，多方賑貸，全活甚衆。會有上官倚朝貴爲勢，其所屬郡縣皆脅使出門下，而責以厚贄。先生不忍從，遂解組歸。金谿之百姓攀留泣送如晉江也。

嘗在晉江時，有賈人怨其繼母之誅求，而不養其父。其父詣縣訴。賈人行賄於先生，乞以貧爲解。衆皆爭往視之，天方寒，賈人衣其父以新衣，而自著敝衣，爲凍飢可憐之狀，且曰：「有衣皆以奉父矣。」先生故怒視其父，曰：「子寒如此，而不恤之邪？」呼吏持大杖來。先生睨視賈人顏色如平常，猝指叱之曰：「若見若父之將受大杖也，而安忍視之，不孝何辭？」卽以大杖撲賈人，而其父乃從旁泣。先生出賄付其父，曰：「以養爾餘年。」衆皆快之。

民逋賦久不能輸，及輸逋則賦甚多。先生詰知其鬻子也，乃捐俸入贖而歸之。有守瓜圃而斃者，暮夜莫知其爲誰。先生集鄉民於社廟，閉門使袒裼觀之，一人膚體傷敗，先生叱之曰：「若往而盜若瓜，値若之警，相毆相持，以至於此。」其人卽屈服。先生之聽訟仁明多此類。

晉江人文比他邑爲盛。先生至，則益勸勉其父兄，使訓誨其子弟，其稍屬俊秀者，親加賓禮焉。由此晉江之童子試至萬人。

先生之免金谿而歸，足不履戶外。而華容在洞庭旁，土卑而賦重。當明之季世，百姓多流亡。國初定賦準原額每十畝損爲六畝餘，其後稍稍增墾，而淸丈令下，縣官指爲欺隱，將以全額上。先生曰：「我無中人之產，顧里人不勝病矣。」因詣縣官白其事，謂此皆湖岸荒餘，十常八九浸於水，百姓愚昧，不知援例請平，誤陷於罪，若增比舊額，其數幾倍，能不流亡乎？夫百姓流亡，他日獨不爲官累邪？雖畝數不可隱，而賦數固可減，宜準湖鄉下地例，一畝糧止一升。縣官信先生素長者，察知愚民情實無他，卒如先生言。華容人蒙其利至今。先生名召華，字君實。

贊曰：先生在官前後僅四年，故設施未竟。然其爲利於民者多矣。其議減湖田之賦，華容人將築祠以報，而先生固止之，此所謂陰德也。雖使其子孫世爲三公，豈爲過乎？

上猶知縣方君傳

方君諱求義，字綺亭，桐城人也。以貢士與修實錄敍官，得贛州之龍南。龍南在江右極邊，與粵東接壤，僻處羣山中，風俗較他邑爲淳。君初至，則欣然曰：「是足以安余之拙矣！」其莅官不欲以才顯，而一推其樸誠相示。歷署定南、安遠、信豐諸縣，皆有聲。

龍南有豪民廖氏兄弟五人，虎、豹、蛟、龍爲名號，横行苦鄉里，而官吏莫能禁止。君至則攝其渠魁至訟庭，諭以利害而善遣之。諸廖咸感激自奮，終君之任無敢縱肆者。

江右素饒裕，歲偶儉，不以災聞。而君署安遠時，適值歉歲。是時布政使下令：擅糶倉穀，無益災黎，而徒飽吏胥之貪壑。前令皆一遵約束，不敢上請。君獨喟然曰：「誠使賑救及一邑之民生，則余雖罷黜，何憾焉？」遂急以災狀通牒大府：「其勢有不糶不可者。」方伯初聞之愕然；而大府深加獎譽，且檄屬邑皆倣此施行。諸屬相繼請糶，其全活不可勝計，然君不自以爲功德也。在龍南十年，有終歲不一至訟庭者。囹圄之內，草榛叢塞。乾隆九年，以葬親解任歸里。既一歲，謁選補南安之上猶。上猶亦江右之邊境，風土約略相似。而君之治上猶一如其治龍南。建社倉以備荒年，創書院以興文教。暇則攜一童雜坐樵夫田父間，親訊疾苦，故又別字樂巢，使人之旁郡，招延繪畫之士，繪爲桑麻圖，以自鏡也。

贊曰：樂巢與余家世有婣連，知其素行。其兄子裕曾，余甥也；及其弟子玉成皆幼而失怙。樂巢教育之無異己子。蓋其門內之行，尤有人所難能者，豈徒恩施一邑爲良吏已哉！

松江府通判許君傳

許君諱會裕，字崙高，一字南湖，桐城人也。君少卓犖有大志，年甫六齡，值母病篤，即知長跪祖廟之前，禱求至十餘日不倦。稍長，從塾師受學，聰穎出其輩類，於書無所不讀。然其尊府以直諒爲族人所怨怒，興起獄訟，十餘年而屈不可伸，遂發憤以卒。君抱痛於中，復控於有司，又十餘年，而理始得直。然君之精力壯志，已消亡其過半矣。不獲已，乃入貲補官，得通判松江水利船政。

松江地濱海，舊設巡海之船，其名曰鳥船。嚮者，通判監修，上下多侵漁，其船遇風輒壞。君獨親自驗試，而其弊始除。先是遠人負販至松江，松江奸民取其貨，而負其價直不還。君至，懲其尤狡黠者數人，而負販皆戴德感泣。

松江河道細狹，易至塡淤。塡淤則舟楫不通，而民田亦無以灌溉。故多日水涸，用挑濬之工，其費皆出自民間，積至巨萬。有司粗爲興築，而浮消其費大半。君獨以私一己之捆載有限，而取萬民之膏血甚多，於心不忍。乃親量度深廣，使其工不得尺寸有差。民咸呼舞，以爲數十年來所未有，因即河滸立石，以紀其事。

濱海失業之民多通海洋以逐利，禁之不止。君奉委巡察，而海船之私貨，浮於口糧之外者，至百餘艘。君念窮民非有大奸宄，徒以無知嗜利，而自致干紀之誅，必加詳報，則己雖有獲賊之譽，而死者不可復生，因潛請於布政辰公，懇其寬貰。辰公察君愛民出中心之誠，深爲激賞。將議遷除，而君以是年得疾，於六月十八日卒於松江之官舍，年五十有八。

始君少時，懷奇負異，欲有所建立於天下。士大夫與君相知者，咸度君當爲朝廷顯用，而遭家多故，不得遂其所欲爲。及其筮仕，秩居閒散，徒奔趨抑鬱於羣衆之中；旣爲方伯所知，庶幾有以展其足也，而遂死，豈其信有命邪？雖然，以君之施設，與夫世之貴顯而力足有爲者較焉，豈其有歉於彼邪？嗚呼！可悲也已。

贊曰：君舉丈夫子四人，而幼子國獨有志於古之立言者。國久從余遊，而後余得聞君之始終甚備。乃今知士之有懷而得以自遂者，寡也。然君雖不得行其意於一時，而後世將有興者矣，尙何憾哉！

贈大夫閔公傳

贈大夫閔公諱振武，字商巖，浙之烏程人也。公天質貞粹，幼而爲子弟，則無子弟之失，長而爲父兄，則盡父兄之教。初執星海府君之喪，一哀而成阻鬱之疾，遷延數載，後遇醫者餌以硫黄數十斤，乃漸平復。其於諸昆弟，歲時聚處一堂，相對怡怡，極天機之樂。值公事，則恂恂隨諸兄後，未嘗敢越次儳言。其於後生小子，直言訓誨之無隱。教子弟以立身處世之道，及爲文之法，靡不正容屏息，拱手以聽者。

性嗜古，授徒所得穀俸，輒以購買書籍。聞人有異書，則必詣門借取鈔錄，手所錄書常盈滿箱篋。而尤悉心研究諸經，其於尚書、小戴記、周官漢、唐注疏，多所考訂發明。以家貧薄遊姑蘇、淮、徐間。縉紳大夫之家，爭延迎以考疑問業。公循循善教，出其門者多知名之士。作詩不以雕琢爲能，而以抒情達意爲適。間作指頭小畫，楮墨瓏玲，氣象飛動，人多寶而藏之。

居家儉約，衣裳敝垢不爲意。館主人爲製紗衣一襲，深藏篋楮二十年，視之如新。爲博士弟子，應鄉試凡十五科，乾隆甲子始以老不就試，而方伯舉於鄉。迨方伯官刑部，而公猶館於郡城嚴氏焉。

閔氏自莊懿司寇以來，家門貴盛，浙西無其倫比。其後中微。而星海府君以文章名一世，公復繼之，然皆遭逢不偶，終老於諸生。故公之子孫奮興角列，並登朝著，天之所以報公者甚厚，而不獲饗其子之祿養，此方伯所以抱痛於心，而對人言之，未嘗不垂涕也。

贊曰：余爲黟學博士，巡撫託公檄令主安慶書院，因得謁今方伯於按察之司。方伯留與語，且賜之酒食。今方伯在江寧使人以其家狀來，命爲作傳，然後得聞其尊府贈公之賢。嗟乎，自古名卿鉅公之生，豈不以世德哉！

贈通奉大夫程君傳

程君諱之鴻，字漢翔，世爲徽州郡城北門人，贈中憲大夫字聲玉者，其父也。君由國子生需次縣佐，其後以嗣孫世桂之職，誥贈通奉大夫。

新安在萬山之中，少土田，非服賈於外，則無以爲生。故程君年二十，即奉其父命，理鹽筴於豫章。而君即請於父母，願自今永守豫章之業，蓋其心欲使其身長在豫章，則得以長依子舍也。其後父母沒，卜葬於城北之烏石山，而君即虛其左以自爲冢壙，蓋其心欲使其身之既沒，雖幽宅之中，猶得以長侍父母不違也。

君初娶潘氏。潘氏性賢孝，能得其父母之歡心。未幾，潘早卒。有來議昏者，而君以婦人之能和淑其性以事舅姑如潘氏者，未可概望之他族，即不如潘氏，是子之不孝，以致婦姑之勃谿也；且兩弟皆有子，是卽予之子也，於是終身不復更娶。獨居者五十餘年，年七十九而終焉。彼婦人之失儷改適者多矣，況男子乎？蓋其心惟知有父母，而於世俗之所謂慕少艾、慕妻子者，一皆屏絕之，而不復知其可慕也。

嗚呼！子事父母，人心所自致。雖當羣不孝之時，而世常有純孝之一人，孤生於其際，此以知人性之皆善也。夫其人而旣能孝弟，雖在異域，吾固樂得而親之；其人旣往不可復見矣，而其行具在，吾又樂得而傳之。蓋將以告天下後世之爲人子而漠然不相維繫於其親者，使聞風而自省焉！

贊曰：天藏其半於地之下，人不能一覘而盡見也。道藏其半於混茫之表，雖聖人不能以一人而周知也。無後者，孟子之所謂不孝，以故世俗無貴賤賢愚，皇皇以娶婦爲事，將以求後也。婦旣入門，訴誶囂爭，使其父母不得安其子一日之養，程君懼焉。顧乃以無後爲孝，而不娶以終身，此其道豈淺學拘儒之所能識乎！

鄉飲大賓金君傳

金氏自石晉時，由武林遷歙之呈坎，其後徙居郡城，由郡城徙居歙北之趙村，而贈大夫復由趙村徙居巖鎮，今爲巖鎮人也。贈大夫三子：仲子長溥起家進士，官吏部稽勳郎。後十餘年，吏部長子雲槐續成進士，爲翰林，爲御史。次子榜於皇上南巡，以詩賦蒙恩擢授中書舍人。然其家素貧，而用隻手枝撑以漸至饒裕，創建祠宇，崇大其門閭，則自吏部之兄長洪始。

長洪字師林，少從塾師讀書，聞先生述古孝義長者英烈之事，竊聽常罔倦。以家貧不暇攻舉子業，而隨其父服賈鳩茲、廬、鳳間。然君雖溷跡賈人，而至性醇篤，嘗割臂肉以療母疾，尤與吏部相友愛。吏部幼善病，而君常遠走百里外求醫，數往返，至足爲之繭。其母許恭人亦歎息稱其賢，以爲所見世人兄弟間如此者不多遘也。贈大夫老而家居。君在外致甘旨糗脯無虛日，必親自料簡，不假手童僕。嘗以王母葬地不吉，遂窮極青烏之書，卒得改葬如吉卜。

君號善持籌，而動循理法，取利必以義，不欲競錐刀，以割剝愚懦。自處甚約，而多急人之難，尤厚於族姻里黨。不治經生家言，而諸孫所習文藝，輒能披覽其大略，有所指斥，必中其竅要。其於天下之務、時事之利弊，較然明白，如自視其掌。遇事之盤錯，其精神常鎮定，而卒能有剖決，以解其紛。見人有爭訟，或手足骨肉相傷殘，能以片言感悟之，使卒歸於和好。蓋其理人之才又如此。惜不得尺寸之柄，使施之家國天下也。

君當壯盛之年，而妃匹早逝，遂不復娶。曰：「世多吉甫之後妻，而子未必如閔子，家道之乖，每由於此。」喜親細務，或諷其過勞，則曰：「吾雖不能如陶公之運甓，而敢自暇逸乎哉？」郡守王公聞其賢，舉爲鄉飲賓，固辭不獲，然非其意也。

贊曰：自管子相齊，而士、農、工、商之職分。漢興，賈誼、鼂錯上書言政治，謂宜重耕農而抑商販。然余觀當時士大夫名在仕籍，而所爲皆賈豎之事也。至若賈名而儒行，孝弟婣睦無愧於獨行君子之德，是乃有道仁賢所重爲賓禮也。彼職業惡足以定人哉？

贈大夫方君傳

方君諱嗣文，字肇西，世居歙西之巖鎮。自君之七世祖晉獲禁方，因以醫世其家。而君之父承晟始以應世之才，創興賈業。君少以家事殷繁，不暇攻舉子業，用例入國學，而從其父業賈於漢江之上。然君雖溷跡賈人，而性孝友，執父之喪，哀動行路；事其母曲盡色養；愛諸從弟，必皆使得所然後已。

自君之上世，歷數傳皆以利人濟物爲心。至於君尤爲慈厚，樂施與，其於族戚之中有喪不能舉、婚不得遂者，咸爲經紀而周給之；而於無告之煢獨，尤加意憐恤。至於友朋故舊，有無相通，患難相救，終其身未嘗有吝色。嘗謂其子曰：「與其自奉過侈，孰若節儉以裨人！」巖鎮之中，有橋曰心庵，君之上世所建也。君重治其傾圮，新其衢路，雖多費不惜也。性坦直，嘗面折人過，及其能改，則略不以留於心。遇事之不平，多爲之解紛，而不畏彊禦。居恆寡言笑，與人交，澹如也。及其敎誨子弟，而隆師傅之儀，其幣帛恭敬，有非近今人所及者。

贊曰：馬少游有言：「使鄉里稱善人足矣。」夫遠荒窮徼，可以形勢聲華相震聾；至於父母之邦，其聞見眞矣，一言一動之微，鮮能逃其記注者，故稱善於天下猶易，而稱善於鄉里爲難。後之君子馳騖於閩海萬里之外，而視鄉里之人如秦、越，漠然不以繫其心，宜其沒世而民不思也。予聞方君之沒，里人有爲流涕者，故曰：「斯民也，三代之所以直道而行也。」豈不信哉！

封大夫方君傳

封大夫方君諱祈宣，字亦桓，歙縣人也。方氏自君之曾祖、祖、父皆業賈於楚中。君年十八，其祖年老家居，父不欲遠離；而君之兄祈昌方入郡庠爲弟子。君雖天資穎異，而以遠業需經理甚急，不得已而之楚游。凡十年，始歸。

君於人無問智愚賢否，一皆推誠相結。人或以其易與也，而因售其欺，以至逋累千萬，旁觀皆爲之不平。君第與校曲直而已，卒不以銜怨於中也。至無故横逆之來，尤忍人所不能忍。蓋其仁心愛人類如此。

君家自上世以來多厚德長者，其生殖豐裕，能以惠利及人，至於君則處己雖儉，而周人之急常恐其不及。族婣之有喪而不能斂，有子女而不能婚嫁者，均受其庇廕。乾隆辛未歲饑，於鄉里倡爲賑卹，又捐惠濟倉穀至白金三千兩。郡邑勸輸修城，亦且捐至千緡。伐石以平治鳳山之道路，煩費弗惜也。君之祖考嘗欲建支祠而未就，君善繼其志。晨夕營度，不避淫潦毒暑，勤劬過甚。祠垂成，而君遂至得疾不起。卒之歲，年五十有九。

君既性純孝，篤於友恭，而所遭多不幸。其尊府已見背，而祖母謝安人與其兄祈昌相隨以沒，踰年，嫂洪氏亦沒。君既執嫡母程恭人及繼母吳恭人、程孺人之喪，過哀至毁。而有弟三人，弟婦二人，十數年間，後先殂喪。君於其間，侍湯藥，治喪殯，育孤幼，延師課讀，以婚以嫁，備禮盡瘁。蓋君於世事盡心力而爲之者多矣，而庭闈之內，洊遭閔凶，何以堪之？然則君之不幸，不得既乎中壽，雖曰修短有命，亦其苦心勞力以致然也。

女兄弟四人，雖已嫁而相愛養不啻在家時。其適程氏者，幼年守志，一子復早夭，其後家益落，而以垂白撫孤孫，君尤痛悼之，臨沒時，命其子分產以濟其困乏，且爲其身後計甚諄且詳焉。

論曰：世之儒者以誦說詩書自藩飾，而倫類之間，孝友睦婣任卹之行，多內省而慚。至於方君者，既棄儒術而事機利矣；跡其平生所爲，求之縉紳先生，何可易得哉？嗚呼！可謂淳篤君子矣。

程書原傳

尙書秋官郎程君晉升之尊府諱志洛，字書原，蓋純孝人也。世居歙之巖鎭，常以深愛之衷，自致於人不見聞之地，終其身如一日。不求人知，而世亦遂無知之者。賴秋官之賢，能推揚其先人之隱行，使之表著於當時，而因得以傳於後世。

秋官之言曰：「吾猶及見吾父事吾祖父母時。每昧爽，吾父手執書策，趨立寢門，傾聽祖父母興居，門啓卽入問安否。吾祖母嘗謂吾父曰：『汝何故早起默默喜獨立水Ⓝ門外？』吾父至吾祖父母寢室，必先過世父室，中間多置小門，而吾祖母喜飲泉水，因以瓨盛泉水置門內，因謂之水瓨門。蓋吾父晨興立此門者，前後凡數十年云。吾父與諸父相友愛無間，諸父或病篤，吾父輒至祖廟中焚香禱祝，若欲以身代者然。」秋官之言如此。

夫古稱舜爲大孝，以其有頑嚚之父母，而又有傲弟如象者也；使弟傲非象，而無瞽瞍以爲其父，則雖孔子之至德，不得以孝稱。況在中人以下，庸行之常，非有高遠難幾，足以驚愚而動衆，何由以自表見哉？雖士之敦行不怠，非以求人知，然爲人子孫，闕匿其父祖之德，使湮沒而不彰；爲文章操風化之權者，知之而不言，使善人君子無傳於後世，則後之爲善者何以勸？爲不善者何以勉焉？此秋官所以索余文以誌之惓惓而不已也。

府君素不欲以姓字傳於人世，行一善輒借名他人。雍正、乾隆間，數舉賢良方正，開博學鴻詞之科，在位有欲以府君薦者，而府君輒辭不受。年七十以歲貢終。平生好讀春秋及朱子綱目之書，有史鈔數卷，藏於家。

贊曰：余未識秋官。秋官一見余文，即以爲今之韓子，因付託以其家傳。不賢而能如是乎！府君雖不遇於時，秋官自致通顯，而府君得贈如其官，秋官亦可謂至孝矣。然非府君之孝，安得有子孝如秋官者哉！

吳義士傳

吳君爾襄字贊公，歙西溪南人也。少以養親服賈於豫章。時值滇、閩叛亂。樂安鄰逼閩疆。閩寇突至，城且破。君爲倡率少壯，力爲防禦，而樂安得免殘戮。樂安教諭許君者，端人也。義不受賊汙，將以身殉，而夙知吳君行義長者，屬君以其妻子。君許諾。許君既畢命，而君哭之慟，爲經紀其喪而厚資之，以得扶柩歸葬。臨川人聞君名且久，亦以寇告君。君卽買舟奔赴，説邑令，同盟諸生於泮宮，更募鄉民壯勇者，共爲防守之計。及王師至而寇平，君率衆迎於道左，且爲民請命。其所以保障臨川者，猶之其在樂安也。

饒賊寇新安。君以老母在堂，遄歸省覗，至吳城，賊黨舉礮火擊其舟，而君得飛帆疾過，蓋其孝思若爲天所佑云。

其後十餘年，君在漢上。夏逆以裁兵故而倡亂，居民洶洶逃匿。君以漢上屯鹽六百餘萬石，匪惟商貲，抑且國賦所出，復團結鄉兵固守，而漢陽亦賴君以全。蓋吳君以羈旅暫寓江漢之地，而數爲居民捍禦災患，其智勇有過人者。然其居恆訥訥然，人見之，以爲無所短長也。

贊曰：天下未嘗無才，而伏處山巖、爲上之人所不知者，多矣。夫古者聖王之治天下，必使賢者在位，能者在職，而後愚不肖者皆有以自託，而各遂其生。夫爲天下得人，是故在執政哉！

阮君傳

阮君世恩，字聿修，桐城人也。父曰暉吉，余嘗志其墓矣。世恩兄世忠爲學官弟子，兄弟兩人，生而相友愛無間，相對則驩甚。一人以事出，則皆終日徬徨不寧。夜常同榻而卧，有疾病則親視湯藥，未嘗頃刻離。世忠讀書佛寺，忽嘔血，世恩時以爲憂。丁卯之春，世忠自爲棺，而世恩監匠者髹漆其上，漆者言兄死當在七八月，世恩即慘愴悲懷，自以二子小，百、曉日皆成人，而兄一子，無母，且幼未授室，願以身代，禱於上下神祇，凡刺血書詞十七紙。而世恩是年遂得疾。踰年，世忠病甚，醫多言不治。世恩與同榻卧，而使其二子更迭候，夜間則復禱如前，又刺血書詞十七紙。世忠尋愈，而世恩遂以是年七月四日卒。然不以告於世忠，既沒，而曉日出其父書詞，然後知之。嗚呼！世恩可謂善事兄長者矣。

天下之達道五，門內居其三。而世俗之人知其一，曰夫婦而已；其能孝於父母者，百不一二見；而友於兄弟，則又加少焉。大司徒以鄉八刑糾萬民，一曰不孝之刑，四曰不弟之刑。然余以爲不弟則猶之其不孝也，故曰「孝乎，惟孝友於兄弟」。往年嘗見友人示所爲智仁圖，智縮仁横，智高以寸，則仁廣亦以寸。故使智足以及其父母，則自父母而下，凡父母之所生，遇之無不仁矣。智足以及其祖父母，則自祖父母而下，凡祖父母之所生，遇之無不仁矣。推而上之，聖人之智極於天，則自天而下，凡四海九州之內，鳥獸草木，無一物而不在姁嫗覆育之中。善哉斯言也。夫命之爲人，而智不足以及其父母，則其去禽獸幾何哉！

世忠、世恩其操履亦閨門庸行之常，無異於人者，然求之世俗，何其難得而可敬也！於是慨然流涕而書之，以爲阮君傳。

蔄齋先生傳

蔄齋先生姓左氏，明忠毅少保公之曾孫也。少爲諸生，喜吟詠，而不屑爲科舉時文之業。舊居縣城東門內，與貴顯子弟相聚飲酒無虛日。一日，忽棄去城中宅，遠至東鄉百里之外，就其祖所遺產所謂荷莊者居焉。日率孫曾僮僕，相與藝圃灌園，植花竹以樂其志，而家亦日豐。先生爲山人野服，數年不一至城市，而讀書慕義，日孳孳焉。里中縉紳長者，皆樂與交遊，往來荷莊者，率文學知名之士也。

先生生十有九日，而母夫人見背；其後尊府未生先生客遊卒於京邸。先生抱痛終身，每值生忌之辰，致敬致哀，見者皆爲流涕。先生以家之中落，治以儉嗇。而與人交，財利未嘗有纖介之苟；名流過從，飲食必致其豐潔。先是里人有從先生假衣褐者，先生曰：「我家固無布衣。」假衣者詫之，謂曰：「子之家乃遂一無布衣哉？」先生恨其言，遂屏紈綺終身不復御，蓋其有恆類如此。

吾高祖之母，忠毅公之姑而先生之高老姑也。先生與吾家，世有姻聯，而余之兄女歸先生之孫行孝。先生故丈人行，而先生獨與余親善。余多出在外，先生時時念余不置，取余嚮所寄素書揭置門屏間，時其相思，輒就而讀之。及聞余歸，則不待余席之溫，而迎請之使者已至。往往置酒上下其議論，連日夜不輟。以余之淪落於世，世人之所共棄，而先生顧愛重之如此。此所以於先生之沒，不能不欷歔而流涕也。

先生名文韓，字秀起。其所爲詩直舉其心臆所欲道，而深造於古人，故多可傳者。余嘗爲之論定云。

蝠巢翁傳

蝠巢翁姓嚴氏，名紳，字朋韭，以國學生考授州通判。世居桐城之東雙溪鎮。鎮後有山曰靈壽，故又自號爲靈壽山人。

翁生而有異質，母乳之，則兩足皆跪。父某將任廣文，歸自外而病卒。翁生母劉氏哀痛，以至瞽其目。既十餘歲矣，翁朝夕以舌舐之，而母目復明。翁前母陸氏生女一人，適吳氏，早寡，煢煢孤弱，翁撫育之，以至成人。其後遺孤又卒，惟兩孤孫在，而翁同母女弟適某氏亦寡且貧，翁皆辛勤爲經理其家，終身無倦色。

康熙甲午，歲大祲，鄉先生奉觀察之命，來溪上爲粥糜以賑。翁曰：「飢者數十里而來，一啜粥而歸，歸則復飢，其老弱難行者，終不得食，是不如計口授米之爲得也。」飢民賴以全活甚衆。而賑米之羨，復買山以瘞枯骨。其後，荒年有賑濟之役，皆倣此以行，而不知翁實倡之也。翁有治劇之才而不得施設。鄉鄰有爭鬬必以質之翁，而獄訟乃息。

然翁特勵志讀書，夜讀常至雞鳴。工詩，善草書。相國張文和公見而愛之，曰：「里中有此才，何可使老於林泉乎？」欲薦之而卒不果，命也夫！

贊曰：余與翁之子伯顧同學相愛，而翁之幼子丹曉，余再從女弟夫也。故於翁之行事，知之爲詳。伯顧亦工詩。伯顧既沒，丹曉出其平生遺稾俾余論定之，將刊刻以行於世云。

芋園張君傳

張君，桐城人，諱若泌，字珊骨，別字芋園。大學士文端諱英之孫，工部侍郎諱廷瑑之子也。中雍正乙卯鄉試。

當是時，君之尊府及君之伯父相國、宗伯皆在天子左右，其伯叔兄弟多繫官中外，家事繁殷，惟君能以一身任之。文端祠祀賢良，安徽巡撫徐公實承諭祭，其從隨廝役之人，塡隘賓館，牲牢酒食，惟君能餽餉踵至，略無缺漏。少司空視學江蘇，兢業自持，其所拔文章，必命君再三讐校，收棄宜當，號稱得人，惟君之用力爲多。相國虧缺帑藏，盡括家產不足以償，司空倡助白金萬計，族人以次捐輸猶不及數，惟君能經營盡力，事卒辦治。邑東溪水自龍眠兩山奔流數十里，其勢洶呶。相國創建石橋以利民涉，工程浩繁，惟君能董其役，早夜勤視，三年乃成。其後日久，橋漸崩塌，司空捐金築壩捍堤，惟君能督工辛勤，堤外居民恃以無恐。堤既成，君更勒石以紀其事。文端創立義田，司空增立義助、廣惠及篤素公田，惟君出納賑施，能不遺不濫。君之弟早卒，撫育其二孤、五女，一如己子。曾歟以鄉舉第一人發解，曾產爲學官名弟子，惟君訓飭督教之功。長姊適孫氏涪漁，而姊夫早卒，仲姊適顧氏協鍾，而顧氏家貧，惟君能饋問不絕，撫教諸甥，皆得學業成立。乾隆乙亥、丙子，歲凶民飢。司空捐米數百石以倡，惟君更率諸弟，冊運湘湖米至，穀價既平，民食乃裕。既又以其餘米，立永惠之倉，豐則出貸，以收薄息；歉則出糶，以平市價。邑有同善之會，所以濟死不能斂、斂而暴骸骨於野者，惟君能增益其費，日月滋長，恩施徧於閭閻。

君天性克勤。司空嘗訓之曰：「天與一日之年，必有一日之事。」惟君能稟承其教，不憚煩勞，日出輒興，夜分猶不寐。應務之暇，即披覽書史，其於古人成敗得失、因革損益之宜，能羅列於胸中。尤詳禮制，邑人吉凶之儀，紛來取質，能人盡其意以去。蓋君之才足有爲如此。惜乎其僅見於鄉閭，未得施之邦國也。

贊曰：當雍正之時，桐城張氏之貴顯，震驚天下，而芋園獨以鄉舉終其身。夫豈力不能及，蓋澹泊爲志，不汲汲於榮利以致然也。嗚呼，豈不賢哉！

樵髯傳

樵髯翁姓程氏，名駿。世居桐城縣之西鄙。性疎放，無文飾，而多髭鬚，因自號曰樵髯云。少讀書，聰穎拔出凡輩。於藝術匠巧嬉遊之事，靡不涉獵，然皆不肯窮竟其學，曰：「吾以自娛而已。」尤嗜弈棋，常與里人弈。翁不任苦思，里人或注局凝神，翁輒躁頗曰：「我等豈眞知弈者，聊用爲戲耳！乃復效小兒輩強爲解事。」時時爲人治病，亦不用以爲意。諸富家嘗與往來者病作，欲得翁診視，使僮奴候之，翁方據棋局，嘵嘵然，竟不往也。翁季父官建寧，翁隨至建寧官廨，得以恣情山水，其言武夷九曲，幽絕可愛，令人遺棄世事，欲往遊焉。

劉子曰：余寓居張氏勺園中，翁亦以醫至。余久與翁處，識其性情。翁見余爲文，亟求余書其名氏，以傳於無窮。余悲之而作樵髯傳。

劉大櫆集　卷六

傳狀類

鄭節母傳

休寧鄭牧之母陳氏，杭州仁和人也。牧之父曰世迎，以仁和學官弟子入貢，除紹興新昌訓導，而性好山水，時時往來鷲嶺、西湖間，故陳氏歸焉。

是時，新昌年已老，前娶程夫人生子六人。陳氏年十七來歸，踰年有身，未免而新昌沒於杭州寓舍。陳氏聞之涕泣曰：「若所生男也，則以舉而教之；女也，則死耳。」新昌沒五十日，而陳氏生男，是爲鄭牧。家人議月給陳氏金錢爲生計，而陳氏顧獨求得新昌沒時所書示家人二十五言者，曰：「得此足矣。」新昌之將沒也，口不能言，乃手指几案索紙筆爲書，以懲戒後嗣。其大旨在孝父母，友兄弟，讀書自勵，毋自欺，居家節儉，有餘則濟姻友之窮。家人出以授之，且問其故。陳氏曰：「吾以示吾子也。」

新昌既沒，陳氏依程夫人以居；程夫人又沒，則其艱辛有人所不能堪者。程夫人臥病，陳氏朝夕侍問無少間。夫人卒時，屬以手所種茶樹遺牧母，母受之，每歲採摘以供米鹽，閒則辟纑，或爲諸孫補紉鍼鏤不去手，而一心惟以教子爲事。

牧六歲，則使就從兄受書，夜歸復親督之倍諷。母嘗謂：人性皆善，惟無良師友以弓檠而矢夾之，故任其驕恣，智慮日就昏鄙，惟知一己便利之私，而天所以生我，其責之宜自任者，或昧焉不知所事，終不可以爲人。故凡鄉先達之賢多聞者，皆令其子執贄而受業其門。見里中有年少輕俊自喜者，輒謂牧曰：「此其人爾雖舊相識，不得以爲友也。」又嘗指室旁頹敗牆謂牧曰：「酒薄亟壞，牆薄亟傾，古之人寧敦毋薄，殆爲此耳！」又曰：「人所不足者，非財也。爾毋以家貧故，而妄生不足，求豐殖於爾前人！」又曰：「人第自立，毋以上官之知爾而輒往有干謁！」故里中至今稱陳氏母善教，牧爲子善聽母言。卒所就，牧爲孝子，以讀書善屬文聲聞吳、越之間。牧性孤介，與世多不合，雖以傭書授經爲生，而取與無一介之苟。督學使者及郡守多重其文行，而牧於就試外，未嘗一有所干，從母氏之教也。

母嘗讀衞敬瑜之妻王氏所作孤燕詩，感其義，爲潛繡孤燕衣袂間，而更刺王氏詩於孤燕之旁，然用以自矢，祕不示人也。母既沒，而家人檢栝其衣匳，始見之。

母平生喜道人間節烈事。牧之族世母汪氏者，以死殉夫而無子，葬在淺土，而墓石未立。母時時以爲言。值歲凶，人有饋牧金者，母大喜，謂可爲墓石之資，郎用以作碑。碑成，更期以來歲淸明祭掃，率婦女往拜其墓，而病不及待矣。母家故貧，而族人之貧不自存者，多典衣質錢以濟之，故母之沒，族人無親疏遠邇，皆爲流涕云。

贊曰：余與母之子鄭牧交遊，旣知牧賢，而後得聞母夫人之賢。蓋其通達大義，爲男子之所難能非徒節孝也。家雖貧，而聞譽流於鄉族，詩所謂「高朗令終」，其母之謂乎！

方節母傳

歙巖鎭方君肇西之繼室吳氏，年二十一來歸。七年而肇西病卒。於時氏年二十八歲。凡守節三十三年。其孫尚錦上其事於大府，乾隆壬辰得俞旨建坊旌表。方輦石就工，而太孺人遽以是秋長逝。

蓋自太孺人旣歸方氏，而方氏遭家不淑，肇西旣早卒，而母氏謝安人壽終。太孺人以嫠婦奉持喪殯，盡哀盡禮，以至目矇不能視。當是時，肇西前室之子及太孺人所生子共五人，而連喪其四，諸婦隨以沒者三人。其死亡哭泣，排比繼續，有人所不能堪者，而太孺人之志彌堅。常獨坐小樓，終日凝然，非其子婦不見也。太孺人年已五十，其子祈宣請以母節上聞，而太孺人堅拒不許，曰：「婦人夫亡不嫁，分也。自居立節，已非所安，況敢膺朝廷之寵命乎？」

太孺人躬持儉約，疏衣糲食，至族姻里黨之貧無以資者，輒周卹之無難色。自尚錦之曾祖大生欲建支祠，歷二世未成，孫祈宣繼之，功垂成而身沒。太孺人乃命祈宣之子及其諸子曰：「此先人之志也，盍亟成之！」工作酒食，太孺人身任之，而不自知其勞瘁。祠成，而後喜可知也。大生樂爲善，然其志願多未竟。而巖鎮之南山，故有會文之館，其後移置鎮西，年遠傾頹，僅存遺址，鄉先生議欲修復，太孺人聞之，復命諸孫推先志重建焉。又於其時重建鄉賢祠。三年之內，兩役並興，其費奢廣，而諸孫力行之，略無所顧惜，太孺人之敎也。

贊曰：余觀女婦之以節孝著聞，惟新安爲尤衆，蓋其流風使然。然獨太孺人所遭，備極人世之愁慘，天殆摧挫之以玉其成也。若其眷眷以善繼先人之志爲心，縉紳大夫或不能，而女子能之。嗚呼！可謂賢矣。

金節母傳

金氏節母許太恭人者，歙之蕃村人也。年二十，來歸金氏五聚。歸五年，而五聚客死京師。

先是五聚之父文啓早世，遺孤五聚纔五歲，不能自存，乃從王母冒葉姓而同居於葉。而五聚又復早世，遺孤公著纔九閱月。時恭人年二十四，痛其夫之旅櫬未歸，而姑年已老，呱呱者寄食他姓，欲死不可，乃忍死以圖育金氏孤兒。

當是時，金氏家本貧，及五聚客死在外，益無以爲生。太恭人躬自灌園作苦，常雜和藜莧爲糜，而一日多不再食。嘗攜其孤於園中採摘茶芽，茶未盈筐，而日晡飢餓，其孤牽裾欲還，乃母子相向悲泣。又嘗日暮自園中歸，失足墜道左叢棘中，下臨絶壑，攀援久之乃得上。

先是，恭人長子以痘殤，因使遺孤往依郡城饒氏以避其疫染，及聞孤復患痘，則惶急飢走四十里往視，面色非人。日夜辛勤調護，不寐者旬月。而孤又善病，太恭人口雖不言，而心懷隱憂，如捧盈而常恐其顛覆也。

恭人以夫殯在外，歲時遙設祭奠，輒北向長號。及孤年已壯，奉命往求旅櫬，始製絮衣奉母。前此母年逾四十，皆單衣蔽體，不知有挾纊之温。蓋恭人徒以殯在荒野，長爲風雪所侵陵，故不忍獨求温暖。然恭人不言，而家人亦無敢有問也。

恭人念姑年已老，偶得食，必先以進其姑。姑晚歲長齋奉佛，恭人不敢異味於姑，常與姑同茹淡素。及姑卒，子婦能具旨甘，則不復茹素，然自奉常多取其粗惡者。家人或從問往事，亦約略言之；然語未半，輒嗚咽不能成聲。蓋其生平所閱歷，有人所難堪不能自覆述者如此也。

於男子，非至戚不見，嘗病胃疼痛甚劇，水漿不能入口，然終以婦人之手，不得與他人診視，卒屏醫藥不御也。

嗚呼！太恭人以一女子，當金氏存亡絕續之交，一心惟以鞠子爲事，其濟則祖考之靈；如其不濟，有死而已。憂危困苦，叢集其心，飢餓寒凍，交迫其體，而太恭人一若冥然無知，獨身孤立於層冰積雪之中，卒使金氏之門烝嘗無缺，墜而復興。然則太恭人之爲功德於金氏者，殆非他人之節孝可同堂而語也。太恭人執節六十有二年，今已建坊崇祀矣。

贊曰：方金氏之流離，遺孤未及周歲，而附離他族，蓋其不絕者，如秋毫矣。太恭人以一人持之，而孫支遂得累世貴顯。上天之幽默無言，而潛機密運，豈人世所能窺測哉！

李節婦傳

節婦姓錢氏，淮寧李生之妻也。有子曰寧，寧以書來求爲其母傳。其言曰：「吾父爲縣學弟子。吾母世爲浙西名族，年十九來歸。吾父念大父母家世貧困，常冀得食祿之榮，以顯其親，攻苦誦讀。吾母勤女紅、烹飪以佐之，雖炎暑之朝，風雪之夜，無有間息。歲在丁酉，吾父秋闈試罷，得疾，未逾月而殂。寧年甫及周，吾母適生女弟一人，哀毁欲死者數矣。然念大父母在堂，寧兄妹方在懷抱，勉以承舅姑之養，不敢以哀痛形於顏色。吾大母以吾父之亡，憂鬱成疾，手足不能動履者數年。惟吾母常侍湯藥，雞初鳴卽起，至夜分乃就寢息。吾父有弟二人及諸姑皆在穉齡，吾母勤撫敎之，未飢而與之食，未渴而與之飲，衣垢則爲之煩撋，衣敝則爲之改作。迨二叔親迎，諸姑出嫁，而吾母之辛勤始謝焉。吾大父常號於衆曰：『吾兒亡，賴有若婦在，乃天所留以存李氏之血食也。』衆載其言。蓋自吾父之沒，及今二十年，吾母年四十，而大母之疾忽瘳，寧亦生子成人矣。」信如斯言，則古陰禮所謂婦德，節婦其無愧矣。其子寧年在弱冠，不遠千里，求一言以揚其母氏之賢，李氏可謂有子哉！

吳節婦傳

歙縣吳君文采之夫人程氏，父曰之升，年十九來歸。越八年而文采沒於漢陽旅舍。夫人勵冰雪之操二十有九年，卒之年五十有五。

有子映烈幼多疾，夫人撫教之如嚴師然，嘗謂之曰：「吾所以隱忍苟活者，爲爾也！父子兄弟慈孝友恭之道，乃人心自有之善，若甘爲愚下，而大節不之省，辱先人矣。」故其子既成立，知大義，以能顯揚其母氏之賢。

當夫人之未歸而爲女子也，卽以孝事其父母聞於閭里。及其既歸而廟見，爲夫人之長上者，咸相慶賀以爲得賢婦；其在卑幼者，親見夫人之容止而自慚，以爲非所及。夫人推其事父者以事舅，推其事母者以事姑，又推其事舅姑者以事祖舅姑，莫不順適，各得其歡心。祖舅姑既沒，喪祭之禮畢，而夫君之凶問至自漢陽。蓋夫人自是無意於人世矣。然其事舅姑誠敬益隆，盡力以供其衣服飲食藥餌之宜，未嘗或假手奴婢。

吳君綜理賈業，能擴而充之，使日大。然循循禮法，不隨世俗爲華靡；又性好書史，閉門雒誦，而囊無私錢。以故夫人守節廿餘年，家雖豐贍，而俯仰不啻窶人婦。

夫以一女子寂處閨門，心思既無所控告，況煢煢孱㜵，抱數歲之孤，上有繼姑在堂，諸叔咸幼，叔姒性剛柔靜躁不齊，而夫人主持家政，處之有餘裕，無能間毀，其日用之百需，及婣親酬酢往來之費，仰給尊舅者，月惟千錢，而夫人勤女紅、躬織紉，極艱辛以相補助。

夫人之父程翁，家素饒，而諸子蕩棄，以致中落。翁有妾三人，子皆幼，慮其後之不給，嘗私積白金千兩，一日陰以授夫人，使代爲藏蓄。夫人度日雖艱窘，而兢兢保此千金，不敢視爲己有，卒待其幼弟之飢困，全畀其庶母，俾攜歸以供朝夕。當是時，兩家內外無一人知者。父既沒，而母汪氏貧甚。夫人於母病，則省視維勤，亟進藥餌；母沒，則賻助衣衾，且經營其葬地。蓋終始竭其力於親，而夫人實非有餘力也。

乾隆三十六年，映烈撰次母夫人之行，上之大府，以達朝廷。建坊以旌，而春秋祠祀不絕。

論曰：利祿之中人深矣！自中朝士大夫，於持權秉勢之地，疾趨如寇梟，常甘心毀名節、蒙恥辱以求之。彼非不知其汙賤而不可爲也，顧有所不能捨者耳！夫人以女婦而懍

「生者不愧」之義，其志行槪之於烈丈夫，亦何讓哉！

胡節婦傳

節婦舒氏，黟縣人，笄適同里胡君上，越數年而寡。君上死而家益貧。其父母老，節婦力縫紉，孝養無違禮。節婦善爲小兒帽，能隨人小大方圓曲折甚工。所居地去城市稍遠，村人爭買節婦所製帽，不假持刀尺、習女紅，而小兒皆有帽以禦冬。節婦爲帽甚勤，嚴寒時，兩手常見龜坼也；至盛夏則不持扇、不御蚊帳以爲常。舅姑相繼沒，節婦所貯工作錢，每以送死，立匱竭。而父彥安、弟麟書赴試，用不足，節婦猶分所有以相給，而自忘其窮。節婦常欲死其夫；然冀得夫之從兄弟子或再從兄弟之子一人以爲其夫後，故隱忍焉未死也。

嘗所讀書甚衆。自易、詩、書、子、史之外，旁及星命、靑烏之說，以五行推測族戚人窮達、壽夭、小兒育不育多中。嘗以歸寧，坐肩輿中，指顧所歷山川當有吉壤可葬，雖慣習形家者流，不能與之爭得失也。

贊曰：婦人以冪酒漿主中饋爲義，至於書史非所宜講習。然如節婦之守死無二，則書史乃彼所爲立節之本源也。雖泛騖極博，豈不益見其賢哉！

錢節婦傳

節婦姓方氏，桐城人，父字于王。許聘同里錢公田間先生之子孝則者，方在童丱，未嫁也。

當是時，弘光據南京，阮大鋮爲兵部尚書，以鉤黨逮田間甚急。田間變姓名出亡，而孝則從父行。自白下抵震澤，而吳中兵起。孝則之母及弟妹皆赴震澤以死。孝則脱身走匿稻田中。賊去，收其母、弟尸權厝之，而從父入閩。其秋閩之延平破，孝則奔汀州，汀州亦破，父子遂相失。孝則乃間道入粤，出入五嶺間數年。復入閩，寄居邵武之寶蓮寺，前後凡十三年。道路流離不得歸。

於是節婦年已長大，家人趣使他適。伯叔兄弟交口一辭，或詐報孝則在外死已久，以此慴節婦。節婦慷慨曰：「固未必死。雖死，吾亦義不容他適！」居久之，卒待孝則歸成禮，其相對如賓客然。其家雖貧，然節婦不知其貧，雍雍殊自得也。

既九年，先是田間自閩還，娶徐氏，以家居室隘，寄居書室中。亡何，田間復外出。孝則以徐氏母不可獨居，乃侍宿書室門隅小室內。室有夾窗臨野。族人或疑徐氏厚積，與盜謀，毀窗入，縛孝則，使俱入內室，以劫徐氏。孝則不許，盜以斧劈其頭而死。於是節婦鬻績自勤，教其子以成立。獨居三十餘年，如初未字時也。

節婦年七十三。始年二十五歸孝則，九年，孝則死，又三十九年而節婦卒。

贊曰：余嘗考明亡時遺事，夫婦、父子奔走散失死亡者，何可勝道，節婦能不與人沈沒，卒得令名，豈非其志之異邪？方其詐報孝則已死，乃所謂不祥人矣。節婦之姑亦方氏，死震澤水者也。一閨閫間節烈相繼，豈不偉哉！悲夫！

汪烈女傳

古之人以死生爲大。而孟子别之曰：「可以死，可以無死。」可以死而死，死之得其道者也；可以無死而死，死之不得其道者也。

人未有無故而責人以死者。其死之大端有二：曰「臣死其君」，「婦死其夫」。然余以爲臣之死君，與婦之死夫，似同而實異。君臣以義合，故曰「合則留，不合則去」；夫婦以恩合，故曰「壹與之齊，終身不改」。後之儒者不明於聖人之義，乃以夫婦之道爲君臣之道，第不事二君，烈女不適二夫。」不學之徒習聞其說而信之。故余於汪氏女之死，有感於君臣之正強暴之罪，以女爲烈，建坊而旌之。吾獨怪後之儒者混君臣於夫婦，且爲之說曰：「忠臣汙之，雖其母與兄奔救而歸，明日女卒投繯而死。是迫之以死，而不得不死也。於是朝廷

歙之喩村有汪氏之女，年十五，未適人也。於村中觀劇，而有強暴者，要於中道，而欲得其道也。雖然，有迫之以不得不死者。張巡、許遠守睢陽，城陷而不死，將何之？

字而未及適人，或爲其許字之人死。夫未及適人，是未嘗「壹與之齊」也，顧且死，是死之不去，或嬰守土之責而城陷，是可以死者也。可死、可不死之間，此之不可不審也。後世女許古之君子見幾而作，固不待國之危亡，早已潔身而去矣，是可以無死也。如其勢不能

彼且必責管仲以死矣，何怪乎後之儒者哉？

子皆改適之女也。殷紂既亡，微、箕且不從死，況他人哉！嗟乎！子貢、子路，孔子之高弟，於夫婦哉？何以處夫伊尹之就湯而就桀？何以處夫孔子之去魯而之衞、之齊？是伊尹、孔

事一君則不復可以去而他適，是以臣之事君，果如女之適人。夫所謂君臣者，豈竟同食祿爲受君之恩，吾之所不知也。

責之以死，求其不改適而已。夫與共天位、與治天職、與食天祿，有共事之義焉，而以臣之

義，爲作烈女傳。

江貞女傳

貞女姓江氏，錢塘人也。其父名煜，以進士謁選京師，將爲岳州守備。而是時吳門有顧君朝楹者同選得荆州。兩人同在京師謁選，仕又同方，旣相知，因相愛。兩家家書至，顧氏生男，江氏生女。嘉興沈光庭者，往來兩家甚習，因爲議婚。及之官，荆州與岳州地近相望。顧君至岳州，遂以宮錦、團扇、水晶連環授江氏幼女以爲訂。時兩家子女纔周歲。其後，顧君罷去，攜其子歸里。江君亦被議入京補官。兩家音問闊絕。

歲在乙卯，有妄人譌言顧氏子病沒。貞女時九齡，聞之悲涕，遂不食，且絕去一切嬉戲事。貞女性幽靜，好讀書，嘗見古今節烈則欣然喜。及聞譌言，每背人而泣。其後五年，江君補官安慶，貞女年十三，一日顧謂其母曰：「兒旬日以來無故心自驚，至夜輒煩寃不安寢，此何祥也？」語罷卽淚出。而是秋沈光庭以顧君書至，則顧氏子已於初夏之月殤矣。貞女聞之慟幾絕。然見父母悲哀，乃徐曰：「父母在，兒何敢死？然在四年前訛言乍傳，心死矣。」遂欲歸顧氏。父母憐其幼小，且遠隔千餘里，不忍其去，又不欲重違其志，姑允之。而貞女見母氏病臥經年，恐傷父母心，乃暫留侍。夜則衣不解帶，日則長齋糲食，每謂已身爲他，而一心習苦，以奉父母爲事。父母喜則女亦喜，父母憂則女亦憂。飲食、醫藥不以任奴婢，更勤紡績，以佐甘旨，父母偶有所思，必竭力致之。然貞女雖身依父母之側，而欲歸顧氏，其心未嘗一日忘也。

既留侍十有七年，將歸。江君使人於吳門，而顧氏書來以貧乏爲辭。貞女曰：「雖貧何害？吾所求者屋一間、飯一盂，死則一棺坏土而已。」越五年，顧君嗣子德煒復以救死不贍、無家可歸辭。貞女曰：「予不幸，値顧氏門祚之衰，幼叔零丁窮窶，撫遺孤、延先祀，予之責也。卽力有不逮，盡瘁而死，亦可見翁姑於地下也。」自是貞女欲歸顧氏心益迫，浩然不可復挽。乃以辛巳之四月，攜僕從乘舟直抵吳門。先使問，而嗣子德煒詣舟次，執禮甚恭。翼日，齋冠帔吉服以來。貞女曰：「吾舅已亡，吾姑服未闋，何吉可從？」乃角簪布衣以往。其顧氏家人亦皆素服迎勞，道旁觀者咸歎嗟，以爲知禮。

貞女既歸顧氏，德煒奉丘嫂爲一家之主，正名分，別尊卑，三日而祭，且曰：「待德煒生子，卽以爲長兄後。」貞女樓居，惟女紅是務，其他家政不欲聞。然德煒遇家有鉅事，必偕生母詣樓就嫂氏商榷。德煒又爲其兄修壙墓、植宰樹、追繪儀容。德煒少年，其篤於友愛如此，貞女蓋得所歸矣。

贊曰：婦以從夫爲義，其未字則未成其爲夫婦也。考於經，未聞女在家而矢節者。然近世以來，俗與古異，男女方在襁抱，而父母已爲許婚。相許既定，則亦有「從一以終」之道矣。貞女之孝義，乃在幼稚之年，蓋其天性純明，度越尋常人遠甚。豈可以拘迂擬議哉！

吳貞女傳

歙之龍池吳氏有女曰滿好。幼通書史大指。年十六，許字同里汪氏。納徵、請期之禮既畢，將嫁矣，而汪氏子病死。女時倚樓檻立，聞訃至，則欲墜樓而死，賴家人急挽之得生；然其欲死之心，不能一日忘也。父母諭之曰：「爾欲往事爾姑乎？爾生不識夫壻何如人，遽欲從之如此；父母辛勤養育十餘年，反棄之不顧邪？」女聞之，乃母子相抱而哭。久之，女乃幡然曰：「兒今誓養父母，老死閨中矣！」自是欲死之志稍息，而事父母以孝聞。

女素通書史，知禮儀，宜於家衆。間爲歌詩，雖不盡工，而能自道其性情。女紅尤擅絕一時。里人聞女賢且才，而不卽死，未必甘以處女終，宜可力撼以動，復使通媒妁之言。女聞之默然。詰朝，聞樓上有哭聲，母趨往視之，則見女伏跪祖祀之前，而髮已截去其半。女忽顧見母氏來，則以袂蒙面，曰：「兒不孝，羞見父母也！」復母子相抱而哭。

自是外人無復敢議昏，而女事父母愈益謹。母病則刲股以救，櫛沐、飲食、溲便皆躬自扶持，積日夜不知其勞瘁。其後父母相繼逝，女愈欲求死，而未得其道。乃不飲酒，不食肉，不言不笑，以終其身。蓋其行有爲士大夫所難能者。女之父曰正通，祖曰文瀚。以乾隆二十四年六月卒，年四十有七。

贊曰：歸氏熙甫著貞女之論，以爲女嫁而後夫婦之道成，未嫁而欲死其夫，或終不改適，非先王之禮也。其說既美矣。然今之時與古之時異；且人各有其性情。余觀貞女之欲死，及不死而終身致孝養其親，百世之下，聞其風猶將遽生其禮義之心，慷慨歔欷，欲泣而不能自禁，況於身親見之哉！

乞人張氏傳

楚之南，天地之氣不鍾於人，而鍾於石。流沙之西，天地之氣不鍾於人，而鍾於鴻雁。近世以來，天地之氣，不鍾於士大夫，而鍾於窮餓行乞之人。

合肥張美之，家在城北八十里之元潭，有女年十五，而同邑馬彥章來贅。張氏年二十八，而父母皆已死，生二女亦死。其舅馬青芝妻早死，有三子、二女。三子彥章爲長。彥章年四十餘又死。彥章死，而青芝之二子皆幼，賴張氏以養；其二女賴張氏以嫁。其後，合肥歲連不登。張氏奉其舅青芝及二叔南走池州乞食，而二叔又皆死。張氏復奉其舅自池州之桐城，依左氏之廡下乞食，挑野菜以養。當是時，桐之民有欲娶張氏者。而張氏以其舅老窮無歸，相依至死，不忍去。青芝死，而張氏年已六十餘，猶間至余家行乞也。

古者，婦事舅姑，雞初鳴而盥漱，其禮曠千載不行矣。然吾以爲民秉之彝，不盡絕於人心。縉紳大夫之家，必有隆禮守義，善事其舅姑，與孝子之事父母無異者，而往往求之不可得。夫縉紳者，衣食奉養之物備具也，然勃谿詬誶，禁之而不止；窮餓至於行乞，苟可以依人而得食，不能禁其改適也，然至死不去，而養其舅以終身，豈非其天性之篤摯有過人者哉？惜乎其爲女子且窮而行乞也。設使斯人爲丈夫而登於朝宁，則其於君父人倫之間，出其至性，必有建樹非常者。

夫天地之氣不能無所鍾也。明之亡也，金陵之乞人聞之而赴水以死。丈夫不能，而女子能之；富貴者不能，而乞人能之，亦可慨也夫！

盧氏二母傳

余與盧君抱孫交。聞抱孫言：抱孫之嫡母程孺人及生母王氏相愛敬無已。抱孫與其弟翼孫皆生於王氏，而程孺人撫字之如己出。抱孫兄弟既就傅，或嬉戲有過失，而抱孫之尊府督責笞撻之；程孺人爲泣下，而王氏顧獨喜。然王氏見程孺人泣亦故泣，既引退而後加之以訓辭，未嘗不喟然而歎也，曰：嗟乎！在易之家人，以正位爲統紀，嫡、妾之義不明，則家道乖，而父子之恩絕、兄弟之倫廢矣。故曰：「一人有子，三人緵帶。」妾爲女君，君之長子三年，所以同其憂喜，而潛移其嫉妒也。后妃夫人能逮下，而樛木、螽斯之頌興，南國化之，「嘒彼小星」、江有汜之詩作焉。自女教衰微，而世之爲人子者，多不獲其所或短折而未如之何，聞程孺人之風，亦可以少愧矣。彼以禽犢爲愛，使其子怙寵滅義，不克自樹立，以至於碌碌無所短長，其與王氏諄誨之嚴者，何其倍哉！夫自古賢人修士之生，蓋必有母教云。

胡母謝太孺人傳

經歷胡君與余先後同官於黟、歙，相處雖未久，而心相愛慕。知胡君，因以知其母謝太孺人之賢。蓋胡君自西川發解以來，沈淪末宦者數年，而余竊觀其爲人，循循恭謹，不苟取，不妄言，於人未嘗有疾聲厲色，而守身惟恐其失墜。雖其天質故温醇，抑亦太孺人之教也。

太孺人母有五子，經歷第序在二。兄曰爲仁，弟曰以仁、體仁、存仁。凡與經歷遊處者，或未及與其諸昆季遊，而諸昆季同沐太孺人之教，則皆可得而信其爲人。經歷常爲余言，若方在童稚時，受母氏之笞督，至今猶慄慄危懼。雖其後壯而有室，稍有愆違，即令長跪受杖，未嘗略爲寬貰也。

抑又聞太孺人之賢能尤有過人者。胡氏世家福建之汀州。經歷之祖以明經司平和之訓，而不治生產，疾卒於官，賴其門弟子共爲經紀而後得歸葬。故經歷之尊府貧無以自存，嘗棄舉子業，而浮遊於閩海。然府君幼有令譽，夙爲族叔父嵩齡所重。及嵩齡分知四川之緜州，意欲得府君朝夕與偕，府君以家累辭，乃許其盡室以行。行未臻任地，而族叔父殂喪。府君前後無所依倚，道里遠隔不得歸，不獲已，之潼川之中江寓焉。當是時，室中空無有，家累不減十餘口，而太孺人拮据操作，獨任其艱辛，且極力延師以課子，膏油脩脯，敬禮有加焉。即常所往來中，其稍屬儒冠端亮者，太孺人未嘗敢薄慢，恐其一日回長者之車，子雖欲親仁不得也。太孺人身所御者疏布縞衣，補紉至再三，而澣濯必使其鮮潔；及其遇族戚里黨飢寒窮迫，常分所有以相恤，而自忘其貧。

太孺人之父，粤東大埔人也。經歷名翠仁。

贊曰：自國論不及閨門之隱，而爲女婦者雖有尊行碩德，無由自表見於世。然偶有能傳道之，而聲稱赫奕，乃與中朝士大夫等。太孺人寄處荒遐，非其教子之嚴，世亦孰得而悉其生平？然則，爲父母而以姑息爲愛，與自棄其子何異哉！

程孺人傳

孺人姓程氏。父御龍，以文行著於鄉里。母曹氏，早卒。孺人育於其姑之家。姑故富家，孺人依倚之且十餘歲。及歸吳君嵩上，舅姑私相語曰：「吾家貧甚，恐新婦之弗堪，奈何？」每旦晚問視，舅姑輒微窺新婦顏色。久之，見其習勞苦弗倦。天寒冰雪，澣濯衣衾，致兩手皸拆，或日午猶未食，而一心營堂上之養，終不使夫子聞知。舅姑乃始歎新婦賢勞，非他人所及也。

如是者屢歲，困稍蘇，繼又大窘。一日，吳君被酒，相視太息。孺人指所著敝衣，笑曰：

「吾服此踰二十年矣。始吾父爲諸生，甚貧，攻苦夜讀，吾母刺繡文佐之，漏四下，猶刀尺與書聲和答也。」及吳君終困諸生，或時感喟。孺人又笑曰：「婦人且知命，豈男子顧不然乎？」

舅姑既沒，無遺貲。吳君竭力以養其兄嫂，撫其兄之子，延師教督，而孺人常左右之。曰：「與我同室者，皆舅姑子孫也。思舅姑，忍遺棄其子孫乎？」孺人性端謹，言動必以禮，與夫子處，終身無狎侮之色。治家有法，勤灑掃，精縫紉，婢妾僕役，御之皆有恩誼。卒之日，家人無不感泣者。

孺人始歸，生多不育，及年三十五，始生一子曰定。孺人自以生子晚，又止一子，其教育視他人之母有加焉。孺人善病乏乳，定幼亦多病，孺人愛之甚，盛夏不敢持扇，遇啼哭，輒劍以行。及定長，從塾師受書，母督之愈嚴，或嬉戲有過失，必使長跪受杖，且喻以鞠育之辛勤，相持而泣。然定性純孝，定從余遊，每爲余言及其母，未嘗不黯然垂涕也。

孺人以乾隆二十四年四月十八日卒，歷年五十。卒之後三年，定娶程氏婦；又數年，定補縣學生。將以報母氏之劬勞，而光顯其母教者，其在定也歟！其在定也歟！

方庶母林氏傳

歙之靈山方氏，有贈中憲大夫者諱漣字淸若，其側室林氏，蓋賢者也。

初，大夫之配贈恭人許氏將爲大夫置妾，而以同里之近，得於所見聞，謂莫如林賢，其家雖微，而獨嫺禮教，故林年二十有二來歸於大夫。

恭人治家有法，惟林氏能贊襄之，終其身無違言。及大夫病且革，林氏曰：「吾雖不知書，然聞前世有刲股以療長上之疾者，使其術誠驗，吾何惜一肢之殘而忍坐視乎？」因割肉和藥以進。蓋林氏固知大夫疾不起，而心冀其生，不自知其痛苦也。大夫沒時，林年纔三十二，今七十餘矣，蒼然白髮，而足跡未嘗出戶外，雖四鄰東西莫辨也。

余讀詩至桃夭，曰「宜其家人」，蓋嘗掩卷而三歎焉。家道之乖，人倫之廢，恆必由於婦人。嫡、妾之分不明，而上虐使其下，下侵侮其上，則家人之位不正，品物何由而遂乎？故易首乾、坤，配以咸、恆，歸妹之娣，在於以恆相承。而「嘒彼小星」，自安於「命之不猶」，聖人著之於經，以爲後世則。自古側微之中，未嘗無賢者，以不遇聖人故不傳，而其賢終不可沒也。

余觀林氏宜於大夫，宜於恭人，其在恭人輩行者宜焉，下及卑幼亦宜焉。夫逑林之生平以請余爲文者，大夫之孫矩也。而矩之請，實奉其尊府之命，非感林氏之德不能忘於心，何以惓惓如是！則是於大夫、恭人之子若孫，無不宜也，可謂賢矣！乃爲之贊曰：

古有內寵，比屋連廬。娥嬿婑媠，豔麗爭姝。是爲逸欲，習侈以踰。子夏賢賢，乃易其色。匪曰怡情，所崇在德。居室之務，實繁且穡。相資以生，相助爲力。維彼恭人，維德之隅。閨門之內，肅若宸居。維林佐之，不遑走趨。雞鳴盥潄，矧敢康娛？維林之歸，其齒方幼。嚋或嬉遊，維禮是守。嚋或自專，恭人是右。今其老矣，率子提孫。歲時慶賀，燦然盈門。年耋以尊，氣和以親。酬酢么䕲，抑遜諄諄。正容而語，其顏孔溫。孰喜而嚬，孰怒而嗔。惟其盛德，以莫不仁。德修於家，其光有耀。鄉里嗟咨，咸思則效。詠言藏之，爲來者告！

書田氏刲股事

愚者之所明，智者之所不屑也，而有時智不及愚；不肖者之所趨，賢者之所不爲也，而有時賢不如不肖。何者？彼雖愚不肖，而君父人倫之際，一念之誠，或至感鬼神而格天地。而世所稱賢智者，專爲巧言以自覆，夷考其門內之行，多不可以告人，尙何議彼哉？

儒者曰：人之生死，受命於有生之初，而不可移易；身體受之父母，毁傷之而無救於其死，愚而不可爲也。是其理誠然。雖然，一家之中，父子兄弟相親相愛，纏緜糾結而不可解釋於心。疾病則相扶將，死則願以身代，此亦人之至情乎！夫父母有疾，而求免其死，苟可致力，將無不爲。於是夫婦之愚，迫不得已，刲股以療之，有垂死而復生者矣。夫苟垂死而可以得生，雖刲股可也。譏之爲愚，吾以爲雖愚而不可及也。儒者曰：人之既死，則其神靈將散而無所不之，故爲重爲主以棲之；若其體魄既與其神靈離而爲二矣，掩藏之而已，於是前古之禮祭主而不祭墓。雖然，夫婦之愚，不見其神靈，而第見其體魄。夫親見父母之體魄一旦委棄於中野，不忍遽舍之而歸，此亦人之至情乎！然則，雖廬墓可也。譏之爲僞，吾以爲雖僞而不可及也。嗟乎！世俗日益偷，好貨財，私妻子，不顧父母之養，所在皆然。苟得一刲股、廬墓者，而歎爲希世不再見矣。不彼之譏，而此之議何哉？

同里張君嗣宗有賢妻田氏，值姑之病，再刲股以進，而姑病尋愈。其後長女適陳氏亦刲股以救其姑，次女甫十歲，又刲股以救其母。此固一門之流風漸漬以然，而亦天之報施，理有不爽者。

昔東漢楊氏善事其姑，姑曰：「我老無以爲報，但願汝生孝子。」故曰：「孝子不匱，永錫爾類。」余觀古人之立言，不可以一端泥，故爲辯晳其義，書之以告爲人臣子者。

書楊節婦事

陸氏者，上元楊邦翰之妻也。邦翰之父太學生毓春娶董氏，生邦翰，而側室劉氏生廷銓。廷銓生一歲而毓春卒。毓春家饒於貲，而邦翰少讀書爽明。有同族者覬其家之無人，將傾其所有也，於是邦翰無病一夕卒，距毓春之亡纔十四日耳。

當是時，陸氏年二十八歲。毓春之母尙在堂，而姑董氏新寡。董氏迫遣劉氏，而劉之子方且襁褓。陸氏痛欲從夫死，已又念楊氏之不絕者如綫，而兩世孀姑無以養，乃不死而撫育其幼叔廷銓，備極艱辛，以卒至成人。廷銓入太學，生子松年。乃命松年爲邦翰後，酬嫂德也。

陸氏性澄瀞，喜佛法，平居不事容飾，而上奉兩姑惟謹。

松年今爲博士弟子員。

書方節婦事

節婦余氏，桐城人。年十八，歸方氏。夫曰錫庸。十年，生二子、一女而其夫亡。節婦念上有老姑，下有弱息，乃忍死以待。然其夫伯叔兄弟之家，願節婦之去，不願其守也，挫辱之百端不已。節婦常呑聲飲泣而居。卒奉其姑八十餘以終，見其二子之成立。

凡婦人之守義，以飢凍爲苦。余氏之夫家不貧，而其苦比之飢凍有甚焉。然後知大司徒教民以六行，曰：孝友睦婣任恤，而又糾以八刑：其一曰不睦之刑。蓋必教以興之，復刑以督之，然後九族之中，各安其分，不敢相陵奪，而鰥寡孤獨無不得所之人。古之教行於鄉，而風俗淳厚。其不以此也歟！其不以此也歟！

書汪節婦事

陰教之不修久矣。幽閨之女子，博弈飲酒，應對賓客，一切無以自別於男子；而男子亦逡逡巡焉退處於其後。風俗之敗壞至於如此，可爲太息而流涕也！然女子猶有能明大義者，而男子則泯然惟知富貴利達之求。一邑之中，女子之節烈可采，常至不可勝載；至豈天地之義氣澌滅之未盡，而猶或鍾於女於國家將亡，其能見危授命者，百不一二覯焉。豈天地之義氣澌滅之未盡，而猶或鍾於女婦歟？

聞昔有達官者，世世受國恩至渥。後值城陷，家人以爲義無復生，而主人顧遲回不忍其死。其子婦守義已二十年，察其舅終無爲國就死意，乃設爲盛飾來前。舅驚問之。笑曰：「婦將改適他氏矣。」舅愧其言然後死。由此觀之，苟明於妻之爲道，又可推類以及臣道也。

余同里汪君彝仲之母，夫死時年二十四，彝仲纔五歲，而節婦撫育之成人，爲學官名弟子。其孫乃大請於官，既得旌其門矣，又請於族姻故舊之賢者爲詩歌古文以紀其事。其事亦閨門女子之常，無足詫人者，而天地之義氣，要賴以常存而不墜。嗚呼！乃大可謂善顯其親矣。

劉大櫆集　卷七

碑誌類

贈資政大夫吳府君墓表

贈大夫吳府君者，諱邦佩，字紉蘭，歙之豐溪人也。曾祖諱夢斗，祖諱爾襄，皆不仕。父諱之驎，爲學官弟子有聲。府君國學生，以子貴，初贈中憲大夫，晉贈資政大夫。

其爲人中懷坦直，好善喜施與。嘗誡其子弟曰：「欲善者，人之同心也。吾力不能爲，吾心慕之不敢忘，曰吾以有待也。若力能爲之矣而不爲，將何待乎？其能爲，盡吾力爲之；其不能爲，吾倡言之，使他人共爲之，其可也。」故終府君之身，凡欲有所爲，其事鮮不成者。

吳氏族繁人衆，其窮者或至無告，重以水旱饑饉，府君憂之。一日，謂其從父損齋及弟軼容曰：「吾儕何遽不如古人？昔范文正公置義田，田至今猶在，盍師其意，行於族黨間也。」損齋、軼容以爲然；而族人漢延、蜚英復交口贊成之。遂共輸白金萬兩有奇，買田宜州沚水間。歲收其入，以賑族人之困乏。行之三十餘年矣。府君實董其事。然不以自居而推功於族人，曰：「微此四公者，吾言之而誰與聽邪？」乾隆辛未歲大凶。君於漢江運米數千石，減價以糶，邑人賴以無飢。其他修祠宇、平道路、焚債劵，苟有利於人，倒篋傾筐恐後也。又常多蓄善藥以救人疾苦，求之者愈廣，其應愈不倦。

君自爲童子時，愛與賢豪長者交遊。聞晉陵有秦龍光者，不歆羨於世俗之榮利，而好研究儒先之學。乃往迎至家，命諸子皆受業其門。秦君重輯諸儒四書之説爲大全，稱引最爲詳備。君與休寧金于蕘共爲刊刻，以廣其傳。居常謂父兄有愛其子弟之心，當爲求良師友，使究先聖之微言，習爲家庭孝弟之行而已；至於祿爵名譽，非所以勸也。

其事父母多爲孺子歡，一日不見則悽然不樂。嘗病瘧居家塾中，時時使僮奴往候二人起居。其與人交，無賢愚皆接以誠信；其不賢者未嘗逆億其不賢。有不善，乃忠告以冀其改；不改則顯與之爭。而人以中心相告，即深信之不疑；人亦卒不忍欺也。平生不趨走炎熱，年已六十，郡守朱公舉爲鄉飲賓，君不獲辭，然足跡未嘗入官府也。性好山水，東南多名勝，遊覽幾偏焉。

府君以乾隆二十八年二月十七日卒，年八十有二，娶許氏，生子七人：鋗，早卒；鈉，候選按察司副使；鍾，候選光祿寺署正；鎔、鉽，皆歲貢生，鉽早卒；鋐，國學生；鉅，乾隆庚申選貢生，復中庚寅科鄉試舉人。女二人：長適國學生許式，次幼。

府君以某年月日葬於某鄉某里某原。其孫紹澤從余遊，爲余道其大父之行最詳。余謂以府君之賢而不爲昭揭，後之人何以勸焉。於是伐石鐫辭，以表其墓。某年月日桐城劉大櫆述。

潁州府通判呂君墓表

呂君名轍，字天衢。其先世家汾州，祖廷弼始遷澤州之鳳臺。廷弼子成章。成章子黃鍾，萬曆乙丑進士，任山東兵備道，後以死事事載明史。次子應鍾，贈儒林郎，是爲君高祖。

君幼喪母。年二十三，父卒於津門。君扶櫬歸，哀毀盡禮。奉養大父，能得其歡心。與諸弟友愛無間，家事一以付其弟，己無所問。

既壯，以入貲選通判江南池州。州多火災。君爲經理水箕、水桶，械器備具；救火之夫，蠲資給食，人咸歡躍，奮往爭先，火止災息。青陽、石埭大水，漂沒民居，瀰漫道路。君請發粟賑給飢餓，擘畫周至，民氣以蘇。越二年，署理五河縣事。縣民強暴，致婦縊死，久獄不決，待公而平。還署池州同知。明年，署廣德州。廣德租稅，佃人輸官，田主不問，故多逋負。君曰：「富者坐擁其貲，而貧民受笞督之苦，何以吏爲？」爲陳利弊，陋俗用除。值皇輿南幸，檄治芻餉。恩賜貂皮、緞疋。

越二年，遷判潁州。潁州多盜，黑夜劫人，橫行巷陌，莫敢攖當。君徧視履，見街皆石甃，下令潑水。時值隆冬，水凍石滑。乃飭役捕棱履往偵，有逐號呼，盜躄以顚，次第就擒。窮其黨徒，民得安處。明年再署壽州，州民吳姓被殺野田，莫知敵讎，株連逮繫，殆數十人。君召里民畢會田間，熟視一人，曰：「彼殺人者。」訊之果伏。又明年，署滁州。州有碩鼠，旦夜羣行，嚙傷禾稼。君設機法盡捕滅之。未幾，大水，君加賑救，一如其在池州。

乾隆二十一年，監修鳳陽城。正月三十日卒，年四十有九。君在潁州時，嘗以事抵通州，又往貴州，江之南北，跋涉幾徧。其山川、都邑、形勝、阨塞與戶口之繁簡，風俗之淳漓，能一一指陳，使聞之者皆如目見。故所至以材能稱，而尤爲方伯高公所重。及其沒也，高公尤痛惜之。君磊落不羈，而負性精勤，賓友滿座，飲酒終日，而事皆辦治。與家人書，字畫皆楷正。好讀書，遇古人美言善行，手寫成帙。

君之曾祖諱大武，授儒林郎；祖諱紹端，授文林郎，父諱寅，歲進士，贈承德郎、潁州府通判；母梁氏，贈安人，繼母袁氏，封安人。以乾隆二十六年三月十三日葬於鳳臺太平里之柳木溝。余與君之長子仁慶交。仁慶今爲休寧巡檢，爲余道其先君子之治行如此。余因次第其語，俾以表其墓。

金府君墓表

金氏之先有兄弟三人，自杭州西市遷歙西之呈坎，而其季弟曰子實。自子實歷二十二世至華峯，復自呈坎遷郡城萬年橋南；又六世而府君之父五聚自橋南遷歙北趙村。府君乃自趙村更遷巖鎮。

府君諱某，字公著，生九月而其父客死京師，賴許太恭人鞠養以至成人。然府君爲童子時，數從家人問先考音容，而慘悽泣下。既弱冠，則獨身走數千里，往求父殯，其臨穴之故人告以殯在城南石榴莊左。府君求之莊左不獲，乃更因住僧導引，偏求莊右，乃得之。碑記瞭然。遂裹胔負以南返，至手足皸裂而不自知。既歸家，則里人爭來勞孝子。府君念母許太恭人之苦節，鞠子之勤劬，而已無以爲報，每飯必侍，問燠寒伺顔色惟謹。以母老不敢遠遊；迫家貧，有故而出，輒禱於神明，戀戀不忍舍去。然府君既返子舍，年已六十，太恭人尚無恙也。

府君以力農爲業，而朝夕常苦其不給。乃去而學賈，往來吴、越及廬、鳳間，其後居定遠鑪橋最久，而家乃漸至饒裕。府君素篤於故舊，而以幼年寄居於葉，故生平遇葉尤有恩。葉嘗出白金二百兩，屬府君代爲營息，其婚嫁喪葬皆取給於府君。而鑪橋南店一夕燬於火，府君稱貸爲資本，久之，業復振。然府君念葉之兄弟七人，非南店無以資生。一旦舉平日之居積數千金在鑪橋者，盡推以與葉，而已獨襆被更往佐他人爲賈。府君才足肆應，而果於有爲。嘗遇内難外侮之交攻，官司火燹之沓至，而神志不撓，事前則親故多爲危之；及事定，然後服其神勇也。

自以託跡市廛，不獲讀書爲憾，及見儒生文士則悚然心親而貌敬之。於是賢士大夫習見其内行無失，外應有餘，皆樂與之交遊。所居僻介叢山，村人以樵牧爲務。而府君獨市典籍、延師儒，課子孫以進士業。其後子孫既貴顯，而一鄉之中，皆彬彬興起於學焉。

府君狀貌偉然，美髭鬚，至老而豪氣不衰。考授州司馬，贈中憲大夫，以覃恩贈儒林郎、翰林院庶吉士。遷巖鎮十年而卒，享年七十有一。元配許氏，繼配亦許氏，皆贈恭人，又繼配季氏。長子長洪待選州同知；仲子長溥乾隆戊辰進士，官吏部稽勳主事；季子長瀚待選布政司理問；孫標待選州判；孫廷杼中乾隆壬午科鄉試；孫樞廩貢生；孫雲槐乾隆辛巳翰林，今官御史；孫榜乾隆壬辰殿試第一人，官修撰；孫梁附監生；孫杲監生；曾孫十五人，多爲博士弟子及入貢成均者。

嗟乎！人生之富貴貧賤何常，而爲善者後必大。今日之金氏，以視趙村時不侔矣。天蓋特生府君以爲金氏盛衰之交會。書之於石，所以教天下之爲人子、爲人父者，將無窮極也。其安敢以固陋辭？

方樘林墓表

方君樘林嘗從其叔父夢堂服賈於豫章，經營鹽筴之出入，計無弗周，而其家因益以饒裕。然君爲童子時，從塾師讀書，穎悟已異於常兒。雖其後業在貿遷，而讀書好學，至老死不倦。故其見理通明，億事矜審，幾務之來，揆度無有不當。雖當時名卿大夫皆樂與交遊，有以事就商榷，君代爲籌畫，竭一己之忠誠，而悉以中其竅要，以故卿大夫書札問訊無虛日，而君手答之，一日嘗至數十函。蓋其才之精敏如此。惜乎其僅用於鹽筴，豐裕其一家而已；使推其智能，以施於邦國天下，則其所就，豈出當時之卿大夫下邪？

彼卿大夫不能，以諉之於君，而君獨能之，乃天不以卿大夫任君，而顧使不能者冒卿大夫之任，此可太息而爲天之位置斯人者憾也！世之君子遭時得主，能爲國家建一世之功，及觀其門內愛惡相攻，或至詬誶紛爭之無已。君之於家事治矣，而顧謂其不能施之於邦國天下，吾不信也。

方君爲漢黟侯之後裔，其二十一世祖弦始遷居歙之鋼山路口，數傳而至君之尊府怡園。怡園旣沒，而君之祖鹿村乃終。君以孤童子承祖、父後，故夢堂謂其宜棄舉子業，而從其叔父侍繼祖母朱太安人於豫章。而君之母汪太安人方家居在歙。君於經理鹺務之暇，每歲終輒涉彭蠡、潯陽，犯風濤之險，以省其母氏於家。及朱太安人卒，君扶櫬歸里，乃更構閣於家園，而偕其弟鮑舫以共承母氏朝夕之歡。葺宗祠，修家乘，而又以方氏家於新安，或遷於外，遡其支之分爲十二者，會而譜之。君之居家甚儉，及其遇人之急難，則傾身救之，而於宗族姻親之貧寡，尤撫恤之甚厚。蓋君雖不仕，而其孝友於家，澤及里黨，固可無愧於當世之卿大夫也。

而君之配汪安人者，又能相夫子以成君之賢，以播其聲於不泯。方君既隨叔父客於豫章，獨母氏汪太安人在歙。安人以一身秉內外之政，上奉堂上之甘旨，而其家之上下大小飲食衣服，一皆仰望於安人。安人自米鹽薪火以及門闔、盤湢、縫紉、滌濯之微，皆獨任其勞勤，其家一人未食不敢食，一人未寢不敢寢。方君好客，多交遊。安人於祭祀、賓客之供，靡不極其蠲潔。及方君居朱太安人之喪，惟安人能贊苫塊之所不及，而悉中於禮，而倥偬之餘問視汪太安人愈益勤。既汪太安人病在牀，而安人掖臥起、侍湯藥，無須臾稍懈，病篤則又刲股和藥，以徼幸於萬一之生。方君自以業賈，恐其後嗣遂廢詩書之業，以隕其家聲，故其教子獨嚴；惟安人能左右提撕，無世俗姑息之愛。卒其子大成嗜學稽古，才足以建名立業於時，今爲邑之廩貢生。安人之父既沒，而安人之昆弟相繼殂謝，安人攜其孤於家塾，俾與其子共學焉。安人體素羸。方君之弟匏舫沒，而安人於其時有寒疾。方君歸，而安人以君之篤於友愛，痛已深矣，不欲更以己之疾重夫子之憂，終匿不以告，自是疾遂劇不起。

方君以乾隆之二十年十一月七日卒，享年六十有二；而安人先君之卒者八年。方君諱善祖，字聖迯，櫑林其別字也。君既卒，而君之族子弟素欽君之才行者，又爲之私謚曰敏毅先生。安人世居歙之芝黄里，父曰芝秀。大成以乾隆二十七年九月二十四日合葬君與安人於歙東之勳充原，友人吳守已銘其墓矣。既二年，大成乃復推揚其先人之德，請余論次之，以表於其阡。

翰林院編修李公墓誌銘

公姓李氏，諱重華，字實君，又字玉洲，宋忠定公某之十七世孫。世家常州之無錫，其後遷吳江。歷五世而至東崖公寅今崇祀鄉賢者，公之父也。

公生六歲已能爲詩，出語輒傾其行輩。東崖公沒，能自擇師而事之。鄉先達翰林張公大受以文章名世，公往從之遊，而張公於及門中獨愛重公，因以其子及兄子、女子子咸受學於公。於是公亦以文章名世，其所交友皆當時號稱英儁有名之士也。

公事太夫人至孝，不忍斯須離訓迪，而太夫人念公之賢能，宜起家甲科，督令赴京師求舉，公不得已就道，而心顧常在太夫人左右。康熙庚子舉順天鄉試，雍正甲辰舉進士，改官翰林。而公益日夜慕思太夫人不置。太夫人聞之，寓書勉其供職，毋以我老爲念。其後太夫人卒於家，而公以奔喪歸，遂哀毀得疾，蓋太夫人之志如此。

公性愛士如飢渴，士之負材藝遊京師者，公皆與之往返論議，時時出酒食以相勸勞。壬子，典四川鄉試。而是年以前所薦舉人不稱落職。而公之長子治運方爲秋官郎中，以祿養留京師，則日與縉紳及故交之閒居者，連爲詩社，或聚徒課文，文章益富，賢豪趨赴益衆。治運提學山左，公主校閱，甄拔號得人。知榆林，公爲書院長，而邊徼之士皆興起於學，知有經訓。按察安慶，每訊鞫，公必坐屏幃後隱聽，其有所平反，則喜；稍可疑，則諭令再三愼測，必得情乃罷。蓋公雖不仕，而功德之及人如此。昔公在京師，則士爭趨之恐後；公從其子在外，則客遊京師者無所歸；公卒，則士大夫嘗相遊從者，皆相向欷歔泣下。嗚呼！其可銘也。

公以乾隆二十年八月十二日卒，享年七十有四。娶張氏，子三人：長治運，今按察兩浙；次泰運，太學生，先公卒；次光運，太學生。女三人：長適縣學生張七雲；次適太學生韓承詩；次幼。銘曰：

維公之德，世積而偉。維天相德，施於孫子，既多受祉。我作斯銘，鑱之幽里，永千萬祀！

內閣學士前工部左侍郎張公墓誌銘

內閣學士張公，桐城人，諱廷瑑，字桓臣，別字思齋，大學士文端諱英之子，大學士文和諱廷玉之弟也。

公生長貴胄，而敦篤誠樸，絕去華膴綺紈之習，其天性仁愛，洞悉民生衣食之艱難，常推己以及於宗族、戚黨、交遊、里黨。中雍正癸卯進士，授翰林編修，充日講起居注官，歷左贊善、翰林侍讀、侍讀學士、詹事府詹事、工部左侍郎，後補內閣學士兼禮部侍郎。

公在翰林，嘗條奏：「民間賭博，習非已久，朝廷雖頻申嚴切之禁，而卒莫挽其頹風。竊以爲子弟之不率，其責在於父兄。比室而居，乃於其間肆爲不善，豈得若罔聞知？設使代爲容隱，即以祕匿作奸相連坐，比於竊盜同居之律。使父兄能舉報其子弟之罪，應免其連坐；而子弟之罪亦寬減其半，然後其父兄無所瞻顧，而不才之子弟無所容其奸，且開以自新之路。如是推行既廣，庶幾其風稍息。」上韙其言，允行之。

公在工部，飭材督事，綜覈最稱詳密。於寶源局之鼓鑄，較銅鉛、視肉好、別輪郭、量輕重，不憚頻煩，吏斂手不敢爲奸。而於解送銅斤之官弁，不苛不縱，獨得其平中。北直大水。總督直隸臣請使饑民修堤，稍給工食，以代賑濟。公獨陳疏謂：「饑民非有田在堤內，爲其分所當修，而強使力作，又受直無幾，徒膺版築之勞苦，而不足以救其飢餓。彼富民有田，資堤蓄洩，乃因官爲修築，得以巧逃役外，事之不平，無過此者。夫民堤無異官堤，宜令官予其半；而有田資堤之富民，更輸其半，然後雇直足以供朝夕，而輸錢、用力，於饑民富民之間，兩無偏倚。」上又韙其言，允行焉。

上嘗稱公謹飭，屢畀以衡文之任。其視學江蘇，務殫竭精力，以殊別高下，校閲常至夜分不倦。所拔多績學能文、能自守其業者。

公雖世家貴族，而於利人濟物，奔趨如勇士。撫孤姪若霨、若霍、若霽，敎誨婚嫁，無異於所生。文端舊立義田，文和續置增多，然族屬殷盛，歷久而用猶不周。公復同太保、宗伯兩兄，共捐白金千兩，別其親疏，列爲上、中、下三等，以爲族人計口授食之備。又立篤素公田，得穀九百餘石，以贍文端以下之子孫。又立息濟田，以濟其從弟承先子孫之貧憊。又立廣惠田，以周友朋、故舊、戚屬之困乏。公少肄業吳歌熙之門，歌熙沒，其子相繼亡，公爲迎養其夫人於家，數十年如一日。公之鄉舉，出豐令朱君龍御之門。朱君去官而貧。公時使人饋問其家，時其來過，必豐其饍贈，盡歡而去。康熙戊子，邑東水溢爲災，田廬皆沒。公設廠於城西，爲粥糜以食餓者，親嘗其厚薄涼暖，而後授之食。其後，疫從饑起，公爲延醫救治。公與二僕皆染疾，二僕死，而公獨得全，人以爲天所佑云。甲午大旱，按察楊公請紳士分鄉募賑。公主東鄉。正月二日卽啓行，捐米爲倡，分二廠：近者食粥，遠者給米，全活無數。又以其餘米買山，以掩埋枯骨之暴露者。嘗曰：「財以備用，不用奚以財爲？」又曰：「財不可聚，聚則爲患害。」故常損己以利物，薄取而厚與，衣食皆自取其敝薄者，曰：「吾衣敝衣覺體輕。」年踰八十，食不二味，交遊及門下之士，或餽方物，物少則受之，至幣帛財貨輒堅謝，曰：「吾家温飽足自供，無需於此也。」

公以乾隆二十九年正月六日卒，享年八十有四。元配吳氏，河南提學副使子雲之女，誥封夫人。子二人：長若泌，中雍正乙卯鄉試；次若渠，同科副榜。長女適候選知州孫循蘇，次適監生顧騏曾。以乾隆某年月日葬於某鄉某里之原。使人來請銘。銘曰：

張氏望族，夙顯於桐。二相繼起，厥聲逾隆。公維子弟，慄慄其恭。輸其忠實，以辦於公。溥其慈厚，以睦於宗。凡厥親故，靡不有容。既豐而約，既滿而沖。羣推長者，匪位之崇。巍然華表，維公之宫。堯堯者石，丸丸者松。無敢毁拜，世聞其風。

翰林院侍講張君墓誌銘

君諱若需，字樹彤，桐城人也。姓張氏。其大父文端公英，相聖祖仁皇帝朝；世父太保公廷玉，相世宗憲皇帝及今上兩朝；皇考廷璐，禮部左侍郎。

君生累世膴仕之家，而趨操、被服無異單門窮士。生方髫齓，穎出儕輩；稍長益嚴，鮮有幼志之失，驚其丈人行，許娶以子。出就外傅，潤以詩書，華器夙成，以待出而爲用於天下。年二十八成進士，授翰林院編修，充日講起居注官，進侍講。凡館閣文章之務，君皆隨時立就，不稽日月。其纂修書館也，職所宜盡，趨赴惟恐後時，未嘗憚其勞瘁。其分校鄉試及禮闈也，公以生明，號稱得士。上嘗謂其兄中丞若震曰：「汝弟，正直人也！」蓋方將大用之，而君則既卒矣。

宗伯公視學江蘇九年。江蘇事繁劇。公振起文教，選舉俊良，絕除旁顧而已。其名曹實物之細大畢舉，君佐佑之功居多。皇帝東巡狩，宗伯班在扈從。君方告給里居，念尊府年考之高，卽馳入都，扶侍以行。故宗伯以衰年走塞外，經喀喇沁敖漢、翁牛特、巴林奈曼、科爾沁以達瀋陽，往返六千里，而不知有崎嶇奔走之勞，翳君之色養無違，有以慰藉之。

三年之喪，其禮曠絕不行矣。君之在疚，屏酒肉而不御，獨居殯宮塋兆之側，蓋二十七月如一日。既釋服赴闕，拜辭於墓，猶攀號留數日，不能舍以去也。

里中人多客遊京師，時其不幸，則往往朝夕之不謀；寄食旅館，積歲月莫償其直；或終不能歸，歸而無以爲道里之費；甚則疾病而莫爲之醫藥，死亡而莫爲之棺斂。君悉爲區畫，隨其緩急難易，必使之就理乃已。而又慮急遽之難以取給，乃更與有力之賢，共相捐輸，使一人掌其資本，而取其息以待用，規制草創，既定矣而君卒。

君之成進士，其房考爲滿洲伊公爾敦。伊公沒而夫人獨居，困甚。君不忍其飢寒，歲月餽問有常餼。君卒，而以其訃聞夫人，夫人哭之慟。踰時以他事使往夫人，則夫人方懸伊公像於壁間，揭君訃狀於其下，而對之哭也。

蓋君於人，一任以誠，而接之以慈愛，故君之卒，朝之薦紳大夫、宗族之親、朋友故舊，下及阜隸奴婢，莫不悲泣相弔，自以爲失其所歸。君與人飲酒，淋漓終日如不厭；及其閉門端坐，未嘗一持杯斝。見人有所未見書，輒借鈔焉。研究諸經，而於周禮尤爲交通午達。所爲文甚富，而長於歌詩。其侍宗伯而出塞也，有從邁集數十百首，余嘗爲品次之。

君以乾隆十八年八月二十二日卒，年四十有五。生子四人：長曾敞，翰林院檢討；次曾敀，國學生；次曾歟，中丞養以爲己子；次曾虔，尙幼。女子子二人：長適同縣吳綸，其幼未嫁云。曾敞將以某年某月日葬君於某鄉某山之原，而以書來請銘。銘曰：

施於外者略，藴於中者隆。君之於世爲無憾，而天之於君則不終。山石其可泐，而不可壞者君之宫。

湖南按察司副使朱君墓誌銘

朱君諱陵，字紫岡，十世祖由休寧月潭遷居歙之浯村。祖木叔、父蔚庭俱以君貴，贈如其官。君幼而隨其父服賈武進，年十二受學武進諸生顧明侯。明侯每令君誦所讀書，而已聽之，以爲俯仰抑揚，能盡合古人之音節。

雍正甲辰登進士，官翰林庶吉士。踰年，改授刑部湖廣司員外郎，命往盛京整飭部務。遷禮部祠祭司郎中，還京補刑部現審左司郎中。考選貴州道監察御史，協理山東道事，巡視北河漕務，改授江西贛州知府。遂分巡贛南。以父喪去任。服闋，參藩衡永，調任辰沅永靖兼攝岳常澧道，署理湖南按察司事。未幾又以母喪歸里。

其在北河陳便宜三事，而上皆允行之。在贛州十年，贛當閩、粤之衝，有東西兩關，中丞委君兼攝。君一清吏胥之弊，令諸商自注税銀於簿，法寬而課自裕。贛舊有濂溪書院，君爲延名師，以振起人文，人稱爲「朱公講堂」云。其分巡贛南，值學使按試贛州，忽大風發屋，覆壓應試童子四十餘人皆死，其餘折傷股體者無數。人情慘痛，咸歸咎於守令督修之不堅及學使命題之不吉，幾成變亂。君自以涖贛日久，其恩信素結民心，乃出示曉譬再三，而民皆感泣，其變乃中已。君之才足濟亂多如此。

當是時，買穀實倉儲，而禁買於本地之富民，鄰邑或貧瘠不供，則求之遠地，又多糜道里之費。於是縣令以畏禁而私交乎富民，富民以有挾而劫持乎長上，其弊多端。值中丞轉帖下各道，殷籌糴補。君以爲糴買本地富民之穀，勢有不得不然；與其陽禁陰違，曷若揭白而曉諭之，價不使抑，平不使短，斛不使浮，貧富咸濟，其道光明，比之上下相欺，相懸億萬也。大府褒嘉，以爲得政體。君之推誠不以內外有間多如此。

當君之署理湖南而歸也，君年已六十有六，歷任中外三十餘年。而是時王太恭人既謝世；君所生四子，其三子皆先君而亡，悲不自勝。故服闋赴京，將補官，而在道復返。遂閒處田里十有五年。蓋君之淸操與其勤愼之節、明敏之才，皆足以大有爲於天下，而惜未盡其用也。

君以乾隆三十三年正月十五日卒，享年八十有一。誥授中憲大夫。娶吳氏，封恭人。子四人：長辰，郡增生，次晴，次懋惠，皆國學生，並先君卒；其季若水，邑庠生。若水將以某年月日葬君於某鄉某里某原，而請余爲銘。銘曰：

君之居官，不爲表襮，既直以持，又卑以牧。惟其有利於民，而有移於俗。於萬斯年，君子之穀。

許遊擊墓誌銘

許君諱廷佐，字廉伊，歙縣人也。從武舉登康熙壬戌科進士，殿試二甲第一人，筮仕陝西寧夏平羅營中軍守備，以覃恩誥授明威將軍，遷江西鉛山營都司僉書，升河南河北鎮標左營遊擊。

君生而至性過人，母病，嘗刲臂肉以療之，而疾亦旋愈。其在寧夏，當朝廷征噶爾丹之時，懸軍邊外，督軍者未至，而糧餽匱絕。君獨不待上聞，而先行賑發，士卒賴以全活甚衆。其明年，皇帝親征，君卽具疏懇隨駕以圖滅賊，而疏爲上官所沮遏，故忠悃無由自致。然聖祖閱其騎射，大驚曰：「南人亦有此弓馬邪？」又訊其莅任以來事蹟，知其深入賊巢，天子爲動色，褒稱錫燕，恩禮備至。自昔武舉之制，惟在長垛馬步射、陷腰引弩、挽兩石之弓、翹關負米而已。而君獨明於文藝。寧夏之地，雖衆習武事，而於文藝或未能通知，故多不及格。君獨教以科舉之文，一時出門下如吳開圻、吳進義、馬會伯、見伯、覲伯兄弟八人，皆經其指授，後多以進士出身官至巡撫、提鎮。君之遷任江西，門下衛送至數百里外，至今西寧有許公祠云。

其在鉛山，都司食用舊多取給市賈；君獨以身食朝廷之祿，不宜漁獵錐刀以牟及閭左，數百年之陋習，一旦虧除以盡，民皆以手加額。鉛山有編民查氏，居家無故而忽奉按察司提問，縣令將發解。君獨以查氏素屬良民，知畏法，不合驟膺重譴，因究詰來吏，見其言語支吾，又文移封緘有謬字，乃轉帖縣令毋遽發，而屬其密以上請，果得其奸，而查氏得以無累。其明於見事多如此。

君以康熙四十九年四月十六日卒於官，享年五十有七。曾祖諱可位，不仕；祖諱孔訓，贈驃騎將軍；父諱仲仁，封明威將軍。娶程氏，贈恭人；繼娶沈氏，封恭人；繼趙氏，封淑人。子四人：長良相，國學生；次良槐，歙庠生；次良格，康熙辛卯科舉人；次良模，捐貢生。女子子四人。君之孫文烜以某年月日葬君於某鄉某里之原，而請銘於余。銘曰：

黟山崒嵂，其水紛溶。中有吉壤，維君之宮。生而膽勇，爲國禦戎；沒也魄毅，光若雄虹。更百千年，其享不窮！

方府君墓誌銘

嗚呼！士之有志而不獲抒，有才而不能以自見者，蓋自古多有其人，非獨今世也。天之生才，於什伯千萬之中，篤生一人焉，不可謂無意也。彼其人自以其拔出於什伯千萬之中，不敢自廢棄，亦欲有所施爲以顯於當時，而傳於後世，乃擯斥流離，老死於窮山野水之間，十蓋八九矣。然古之君子生不見用於世，沒則人無不知，故東漢守節之士，其名稱多出王公貴人上。近代以來，貴祿仕而賤幽貞，雖行如伯夷，而籍不登於朝著，直以爲無所短長。雖士之修身潔行，非以謏聞而駭俗，不吾知則亦已矣；而自後之論世者觀之，可爲深嚮而太息也！

同里方漢篠坡者，余之同心友也。其府君樺坡先生，余之所深知也。蓋幼而倜儻有大志，其初至京師，一時縉紳大夫多重其才，願與爲交遊。府君亦慷慨自命，欲有以敷布於天下，未幾以族禍牽連，窮居困阨十餘年，然後得放歸田里。蓋其方剛之歲月，耗磨於憂患之中，雖有管、樂之才，無由以自達矣。然府君終不以屈伸窮達，沮喪其志意，而時從賢豪長者詩酒共娛嬉。其自京師放歸，止近郊不入，徧謁先祖之墳塋，至泣涕不能興。平居則治酒肴，日與諸兄弟燕飲爲樂。酒酣，適逢其仲兄之怒，府君長跪請罪，不命之起，不敢起。夫其既老而善事兄長如此，則方其少而逮事父母其孝謹爲何如也！天既篤生府君以其才，而不使之施設，且沈抑錮蔽之。府君無所肆其意，然其中之所存，浩然不可以沈抑而盡也。嘗徘徊中庭，顧其羣從諸子而歎曰：「兒輩中誠得一智勇深沈者，庶其有以繼余乎！」嗚呼！此可以見府君之志矣。

府君諱元履，字高度，中康熙戊子順天乙榜，以乾隆某年某月某日卒，享年五十有六。所著有口絲、南枝、乃吾廬、小樺坡諸集，共若干卷，藏於家。祖諱于宣，邑諸生，早卒；父諱曾祜，休寧縣學訓導，遷廣德州學正。妻姚氏。子三人：長漢，邑庠生；次浩，雍正庚戌科進士，官至江西分巡吉南贛道按察副使，而府君及府君之父皆以浩得贈如其官；其季深，國學生。漢將以某年月日葬府君於某鄉某里某原，而使余爲銘。銘曰：

龍山之峨峨，有古君子，筮宅其阿。墓石可泐，其銘不磨。

江西吉南贛道副使方君墓誌銘

方君諱浩，字孟亭，桐城人也。其尊府樺坡先生家世行誼既有銘。君生而沈毅，不與童兒共嬉遊；及長讀書爲文章，駿發有氣。中雍正八年進士。初知太原祁縣，調陽曲，遷保德州，又知隰、平定二州，遷知蒲州府，移守潞安，擢江西廣饒九南道按察副使，旋調吉南贛道。因公有罣，循例復職。方需次吏部，而以乾隆十九年七月十八日疾卒京師邸舍，年五十有二。

君之涖官臨民，嚴而不苛，和而不可犯，既去而民多思之不置。其在隰也，隰民以茹素爲羣，羣數百，號爲「大乘教」。君悉召至庭，而啖以酒肉，人莫知其原。其後逮捕「大乘」黨人連數郡，而隰民獨免。金川用兵，平陽富民願輸餉，而旁郡效之者甚夥。君獨以潞安地瘠民貧，不爲報。會天子巡狩中嶽，取道澤、潞，而民田之近接道旁者，吏輒令薅去青苗以俟。君獨以鑾輿未出，而廢民耕作，非爲上愛民之道，令耕如平時。民得以收穫，而事亦辦治。蓋君之仁愛自其天性，不待強而能也。其在平定州，值天旱，奸民扇衆讙呶求糶穀。君不爲動，升堂坐，取獄中他囚，愓以威，其被驅脅者多逃散。君乃徐召奸民慰諭遣去，而明日陰捕渠魁一人論如法，其餘衆悉置不問。在廣饒，兼攝九江府事，歲旱而米商未至，洪州乏食；大府檄屬郡悉運倉糧往濟。君以郡民咸待食，而移粟他往，恐生事，請獨輸九江倉，而屬縣停運，比違大府意，未幾安仁以阻運罹重罪，罪及守令，大府乃以此重君。旋有吉南贛之調。南贛自前世多不軌之民，依山澤爲患害，而上猶奸民據險爲亂。君聞卽馳詣捕緝。比大府至，而謀主已就擒，訊實置之法。蓋君之明敏，有所發而輒中機宜類如此。

君所至以振興學校爲務，初在祁卽改西洋禮拜寺爲昭餘書院。在潞安捐俸爲倡，以葺新郡學。其在江西復聘名儒爲白鹿院長。尤篤於親親，嘗推先君子之愛，以事諸父、諸姑及從兄弟；又推太夫人之愛，以事諸舅、從母及外兄弟。其族屬、姻戚、故舊之貧不能娶、久喪不能葬及羈窮以死而不能歸者，君皆爲之區畫，必得當而後已。噫！可謂能人之所難者也。

君娶吳氏，子二人：相梁、相正。女二人：長適姚芬，乾隆庚午科舉人，今知陝西靖遠縣；次幼。將以某年月日葬君於某鄉某里某原，其兄漢來請銘。銘曰：

允矣君聲殷雷硠，羣鴐聚處覩肅爽。兩驂縱轡馳康莊，睨者伯樂御王良。彼鴐瞠目遙相望，羌獨絕塵氣揚揚，忽蹶不復中道僵。時值晦塞久愈光，有如不信視銘章。

贈大夫閔府君墓誌銘代

閔氏於宋寶慶間，自徽州歙縣遷浙江烏程之晟舍村。既八世，當明之中葉，而大司寇珪爲化、治間名臣，史爲傳載其事。嗣是大宗伯如霖、冢宰洪學、大司馬夢得相繼起，科名爵位之盛，冠於浙西。自大宗伯六傳而至星海府君。

府君諱自洙，字宿來，性慈惠，好施與。値歲饑，出囷倉以食閭左之餓夫，而家益中落。遂以授徒爲生，教授宗黨及前溪、潯川間，其門下士數十百人，經其指畫，文辭學術，莫不循循然有儒者之風。府君尤潛心經義，其館於前溪，常集里之名賢會講於繁露臺。其闡揚名理，多前人之所未發。其爲制舉之文，覃思力索，沈刻簡遠，有一字之未愜於心，或至忘其寢食。金閶許甘泉一見驚服，以爲時人不能爲亦不肯爲。然府君文不苟作，作既不多，又不自收拾，稾多散失，存者十不得一，以故知之者少。府君老於諸生，不售，將投牒罷去，而學使彭公素知府君，不允其退，且延之入幕校士，而府君以末疾辭，惟閉門以讀書爲事。然府君所以得爲名儒，而諸子皆嶄然特起，夫人內助之力爲多。

夫人姓金氏，以太傅貴冑之家，而小心恭愼。其端嚴之德，肅穆之言，綦組之工，書翰文辭，咸高出儕輩。而好義樂善，與府君合志。周卹之恩，徧於里黨。教其子以敦詩學禮，不惜重幣延名師訓課；而女子皆嫺於女紅婦順，出嫁名門，人咸稱其淑善。

府君以康熙戊子年十二月二十三日卒，享年六十。金夫人以康熙丙子年十二月初七日卒，年四十有六。子六人：長振宗，康熙癸巳科舉人，知廣東靈山縣；次振三，雍正甲辰科舉人；次振文，儒士；次振武，邑增生；次振鷺，郡廩生；次振奇，邑庠生。女子子四人。孫十五人，而鶚元中乾隆乙丑進士，今官江寧布政司使。府君得贈如其官；金太君贈夫人。乾隆十五年合葬於縣西余山之原。銘曰：

於赫閔宗，族大且崇。尙書累葉，厥聲蘊隆。宗伯之後，維星海公。公雖不仕，其文則雄。翼翼雍雍，以禔其躬。夫人佐之，惠及愚蒙；子弟從之，以孝以忠。余山之原，維公之宮。後百千年，祀事不窮！

程府君墓誌銘

秋官郎程君晉升葬其尊府書原先生於某鄉某里之某原，而以府君之先夫人方氏、後夫人吳氏祔。

蓋府君孝於其親，每雞鳴而起，趨立寢門外，候問安否，無間寒燠，至十餘年不倦。友于其兄弟，時其諸昆病篤，輒至祖廟焚香叩祝哀號，而欲以身代。其深愛之情，藹然濬發於一室獨知之地，而其家人咸被其風而化焉。

府君初娶方夫人，生子女各一人，子曰益謙。而方夫人早世，其貞靜慈和之德，雖其子孫有不得而周知者，故雖欲紀載之而無從。繼娶吳夫人，生子二人，長卽晉升，次咸豫。而吳夫人視方夫人所生子一如己子，飲食衣服，無纖毫厚薄於其間；而益謙兄弟三人亦偕出偕入，如一人之身，懽欣無所間。其後府君卒，而吳夫人所生次子咸豫亦於是年卒；閱二年，而方夫人所生子益謙又卒。其一門幼穉，惟吳夫人是依，夫人養之、教之，以至於成人。然晉升、咸豫皆有子授室，而益謙之子婗高顧獨殤。夫人乃命晉升出其子以爲益謙後。當其無事也，孫曾環聚於一堂，夫人南嚮坐，諸孫及諸孫婦或東西相嚮侍。夫人教誡其諸孫：惟禮義是守，惟古聖賢書是讀是習。其閨闈之內，天性之親，雍然肅然，有非世俗所能幾及者，夫人乃取書傳所載古賢母自孟母以下，凡十二人，命繪畫之工繪圖十二，而於其圖之左方，各書前人名氏以留爲諸孫婦模楷。

程氏自先世以來世爲積善之家。而府君嘗有言曰：「吾受先人遺貲，當擇一事而善行之。」故夫人教其子晉升：凡所行事，莫非以先人之心爲心。其有善事，爲先人所有志而未竟者，必命晉升踵而行之，不爲後代留遺增積計也。

府君諱志洛，歙縣人也。以乾隆十有八年十月初三日卒，享年六十有九。蓋其志行，余嘗爲之傳矣。方夫人以康熙五十三年二月十三日卒，年三十。吳夫人以乾隆四十年二月二十四日卒，年八十有一。銘曰：

奕奕程宗，世繼其美，傳序及君，令德愷悌。維婦之良，實相夫子，善溢鄉閭，宜多受祉。豈惟秋官，奮興崒起。今其後嗣，峨峨濟濟。愈遠其昌，珥貂荷紫。我儀吉人，載深仰止。藏詩於幽，以告千祀。

劉大櫆集　卷八

碑誌類

海門鮑君墓誌銘

乾隆三十年，歲在乙酉，十二月壬戌，海門鮑君卒。余縶官於黟，久不聞其凶問；而歙人頗有知之者，然恐觸余之悲哀，匿不以告。踰年孟夏，其子之鍾始獲以其訃聞。余哭諸寢門，而不自知其痛。嗚呼！余窮於世，所有者友生而已。而鮑君之窮，幾與余等，天又奪之邪？

鮑君諱皐，字步江，其先歙之永豐鄉人。其後有僑寓眞州者，復渡江至京口而家焉。祖諱仲珍，父諱天民，皆不仕。君生而穎異，年十七，隨其父參謀幕府，往來皖江、荻港間，過采石上太白樓，所至發爲詩歌，出語輒驚其耆長。其後壯遊姑蘇、兩浙，文益工而奇，編益富而巨。蓋君之天才鴻麗，山峙泉湧，放恣飄飆，極馳騖之能，不勞紀律部伍，而自中於法度，近代稱詩罕有及之者。

君幼而攻詩，不樂爲應舉之文。邑宰奇其才，將薦之學使。適遭父喪輟試，而同里妒害其能者，嘵嘵以寄籍爲辭。服闋，援例入成均，連值鄉試不獲舉。君乃發憤棄去舉子業，而專力於詩，故其仕宦之塗絶，而家道益落。自古才人之不遇，未有如吾海門者。幸其子之鍾賢，能繼其志。皇上南巡，之鍾以詩賦蒙恩擢授中書第一人。余以爲君之憤懣，庶老而得舒，且將長享其子之祿養。嗚呼，孰謂之鍾未補官，而君於是冬死矣！

嘗竊以天生是人，既賦之以拔出之才，雖於榮利之塗，絶無復望，然使其蒼然黄髮，老死山區，未爲過也。今君之年纔五十有八，未至於篤老也，而既死，豈直吾徒悲賢士之不遇。雖然，彼世之早拾科名，貴顯於中朝，而以老壽終其身者多矣。若君之文章傳之世世，且千百歲而無窮，其修短蓋不可以度量計，而何羨於彼？

初，博陵少宰尹公守揚州，聞君之名，召至其門下，日與公子右亭相切劘；而尹公太夫人尤重君，常引至内庭相見，飲食之如家人。時方開博學鴻詞之科，尹公即以君應舉咨名。大府趙公、中丞顧公、督學張公檄至，而君以疾作辭不赴。君之名在四方，而最愛君者尹公。尹公貴爲天子之近臣，而卒無以振起君也，悲夫！

君家多藏書，手自披閱無虚日。所著海門集三十卷，已刻十卷，又外集十卷，華陽瘞鶴銘考一卷，京口文獻錄三卷，筆耕錄一卷，藏於家。君娶某氏，生子二人：長卽之鍾，次之鏞。女子子三人，皆幼。之鍾將以某年月日葬君於某鄉某里之原，而請銘於余。銘曰：江朝於海，山矗其中。金、焦之秀，鬱爲才雄。維君特起，厥聲蘊隆。若有以施，而値其窮。於人爲窮，於天爲通。嗚呼已矣，安此冥宮！

汪府君墓誌銘

府君汪氏，諱景晃，字明若，歙縣人也。生而仁慈，好施與。常謂其家人曰：「一家饒裕，而族有四窮，恥也。」年二十二，棄儒術，操百緡以往賈於浙之蘭谿。及艾而歸里，則盡傳家事於其子，而一以施濟爲己事。里黨閒煢獨無以爲生，計月授之粟；其寒無袒襦，則於冬日授之衣；暑而荷擔於道路，爲水漿以濟其暍渴；病臥不得醫，儲藥物以救其疾苦；力不能親師，建館舍、延儒生，以誘其來學；死而手足不揜形，贈以棺槥，而里之賴以殯斂者，至三千餘人。有贈以棺而不知其爲非命也，訟詞連府君。里人將遮道以請於有司，府君亟止之；其後事得白，而府君施濟如故也。

然府君非其仲子之賢，雖好施，未必如其志意也。仲子諱泰安，字永寧。生十歲而喪其母吳安人，厝在淺土；而尊府自以春秋高，常欲自立生藏。仲君用是不敢自暇逸，力求所謂「乘生氣之理」，常不避冷炎，徒步行數十里，以求吉壤，冀得免水泉螻蟻之患。府君既一以施濟爲事，不復問家之有無，好施久而所入不足以供；仲君常拮据萬方以應其求取，而惟恐府君知之。府君遂稱心給捨，忘其家之非復曩時。卽其姻戚僚友，亦咸謂府君素封能博施不匱也。

府君曾祖諱良鍾，祖諱啓賢，皆太學生。父諱廷俊。妻鄭氏，繼妻吳氏，又繼妻曹氏，又繼妻許氏。子三人：長子早卒，仲子卽泰安也。府君及仲君皆候選州同知。乾隆十七年，蘭谿歲不收，府君以捐賑議敍加一級。二十四年，郡守舉爲鄉飲賓。鄉飲禮畢，子姓稱賀。時府君年已九十有四，猶顧其子姓幼稚者，與背諷所讀書，曰：「人心不可無所事，無事則心放；吾數十年來，獨坐則暗誦前書而已。」仲君二子，長梧鳳，次漪。梧鳳爲學官名弟子，從余遊。府君以乾隆二十六年四月十日卒，享年九十有六。仲君以是年九月十二日卒，享年六十有三。梧鳳將以某年月日葬其祖及父，請銘於余。銘曰：

孔聖愛才，而吝不覯。世德愈下，手足相殘。歙有君子，振窮濟艱。嗣君繼志，剝已以殫。有高者原，善人所安。山谷遷易，其銘不刊。

烏程閔君墓誌銘

閔君諱永欽，字英開，湖州烏程人也。九世祖珪，明刑部尚書；曾祖宗聖，湖廣岳州衞經歷；祖哲生，父雲邁，皆縣學生。

君生而沈厚，不煩教督而親近詩書。年二十三，應童子試。吾鄉戴褐夫在督學姜公幕中，得君卷，喜曰：「是我輩人也。」家貧以授徒爲生，勸飭孜孜，無殊子息。又善於誘掖，其言披豁暢朗，支分族解，騃童鈍夫聞之，咸如夢寐驚覺。其悉開悟，則喜；其有未開悟，則憂戚形於顏色。故凡承其指誨者，多舉於鄉，亦或去爲學官名弟子。性質直，於人未嘗面諛。族戚友黨或以文章就正，其白黑瑜纇，一皆讎其本眞，不稍寬貸，知非其人之意不顧也；而人亦多諒其誠，鮮有憎怨之者。又善以時文覘決他人科第得失、遲早、利不利，能預訂其年月，十不失一。

君嚴於義利，非其義，一毫不取。其在學官，値有非分之財，衆爭求之，至於鬩鬩；君獨退處亟，餽之不受。居常敎戒子弟，未嘗言利。至其職所當爲，勇力赴之，如嗜慾、飢渴之不可已。君雖窮居，顧嘗有大志，以澤及斯人爲任。醉則謂其儕輩曰：「是皆楊朱爲我者也。」

昆弟五人，其仲弟、叔弟皆先君而沒。二室之寡妻、遺孤，時其凍餒，貶衣黜食，分館餼給養之，無難色。閔氏之從南渡也，其始祖爲將仕郎，其後數世名字磨滅不可考知。自歸安教諭以下，乃始可譜，而墳墓又多迷失。君立遙祭之禮，每春秋饗奠，必致其誠愨。夫人吳氏早卒。君年方剛，而獨居三十餘年，與一子相依爲臥起，終其身不畜婢妾。

當君之少時，日與其羣六七人相切劘爲文章，意氣豪放。其後諸君或成進士、官翰林，次亦鄉舉爲學官博士，君獨老於諸生四十年。雖屢試高等、食廩餼，顧垂及歲薦，而先期以卒。享年七十有一。嗚呼！以君之志與其行，其視彼富貴而赫奕者，果有所不及邪？

一子文山，乾隆辛酉舉人。以辛未年臘月某日葬君於晟舍里謹字三圩，而以母夫人祔之。余既識文山，而得聞君之賢。文山乃請余爲銘。銘曰：

孰啓態脂韋，安坐而福持？孰握瑾懷奇，沒齒而不以設施？誰爲爲之？非余所能知，君又何悲！

中書舍人程君墓誌銘

程君諱佶，字自閑，歙縣人也。曾祖諱一鳳。祖諱維敬，贈儒林郎。父諱其賢，贈承德郎。其賢居業揚州之邵埭。君因占籍江都，爲江都學博士弟子。貢入太學，候補內府中書科中書舍人。

君生而明敏，以直道自持。自其逮事父母，父母無不如之志。及居喪，以盡哀盡禮聞。有兄一人、弟一人，事兄如父，與其弟處，終身無間言。愛其兄以及兄之子。兄子由明經爲郎，君皆誘掖曲成之；及其無祿早世，喪之若喪兄。然其與人交，視人如己，憂人之憂如己憂。尤厚於宗族故舊，無妻者資之，無子者藉之，葺宗祠，修譜牒，表前修，翼後學。重建孫公橋，其費以萬計，閱九年乃成。苟有益於人，不避艱辛勞瘁也。

居邵埭幾二十年，與其鄉之人遊處愈久，而諧合無怨嫌。返里居又十餘年，其人有族戚、交鄰，貧富、薄厚、信實、姦欺之不齊，君一與之親睦，莫有違言者。然君之與人，外雖樂易，而性剛以嚴，不能隨人爲是非然否，惟義之從。於人有不善，未嘗稍寬假，而人自畏愛之。

嗚呼！世俗日益偷，競爲軟美，以相媚悅爲能，下以是貢，而上益以自矜，若人之於我固當然者。取人不必才，惟其善諛；棄人不必其不肖，惟其不識形勢，不能伺貴人意指。從薦紳以迄里巷，父兄所以教戒其子弟，一皆摹揣成習。與人終日言，無一言稍可恃賴。安得都邑中僅有如君者一人，屹立其間，風其猶可及轉耶？

君以雍正十三年十二月二十七日卒，享年七十有二。娶吳氏，子四人：志淳，安東縣儒學教諭；志洛，由歙學生入貢；子球，監生，考授州同知；子璞，歙學生。以某年某月某日葬君於某鄉某里某原，銘曰：

烏聊之陽，有古君子之藏。其德直方，不以自章。我銘諸石，亘百世其猶芳！

吳君墓誌銘

吳君諱閬，字崙上，歙縣人也。吳氏自唐左臺御史少微十一傳而遷歙，又十四傳而遷歙之巖鎮。曾祖諱銑，祖諱文瀚，父諱正通，世有隱德。

君生而穎異，頭直目端，不習而能，經史百家，動窮其奧。年二十四，補縣學生。赴順天省試，入成均。衆皆謂君將大興吳氏之門。然六試秋闈，輒報罷，乃慨然棄去。

嘗南登會稽、遊建康；踰絶塞、入雁門，經子推之故墟，弔公孫杵臼之遺躅。其後復西陟匡廬，上滕王閣，與今侍郎曹公地山及江右名流相賡和。能洞徹秦、漢以來文章之眞匱。爲詩歌古淡簡遠，間發爲雄肆。酒酣，輒喟然曰：「嗇於天者人豐之，窮於數者學通之。」蓋君雖捐棄科名，而其於學問文章未嘗須臾怠廢，誠不忍其没世無傳於後也。

自君之大父，家已中落，父益貧。君以授徒爲生，所得修脯盡以供其父母，而獨與妻室程氏忍飢操作，卒不使堂上二老聞知。踰年，父母相繼没。君方奉命往豫章，中塗聞變而返，痛不得親視含飯，故自號曰悔堂。君既遘廢疾，手足拘攣。然歲時值先人諱日，或展張畫像，必勉力使人扶持跪拜，涕泣交横。偶食時食，輒念先人，或頓箸不終其食。有兄不事事，君以貧諸生，供養其一門男女，以長以立，婚嫁既畢，謂可無勞心力，而君亦長逝矣。

初君隨父往豫章，豫章舊遊最重君，念君家口繁盛，合白金千兩以相補助。君付託不得其人，蕩然悉歸無有。人謂君且將爭訟，而君一委之於命，不與毫毛計曲直。舊遊復合金如前，而君疾作。君乃愴然自咎其時命之窮，且惟恐以我負人，扶病遠涉千里，卒出己資，各如其人之金並其息以償，獨身衣敝袍而歸。居恆言貌循循，至其臨禍福利害，則一斷以義命，而無纖芥遲回眷顧之私。

君以乾隆三十八年二月二十九日卒，享年六十有四。子一人定，邑庠生。女適程家璉，早卒。定從余遊，以君卒之後二月，當四月之二十三日，合葬其父母於古塘村之英山，而使人請銘於余。銘曰：

厚君以生，而薄於其遇，遂止此也！祿位以畀庸愚，而英賢獨否也！天混混而無言兮，孰知其以也！君固一視乎窮通，而何分於生死也！身既癃殘，而志不忘乎書史也！蓋君雖亡而有不亡者存，人皆謂君之有子也！

鄉飲大賓方君墓誌銘

方君承晟，字大生，歙縣人也。曾祖諱紹祚，祖諱思聰，父諱廷康，世居歙西之巖鎮。君生而氣質凝重，爲童子時，應對長者，言詞多明辨，而揖遊皆中程度。其上世業醫。其尊府或口授以醫術，卽能窺見其精微，然非其志所尚也。諸舅見而異之，謂甥有用之才，不合泥以小道。而君亦樂從舅氏遊，往來荆襄、淮海之區無虛日。然君以父母年老，雖遠涉而心懷不寧。及娶謝安人能代供子職，君得內顧無憂。其父母在家有所欲，而君從千里外往往如其意致之，若有神告焉。久之，家稍稍裕，乃以舊居湫隘，別構爽塏之室，以承父母歡。其尊府常杖屨游息，顧而樂之，未遑遷徙也。

君上有二兄，仲兄早世。伯兄艱於子嗣，攜家至漢陽，娶妾生子，甫在抱，而伯兄病卒。君親往扶其柩，挈其家室，歸而養育之。其後孤已成人，而君愛之無異己出也。有弟亦早世，而君之撫字其孤者，一如其兄。有妹嬪於曹而寡，而君之存卹其甥者，一如其弟。故君之父母年已老，屢遭凶咎，而康疆自得，若不知有死亡之痛者，由君之善承親志也。

君性素質直，而能持以恭謹。見長老中有德行可稱述，輒心親而貌敬之。後生有一善，則道揚之不容於口。至朋友有過，必正色以諫；能改，則歡然如身受其賜。故其交遊中，憚其直而樂其恕，久而彌親。君不鶩施濟之名，而里黨有義事，則樂從其後。鎭人平治道路，君亦同其甃砌。顧獨念闔門之外至於鳳山，猶多殘缺未補，欲續而新之，方以營葬先人姑緩之，而君遽殂喪，終以有志不遂爲憾也。府教授儲君察君素行，舉以爲鄉飲賓，郡守竇公謂其舉甚當。君雖不得已受命，而心愈欿然不自安也。

謝安人者，巖鎭處士謝毓嶽之女也。生而端凝，寡言笑，幼讀孝經內則諸書，能通大義，而沈靜不見己長。方氏世業醫，雖名著邑里，而食口浩繁。安人竭力以養舅姑，又質其嫁時衣妝，以佐夫子爲楚游，而家始饒裕。其別構新室垂成，而翁病篤，未及遷而卒於故廬。安人曰：「築室以養翁，而翁不獲一日安養，宜遷殯於新寢。」或謂室者所以長子孫，塈殮未畢，而凶喪自外至，懼其不祥。而安人確然守其義，不可移易，曰：「吾以求吾心之安而已，他何計焉！」處士暮年始得子。其後處士沒於外，而二子尚幼。方君迎其母子歸里，而安人成長之。其後二子皆早世，安人哀其死而周給其家，數十年如一日也。

方君以雍正辛亥年十二月二十日卒，享年七十有二。謝安人以乾隆戊午年十二月初一日卒，享年七十有八。子一人，嗣文。以乾隆二十四年十一月十九日合葬於永恆鄉永陽里之松坑原。銘曰：

家道之隆，曰自君始。惟其厚德，施及州里。安人佐之，義聲蔚起。閟閟幽宮，同藏無毀。俾熾而昌，在其孫子。

漁溪巴君墓誌銘

巴君諱維珙，字方中，歙縣人也。巴氏蓋出古之巴子國。周有巴寧，漢有巴祇、巴肅，而晉巴惠爲休寧令，因家休寧。自南宋時，巴珣由休寧遷於河西，爲歙人。君之六世祖鍾爲前明省祭官。高、曾以來，世敦古處。父松盟，有子三人，君其仲也。

蓋自君之父時，家已中落，雖儉嗇自持，得免於飢寒，而力不能延師敎子。君生而性嗜讀書，乃從鄰塾間聽，問取句讀。其後以己意爲文，已與曩從塾師學習者，無纖毫愧讓。聞南溪有吳申令先生者，最爲老師，君徒步請業數十里外，一月必數往返不稍懈。而君學自此日進，爲歙邑名諸生。然吳先生既數奇不遇，年已老，僅司婁江之訓；而君亦屢薦不售。吳先生沒，而君獨歲時致餽其夫人勿絕，一如先生在時也。

幼事父母，恃修脯以供菽水。而母黃太安人性愛潔，飲水必取之坻中，君每自外塾歸，輒親爲汲水。雖應童子試之日，猶必汲至，然後往就試。其父見而呵之，曰：「今日豈汝汲水時邪？」及館於揚州，俸入稍豐。然君皆取以供旨甘、佐昆季，而不有其私藏一錢。乾隆十六年歲旱饑，君倡平糶之法於有司，而身先解槖以賑，全活者甚衆。人或以此稱譽君，而君以爲分固應爾，不自詡其功也。

君由邑廩生，貢入太學。雍正時有詔廩貢得與銓選，君又以恩例授縣令職。檄且下徵君，而君方居母喪，辭不謁選。里人或多爲君惜，而君以義命自安，泊如也。平生樸實自守，最厭浮誇之習。嘗謂其子曰：「古之人有盛德大業，然後人爲立傳以傳不朽，若生人日用之事，雖有過人，亦無足鋪揚。我死，慎勿丐名流作傳，又妄爲行述，以貽有識之非笑。」嗟乎！觀此數言者，可以覘君之爲人矣。

君以乾隆二十八年某月某日卒，享年八十有一。覃恩賜粟帛。娶黄氏，贈安人。子二人：廷鳳，候選州同知；廷梅，候選翰林院待詔。將以某年月日葬君於某鄉某里某原，而請余爲銘。銘曰：

士之窮處，與衆豈殊？惟其可託，六尺之孤。羣芳凋落，卓然不渝。銘以揭之，君子之居。後百千祀，無敢樵蘇！

吳蕚千墓誌銘

吳君錫芳，字蕚千，歙縣人也。祖諱家成，父諱啓曜，皆不仕。君年十三而喪其父，弱弟纔四齡，値家業中落之時，賴其母夫人教訓，以至成立。

然君生而有大志，雖習舉子業，常恐爲方隅習俗之所圈囿，而不屑拘守於牖下。每欲讀書萬卷，足跡徧天下，與當世畸人偉士交遊，以極天下之大觀，而庶以發舒其胸中不平之氣。心虛而慮下，廣交而博取，雖服賈於四方，鹺務紛紜，而旦晚稍暇，卽讀書常不去手，尤愛朱子綱目之書，披閱至再三。秦關蜀棧、粤嶺海嶠靡不遊，遊輒有以考其風土俗尙之異，與其山川人物之奇。故其學綜往古，而又能通曉時事。遇事之疑難，論斷敏決，操紙疾書，而莫不中其窾要。

蓋自君爲童子時，即欲博取一世之功名，以光榮其父祖，而卒困於無所試。此君之所爲不得志，愛君者所共爲嗟歎。然君之內行修治，方早歲失怙之時，先業所留，僅足蔽風雨、供朝夕，而君之楚遊數十年，以勤奉養；與弱弟幼孤相友愛，凡祖宗所授田廬，悉推以與之；尤多拯人於危迫，而非有市恩沽名之意，以與彼世之得志於時者，較其有無，其何歉之有？

君之配江安人者，知廣安州巨濟之女也。生性仁慈，而誦習詩書，不以小慧自隘其見聞。逮事尊嫜，而值其終窶之時，常出匳資以佐甘旨。羅太安人喜謂其子曰：「吾得此婦，如得一賢子，信可爲汝內助也。」及羅太安人病，而安人奉侍湯藥，病篤而祈禱神明，既沒而喪祭致哀致敬。其於子婦、孫婦，一皆接之以禮，且能深知其不言之隱，各如其意所欲得。習見其家慷慨好義之風，多所推解，而與其夫子無纖毫齟齬。嗚呼，可謂賢矣！

吳君由太學生考授州同知，以雍正十三年七月二十六日卒，享年五十有五。江安人以乾隆四年十一月二十六日卒，享年六十。子八人：學易、學洙、學浦、學崧、學愈、學知、學深、學敏。女一人，適朱應侯。學易將以某年月日葬君於某鄉某里之某原，而請余爲銘。

銘曰：

山之曲，樹以重，是惟君之宮，以昌其宗。既崇既隆，勿翦勿童！

張豹林墓誌銘

歙城之中，有古君子，曰張君。其子倫發從余遊，痛其先人之砥行礪名，而不得祿以行其志也，將葬，以狀來乞銘。其言曰：「吾先世自婺州遷居歙之滿田。明洪武中復自歙之薛川遷東源，歷十一傳而至吾高祖。高祖諱邦金，曾祖諱世瑞，祖諱大椿，世有隱德。先祖有子六人，先君之行次居五。初學爲應舉之文，既而先祖以家之困乏，將使學懋遷於他郡。有族祖耆功者，奇先君之文，勉使卒業。未幾，而吾父入學爲弟子食餼。及乾隆甲子，遂得舉於鄉。由是以文章獲知己之譽者衆矣。先君亦奮發自許，欲有所爲於天下。然每及三年，輒奔走數千里至京師。五試於禮部，而卒不獲一第以老。乃慨然歎息，知窮達之有命，信非人力之所能爲。然先君終浩然自得，不以富貴貧賤之自外至者累其心也。先君性孝友，以授徒爲生，而所得館俸，輒分以與諸兄弟無難色。平居惟以文史自娱，好臨摹前人書法，足跡不至官府。至其事關祖禰宗族之大，則不顧身命而爲之。先高祖厝在淺土，猝爲山水所漂蕩。先祖重繭數百里之外而尋得其棺，未及葬，而先祖下世。先君負疚於心，跋山涉水，以遠求兆域，卒得改葬如吉卜。祖塋有遠在潭嶺者，豪強構屋於冢上。先君詣縣控訴，而縣宰以方救荒發賑未暇理。先君乃久立風雪中不去，縣宰爲之動，而祖冢得全。有同年生疾卒，而孤幼，貧不能揞，會縣宰王公亦同年也，先君爲告於縣宰，醵白金數百兩周之，其家賴以給，而先君未嘗自言也。蓋先君之行誼，小子之所能記憶者，其略如此。今世稱有道而能文者，莫如夫子。小子幸在不棄，然而不賜之銘，是吾父生既無以遂其志，而沒又無以賁諸幽，則不孝之辜大矣！」

倫發之狀云爾，余不暇以爲，而其請至三四猶不已。余之文何足以重君，而倫發顧懇懇誠求如是，然則君其可謂有子矣。乃爲之誌曰：

張君諱炳，字豹林，以乾隆二十六年辛巳十月十三日卒，年五十有三。娶劉氏，生子二人，長倫科，早卒；次倫發。女三人，長適胡樹滋，次適許浩基，次幼。其葬以乾隆之某年某月某日，其地在歙之某鄉某原。

銘曰：

天能畀人以窮，而不能奪所從；命能靳人以生，而不能毀其稱。彼異其好，我遵其教；彼違其方，我履其常。孰熱孰涼？誰促誰長？一歸於無物，君又何傷！

州通判許君墓誌銘

許生文元將合葬其曾祖以來考、妣三世之喪於歙城東門之外人禮鄉寧仁里理塘之原。其期在乾隆二十九年十二月十六日，而先期請銘於余。余不獲辭，乃按其世次而爲之誌。

蓋自睢陽太守之八世孫、太廟齋郎會始由河南遷歙之昉溪。齋郎之十三世孫暹更由昉溪遷郡之東門，至明太傅文穆公，而許氏之支族始大。國朝有廷佐者，舉康熙壬戌進士第二人，廷唱二甲第一。文元於廷佐，伯祖行也。其高祖曰孔訓，例贈明威將軍，子三人：重仁、重義、重禮。重禮者，文元之曾祖也，隱居不仕。曾祖妣周氏。祖諱溶，字紫瀾，太學生，考授州同知。康熙戊戌之年，山水蕩漂，城北門外民多溺死。溶爲木筏，救濟甚衆。祖妣汪氏，明萬曆己未進士翥之孫女，知河南淯川縣國价之女也。

考諱良極，字辰樞，太學生，考授州通判。君生而有大志，弱冠受經鄉先輩羅野眞先生之門，與胡明府砂泉、葉孝廉草亭同研席相善。後以其弟良楗早卒，而家貧，不得已從事於賈。其家稍稍裕。然君雖以持籌爲生，而性孝友，於父母之生也盡其敬，及其死也盡其哀。許氏之支廟，君之所創建也；許氏之祭田，君之所捐置也。族戚之貧困不能自給者，君爲贍之；橋梁道路之傾圮者，君爲修之。痛其父創修邑東新嶺之道未竣而没，君爲增修焉，而建亭其上，名之曰樂山。故其行爲鄉里所推重。妣羅氏，大中丞應鶴之五世孫女，端莊貞靜，不苟言笑，教其子甚嚴，無世俗姑息之愛。

君以乾隆十二年二月十三日卒，年六十有二。宜人以乾隆二十六年五月初四日卒，年七十有五。子四人：長文煌，雍正己酉舉人，後其母兩月卒；次文英，太學生，候選州同知；次文煊，邑庠生；次文元，太學生。孫十七人，長成基，乾隆壬申舉人，候選守備；次大基，次肇基，次永基，皆邑庠生，餘幼。曾孫十二人。

昔王荆公爲許氏世譜，次其世次甚備。而歸熙甫表許鈇之墓，謂許氏伯夷之後，再以陰德而再興。余觀太學君之厚德，而文煌早卒，必有起而大其宗者，其猶在君之後昆伯仲間邪！銘曰：

古歙之東，粤有名賢，積善於家，隱而不宣。有高者墳，三世藏焉。宰樹勃然，既安既堅。余銘斯石，以永厥傳。子孫勿替，百世其延！

吳錦懷墓誌銘

歙西巖鎮之吳氏，有子曰映烈，痛其尊府之早卒，母夫人之苦節以育己而至成人也，思所以報之末由；見有守道工文之士足以顯揚其先人，則敬之如師長而親之如骨肉焉。嗚呼！映烈於此，可謂能慕其父母矣。

吳氏之先，自唐少微十五傳而至伯一。伯一當宋神宗時，官王宮侍講，始由休寧之吳田徙居歙之巖鎮南山下。伯一十八傳至坤，坤生士鑣，士鑣生世法，世法生文采，文采者，映烈之父也。

文采字錦懷，童兒時卽早具應世之才，而祖父母尤愛憐之，以生殖之日繁，不得終其業於讀書，使服賈於漢陽。然其託業者賈也，而行則士君子也。

吾觀今世之士，自縉紳大夫以及里巷之小人，無不私其妻子也。在國則掊其國之所有以歸於一家，在家則掊其家之所有以歸於一室。同在一家之中，父子兄弟之際，而必使庫有私錢，盎有私粟，以供其妻子之用。其始，薄於兄弟，而與兄弟爭財；其既，薄於父母，而不顧父母之養。君獨綜理家政，財貨之出入以巨萬計，而義不私有一錢。

當是時，巖鎮之俗已漸卽於澆漓，富家巨族惟以豪侈相矜，酒食餽遺相慕悦，甚者六博呼盧，飽食安坐，爲廢棄時日之事。君獨終日鍵門，非義不苟取與；省視之外，惟知誦讀之爲樂也。然卒以心計疲勞，而體漸羸弱。每間歲一歸，省其大父母，及聞大父之終，自痛其不及含斂，積毁成疾，遽没於漢陽客舍。時年二十有七，遺孤映烈纔四齡耳。映烈將以某年月日舉君之柩與其母夫人合葬於某鄉某里某原，而屬余爲銘。銘曰：

白玉在璞，瓦礫斯同。旣其昭顯，光若雄虹。天獨厚君以德，而年在所嗇。雖嗇其年，有子英特。我銘幽域，後世其識！更百千年，此石不泐。

阮君墓誌銘

阮君諱爲光，字暉吉，桐城人也。以乾隆四年八月十三日卒於其家，享年六十有九。其子德修與余弟昂千相善。余未得交於德修，而德修知余最深，介余弟請余爲文，以誌其墓。余不獲辭，則問德修之所以欲顯其親者何似。德修之言曰：「吾父幼而孤，吾祖母撫教之，以至成人。吾父不敢背祖母之教，以友于其弟兄。家之庶務，皆一身任之，以聘以娶。兄弟二人，終其身相依倚以爲命。吾家素貧，吾父以授經爲生。館穀所餘，悉以分吾叔父而不私。吾先世世家桐城，祖墓之木，以歲久樵牧之不禁，漸至凋敝。吾父親爲樹植，且至數千株。嘗念祭物未備，募金置田，迄今春秋享祀，賴以無缺。與人交，終身無忤，有非禮則義形於色，或無故加之亦不校。性嗜書，至老不倦。年且六十餘，猶手古經傳不置。然吾父積學，終身不獲登賢書，以仕於朝，徒恂恂爲鄉里之善人，此余小子之所爲痛心者也。昔吾高祖爲明湖廣穀城令。先是，流賊張獻忠新敗僞降，據穀城且周歲，時有應補穀城令者，皆以畏禍逃去。吾高祖攜一僕就道，至則且撫且教。賊或縱騎虜掠，吾高祖嘗碎其旗。賊終不馴，率其衆脅使俱行。吾高祖不從，索印又不與，且大罵擊賊，賊怒支解焉。家人囊一體，馳報大府方孔昭。事聞，卹贈太僕寺卿，廕一子入監讀書，且命建祠歲祭。未及建，而我朝雍正四年詔舉前後忠節者，祀於學官。吾父泣陳先人之遺事於有司，乃得以雍正八年奉主祠祀焉。然吾父痛先大父之早卒，大母之苦節，而身卑賤無以彰其名於後世，未嘗不欷歔垂涕也。

信如斯言，君其可謂篤行君子者矣！自命鄉論秀之法廢，而士之獨善其身、不獲登仕版於朝者，多湮沒不見紀錄。其幸有孝子慈孫，能推揚其祖德，請命於當世有道能言之君子，或託於文字以傳；不幸無之，則雖有嘉言懿行，足以垂不朽於無窮，亦終與田夫無異。間嘗考其生平，使之得位，彼其所樹立，豈遽出當時之公卿下哉？而不獲施行，則一家父子兄弟之間，鄉鄰族黨之際，庸行之常，何由自表見焉？吾觀阮氏之先，世著其德，而君能張大之；今德修又能繼君之志，而一以褒揚其先人爲念。使世之爲子孫者，皆能如君父子間，則爲其祖父者尚何遺憾於後哉！嗚呼！是可銘也已。

君之曾祖諱之鈿，字實甫，爲穀城令者也。祖諱渝字子貞，松江南匯營守備。父諱敷宋，字九咸。母王氏，行載郡志貞節傳。妻何氏。子二人：長世忠，爲縣學弟子，即德修也；次世恩。女幾人，長適某，次適某。德修以某年某月某日葬君於某鄉之某里。余爲之銘曰：

祖之烈，賴君以宣；母之節，待君以傳。匪君獨能此，顯君者，君之子！

方府君墓誌銘

府君姓方氏，桐城人，諱元體，字高說，寄巢其別字也。少時與其兄元履偕至京師，早已聲聞傳播。一時知名之士，如吳襄、馮詠、徐葆光、王世琛、萬承蒼、唐建中、楊繩武、同里胡宗緒，府君皆以詩文與相磨切。其後諸公爲達官以去，府君獨一舉於鄉而罷黜不仕。姊夫姚荆啓謁選吏部，得疾；府君棄所有館穀百餘兩而伴送南返。雍正庚戌，貢禮部不第；而兄子浩得成進士。府君不以己失爲憂，而以浩得爲喜。佐戴寅知定南。有繆氏女許聘於黄，其夫聽訛言别娶。府君爲再三狀白上官，卒雪其寃，令女歸黄氏。富德巡撫河南，竇啓瑛巡察順、永，府君皆在幕府，多所翼助，澤及州閭。

府君有兩姊，年皆八十，仲兄愚溪老且貧，府君咸竭力敬養。季弟是巢目疾困憊，府君率弟姪共贍之，而按日授食，獨任其勞。兄子早卒無後，族姪孤貧不能娶，府君爲立嗣授室，且代爲治生。其後，府君年已七十餘，然不敢自以爲老，而盡其心力於先人丘墓，營置祀田，廣植松楸彌望。暇則作爲歌詩，著有寄巢詩文集數十卷，藏於家。

娶姚孺人。孺人八歲即誦詩、禮、女箴，曉大義。是巢初生子輔袞缺乳，孺人分己子之乳以哺之得生。府君贍其兄弟及其姊米、粟、金錢，孺人月給之唯謹，又脱簪珥爲再從姪輔燦、輔燮娶婦。其御僮僕，咸有恩禮。

府君年八十有五，孺人年六十七。子輔讀，縣學生；輔華，國學生。將以乾隆三十八年某月日合葬於龍眠山某里之原。銘曰：

桐多名家，方爲巨族。碩德英賢，聯行并育。府君初出，名聲四馳，宜其施設，而止於斯！匪身之榮，而後以啓。俾熾而昌，乃在孫子。乃卜其吉，厚壤高原。君子之宅，萬世之安。無敢毁傷，翦其條肄。伐石陳辭，以告來世。

謝師其墓誌銘

廬江之西南，有巋然合葬而高者，桐城謝氏兄弟之墓也。其兄名嵲，字師其；其弟名嵫，字尊其。本歙人，後遷江北，世居桐城之東鄉。其曾祖諱君棄，其祖諱天成，皆不仕；其父諱范陵，由宿遷教諭，遷知山東福山縣事。母章氏，其生母王氏。

嵲，余女弟夫也，國學生，名在吏部，候選州同知。嵲承祖父之廕，家本寬饒，而性好施與，余女弟佐之。鄉鄰左右無衣者，爲緼袍以遺之；無食者，分朝饔以餉之。尤厚於戚族故舊，凡有不獲，多如其願以相給償，而家亦稍稍落。今賴其子鑫不惑於胥匪之誑誘，能守其田宅，而好施之風不墜。

嵫早卒無子；鑫出爲叔父之後。而鑫所生子三人：肯堂、肯構、肯播，而以肯堂爲其生父長子鑾之後。

嵲之卒在乾隆八年十一月二十九日，嵫之卒在雍正八年三月十六日。其合葬也，在乾隆三十四年十一月五日。其郡曰廬州，其邑曰廬江，其山曰烏鶴，其里曰安仁，其原在羅陽之西。銘曰：

維兄維弟，芒然一氣。其生也如篪如壎，其沒也共此墓門。以藏以固，以昌厥後昆。

伯兄奉之先生墓誌銘

先生姓劉氏，諱大賓，字奉之，桐城人也。曾祖曰燿，明崇禎時，以貢士廷試，授歙縣訓導；祖甡、父柱皆縣學生。

先生中雍正乙卯科順天鄉試，筮仕山西之徐溝，再起爲貴州之玉屏，遷普定。其爲治，一以慈厚愛人爲心，而不欲以才能自見。

徐溝民溉田之水，有自鄰縣太谷來者，太谷源而徐溝委也。而太谷民負恃強力，欲私其有，乃堤防遏絕之，俾不得下流。先生爲力請於上官，卒使兩縣之田，均得用以灌溉焉。其他施惠澤於民，多如此者。先生既去官，鄉先達或道過徐溝，訊及先生之爲政，縣人皆以手加額，爭來問「我公無恙否」。

其在普定，有陝西人爲賈於是邑，而造爲賭博具，事發，而先生曉譬之，謂：「何事不可治生，而必欲犯王章邪？」既察其有悔志，遂釋使歸其鄉里。先是，賈人有女許字普定之兵弁，至是不能攜以去也，以情告先生，先生爲召其夫家，立使迎歸爲婦。普定愚民忽倡爲訛言，爭相傳播，或書之門壁，以相告語。執訊之，層遞供吐，頃刻遂近百人。先生切諭之，衆皆泣下，乃杖而遣之。提督董公欲聞之於朝，以爲己功。先生爭甚力，曰：「未得其實，而妄舉以聞，非忠也；愚民知自悔，而必欲殺之，非仁也。如有禍災，令身任之，公無與焉！」事遂寢。兵卒糧餉，素取給於縣。縣爲印篆移營官；營官各以券給其兵；兵各持券詣倉，倉吏驗之而後給以米。有秦姓民與兵弁合手爲姦，僞刻縣印爲券。姦既發，吏至其家取印，見其米已盈倉，約三十餘石。吏請收其米。先生獨不許，月餘竟釋其囚。或謂先生事之已發者，不宜遽宥縱。先生曰：「我獲之而我宥之，必無害也。我豈以數十石之米，而殺此兩人哉？」

蓋先生自童幼讀書，常自保其嬰兒之性，不敢失墜。及長而與衆酬接，以至居官涖民，皆出其天懷，以相賦與，不知人世有機巧之事。當是時，以谿刻慘急，求媚於上官，而官得九遷者，所在多有。先生曰：「人性固有所不能。過於慈厚，失之寬容，雖罷黜而歸，余能之；若谿刻慘急以求遷，非余所能也。」先生樸於貌，訥於口，與人言，藹然若惟恐傷之；及其在官，有所執，雖貴勢不能移也。

先生以乾隆二十三年八月四日卒於普定之官舍，年六十有六。始娶錢氏，田間先生曾孫女，生子一人雲標，國學生。繼娶方氏，生子一人會，郡學生。孫德門，國學生；次符瑑，郡學生，出與大櫆之子介爲後；次光連，次柔蓀，次孚和，皆幼。

嗚呼！吾門雖衰宗，諸孫雖闇質，然以先生之厚德長者，後世其有興者邪？嗚呼！痛不可如何，亦爲致望於天而已矣！

舅氏楊君權厝誌

舅氏楊君，諱紹奭，字稺棠，於書無所不讀。少工爲科舉之文，而鬱不得志。既困無所合，而讀書益奮發不衰。年已老，頭白且禿，猶依燈火坐讀禮經，至城上三鼓不輟。蓋君之於書，自其天性，而非以求名聲利祿也。

舅氏性剛直，於尋常人未嘗苟有所酬答。與鄉人處，雖貴顯，有不善，卽面責不少依阿。臨財廉，執事果，可謂好學有道君子者也。

娶丘氏，累生男不育，而舅氏遂無子。以康熙六十年六月二十七日病癰而卒。嗚呼，可痛也！

舅氏於諸甥中尤愛憐櫆，嘗撫予指吾父而言曰：「此子殆能大劉氏之門，然未知吾及見之否？」平居設酒食召櫆與飲。舅氏自提觴行趣令醉，櫆謝已醉，不能飲。舅氏笑曰：「予性嗜飲，每過從人家飲酒，主飲者不趣予飲，吾意輒不樂，以此度人意皆然。乃者，舅氏實飲汝酒，當不使甥意不樂也。」酒半，仰首歔欷，徐顧謂櫆曰：「予窮於世，今老，旦暮且死，然未有子息。汝讀書能爲古文辭，其傳於後世無疑，當爲我作傳，則吾雖無子猶有子焉！」櫆受命而退，未及爲，而舅氏遂舍余以卒。悲夫！

君既卒之七日，其兄子某以君之柩權厝於縣城北月山之麓。櫆涕泣而爲之誌。

下殤子張十二郎壙銘

下殤子張十二郎名若盼，康熙癸巳十月二十六日生，辛丑七月十日死，瘞龍眠山社壇之麓。

盼九歲從余受書，學句讀，甫六月餘日而病，病未及旬而死，悲夫！

盼性緩，每垂髫自內庭徐徐行，至學舍，北向端拱立，長揖，乃就坐。又徐徐以手開書册，低聲讀，讀一句，視他人殆三四句者。讀畢，或歸早餐，又徐徐行如來時狀。余嘗指其兄以爲笑。

一日，日已入日午，所授書未能誦，余撻之。嗚呼！余早知其如此，而督責之奚爲也？銘曰：

龍眠之山兮幽且阻。惟汝之居兮，與汝之兄聚。式相好兮終古！

吳節母墓誌銘

吳君梅封者，歙縣人也。其夫人汪氏，父曰尙瑜，嘗爲某縣丞。夫人年十七來歸於吳。甫入門，而其姑顧之而喜，以爲是可付以居室之務，無煩老者之勤劬矣。

當時是，梅封之祖年已老，而攜其子遠客漢陽江上。梅封念其祖、父之勞苦在外，連歲未能歸，思所以代其勞者，而牽於家事，不得往。嘗讀書至夜分，而掩卷泣下。夫人問知其故，則曰：「君其行哉！夫牽車牛以服賈，所以孝養父母也。今使祖父行賈而已受其養，其何以自安？若姑及祖姑飢飽燠寒，妾在也，君其可無慮！」於是治裝具卜日以行。

梅封至漢陽踰年而病死。其凶問至，族戚之來弔者，咸助之悲哀。而或咎夫人以曩不止梅封之行，故至此。夫人曰：「人之生死有命，使吾夫在家，豈能不死？且行以省覲其祖、父，孝思也，豈知其不幸而預止之？」咎者爲之語塞。

然而夫人痛其夫之學業不成，而中道早夭，且煢煢未有子息，以爲長者憂，不能去諸懷也。自是足跡不出於戶限，笑聲不聞於鄰里，獨與其二女閉門營甘旨，以承堂上之歡。

其後十五年，梅封之弟生男，夫人爲色喜，乃奉其尊舅之命，布几筵告廟，而撫以爲其夫後，名之曰紹澤。紹澤甫周歲而病，夫人辛勤鞠育，閱月更歲。五齡卽爲延師教句讀，而更出梅封所讀書授之。故今紹澤恂恂爲儒者，明聖人之道，能文章，母夫人之教也。

夫人旣痛其夫之早亡，而其事姑也，尤極人世之艱辛。姑病且殆，夫人扶持其姑，以再執祖舅姑之喪；及姑喪，而梅封不及奉含飯也，夫人又加痛焉。蓋積勞積毀以至於憊，故不能永其天年。以乾隆十二年十二月五日卒，卒時年四十八。嗚呼，其可悲也已！其明年，紹澤裒其行義，上之有司，得俞旨，乃高其坊表立通衢，而歲時祠祭如例。紹澤從余遊，將以某年月日葬其母夫人於某鄉某里之原，而請銘於余。銘曰：

猗嗟夫人，何德音之貊也！獨生命之逢罹，羌中道而折也。懸皎日之秋光，傾岷江以滌也！松盤錯其高枝，玉終古以白也！爲婦與爲母，勤一世之職也！子翼翼其賢才，有輝於宗祏也！忽奄然而告終，名則不閟也！室既好以既堅，石無時泐也！視此銘詩，後來者之則也！

裘宜人墓誌銘

平涼府涇州牧許君樵書，傑魁之士也。相識以來，卽聞其妻室裘宜人之賢。乾隆癸未之夏，宜人以疾卒，而涇州戚戚憂見於顏色。余問其所與親者，咸曰妻賢故也。未幾，涇州果葺宜人之生平，命余爲葬誌。

蓋宜人係出浙之會稽，其父應晉，官新安衞守備，既沒而貧不能歸，遂家於歙。

宜人年十九，歸涇州。涇州之尊府，官北直之新安。涇州隨侍官廨。太宜人獨居多病，而宜人事姑備極艱辛。太宜人心志所向，無不先意以承。及太宜人病愈，宜人扶侍太宜人之新安任所，而涇州適官陝西之安定，宜人以婦供子職，色養維謹。太宜人之沒，呼之曰：「賢婦！願爾娶婦，賢亦如爾。」

初，涇州艱於子嗣，宜人爲謀娶周氏。生子，而宜人撫之過於己出。今其子已受室生孫，而宜人又撫其孫，常對之而喜不自勝。自涇州未爲官，及其爲官與既休，前後家豐約不同，而宜人處之如一日。一門之內，雍然肅然，是可誌也。

宜人享年六十有三，有一子二女，將以某年月日葬於歙之某鄉某原。銘曰：

有家有國，內助斯昌。自古在昔，燀赫嬀、姜。婉婉宜人，婦德用彰。有衍百祀，令聞不亡！

劉大櫆集　卷九

雜記類

遊黄山記

乾隆二十九年，歲在甲申，九月之上弦，余與歙縣友人程易田、方晞原、吴韓封、吴蕙川及蕙川之弟箕浦共遊黄山。六日而返，遊未能徧也。或請爲記，乃取黄山舊志補綴成篇，以招後之好遊者。

由歙城西北行百二十里，至湯口。溪流噴薄大石間。仰視諸峯，如在天上。及抵祥符寺，諸峯反半隱不見。踰小橋而北，有温泉焉。泉自硃砂峯而來，窪爲小池，蔭以半巖，今已鑿石砌亭。深不逾二尺，而泉自沙底汩汩起。池北，冷泉出石罅。兩水相和得不熾。淩冬，冷泉涸則水愈温。池之東隅，有隙以流其惡，水隨浴而淨。而硃砂泉其氣清芬。故天下多温泉，而黄山爲之冠云。

既浴，跨石越澗，左行數十步，至桃花源。石徑幽狹，穿一石而入，如門。其石有妥有攲，或覆或露，其夾如巷，其長如廊。復穿一石門而出，而老梅布石罅甚夥。由寺右緣天梯而上百餘步，幽壑不可越，以二木楮崖而度。折左紆行可半里，有洞穹然出崖上，洞石瑩潔可愛，深三丈，高二尋，廣半之。洞盡，復有小洞，如龕如堂奥然。飛泉薇洞門而下，灑灑不絶，是曰水簾之洞。出洞循崖而左，有二小洞，中隔如牆，曰餐霞之洞。而山之左腋，有水穿亂石而下，是曰藥溪。溪石廣丈餘，中凹如臼，仰承上流，是曰藥銚。銚左攲，而水出懸溜，承溜一石如圓盎，弇口而中如螺旋，異石五色，白者如珠，是曰丹井。折而右，爲蓮花庵。入庵登閣，下瞰白龍潭。潭廣十餘丈，其上大石横亘，高三丈餘，而藥銚合諸溪之水，從疊石乘高而下；而潭以一石仰承之，其勢撞衝奮躍，鳴吼如雷。潭既受水，淵渟滉瀁，其深不測，睇觀既久，咸生恐慄。潭上一石，老木垂陰如蓋，下可坐飲數十人。白龍潭今爲蛟龍所敗，彌望皆沙礫。以其名勝也，故記從其舊。循潭濳里許，有石負山而立，昂首作咆哮之狀，是曰虎頭之巖。行百武，見大石頽然傾倚，若不勝杯杓者，名之曰醉石。醉石之旁，有泉淙淙、從石壁下，曰洗杯之泉。下有伏石，其色上白而下黝，曰停雪之石。入谷半里，有泉如龍，自懸崖直下注石，激而成坎，盈科復下，歷歷成坎而懸，其坎凡八，是曰落星之泉。折而上，石崖中凹而旁哆，層石磊磊，而其上飛瀑懸流百尺，山半，大石拒之，激而逆上，自上分數道下注，有橫石長十餘丈，中空若琴，水徑石上，其音疏越，故名其泉曰鳴弦。

遡鳴弦泉而上，地皆阻險，行者如鼯鼠之穿林。稍進，地忽平曠，有佛舍巍然，是爲慈光寺。寺前後，翠木交陰，日光篩落，如行荇藻中。坐寺門遙睇青鸞峯，其巔若有一人趺坐，諦視之，石也。由寺左折而北入澗。澗口有石如醯瓶，一松據其上，而澗水分流石之左右，石盡水合，其圜中規。其左右之流，下皆石疊，水激而飛，如二白龍蜿蜒赴壑。其左霤有穴，水注之如井，其中石則羅漢級也。級五百。自下視石如梯，自上視水如帶。今亦爲較所敗。由寺右折，遡砞砂溪而上，徑鉢盂、老人峯趾，兩崖峻削，捫壁往，忽洞開如門。自是危巒曲磴，傾側迤行。坐石上稍憩，乍見前途，茫茫乎石壁之虛。有庭、有除，若戶、若樞，像佛攸居，湢室齋廚，周於四隅。若有浮屠持鉢而倚於門閫，是曰空相之廬。空相者，石影也。去石影三里許，至觀音巖。巖敧立如側蓋，下可容數十人，一壁巉出巖右，一壁中嵌，空如仰盂，赤色熊熊有光，蓋砞砂洞也。踰巖跨小塢，至老人峯。峯小而銳，立石如老人傴僂之狀，高不盈丈，而下臨百仞。無階，挽藤上，大石磥砢，蒼松覆之，日影著石，雖盛夏而陰蔭逼人。上歷大陰澗，澗多礪石嶄立。過澗陟嶺，則豁然高朗，回顧來徑已如墮淵底；

而天都、蓮華，仰視猶在霄漢上。數十步，峯勢漸逼，山色從幘上起。舍之，越嶺而西，有寺曰貝葉。石洞方廣可三丈，左壁峭絶直出，水懸溜作聲，一折如墉。其前大石突起數十尺，直當洞門。右劈一峽，凌洞巔，背負懸崖如覆。洞口水不絶如簾，旁一池泓碧，是曰蓮花之洞。去洞復上嶺東行，有巨石當路而中虚，於其中累石爲磴數十級以上如門，題之曰雲巢。折而上，有二松緣石夾路，枝葉交結，若與遊者相揖讓，名之曰迎送之松。忽巨石仄起如龜脊，左右絶壑萬仞，從脊上跼步以行，行者皆股慄。今爲石欄，可無恐。路旁有石平圓，松蔭其上可坐，名曰蒲團。今松不存。過石則二壁夾立如牆，入罅中行，見天甚狹，有松臥其左壁，長數丈，而枝蟠右壁，名之曰「臥龍」。再折而三石壁立，其中一松如坐，回顧乃見之。稍進，徑益隘，峽盡石斷，不可前。乃架木爲筏，筏薄而修，下臨深壑，左倚薜壁，僅得度，是曰斷凡之橋。筏窮，更入石洞中。洞三面環阻，徑復窮。仰視洞頂缺若突，天光入焉。乃憑木梯以上，如出自井口。從突降壁，兩壁爭高不相讓。再行稍坦，而老木列植如藩，徑轉則文殊院也。

黄山三十六峯，而以天都、蓮華兩峯爲最高。登文殊之院，則天都峯在左，蓮華峯在右，兩山夾立如門，而院之背，實倚玉屏峯。玉屏峯界天都、蓮華之中，亞而平，自遠望之如門限。院之前有臺，登臺則諸峯皆羅列在後。臺下峻絶，顧瞻來時所歷之峯，皆伏處其下不可見，見遠山如蟻蛭焉。天都峯無徑不可登；乃西登蓮華之峯。從文殊院右折而下，鑿石爲磴。不容武，以腹摩壁，屈曲層疊，至山之麓，乃復上。蓮華峯下，石壁拆裂數百仞，水道由焉。乃循水道疊石爲磴，可千級以上。級之受足不盡踵，遊者觸額齧膝，而其上石壁如障，覆壓將及頂。級盡，更入石罅中，見天不數尺，兩崖陰陰，水激溼衣袂。再上，可百步，得横岡。循岡東行，抵蓮華之蕚。躋而上，且百武，忽巨石當道如龜。踰石而北，窺其旁有罅，遂闖入罅中。陟數級，有石如門。入門循壁左行，徑不容趾。乃折入洞，洞兩石相倚。見天光一隙。復登降數級，皆自石腹中得竇，倏晦倏明。又陟數十級，有僧庵焉。循庵左檐上石梁，梁廣不踰尺，其修凌虚，乘之無敢俯視。再轉，而石忽中裂，以木架而度，復抵絶壁，嵌梯以上者二。今已易木梯爲石磴。梯之下，石裂數十丈，懼不敢升；升則級絶，而石抵其胸。以腹附石攀而起，則其石復裂，可三尺，跨而越之，乃至巔。自下視巔，塊然一石也。及入其中，則重垣複閣，宛轉交通。同遊從壁上相呼，如甕中語。循呼聲求之，乃得出。巔廣盈丈，青石叢抱，中凹若盂狀，如蓮之初綻。坐其上，極望無際，山川城郭，濛濛如在煙靄中不辨。峯之南有峯曰蓮蘂，一削萬仞如柱，而其房未剖，狀如蓮之苞。又其北有卑崖，距蓮峯百仞，田田如蓮葉。中有積水，歷久旱不枯。自峯巔而下，循舊徑至岡。岡忽斷，下臨淵渚，乃鑿壁爲磴百餘級。級之受足不一尺，遊者肩踵相接，名之曰雲梯。由丞相源而來者上雲梯；由祥符寺而來者下雲梯。梯盡，折而東，徑稍平，行大壑中可三里，而石壁巉削千尺，望之如墉不可越，是爲鰲魚之峯。乃隨壁之坳曲，鑿石爲磴數百級以上。其旁有二峯：曰懸鐘、曰海濤。乃出新闢石罅，其徑如欄楯。折而上，入石窟中，累石爲磴以出，曰石門。出石門登平天之岡，是爲海子。黃山之極巔也。

黃山之峯，皆峭石，拔地數百仞，指天如執圭、如秉笏。遊者絕壁而上，多喘汗勞怨。及出石門，至平天岡，則山皆戴土，甚廣而平，其縱可五里，而横猶三里，望之如原隰焉。岡多異松，而棋枰松尤奇。高不盈二尺，而覆十圍。枝葉糾結平密，如掌、如席、如織文。其上可弈，可容四人坐而相向飲。今爲樵者所薪。岡之稍起而堆阜者，曰光明之頂。頂突如廣顙，高埒蓮華峯而勢稍平衍。有石角嶄然崛起於東南，下臨絕壑。而五老峯起自壑中甚近，視之如小兒。秋空澄霽，登頂而望，日月之所出沒，霞虹之所照耀，匡廬、九子、天目以及金陵報恩之浮圖，瞭然可指數焉。頃之，山半出雲，如冒絮，如白龍，滃浡晃蕩，奔逐四合，瀰漫荒野，平布匼匝，一白無涯，渺極天際。日光射之，如積雪之環周。而諸峯錯出其間，僅見其頂如螺髻，乍隱乍見。其依岡而横者如岸，其冒樹而拔者如檣，其因風而時高時下如浪，人在峯巔，如乘槎而浮於海上。已而輕風驟捲，雲氣迸駁，石出山高，島嶼聳峙。向之所見，如幻如泡，一謦欬之間，不知其消歸何有，此所謂鋪海之雲也。夫黄山者，仙靈之宅，雲霧之都，舉足而巒壑移焉，瞬目而陰晴異焉。欲觀雲海，於光明之頂爲宜。其在文殊院者不知有後海；其在始信峯者，不知有前海，登光明之頂，則放乎四海而莫不來王也。常於積雨初晴、日出時見之；然或終歲不一見。余之登山，凡六日而三見雲海，蓋若天所佑焉。

由平天岡西北行二里，登鍊丹之臺。臺方廣可容萬人，俯臨邃壑，深不測。而西北諸峯環峙，如人如鬼，如鳥獸、器物，狀以千計。一峯當臺而起，如供几案，上有松覆之如蓋，其名曰紫玉屏。臺畔有方池，或曰丹井也，清泠可鑒毛髮，而松枝倒影入其中如畫。循臺而下，歷石門之峯，大石横跨兩山之趾，長數丈，人謂爲仙建之梁。其下通人行，而中有石塔圓如月，上大下小類削成。其梁之兩端，各有石倚壁，相對如龜，而上平可坐臥，謂之爲仙牀。其一壁有石如瓶，引觜如斟，流水出其中不竭，謂之爲仙瓶。出石門，乃登鍊丹之峯。峯高八百七十仭，其上有大石横跨兩山之腹，遠望如長虹，所謂仙橋也。及至橋側，則兩石如柱，一横石覆之，而左踵下浮，右脛中絶，相倚泊得以不墜。上脊不盈五寸，而下臨深溪千尺。黄山故黟山也。而後世乃曰黄帝鍊藥於此山，其後仙去。蓋黟山之名黄山，自唐天寶時也。

由丹臺直出數十步至海門，懸崖夾立而中闢，黝色如鐵。據門俯瞰，其下直削無底。而羣峯於絶壑中奮踊以出，其勢屹崒，如武士之怒立者甚衆。環絶壑而峙有三海門。每百步一闕，爲闕者三。入其門，徑不容足，如負牆而立焉。傑然聳峙於海門之側者，飛來峯也。其峯高出羣峯數十仭。其上有石，卓立峯端可十丈，磐石承之，而斷不相屬，類飛來者然，而峯因以名。其下有潭，龍伏其中，窺之不可測，投以石，撞擊至數百千聲不已，是曰鐵線之潭。由海門東迤五里許，登始信之峯。峯忽中斷，兩壁嶄然，相去可尋丈，下視嶙峋千仭，乃斬木爲橋以度。橋右憑崖，其左空而臨壑，而北崖有松横枝直抵南崖，蔽障其空如檻，名之曰接引之松。攀枝而過，陟其巔，則羣峯環拱，怪石兵衛，盡丹臺、海門所見，若皆薈萃而植立其前。左瞰石筍岡，右臨散花塢。石筍岡界兩山之間，而山束爲峽，石起峽中，纖如指，鋭如戟，繁如竹林之筍裂土而怒生者，以千百計。散花塢亦千峯排列壑底，丹黄錯出如繡，有神仙對弈、貴客旁觀及賈胡獻寶諸肖物之形。而一峯拔壑而起，獨立無倚，可十丈，有松焉，其根長二丈餘，蜿蜒出走，未知其榦所在，循峯右轉，則見峯有裂罅，而松於罅中直上達頂，露其半，可窺，更旁裂一石，乃屈曲蟠結於峯頂之四周，而横曳一枝復下垂者，其長猶三丈，名其松曰擾龍。始信峯之西爲獅子峯。自獅子峯東降，其崖側巨石矗立，上平如掌，有松高四尺，其根穿巨石之頂而下，而榦據其上，甚堅，名其松曰破石。由石笥岡下松谷庵，其間可二十里。將至松谷，山漸上益鋭，羣石參錯，若有偉丈夫衣冠而立者，其旁有石如牌，中含篆字，與日光相激射，其字不可視，視之雷輒擊去其字，或決欲見之，天方晴旭，行將近，忽湧雲塞霧，咫尺晦冥，終莫能見云。

環松谷皆山，其自四山飛瀑而下蓋百數，而聲響各殊，聽之不窮。前後五龍潭，青者、黑者、黄者、白者，各以其水所受之壁色爲名；而天容、雲影、人物往來之形，静映於光明之中，不可名狀。由庵之左折而下，曰清潭。石壁青蒼，奔泉出亂石間，匯入潭。有石梁覆其上，而不盡覆者十之三，望之如碧琉璃。循庵而上，可三里，聞水聲潺潺，石色瑩白與水稱，則白潭也。有油潭者，狀如大釜，巉絶不可即，跣足蛇行，緣釜眉而窺之，如見其底，而以絙測之，十尋猶不竟。踰庵以西，有大石當溪中，嵌空如室，激水横行，聲若雷轟，而室下石竅闢通，積水澄碧，題之曰龍淵。去松谷而西，乃至翠微峯。峯高八百五十仞，而嵐光一碧無際，故山之椒皆曰翠微，而此獨以名其峯。有寺在峯之西北，環寺皆古木修篁，其境爽塏，與向之磽角稍異。有石澗橫道，僧橋焉，而覆之以屋，以息遊者。自寺西望，有兩峯相並，巉絕而鋭，其高刺天，雲之往來於其中者，晨夕不絕也。以其爲雲所徑，故名之曰雲門。

西北之山既盡，乃問逍遙之溪。或曰徑塞矣，而心慕之不能已。黃山之水，北出者入池之石埭；東出者，入宣之太平；其南出者，入歙浦；而山西諸水合歙浦徑嚴州而下錢塘。溪在靑潭峯下，蓋西出之水也。晨起就道，見石壁巍然，而壁間石洞嵌空各異色。壁下卽溪流，峻絕無行徑，沿溪皆怪石棊置。石阻水曲折成潭；潭布滿石隙。遊者取徑於石上以行，聚足以拾乃不仆。行益遠，石益異，一石一態，與潭水爭奇。其潭方者如印，圜者如月，長者如劍，曲者如角，行者如銀，止者如黛。石白則潭水亦白，石赭則潭水亦赭。憑高視之，如繁星之綴天。溪行十里，道窮，一峯塞溪之滑，老松冠之，不能至，至神往焉。將踰白沙嶺，不竟，折入深壑中。有洞深五十餘步，前廣丈餘，中倍之，其後益廣，而一壁間之爲二洞，其右洞，中有二池，僧架木爲室，流水出其下，激石作聲，夜分時，光點點如燈出洞外，是曰仙燈之洞。去洞數里，循澗而上，至披篷，則諸峯皆聚，所見略如始信峯然。登始信，諸峯皆從足下起，人在峯上；披篷則諸峯環我而逼，峯在人上。道旁一峯，下一石戴之，狀如飛來，而其首獨鋭，月塔也。塔旁一峯，面平如削，上下渾然，而中横一尺，痕隱隱如古篆十餘字可按。行數里，抵丞相源。黄山之峯皆直削無枝，又拔自絶壑，及至丞相源，則陰崖蔽虧，老木森翳，如行墟落間。出寺門數十武，有溪淙淙，聲乍緩乍急。巨石鎮其中流，平闊如臺，其上可布席而坐，其下可流觴。下丞相源里許，山迴溪轉，有飛泉自叢薄中騰踊，至崖端而下注。凋注爲瀑，瀑注爲潭，潭復注爲瀑。一曲一潭，纍纍巖壑之阿。凡九瀑懸下。雨過則流急，而飛挂如龍，是之曰九龍瀑水。自是以往，路漸夷，而遥見一峯雲際，五指撮天，是曰仙掌。其外若湀中、潛口、栗村、長潭、容成之臺、芙蓉之嶺，皆山之支隴，幽麗甚可遊也；而好遊者不能盡。古稱黄山廣五百里，高四千仞，豈虚言哉！

余所記蓋登山之大略如此。若其峯之峻不可登，幽泉異石之翳於深壑而不可見，雖見之而難以悉舉者，與夫雲煙之開斂，朝夕晦明之異候，雨暘、寒暑、春花、冬雪之殊觀，則雖有辨者莫得而言也。

遊浮山記

浮山自東南路入，曰華嚴寺。寺在平曠中，竹樹殆以萬計。而石壁環寺之背，削立千尺入天，其色紺碧相錯雜如霞。春夏以往，嵐光照遊者衣袂。

踰寺東行，循九曲澗登山之半曰金谷巖，大石中空，上下五十尺，東西百有二十尺。裝巖爲殿，架石爲樓，鑿壁爲石佛，而棲丈六金像於其中。其石宇覆蔭佛閣，而宇之峻削直上者，猶二丈餘，望之如丹障。四時簷溜滴瀝。其左爲僧廚，廚亦在巖石之中。巖之北壁有洞，窺之甚黑，以火燭之，深邃殆不可窮。丹障之西，障垂欲盡，石坼而水出，小橋跨之。過橋，而巨石塞其口。沿澗曲折循石罅以入。至其中，則廓然甚廣而圓，如覆大甕，如蝸螺旋折而上。上有複閣，其頂開圓竅見天。飛流從中直下數十尺，如噴珠然。巖底四周皆石，岸可容百人，可步，可環坐而觀焉。以石擊其壁，響處處殊，然火礮於其中，則如崖崩石裂，聲聞十里外。其中承溜爲石池，溢而至於巖口，則伏而不見，此所謂滴珠之巖也。若時值多寒雨雪，或凝爲冰柱，屹立巖石之下，尤爲瑰麗奇絕。然不常有，蓋數十年乃一得之云。

自滴珠西轉，是爲鬪虛之峯。綠蘿巖在焉。峭壁倚天，古藤盤結，石楠、女貞，相與敧側，被之無寸土而堅，而壁石中拆一罅，水從罅中出，注而爲垂虹之井。出金谷而左，陟其肩，有大石穹起，當道兩根，中虛如植玉環。而埋其半於地。自遠望之，天光見其下，如弦月焉。其旁怪石森列，如獅、如象、如鸜鵒甚衆，不可名狀。而首楞巖在獅石口吻內。其中鑿石爲几榻，可弈可飲，可以望江南九華諸峯，如在宇下。自首楞緣仄徑西行，有泉滴瀝不斷者，上方巖也。往時泉漫流，懸注金谷之額，自巖僧鑿石連梘，引其水入廚，而金谷之簷溜微矣。自上方復西行，有圩陂廣可數畝，其形如漏卮，其口則滴珠之飛流所自來也。

自華巖之寺西行，徑山麓田野中，至松坪，入之甚深而隱。背金谷而當山之豁者，會勝巖也。巖縱三十尺，横五十尺，卽巖內爲殿，而架閣於其右。一日，坐閣上，值大雷雨，雲霧窈冥，閣前老松數十株，隱見雲際，森然如羣龍欲上騰之狀。自巖左拾級而上，爲堂三間，曰九帶之堂。石三面抱之。門外植四松，松下則會勝之簷溜也。會勝之右，有巖曰松濤，有洞曰三曲，洞中乳石成柱，委宛覆折。而古木蒼藤，蔽虧掩映，冬夏常蔚然。有泉泠然出其下，南流入峽中。而朝暘洞在峽西石壁之半。梯之以登。至亭午，日景始去。自會勝左出，石壁西向，巖洞鱗次，曰棲眞、曰棲隱、曰翠華、曰枕流，而五雲巖在翠華之上，望之如層樓。至壁之將盡，則嵌石覆出如廊。廊西，乳石下垂，如象蹄，對峙爲柱者二，如闕三門焉。金谷巖洞類宮廷，會勝廊戍列肆。自三門南出，有石龍蜿蜒南行數百丈。人亭其上，左右皆俯臨大壑，羣木覆之。溪水自陰翳中流去，鏘然有聲。自三門左轉，一徑甚狹，垂泉爲簾者，雷公洞也。中有石池，以閩人雷鯉讀書於此，故名。

自會勝迤西而北，入石門，則山之頂也。其上平曠，天池出焉。有大小三天池，菰蒲被之，蝦魚羣戲於其中。又有大石坦夷，上可立千人。石理成芙蕖，經雨則紅豔如繪。石盡則菜畦麥隴，彌望如在原野。畦隴盡，則又出石骨坡陀；其側可以俯瞰連雲之峽，而危險不可下。

連雲峽在會勝、石龍之西。峽三方皆石壁如城，而闕其西南一面。有巖在峽口之右，石罅如蜂房。架石爲寺，鑿石爲磴而登之。冬時得南日最暖。自寺左行，有崖巍然高覆，其承雨溜者，歲久正黑；雨所不到，石色猶赭。赭黑相間，斑駁不可狀。崖腹有巖曰野同。自野同又左，崖簷有泉懸注。側足循危徑以行，人在懸泉之內。至峽之將盡有巖。石理凹凸纖密，如浮漚，如浪波之沄沄。而崖簷之泉鏗訇擊越，如聞風濤之聲，名之曰海島。

出連雲之峽，又西北行，有巖曰壁立之巖。即巖內爲殿，而於其前架樓以居。其上有重巖，曰石樓；其下有井不涸。其前有石臺，臺之下有洞曰鼎爐。其右有泉，自峽而出，曰桃花之澗。跨澗爲橋。澗以全石爲底，雨後泉穿橋而墮。遊其下者自鼎爐以趨桃花之洞，則必越澗之委，仰見飛流如噴雪，其聲轟然，人語不能相聞也。踰橋而西有巖，石壁陡立不可入，乃穴石爲門，架石爲樓而居之，名之曰嘯月。循其西壁而轉，有小洞。洞內石穴如蜂房，其數蓋百有八，名之曰總巖。

壁立之右有巖曰半月。折而北有巖高敞曰西封。舊有大石，可羅百席，石工採其石以去，既久而窪，積水深二丈焉。旁巖三，不知其名，皆可遊。又其西則雲錦廊也。自壁立之左南出，石壁峭削不可攀。好事者鑿石爲磴，磴纔受足，凡百餘級，五折而上，名之曰繞雲之梯。自壁立來者，上梯以瞷天池；自會勝來者，下梯以趨壁立。繞雲之南，有巖曰披雲，登其梯之半，其旁有洞，曰戛玉。

浮山在桐城縣治之東九十里。登山而望之，蓋東西南北皆水匯，而山石嵂嵲空虛，幾欲乘風而去，故名之曰浮山。是山也，自檣山迤邐而來，北起而爲黃鵠峯。峯之西，石壁削立千尺，上豐而下斂，其勢欲傾，有洞在其上，曰金雞，大如車輪。四分石壁而金雞高得其三，嶄絶不可登。當其蹙然下斂，有二巖，曰畢陶，臨水而幽；曰晚翠，日西夕則巖受之，蓋與朝暘之洞平分一日云。黃鵠之南，有巖曰摘星，地峻而險，其徑不容足。巖之前有絶澗橫焉，遊者皆苦其難至。自摘星而下，其右有甕巖，其口隘而其腹甚廣，其左有兩石屹立，高數丈，中距二尺許，若人斧以斯之者，名之曰夾槍之石。石之右，斷虹峽也。峽中有洞，曰涵蒼，曰橫雲。自黃鵠東南復起而爲妙高峯。妙高者，浮山之最高處也。峯之半有巖，曰凌霄，登之則飛鳥皆在其下。自妙高之凌霄折而下，至西北直上，又得醉翁之巖。下臨平原，其巖石覆壓欲墜；有僧構而居之，窗檽皆如支拄然。中有泉，甘洌異於他水。其旁有闢巖，他巖三面石，而此獨四面，一戶一牖，皆石以爲之。

自妙高東南再起而爲餘萊峯。餘萊之南則華巖之背，所謂石壁削立千尺者也。壁有洞二：曰定心、曰寶藏。自定心、寶藏而東，有洞二：曰長虹、曰劍谷。登妙高、餘萊之巔，其間多大石，皆奇。有一石直立餘萊峯上，當額一孔如秦碑，而其下方石整立，如連屏摺疊，烺然可數。

自黃鵠北迤，是爲翠微峯。翠微峯之西南壑中，其水流而爲胡廠溪。由石龍之左，循溪以入，其石壁之洞有三：曰深遙、曰石駐、曰蛾眉。折而南，有小峽，峽有巖曰談玄。出峽而北，有石梁二，相並而跨於溪上，溪以全石爲底，而仰承二梁爲一石，名之曰仙人之橋。雨則登橋而下見溪水之奔流；霽則橋下可通往來，可羅几榻而居之。

自翠微之東，別起而爲抱龍峯。抱龍與餘萊並峙金谷之前。金谷則黃鵠之東面也。登抱龍之巔，有大石上平如砥，曰露臺，四望無所蔽，而風自遠來甚勁，立其上則人輒欲仆。臺之後有洞穹然跨峯之脊，左右豁達。自東入，則西見山之林巒；自西入則東見野之原隰。臺前有老松，枝榦虯曲，蓋千歲物云。

自翠微西衍是爲翠蓋峯。自翠蓋轉而西南，則會勝、連雲、壁立、嘯月諸巖也。自嘯月而更西北，浮山之西面也。從其西以望之，山如石几，正方，而丹丘、一掌二巖並立方几之下。山之北戴土，無巖洞。

而山中有青鳥，其聲百囀，獨時時往來於白雲、桐城山名，東去浮山二十里。金谷之間，他山未之見也。又有鳥，狀類博勞，日將入則鳴，其聲如木魚。

遊晉祠記

太原之西南八里許，有周叔虞祠。祠西爲懸甕山。山之東麓有聖母廟，其南又有臺駘祠，子產所謂汾神也。

有泉自聖母神座之下東出，分左右二道。居人就泉鑿二井，井上爲亭檻以覆之。今左井已湮，泉伏流地中。自井又東，沮洳隱見，可十餘步，乃出流爲溪。溪水洄洑，繞祠南，初甚微，既遠乃益大，溉田殆千頃。水碧色，淸泠見底，其下小石羅布，視之如碧玉。遊魚依石罅往來甚適。

水上有石橋，好事者夾溪流曲折爲室如舟。左右喬木交蔭，老柏數十株，大皆十圍。其中廁以亭臺佛屋，采色相輝映。月出照水尤可愛。溪中石大者如馬、如羊、如棋局，可坐。予與二三子攝衣而登，有童子數人詠而至，不知其姓名，與並坐久之。山之半有寺，鑿土爲室，繚曲宏麗，累石級而上，望之墟煙遠樹，映帶田塍如畫。

山海經云：懸甕之山，晉水出焉。周成王封弱弟於唐，地在晉水之陽，後遂名國爲晉。既入趙氏，稱晉陽。昔智伯決此水以灌趙城；而宋太祖復因其故智，以平北漢。甚哉！水之爲利害也。唐高祖蓋以唐公興，嘗禱於晉祠。既定天下，太宗親爲銘而書之立石，以崇叔虞之德，今其石在祠東。又其東爲宋太平興國之碑。

是來也，余兄奉之官徐溝，余偶至其署，因得縱觀焉。念余之去太平興國遠矣，去唐之貞觀益遠矣，遡而上之，以及智伯及叔虞，又上之至於臺駘金天氏之裔，茫然不知在何代。太原之去吾鄉三千餘里，久立祠下，又茫然不知身之在何境。山川常在，而昔之人皆已泯滅其無存。浮生之飄轉無定，而余之幸遊於此，無異鳥跡之在太空。然則士之生於斯世，雖能立振俗之殊勳，赫然驚人，與今日之遊一視焉可也，其孰能判憂喜於其間哉？於是爲之記。

遊大慧寺記

余客居京師無事，間從友人薄遊京城之外。而環城之四野，往往有佛寺，宏闊壯麗奇偉，不可勝計。詢之，皆閹人之葬地也。閹人既卜葬於此，乃更創立大寺於其旁，使浮屠者居之，以爲其守冢之人。而其內又必請於中朝之貴人，自公輔以上有名當世者，爲文而刻石以記之。

出西直門，過高梁之橋，西北行三里許，其地爲宛平香山之畏吾村，有寺曰大慧。自遠瞻之，高出松栝之表，其中堂有大佛，長五丈餘，土人亦呼爲大佛寺云。蓋明正德中司禮監太監張雄之所建也。寺後積土成阜，累石爲山，山阜之峻，下視平地殆數仞，其石皆自吳之震澤舟載而輿致焉。山石嵌空瓏玲，登其石罅以望遠，內見外，外不知有內。寺左建佑聖觀，而於土阜高平之處建眞武祠。大學士李東陽爲文，立石祠門之外。蓋當是時，世宗方尙道術，閹人懼其寺之一旦毁爲道院也，故立道家之神祠於佛寺之中，而藉祠以存寺。寺之西，墳壞纍纍，而石人石獸，巍然夾侍於前，大抵雄族親之冢也。

夫彼其使中朝之貴人爲文，固若挾之以不得不作之勢；而彼貴人者，亦遂俛首下氣，承之以不敢不作之心。天下未有不相知而可以挾之使必然者，原其初，必自中朝之貴人與宦寺有相知之舊。夫以中朝之貴人，而與宦寺有相知之舊，則彼其所以爲貴人者，未必不出於宦寺之推引。其不出於宦寺之推引，自我得之，而何畏乎彼？推引不出於宦寺，而甚畏宦寺，則是惟恐宦寺之能爲禍福於我，此孔子之所謂患得而患失也。爲人臣而患得患失，則其歸且將無所不至。且使患得而果可以得之，患失而果可以無失，吾亦安得而使其不患？乃患得患失矣，而得失之權，卒不可以操之自我，我自得其爲我，而何必交歡於宦寺？此余之三復碑文，不能不爲之長歎者也！

遊三遊洞記

出彝陵州治西北，陸行二十里，瀕大江之左，所謂下牢之關也。路狹不可行，舍輿登舟。舟行里許，聞水聲湯湯，出於兩崖之間。復舍舟登陸，循仄徑曲折以上。窮山之巔，則又自上緇危滑以下。其下地漸平，有大石覆壓當道，乃傴俯徑石腹以出。出則豁然平曠，而石洞穹起，高六十餘尺，廣可十二丈，二石柱屹立其口，分爲三門，如三楹之室焉。中室如堂，右室如廚，左室如別館，其中一石，乳而下垂，扣之其聲如鐘，而左室外小石突立正方，扣之如磬。其地石雜以土，撞之則逢逢然鼓音。背有石如牀可坐。予與二三子浩歌其間，其聲轟然，如鐘磬助之響者。下視深溪，水聲泠然出地底。溪之外，翠壁千尋，其下有徑，薪采者負薪行歌，縷縷不絕焉。

昔白樂天自江州司馬徙爲忠州刺史，而元微之適自通州將北還。樂天攜其弟知退與微之會於彝陵，飲酒歡甚，留連不忍別去。因共遊此洞，洞以此三人得名。其後，歐陽永叔暨黃魯直二公皆以擯斥流離，相繼而履其地，或爲詩文以紀之。予自顧而嘻：誰擯斥予乎？誰使予之流離至於此乎？偕予而來者，學使陳公之子，曰伯思、仲思。予非陳公，雖欲至此無由；而陳公以守其官未能至。然則，其至也，其又有幸有不幸邪？

夫樂天、微之輩，世俗之所謂偉人，能赫然取名位於一時，故凡其足跡所經，皆有以傳於後世，而地得因人以顯。若予者，雖其窮幽陟險，與蟲鳥之適去適來何異？雖然，山川之勝，使其生於通都大邑，則好遊者踵相接也。顧乃置之於荒遐僻陋之區，美好不外見，而人亦無以親炙其光。嗚呼！此豈一人之不幸也哉？

遊百門泉記

輝縣之西北七里許，有山曰蘇門山，蓋卽太行之支麓。而山之西南，有泉百道，自平地石竇中涌而上出，纍纍若珠然，衞風所謂泉源者也。匯爲巨浸，方廣殆數十百畝。其東北岸上有佛寺，甚宏麗。寺西有衞泉神祠。祠西有百泉書院。明萬曆時縣令紀雲鶴築亭於水之中央。其亭三室，室重屋，可遠眺望。亭外廊四周。廊之內老柏十數株蔽日，長夏坐其內，不知有暑也。

其水清澈，見其下藻荇交横蒙密，而水上無之。小魚鰕蟹無數，游泳於其中；狎鷗馴鷺，好音之鳥，翔集於其上。有舟艤其旁，可櫂。亭前爲石橋，過而東南，爲屋三間者二，皆夾窗玲瓏。石戶障其南。水自戶下出，其流乃駛，溉民田數百頃，世俗謂之衞河。自此而南，經新鄉，東逕衞輝之城，北合淇水，歷濬縣、館陶、臨清入漕河，以達於海。

昔孫登嘗隱此山，阮籍詣之，不言而嘯。嗚呼！使余不幸而生於登之時，其踐履亦將與登同邪？登謂嵇康曰：「子才多識寡。」而其後康果見殺。雖然，使登不幸而與余同，欲買山而無其力，孰使之長居此土邪？然則隱者之生於世，其又有幸不幸邪？余自幼讀詩，知衞有泉源，稍長，又知泉上有蘇門山，思一見之無由。今老矣，乃得終日憩息於此，是則余之幸也已。

遊萬柳堂記

昔之人貴極富溢，則往往爲別館以自娛，窮極土木之工而無所愛惜。既成，則不得久居其中；偶一至焉而已，有終身不得至者焉。而人之得久居其中者，力又不足以爲之。夫賢公卿勤勞王事，固將不暇於此；而卑庸者類欲以此震耀其鄉里之愚。

臨朐相國馮公，其在廷時，無可訾，亦無可稱。而有園在都城之東南隅，其廣三十畝，無雜樹，隨地勢之高下，盡植以柳，而榜其堂曰萬柳之堂。短牆之外騎行者可望而見其中。徑曲而深，因其窪以爲池，而累其土以成山。池旁皆兼葭，雲水蕭疏可愛。

雍正之初，予始至京師，則好遊者咸爲予言此地之勝。一至，猶稍有亭榭；再至，則向之飛梁架於水上者，今欹臥於水中矣；三至，則凡其所植柳，斬焉無一株之存。人世富貴之光榮，其與時升降，蓋略與此園等。然則，士苟有以自得，宜其不外慕乎富貴；彼身在富貴之中者，方殷憂之不暇，又何必朘民之膏以爲苑囿也哉？

遊碾玉峽記

去桐城縣治之北六里許，爲境主廟。自境主廟北行，稍折而東，爲東龍眠。山之幽麗出奇可喜者無窮，而最近治、最善爲碾玉峽。

峽形長二十丈。溪水自西北奔入，每往益殺，其中旁掐迫束，水激而鳴，聲琮然，爲跳珠噴玉之狀。又前行，稍平，乃卒歸於壑。旁皆石壁削立，有樹生石上，枝紛葉披，倒影橫垂，列坐其蔭，寒入肌骨。

予與二三子捫蘿陟險，相扳聯以下，決叢棘，芟穢草，引觴而酌。既醉，瞪目相向，恍惚自以爲仙人也。噫！方余客勺園時，張君渭南爲余言此峽之勝，因約與遊。余神往，以不得即遊爲憾。今之遊，渭南獨不與，人生之會合，其果有常乎？桐雖予故里，然予以飢驅，方欲奔走四方，則其復來於此，不知在何日？今未踰年遂兩至，蓋偶也，而獨非茲山之幸與！

金陀圖記

昔宋岳珂倦翁爲園於嘉興郡治之西南隅，命之曰金陀。曹侍郎秋嶽得其地，葺而新之，已乃歸於里之汪氏。汪君方岳與其弟子堅來從余遊，出所爲圖與詩以示余。

余讀其詩，渢渢乎大雅之什，與王氏之輞川無異，慨然想見其規模。及按圖以稽，則所謂浮嵐、圓谷、涓谿、橘田，采山之樓，澄懷之閣，足以供學士之登臨者，皆可一覽得之。余益神往，以不得往觀爲憾。

然余與汪君同在京師，每過其邸舍，飲酒論文，笑諕歌呼，忽忽然忘其室家之思、羈旅之苦。汪君出此圖乞余爲記。余不暇以爲，謂汪君常在此，余之記可徐徐爲之未晚也。一日，汪君告余以南歸。余係牽於兹，不能與俱往。獨此圖者對之差可自慰，而汪君又將攜之以去。

嗟乎！余未至金陀也，其臺沼之壯，欄檻之幽，花木魚鳥之倩麗，余不知其何如。獨念古今之推移，人事之變遷改易，賢豪之難得，聚散之無常，鴻毛飄風，蓋其不可恃也如此。當岳倦翁之始爲此園，安知其歸於汪君；余與汪君飲酒一室，又安知離别之在今日哉！遂書以爲之記。

半野園圖記

半野園者，故相國陳公説巖先生之別墅也。相國既沒，距今十有餘年，園已廢爲他室。而其中花木之薈萃，足以娛目，欄檻之迴曲，足以卻暑雨而生凊風，樓閣之高迥，足以挹西山之爽氣，如相國在時也。

庚戌之春，余友杭君大宗來京師，寓居其中。余數過從杭君，因以識半野園之概。而是時杭君之鄉人有陳君者亦寓居於此。已而陳君將之官粵西，顧不能忘情於此園，令工畫者爲圖，而介杭君請余文以爲之記。

夫天下之山水，攢蹙累積於東南。而京師車馬塵囂，客遊者往往縈紆鬱悶，不能無故土之感。陳君家杭州，西子湖之勝，甲於天下。舍之而來京師，宜其有不屑於是園者，而低徊留之，至不忍以去，則陳君於爲官，其必有異於俗吏之爲之已。

雖然，士當貧賤居陋巷，甕牖繩樞自足也；間至富貴之家，見樓閣、欄檻、花木之美，心悅而慕之。一日得志，思以逞其欲，遂至朘民之生而不顧，此何異攻摽劫奪之爲者乎？然則陳君其慕爲相國之業，而無慕乎其爲園可也！

葇溪書屋圖記

葇溪書屋者，翰林吴君葇溪讀書之所也。葇溪厭廛市之喧囂，讀書郊野之外，故得力學有文，進取甲科，以至爲天子禁近之臣。然不忘其窮居之舊，而命繪畫者以爲之圖。余未至其地也；按其圖，則修竹萬竿，而千尋之老木間廁其中。其下怪石林立，溪流自石齒間縈紆漩洑。茅屋數椽，明窗曲檻，稱乎其爲幽人之素履也。

嗟乎！士當其貧賤之時，卷身編蓬之下，自謂與螻蟻何異。方葇溪之讀書於此，隱几嗒然，四顧無一人知己，豈知其被蒙風雲之會，登金門而上玉堂者乎？

葇溪故大宗伯吴文恪公之族弟也。余幼受公之知。公之服官在京師，余主其邸第。葇溪亦自姑蘇而至，於時共處，與公之嗣君松客相與晨夕飲酒談諧爲樂。雍正己酉，葇溪、松客同時領鄉薦。而葇溪連中庚戌科，入爲翰林。癸丑，松客成進士，未踰月而文恪公謝世。余亦南歸。葇溪出所爲圖授余，使爲之記。余以事牽不暇爲。其後，余應博學鴻詞之舉，貢在京師，始見松客改庶常。而余復濩落不遇而返江鄉，僻處閉門無一事，方將出紙墨爲葇溪記其梗概，而京師書至，則葇溪又已死矣。

庚申之夏，檢故書，得此圖，回思往事，忽忽已七八年，其間人事之升沈、友朋之聚散存亡，恍如隔世，而余且更歷險阻，未老而病且衰。然則天之生人，而使之居此世者，其果何爲也哉？蓀溪既沒，其子善讀書，其必有以繼先人之志而述其事者。於是乎書以歸之，且以示松客何如也。

遊淩雲圖記

知者樂水，仁者樂山，非山水之能娛人，而知者仁者之心常有以寓乎此也。天子神聖，天下無事，百僚庶司，咸稱厥職，乃以莅政之餘暇，翛然自適於山岨水涯，所以播國家之休風，鳴太平之盛事，施廣譽於無窮者也。

南方故山水之奥區，而巴蜀峨眉尤爲怪偉奇絕。昔蘇子瞻浮雲軒冕，而願得出守漢嘉，以爲淩雲之遊。古之傑魁之士，其縱恣徜徉而不可羈縶以事者，類如此歟？

吾友盧君抱孫以進士令蜀之洪雅，地小而僻，政簡而明，民安其俗，從容就理。於是攜童幼，挈壺觴，逶迤而來，攀緣以登，坐於崇岡積石之間，超然遠矚，邈然澄思，飄飄乎遺世之懷，浩浩乎如在三古以上。

於時極樂。既歸里閒居，延請工畫事者，畫盧公載酒遊凌雲也。古今人不相及矣，昔之人所嘗有事者，今人未必能追步之也。乃子瞻之有志焉而未畢者，至盧君而遂能見之行事，則夫盧君之施澤於民，其亦有類於古人之爲之邪？於是爲之記。

劉大櫆集　卷十

雜記類　頌贊類　哀祭類

問政書院記

古之君子，蓋將使四海之廣、兆民之衆，無一人之不同歸於善也，於是立學以教之。學也者，所以循序優游，使深入其中而不自覺也。故自國中以及黨遂閭巷之間，莫不有學；自天子諸侯之子，以及凡民之秀，莫不入於學之中。弦歌以和其心，誦讀以探其義，養老以深其愛敬，鄉射以正其容止，飲酒以勸其温恭，受成獻馘以親其武勇。養其知，以至無不通；養其能，以至無不當。一旦舉之在位，而治國平天下之道，莫不措之而裕如。何者？其素所蓄積然也。

後世學廢，而以廟祀孔子之地爲學，又不知先聖爲典禮之伯夷、典樂之夔，先師爲先代明禮、明樂、敎詩書之士，所謂死則以爲樂祖、祭於瞽宗者，而一皆以孔子當之。鄭氏以先聖爲周公、孔子，既失其旨；而後之議禮者，復加孔子以先師之號，其亦瀆慢聖人，而名之不當其實者矣。

夫學有時焉，有地焉，有官焉，有器焉，有朋焉，有事焉，而皆非孔子之廟所可兼。近代書院之設，聚羣弟子於其中，延請鄉之賢大夫而去位者以爲之師。雖其所學者，訓詁、詞章之末，非復古人之舊；而興起後生，以師弟子傳習之業，於學爲近焉。

歙故有書院，其地屢遷，而今建於紫陽山上，蓋新安一郡之學也。其一邑之學，則休寧有海陽之院；而歙顧未之有。平定張侯之令歙也，百廢皆舉，而愛惜髦士，尤爲篤摯而不可解於心。士之好學而能文者，盛禮以招之使來，於斗山之亭，日課月校，已三年矣。而多才濟濟，愈益奮興，其肄業而舉於鄉者，遂數人。適商人程光國等捐輸廣廈十餘間於問政山麓，以爲諸生誦習之地，而侯因以爲問政書院。凡紫陽所不及收者，咸得歸之問政焉。

歙故人文之藪，而張侯教育之有加，將見士之從事於斯者，識日以開，行日以勵。性雖有沈浮強弱之異，而一皆範之以平中。仁厚積於其中，恭讓見於其外。於貧富貴賤之塗，常有廉恥之防，不至貪汙以苟得。而古今治亂之源、因革損益之變，無不辨之明而施之順。其達也，則慈惠及於斯民；其窮也，則自束其躬，而無慕於外。其高者盡性以至命；

其下者猶將致身通顯，以爲族戚之光榮。然則歙之風俗淳龐而人才茂美，皆將於是乎取之。余觀張侯之心，固將使歙人之同歸於善，而非徒詞章、訓詁以爲進取之階也，故樂爲記之如此云。

竇祠記

桐城縣治之西北有竇祠，邑之人所建以祀蜀人竇成者也。明之亡，流賊將破桐城，成有救城功，故邑人戴其德而建祠以祀之也。

當是時，賊攻城甚急，城堅不可卒下，賊時去時來。巡撫安慶等處部將廖應登，率蜀兵三千人爲防禦。時賊不在，應登將兵往廬州，經舒城，方解鞍憩息，而賊騎突至，遂劫應登去。賊顧謂應登曰：「今欲誘降桐城，汝卒中誰可遣者？」應登曰：「宜莫如竇成。」賊問成：「若能往否？」成許之無難色。賊遂以二卒持兵夾成，擁至城下，使登高阜呼城守而告之。成諦視見所與相識者，乃大呼曰：「我廖將軍麾下竇成也。賊脅我誘若令降，若必無降！若謹守若城，且急使人請援。賊今穿洞，洞皆石骨，不可穿，計窮且去矣。」夾成之二卒猝出不意，相顧驚愕，遂以刃劈其頭，腦出而死。自是守兵始無降賊意，益晝夜謹護城，而密使人之安慶請援，援至而城賴以全。

當明之季世，流賊橫行，江之北鮮完邑焉，而桐以蕞爾獨堅守得全，雖天命，豈非人力哉！成本武夫悍卒，然能知大義，不爲賊屈，捐一身之死，以卒全一邑數萬之生靈，有功德於民，則廟而食之宜矣。彼其受專城之寄、百里之命，君父之恩至深且渥也，賊未至而開門迎揖者，獨何心與！夫以一卒之微，而使一邑之縉紳大夫莫不稽首跪拜其前，豈非以義邪？又況士君子之殺身以成仁者哉！

吾觀有明之治，常貴士而賤民。誦讀草茅之中，一日列名薦書，已安富而尊榮矣。繫官於朝，則其尊至於不可指；而百姓獨辛苦流亡，無所控訴。然卒亡明之天下者，百姓也。後之爲人君者，可以鑒矣。

方氏支祠碑記

古者，諸侯之適子嗣爲諸侯，其支子之爲大夫、士者，不得祖諸侯而名之爲別子。其後族漸繁多，先王懼其散而無紀，爲制宗法以聯之。故有百世不遷、同吾之太祖者宗之，謂之大宗；有五世而遷、同吾之高祖者宗之，謂之小宗。宗雖有大、小之異，要在率其族之人，以共祀其先人而已。封建廢而大宗之法不行，則小宗亦無所據依而起。於是宗子遂易爲族長。

然吾以爲後世之宗祠，猶有先王宗法之遺意。彼其所謂統宗之祠，族人莫不宗焉，卽古之大宗也；其所謂支祠，人各宗其親焉，卽古之小宗也。先王之辨別等威雖嚴，而天下無無祖之人。支子不祭，未嘗委之宗子而已不與也。不得祭禰，不得祭祖及曾、高，不得祭太祖，而皆宗其祖之傳適，以與之共祭。宗者，尊也。尊其主祭於廟中之人，而人人皆得以自致其敬。故曰存先王大宗、小宗之遺意者，莫善於宗祠。

方氏自漢河南守紘避新莽之亂，始遷歙之東鄉，又三世爲黟侯儲。儲於章帝元和初，舉賢良方正，對策第一，累官太常卿，封於黟。至隋開皇間，惠誠爲歙令，而其子叔潛愛歙之山水，因家焉。其距黟侯蓋十七世矣。又歷十三世，宋銓中大夫祕書郞建成子希道卜遷環山，至孫高乃定居之。又五世師忠始遷巖鎭。又三世名士錡，士錡生周儒。周儒於咸淳甲戌以明經省試第一，擢官禮部，是爲省元門祖。又歷五世，至觀童。觀童生三子，榮其季也。榮生音，音生健，健生中正，中正生紹祚，紹祚生思聰，思聰生廷康，廷康生承晟，承晟生嗣文，嗣文五子：祈昌，祈宣，祈順，祈恆，祈源。祈宣者，尙錦之父亦桓也。

自承晟欲創支祠而未逮；嗣文繼之，有卜地矣，又不及而殂。其後嗣文五子，而四子皆早卒。於是沂宣率祖考之攸訓，思篤前緒，用夙夜不遑自逸，伐石於山，儲材於野，謹依先卜，廣其規制。重門窈窕，堂寢峨巍，步欄周通，四阿垂霤，石柱繡楣，千甍蔽日。東北建小樓，以遠眺望。登樓則皐、蔭、獅、蚪四山環拱，而天都、蓮華諸峯，並植檐際。齋庖之舍，燕享之庭，森列備舉。繚以清池，遊魚潛泳，菡萏敷榮。踰年，尚錦及其弟尚驤、尚和與尚忠之子溥乃擇冬月之吉，率先族人，奠主祠內。觴豆靜嘉，薦獻祇肅，祖考歆格。祭畢斯燕，昭穆咸序，長幼有倫，旅酬交錯，醉飽懽欣，神人和暢。是舉也，祖考之精神既遠而萃，族姓之心志既渙而交，繼志述事，其可謂備至爾矣。

尚錦歸善於親，請予爲記。予觀方氏世篤孝義，有可紀者，乃系之以詩。其辭曰：

維方於徽，其族爲亘。省元之後，蔭硃益著。維爾世德，篤生孝孫。孝孫爲誰？惟亦桓君。維祖維考，有志不遂，孝孫成之，收族以祭。嗟爾孝孫，一簣之虧，堂成不見，而遽云歸。孝孫之後，復生孝子，載纘膚功，象服承祀。象服承祀，年神在牛，先是丁亥，翁殞於秋。是年仲春，翁簣始事，子也代終，及冬之季。方氏之祠，孝孫所創。今其族姓，共祭同堂。未成斯堂，丘墟榛莽；既成斯堂，赫然宏敞。未成斯堂，雖祭而孤；既成斯堂，子姓怡愉。未成斯堂，雖祭而簡；既成斯堂，器備儀殫。凡爾孝嗣，惟永孝思，以紹孝孫、孝子之爲。積善之報，端在後嗣。億萬斯年，馨香勿替！

程氏宗祠碑記

昔者，先王之立宗廟也，稱情而爲之制。四世而服窮，六世而親屬竭，故天子諸侯之廟，視服之重輕以爲差等。夫先王豈不欲報本追遠，祭及百世以上哉？而乃於其遠祖漸遞而遷之，蓋情有所終，勢有所止也。高祖以上，居處笑語，心志嗜好，茫然而莫之見聞，而欲於猝然之頃，致其歆假，勢固不能，故禰、祖、曾、高四世之祭，自天子以達於天下。天子之於諸侯，增二祧而已。謂之二祧，雖曰六廟，而實四廟也。大夫以下，其廟以次而減，而其所祭之四親，不得而減也。夫所謂庶人祭於寢者，庶人之勢不足以立廟，未嘗於一寢之中，而禁其祭祖及曾、高也。封建廢，而天子之下無廟制。宋之儒者增損禮儀，定爲祠祀。士大夫之族得祭及曾、高，而並及其始祖，蓋準乎天命之所不容已，而人子之心庶以卽安而無憾焉。

荷池程氏祖永和建宅立影堂，其後承之，爲小宗之祠。嘉靖時重建，歷年踰百，則榱頹柱蠹，瓦飄甓毀，門牡飛亡，階石圮泐，木主之題字，黮漶不可別識。裔孫正印見而傷之，以遺紹自肩，謂世德傳衍在予，若先人妥靈之室，一任風摧雨剝，其何以自比於人？將出其私橐，徹而新之，未及施行，而正印病卒。時在康熙六十一年，踰年雍正改元，正印之子兆元、兆龍，年甫弱冠，仰承父志，詢謀族衆，僉曰允哉。

遂因舊址而恢拓其制，門之外繚以磚牆，自牆至門地三尋。其左別爲門，堂以東北入於門。門之內爲庭，庭修四尋，四分其修去一以爲之崇，增一以爲之廣。庭後爲堂，堂崇廣如庭，去二尺以爲之修。堂後復爲庭，崇廣如前庭，其修如前庭之崇。庭之後，越九尺，以爲方池，以存荷池之舊。池廣常有五尺有五寸，深尋有四尺。池之後爲內寢，修與前堂埒，崇廣亦如之。循寢之楹以爲檻，檻內常有六尺，檻外尋。內寢重屋，以居祖考之主，而妣祔焉。

元年經始，四年祠成，奉主致祭，族之人咸在。爰推永和始創之功，遂及兆元昆弟重建之績。曰於禮有功德者別立廟，百世不毀。維我程氏之舊，有功則配享。今兆元、兆龍承厥考志，獨任其艱，其父祖宜從配享之典，春秋咸得祭其主。祭畢頒胙，二人有加胙，世世子孫無缺。議既定，其年齒尊者，申宗法以訓族人曰：「凡我同宗，其始一人也。喜相慶，憂相弔，患難相扶持！其不遵約束者，衆共譴罰之。」族皆唯唯。

乾隆己卯逆數建祠之日四十有七年，二昆弟之子光炯、璐田請余爲記，復綴之以詩。詩曰：

運有隆替，自一人以興；俗有淳薄，自一人以成。夫惟長者率先倡敎，施及後嗣，其光有耀。孰爲改建，程氏之祠，上以報本，下以聯支。刻桷鱗鱗，飛檐猣猣，壂堊白盛，楝塗丹漆。羣煙環湊，子姓之閭，維祠竦峙，屹然中居。于時降登，于時興俛，于時蕭肾，于時燕語。相習以讓，相勉以仁，磨揉盥溉，其德維新。入則孝慈，出相友愛，羸老有扶，荷擔有代。含咀六籍，獵微窮精，儲才抱質，以豫公卿。孰塗孰塈，孰備其器，賡良友夔，維昆維季。俗尙日弛，孝義日衰。二子振之，祥福攸歸。歸功二子，二子不有，曰我嚴君，實道其首。程氏之賢，仲章甫實甄；程氏之貴，仲章甫實賜。程氏千祀，受仲章之祉。刻石紀功，以遺孫子，俾知其所始。

張氏祠廟記

諸城張氏之先，有河上仙翁。少好漁獵，於郊外得一鶴，而有牌繫其左翼，曰「元至正二年放」。仙翁更爲一牌，繫其右翼，曰「明正德十五年再放。」於是，仙翁有感奮發，不復事漁獵；而構亭讀書其中，名之曰放鶴。自是，張氏之讀書以明經選者，累世而不絕。里人傳張氏有放鶴亭云。仙翁之裔孫陶昆、蓬海、石民諸君子，復於亭西建祠，以妥先靈。歲時率子弟習禮祠內，而亭外益恢廣爲園，古木數百株，繁蔭可愛。

夫築一亭非必有力之强而後能也，然其磨滅者多矣。青、齊之地，轉附、琅琊之勝，尙父之所經綸，桓侯、管仲之所設施，求所謂鑄山煮海、鬭雞走狗之餘習，蕩然無復灰燼之存，况亭與祠哉！

然仙翁之後，世世以耕讀爲業，敦行孝弟於其鄉，稱有淳古之風。按察俞公嘗立務本坊以表其閭，而希晉、仲遠兄弟遂皆以孝廉舉於鄉。二君思以褒揚其祖德，乃易舊祠之地爲居，而更於園內就亭爲祠。亭直在祠南，向之分而爲二者，今合焉。

蓋昔先王以萬物之有功德於民，皆神之所爲，而莫不祭之以爲報。况在人之孫子，反古復始，不忘其所由生，而祖宗之功大德博，則雖踰百祀而不祧。周之有文、武世室，其義蓋在於此。雖士庶之家，不足比擬於先王，而其心之無所不盡，則一而已矣。仙翁之功德，固張氏不祧之宗，而其孫子之賢，又能以引之勿替，則所謂放鶴之亭，將與其祠並垂，雖百世可也。

重修孫公橋記

豐樂溪水自黄山東出，行百二十里而抵巖鎮之北。巖鎮，黟、歙之間一都會也，往來者甚衆。比木爲杠，或編筏以濟，多毁敗，而有濡首之虞。弘治丙辰，里人孫仕銓纍石爲九門，而架巨木於其上，橋成而行者德之，號爲孫公橋。

至康熙丙子及癸巳、戊戌三歲之間，連遭水火焚蕩，橋傾不可復振。原其本始，無橋而安；既有橋而傾，則人之觖望滋甚。程君其賢，里之好義人也。嘗謂力足以利人，當爲之不遺餘力。而是時，程君及其長子皆已沒，衆乃登君之堂，以告其仲子中翰佶、季子别駕傑及其孫尚書郎子瑜。僉曰：「是先君之志也。顧此重任，某等安能負荷哉！」謙讓至再，固以請而後允。

於是相方度勢，謂木易腐壞，全更以石，庶克永久。乃屏百務，一心力，率先匠石，不避寒暑。岸側石骨，坡陀下趨，中流淵洞，入水丈餘，窮其根柢，爰加層累，既極坎深，又使砥平。乃伐石遠山，人擔馬馱，鞏鞏嶔衝，小大畢取。緜岡被坂，星離棋置。鑿琢礱礪，闐闐殷殷。別精粗，稽厚薄，子母鉤貫，陰陽互錯。爰擇美石，甃面使瑩，如玉斯潤，如鑑斯明。爾乃九門闓達，積塊修延，如雄虹青蜺下飲乎潭瀨。橋之兩傍，遮以石欄，橋之南端，樹以廣亭，使行者休焉，時其風雨，以庇而留焉。亭之上，重以飛樓，窗寮開豁，八風來颸。溪之流，魚鳥之沈浮，蒼煙遠樹，四山環周。而黃山三十六峯，顯藏出沒，與遊者之目謀。亭之東，舊有勸讓亭，因其址拓之使大，用祠土地神。亭之西，創水榭三楹，爲亭右弼，俯蒞溪光，泛搖几席。凡用石二萬七千餘件，用人四萬五千餘日。始於雍正元年癸卯，閱九年辛亥而成。

既成，衆爲請名，君曰：「此孫公之橋也，吾爲修之而已，仍其舊可乎？」其後三十餘年，中翰之孫尚書秋官郎益增甃理，乃命余爲之記。

重修鳳山臺記

秋官郎程君晉升重修鳳山臺，二年而成。其用白金蓋萬有餘兩。程氏世居巖鎮。巖鎮之北，溪水自西而東流。當明嘉靖之時，里人副使鄭佐用形家言，率居人爲臺於其地之東，北臨水際。臺據鳳山之脊，故名鳳山臺。臺高二丈，廣輪皆百尺，虛其下以爲三門，而臺上之爲樹者亦三焉。臺成而居民從以殷盛。

古之爲臺者以書雲物；後之爲臺者以作觀遊；鄭君之爲此臺也，以蓄地氣。夫氣回於天，藴於地，匯於下，止於高，故凡民人所次，得水而導，得澤而紆，得山而祕。居者相地形，就其舒斂，宜其逆順，有澗溝以宣其理解，有陂沼以豐其委積，有岡陵以大其含藏。然後天不淫陽，地不閉陰，無結轖，亦無消耗。民居於是，財產給足，家室和康，無餒凍之憂，無疫癘之苦，生有保聚之樂，而没有弔祭之榮。臺也者，所以濟山之不足，極人力以相天工，其爲用於斯民大矣。

然不能有興而無壞也。晉升之曾祖其賢始一修之，費數千兩；其賢中子佶復繼修之。惟佶之子志洛生不及修之時，然嘗語其子曰：「吾受先人遺貲，當擇一事以善用之。」晉升志之於心不敢忘。歲在庚寅，適值臺壞。晉升曰：「吾父之志也。」遂起而獨任之。自有此臺，壞者屢矣。而程氏祖、子、孫四世，凡三修焉。

先是，晉升之祖佶既修鳳山之臺，又修孫公之橋。橋在臺之西北。溪水之西來也，民之在溪北而往鎭者，爲水所限隔，橋其上以通往來，或石或木凡四橋。孫公之橋，自東而西，第在二，本以木爲之，而佶易之以石，費白金以萬計，閱九年而成。

古之君子欲生之有益於人也，在朝則澤及萬國之生民，在家則利及於鄉鄰里黨。鳳山之臺成，而居民殷盛。晉升蓋率祖德，尊父命，將使里人之居於是者，同歸於完美富壽，而非如世之人第知爲一人一家子孫之計也，於是乎書。

賁趾堂記

挾其技能以至乎通都大邑，與豪俊者相角逐，以取名聲。朝不自存，而夕至卿相。駟馬高蓋之赫奕，呵者肩摩於前，騎者踵接於後，洋洋乎得志於一時，鄙夫小人之所欣豔慕悅而以爲榮也。

吾友左君沈浸乎經傳百家之說，而作爲文章，浩乎其才力之放肆無所不極，是可以一出而至卿相者矣。人之情有棄膏粱而甘藜藿，輕紱冕而躬韋布，然未有不苦勞而樂逸者。君獨慨然不求爲其逸，而欲自託於徒步之勞，何哉？夫塊然自守於一室之中，而言必以禮，動必以義，一介之微，不苟爲取與，乃所謂逸也。駟馬高蓋，流俗之自喜以爲得志，而亦勞甚矣。

君之居是堂也，大僅如斗，非有高甍巨桷之觀；而縣城西北諸山，矗立簷際，朝暉夕嵐，浮紅斂翠，雨暘寒暑之變化，草木雲煙之杳靄，隱見出沒，時時獻納於窗檽几席之間。良朋四五人，自遠而至，相與觴咏其中，鏘鏘然金石之聲，交發於四座。則雖有富家貴族，臺池苑囿，可以放心意，娛耳目而極遊觀，無以易其樂者。而況奔走於通都大邑之勞歟？於是以賁趾名其堂云。

侑經精舍記

昔者，聖人作經於千載之上，而千載之下，萬物之象、兆民之情，無不備具其中。經之爲用大矣！及秦有天下，李斯焚燒之，而經以亡。漢之羣儒，區區掇拾，白首而不治他事，然後章句粗明。然其鑿空附託，以至喪失其眞者，蓋十四五矣。自孟子生當戰國之世，其所謂武成，非今之武成，猶以爲不可盡信，況遭秦火之後乎？然則學者之於經，亦在善取之而已。

夫士必通經，然後可以出而友天下之士。今世之士，惟知決科之爲務，其有以經術倡道於人，則人皆笑之。科舉之制，比之秦火，抑又甚焉。

余自少時，嘗有志修葺，而碌碌奔走，無須臾之暇，因循怠廢，以至衰老，卒無所成就，古每反己內顧而慚。而吾友謝君香祖築室荆谿之側，率子弟講習其間，名之曰侑經精舍。古之人已食而益勸之使食，則必出華美可愛之物以侑之。六經之道，可謂華美矣；而重以山川之勝，室廬草木之幽芳，其味殆有咀之而愈出者。

抑余聞之：鄭氏康成遊學雍、幷、兗、豫之地，久之乃歸。今香祖不出戶庭，而翛然自得於一室之內。昔之人任其勞，而今之人享其逸，則其道之久而愈明者，非可以淺求已也。農夫之於耕，商賈之於貨賄，不待智者而能之，讀聖人之經，茫然而不知其故，則以未嘗久於其道也。夫聖人作經以垂教，豈其遠於人情？積歲月以求之，則其理將不煩言而自解。故善讀經者，其視聖人與農夫、商賈無以異焉。香祖，老農也，吾知其習於耕者久矣。

無齋記

天下之物，無則無憂，而有則有患。人之患莫大乎有身，而有室家卽次之。今夫無目何愛於天下之色，無耳何愛於天下之聲，無鼻無口何愛於天下之臭味，無心思則任天下之理亂、是非、得失，吾無與於其間，而吾事畢矣。

橫目二足之民，督然不知無之足樂，而以有之爲貴。有食矣，而又欲其精；有衣矣，而又欲其華；有宮室矣，而又欲其壯麗。明童豔女之侍於前，吹竽擊筑之陳於後，而旣已有之，則又不足以厭其心志也。有家矣，而又欲有國；有國矣，而又欲有天下；有天下矣，而又欲九夷八蠻之無不賓貢；九夷八蠻無不賓貢矣，則又欲長生久視，歷萬祀而不老。以此推之，人之歆羡於富貴佚遊而欲其有之也，豈有終窮乎？

古之詩人，心知其意，故爲之歌曰：「隰有萇楚，猗儺其枝，夭之沃沃，樂子之無知！」夫不自明其一身之苦，而第以萇楚之無知爲樂，其意雖若可悲，而其立言則亦旣善矣。

余性顓而愚，於外物之可樂不知其爲樂，而天亦遂若順從其意。凡人世之所有者，我皆不得而有之。上之不得有馳驅萬里之功，下之不得有聲色自奉之美，年已五十餘，而未有子息，所有者惟此身耳。嗚呼！其亦幸而所有之惟此身也。使其於此身之外，而更有所有，則吾之苦其將何極矣！其亦不幸而猶有此身也，使其並此身而無之，則吾之樂其又將何極矣！

旅居無事，左圖右史，蕭然而自足。啼飢之聲，不聞於耳；號寒之狀，不接於目。自以爲無知，而因以爲可樂。於是以無名其齋云。

無狹居記

昔姚君松譚先生讀書渝水之上，因其室屋之淺小，而扁之曰無狹居。後先生以病歸里。既謝世，而先生之子竹舫先生及其孫詠棠自縣城徙居縣境之東鄙；未數年復徙歸於縣城。凡歷祖、子、孫三世，居四遷，而無狹居之名不廢，所以見思先人之志，永矢不忘也。

嗟夫！人之寄生於天地，猶履跡之在雪，居寧有狹不狹邪？余不及見松譚先生；而去年春，竹舫先生復以事客嶺南，亦無緣由相見。獨詠棠朝夕與處，每相與把酒笑謔歌呼，極往還之樂。入其室，芝草盈階，而圖書星列於几席。余竦然異之。詠棠慨然歎曰：「此吾祖所以名其讀書之室，而吾父繼之者也。今吾亦於此效佔畢焉。吾祖、吾父讀書皆不達，至於吾則又何冀？」

夫以詠棠之三世讀書，而又能不忘其先人，則所以垂名千載之下，而歸榮其祖、父者，固在於此。余於詠棠乎望之！雖然，方松譚先生名其室之時，豈知二十餘年之後，而余之爲其記也哉？

漱潤樓記

桐城縣治之東百二十里，曰雙溪鎭。其地皆市區，商賈米鹽之所輳集，士人鮮居之者。而余女弟夫謝君師其避地至此。乃於其居宅之後，買隙地爲樓，其前雖喧囂，而後頗閒靚。湖水汪茫，田塍如畫。西北諸山，若擗琶、金紫、飛雁，遠者鶴鳴、牛牯、馬鞍、柳風、拔茅，皆矗在軒窗欄楯之外。風雨雲煙，晨夕之氣象萬變，而樵歌漁火，高帆遠舫，出入映帶其間。樓成，余與師其飲酒顧而樂之。師其請所以名之者，余題曰漱潤。

其後，余遊京師，而師其下世，所遺孤甥纔十歲。余困而歸，窮居無事，乃復來此樓，課甥爲童子之句讀。日有餘暇，則又自取六藝而研究之。

昔莊周稱六經先王之陳迹，而讀書爲古人之糟粕。夫漱六經之潤，而大無以潤乎天下，小之又不能自潤其一身，則雖以讀書爲糟粕也固宜。故曰「耕也餒在其中」，耕而鹵莽之，其實亦鹵莽而報余。余於六經之道，其爲鹵莽也多矣，宜乎餒之及予也。

伯昏瞀人有言：「巧者勞而智者憂，無能者無所求，飽食而遨遊。」余少之時，馳騖奔走，雖欲讀書而無其暇。今老矣，顚禿齒危，兩目不能瞪視，乃復終日汲汲於此，其巧者之勞乎？智者之憂乎？抑無能者之遨遊乎？余不能自知也。因追念昔者名樓之始，而爲之記。

方氏學舍記

方頌椒與其弟小坡、藕船，皆今之豪士，有志讀書，以古君子爲己責。余嘗一見之於皖城，心竊異之。頌椒兄弟亦愛慕余，以爲學行文章，求之今世不可得。

及余客張氏之園，則往來甚數。已而延至其家，以文會而相輔以仁者一歲。余以歸課弟姪，不得久與處。則聞方氏所以館余之室，已易爲中閨，而頌椒兄弟復徙於他處讀書。

夫人之所以爲學，將以知性而盡心，心盡則命可立也。至於居處之安，固非所計。頌椒兄弟要爲知此意者，余故爲追記之。

一掌園記

吹竽、走狗、蹋鞠之人非昔，而齊之名不廢；超足而射、鞫鞫殷殷者非昔，而韓、魏之名不廢；擊筑、悲歌、椎埋、屠狗之徒，其骨已朽，而燕、趙之名，至今學士大夫飫聞而喜稱之。然則所謂物者無不亡，而獨其名爲可以永久歟！夫山淵之平，田海之遷，大地之渾合，曾不能以自主，而況於一園之興廢歟？其爲終始可勝計哉！

余伯父以一掌之地爲園，命余爲之記。余不及以爲，已而廢爲居室。則向之名花異草，春蘭秋菊之芳香，蓮葉之亭亭，遊魚之隱見而浮沈，今皆不可復識，獨其名猶在余意中。余記之，蓋以志余之感，而亦非以爲欲存其名於永久也。

縹碧軒記

吾父讀書於居室之東偏，右樹以桐，左植以蕉。吾父兀坐其間，几席衣袂，皆爲空青結綠之色，因命之曰縹碧軒。已而吾父得足疾，蓐處者二年；疾稍愈，間至其中，則向之所植蕉皆已蕩爲清風，而桐惟一樹存焉。笑曰：「是惡覩所謂縹碧者乎？雖然，學以致其道，而聞道者未見其人，求安之心害之也。吾分之所當爲，吾求而不得，則雖高堂邃櫬層臺曲沼，其亦何裨？求而得之，則雖在蒼煙、白露、圜穢之中，皆以縹碧視之可也。奚必區區於是哉？」言既畢，叔子大櫆退而爲之記。

如意寺記

歙城之外多佛屋，西干爲勝；西干之寺以十數，如意寺爲勝。十寺者，曰水西，曰經藏，曰福聖，曰妙法，曰等覺，曰淨名，曰五明，曰應夢羅漢院，曰太平興國叢林，獨如意寺由衆建而成，歷年久遠，傾頹欲盡。僧一智者，有志重修而不及，其後達成率其徒掄佩、若泉居之，既乃攜若泉往漢陽，募錢數百緡，歸而恢拓其制。寺未成而達成逝，既成而掄佩又逝，今惟若泉爲寺主。

其始修也，於舊院之左，崇廣其佛堂，迤堂以北，創精廬以延賓旅，齋庖之舍、燕息之所，森列棋置，倏焉若浮光蜃氣，以俯臨乎萬象。衆山聳峙，長溪奔流，朝嵐夕曛，斯須變滅。揖烏聊，瞰黟嶺，渺然巉削之危峯，蓄在戶限。溪之中，舂鋤、屬玉，連翼羣遊，隨波轉盪；艑舟竹筏，邪許哀鳴，前後相屬。環寺皆巨木，又多怪石，參錯其間，而清泉出於寺右。泉味甘香，其光可鑑。勃乎雲興，率爾烏厲，穆然清風，自遠而至。則所謂升高眺遠之道，備於斯矣。

夫自太平興國以來，至於今，其間事故之變遷，一往而不復者何限！今釋氏之徒，乃能興復其七百餘年已隳之業，加宏壯焉，求之吾儒蓋未有也。豈堯、舜、三代聖人之道，比之釋氏猶易失而難守邪？若泉明慧多能，請余記其事，爲慨然歎息而書之。

華埠救災贊

昔在司徒，教民三物，旣急睦婣，爰崇任恤。匪徒敎之，又糾以刑。六曰不恤，其政有經。夫彼之困，非我所作，我雖不恤，罪無所獲。蓋古聖政，莫重施仁。同體一視，寧隔我、人？患不相救，其忍甚矣！加之以刑，比於不齒。迨及後世，手足相殘，而況宗族、里黨之間？其生不親，其死不弔，澆漓成習，可爲痛悼！

胡君泉若，往賈於衢，華埠之地，有廛一區。乾隆甲子，適值洪水，漂沒民居，廛亦半毁。民之逃竄，咸集其廬，男女老稚，二百以餘。水浸門扉，數日不去，相向悲號，赤體呈露。維我胡君，載賑載施，載推以食，載解以衣。華埠之婦，歡騰於口；華埠之夫，歡擁於塗。我始啼飢，君出梨棗；我始怨寒，君賜袍襖。旣骨而肉，旣死而生，食君之德，如雷雨盈。我祀而祝，君其受福！我寢而求，胡不君祿？有感者君，有酬者民，殷殷啍啍，衢巷以聞。

故凡居鄰里，毋曰我富，而貧者莫顧；毋曰我貴，而賤者莫視；毋曰我強，而弱者莫當。以富濟貧，其富益振；以貴憫賤，其貴彌見；以強撫弱，其強愈灼。我官於黟，君從宴娭，或告君事，非君所期。其事亦細，而今人瞙置。我庸書之，以警來世。

家夔翁畫像贊

翁之才，雖不見設施，而凝然古處，何羡乎冠佩之陸離？翁之德，如玉之在璞，不於身，於其子孫，其權惟翁之自握。瞻彼淑配，援手之鶉，宛芳顔之如在，儼陰敎之獨存。左圖右史，煎茶者童子。維翁之葛巾野服，而嘯詠乎其中，無愧乎幽人之素履。嗚呼！以此畫像，高置之北堂之上，而孝子慈孫侍立於其旁，幾無分於眞妄。人之生世，其能幾何？惟爲善者之有後，乃以不磨。翁之心澄以皎兮，翁之貌端且好兮。更百千而萬祀兮，子子孫孫，其永寶之！

胡氏賢母贊

夫國以一人興，以一人亡；家以一人成，以一人敗。故曰：「哲夫成城，哲婦傾城」，「亂匪降自天，生自婦人。」夏、殷之亡，由末喜、妲己；周有太姜、太任、太姒，而太王、王季、文王遂以基七百年之受命。后妃不妒忌，而有逮下之恩，關雎、樛木、螽斯之章詠焉。下逮里巷，娶婦不良，而家道乖，以至父不父、子不子、兄不兄、弟不弟者多矣。娣姒妾媵之間，米鹽瑣雜，各私一己，靡不競爭，欲家之昌熾，其可得乎？

胡生節和，其嫡母余氏無子，而生母汪氏生節和兄弟三人。然余氏之所以撫育三人者，一如其所自生。此其事至庸常，而求之婦人，何其難得也！余聞而賢之。乃作贊曰：桓溫之婦，挾婢操刀；武陽之女，殃禍及桃。娼嫉成性，植根甚牢。三人緩帶，其義久祧。如余氏者，百不一遭！我作斯言，以著淳澆。

祭吳文恪公文

嗚呼！公之知余，在於旅店，一見其文，許以荷擔。我來京國，茫然無歸，維公授館，憫其調飢。食之誨之，導以趨向，謂昔朋遊，今非所尙。閉戶屈首，我有詩書，子其縱讀，與吾兒俱！迫和以唱，齊鍾於缶，十年相從，孰知其久？我告南返，公留而朒，謂子登第，宜在吾門。嗚呼！我窮如初，公已辭世，跪奉一觴，盡然流涕。

祭吳文肅公文

嗚呼！我初見公，公在內閣。皓髮朱顏，笑言磊落。追念平生，朋好遊從。欷歔晚遇，石友之功。留我信宿，取酒斟酌。親布衾裯，權其厚薄。我生蓋寡，得此於人。而況公德，齒爵皆尊！

公年七十，稱觴命坐，落落羣賢，其中有我。我謂公健，百歲可望。相見無幾，遽哭於堂！

嗚呼！人之生世，蘧然一夢。惟其令名，一世傳頌。死而不死，夫又何悲？爲知己痛，哭泣陳辭。

祭吏部侍郎尹公文

嗚呼！醇儒不作，異學披猖，雜糅老、佛，入陰出陽。公循九軌，徑趣其鄉，洛水閩山，屹然相望。頹俗波流，一往不返。公以手障，鍼浮療誕，翦其枝華，存其根稈。士習更新，如垢得盥。

世偷樸散，涼及二親，公之一心，惟太夫人。不知老至，孺慕終身。五十而慕，於今再聞。凡人於君，依阿洪溷。公獨從容，誠衷盡展。不爲利回，奚求名顯。道在則然，匪躬蹇蹇。

公之在世，人豈驚奇？及其既沒，泣涕追思。泰山喬嶽，忽然崩摧，斯文何託？赤子疇依？接物以仁，持躬以禮，孰謂公歸？笑言在耳。公容不見，我淚不止，鉅爲蒼生，細則一己。

昔公知我，我不遊從；今我來思，君子云終。考德問業，吾安取衷？吁其悲矣，我命之窮！嗚呼我公！舍我而逝，羊角不興，翼何由厲。自今以往，無意塵世，長爲農夫，荷鋤拾穗。

嗚呼！人皆有死，死則冥茫；維公之沒，星日垂光。雷轟電轉，殷殷煌煌！嗚呼我公，可謂不亡！尙饗！

祭戶部侍郎俞公文

嗚呼！我試童子，已逾十年，生徒滿宮，我不備員。公督江南，拔我於衆，如獲明珠，任以作貢。我適京師，四顧茫然，公垂左顧，扶植其顚。公之知我，拔去世俗，忘其師尊，朋遊款曲。

我試而躓，公老而歸，祖道不獲，中心有違。曾幾何時，遂馳凶問，哭不憑棺，淚其可抆！嗚呼哀哉！

祭邵公文

嗚呼！我未見公，公知我文，謂「宜屏跡，江海之濆。大肆厥力，後世其聞」。既其相見，公爲御史。公怵以驚：「余言謬矣，如斯人者，國之杞梓。」公性狷剛，與世寡合，余足在門，公履倒趿。高論一世，縱横酒榼。詔舉賢良，公以余應。我拜稽首，懼不能勝。公爲開説，反覆辨爭。我終固辭，至於六七。士各有志，非可強奪。余既執迷，公亦不悅。

嗚呼！當公之舉，余有二親，薄祿之養，宜及斯辰。昧於大義，乃反逡巡。其在於今，日月淹忽，雖有母存，父已降割。公又云亡，悔痛曷輟！

嗚呼！公之德業，載在太常。後生小子，非所能詳。惟其知己，敬奠一觴。

祭順天府丞余公文

嗚呼！公自縣令，至於觀察，所至皆顚，隨以晉秩。方其顚也，百姓呼洶。終焉顯擢，天子動容。以剛見摧，其仁不沒，如撥重雲，乃見白日。

嗚呼！世稱淸士，簞豆區區。公之自處，惟有屋廬。其中藏蓄，連屋之書。養廉之祿，歲積而餘。入爲京尹，不以自挈。萬有四千，潛備國帑。公心如目，不受塵汙。彼不知者，返見爲迂。

嗚呼！以公純德，老而迫蹙，橫被讒誣，竟死於獄。公之所有，不盡施申，覲虞廢放，窮海之濱。鬳麌之侶，猶不容身。誰爲謀者？彼獨何人？

公之知余，自望溪始。公嘗相謂：「知君國士，望溪端人，友必端矣。」詔舉賢良，公以余應，余雖固辭，公實余敬。我之哭公，不以其私，爲天下痛，誰知我悲！

祭望溪先生文

嗚呼！漢氏以來，羣儒區區，六經之道，雖闢而蕪。惟公治之，究其根株。如受衡量，不溢黍銖。春秋諸傳，類多齟齬。公比其事，孔思昭蘇。周官、士禮，久荒不鉏，斲璞出玉，朗然蚪珠。一言之立，百世可孚。從祀闕里，亦其宜歟！

公之懷抱，邁登黃、虞。少而多難，百不一攄。晚貳宗伯，日進訏謨。村童野老，跂足以須。彼譖人者，謂公釣譽。誰實爲此，嗟嗟鄙夫。公則猶是，民也何辜！公倡大義，衆見爲迂，最知公者，高安相朱。慨彼世俗，僅識公粗。擬之周士，子產、夷吾。中施未竟，孰謂非誣？

至於文章，乃公緒餘。然其所爲，鬼閟神敷。燔剝六藝，炙剔膏腴。高堂黼座，正冠危裾。雲升水涌，風日晴舒。卑視魏、晉，有如隸奴。

公之孺慕，無間須臾。遭値母喪，不獲歸廬。而於藩府，纓佩以趨。抱痛一世，泣血漣如。善事其兄，情至禮俱。庇其兄子，過於己雛。尤於朋友，擢膈磨膚。相責以義，言不囁嚅。同里左丈，一心相於。生闊死別，終始不渝。屢見於文，哀情既鋪。逮其孫子，眷眷呵嘘。

不材如櫆，舉世邪揄。公獨左顧，栽植其枯。雖之灌之，使之榮荂。提之挈之，免於飢驅。誘而掖之，振聵開愚。卒令頑鈍，稍識夷途。歲在癸丑，詔徵鴻儒。公以櫆應，瑟濫以竽。我營薄祿，過願所圖。喜動於色，背汗有濡。槐試而蹶，公每不愉。愀然累日，頓足長吁。歷數平生，游好之徒。苟其傑立，輒見次且。豈彼蒼意，固與人殊？我實卷曲，分甘泥塗。而廑公念，乃至斯乎！

當公少日，備歷崎嶇。匪敢玩愒，愈勇讀書。其治三禮，半在四拘。死而後已，其生不虛。公既歸里，幅巾袴襦。冶城之北，有山有湖。水亭風樹，嘉木扶疏。跳波出曝，穹龜長魚。賓朋燕集，不廢畜畬。九治士禮，積疑未袪。乃今十治，早夜勤劬。屈指成就，當在秋初。

夭桃華灼，攜我嬉娛。登樓拾級，不賴人扶。謂公矍鑠，百年可逾。詎知背面，五月而徂。公乎何忍？不我少需。嗚呼！公之名德，照耀海隅。年躋大耋，尙何煩紆。惟其平昔，師友諮諏。望望不見，所爲欷歔！尙饗！

祭左繭齋文

嗚呼！君之長於余者，二十有七年，而忘其年齒，以與余相後先。余與君世爲姻戚，君丈人行，而折其行輩，以與余相頡頏。余何以得此於君哉？豈余之能賢，抑亦君之虛懷樂善，故不計人之媸妍！

昔在熹宗，奸閹竊勢。挫其狂鋒，史稱忠毅。赫赫厥聲，君實其裔。恣君所爲，先業可繼。而老窮山，嘯歌適志。凡所蘊藏，百不一試。君在山中，左圖右書。池水瀏瀏，映蔚芙蕖。垂楊匝岸，潛有嘉魚。千章之木，繞屋扶疏。佳花異卉，環植階除。花開之日，照耀里閭。呼召僚黨，薦酒陳蔬。作爲詩歌，聊以自娛。

君之爲詩，不求名聞。寫其衷情，高騫逸運。與古爭長，較量分寸。玄淡之中，自抒芳韻。如置崇蘭，層崖千仞。千秋萬世，傳其可信。

我生飄泊，在外日多。君亟思我，莫之如何。我有致書，君黏在屋。思我不見，循環誦讀。我之來歸，君得聞知。不俟安次，馬迎以馳。誨我以仁，我接以義。淋漓酒卮，從容鴻議。

今年正月，我詣君家。君猶健飯，動履無差。我告君歸，未及半歲。如何不淑，而遽長逝？我有懷抱，誰與同傾？我有文章，誰與譏評？我與世違，惟君交契，而又奪之，天乎何罪！

昔君之存，不著言論，然小人以爲可憚，而君子以爲可親。今君之沒，獨此鄉鄰，然規繩自守者，無與爲徒侶，而輕儇相尙者，無與爲陶甄。

嗚呼！君之制行，可謂無咎，其於詩歌，可用不朽。年八十七，可稱上壽，而子孫繩繩，世濟其忠厚，何憾於天，而爲之疾首？惟其婚親之情，久故之知，念君之不可再見，而余將疇依！

祭張閑中文

嗚呼！昔在康熙之辛丑，初託子以交契，愧學業之未成，年甫臻於廿四。舉一世以杈枒，子獨擒芬而匿穢。信兩情之無疵，與草木同其臭味。

抗高館以相延，日以授經於兩弟。實虛己以受攻治，曾不余言之鄙棄。憩勺園之閒敞，何池亭之幽邃，敷簟席以連牀，歷晦明而相對。値花時之蓓蕾，每肆筵而擧觶。時發興於尋山，指龍眠於天際。問伯時之書堂，披深榛之蒙翳。坐水中之磐石，覩谿流之淸駛。起饞思於遊蝦，博村醪之一醉。搜石罅之蟛蜞，因褰裳而同揭。嗟涉險之未能，諒筋骸之弱脆。行未愆於六步，已驚頽而駭墜。苦袍袴之沾濡，乞牛衣以自被。失一笑以追思，蓋猶未去乎幼志。

子往判於迦河，余有門而恆閉。託明月以舒懷，賴飄風之長逝。俄相見於周京，歡腸倒而垂淚。憫余行之迍邅，遂刺譏乎當世。嗤胥人之妨賢，垢首而蒙乎髮鬖。終振起於天衢，使心摧而目劌。何會合之難常，子旋投於荒裔。彼時俗之淪胥，爭貢諛以逞媚。矯雲間之孤鶴，凌淸秋而高唳。縱逸足之奔馳，夫豈能羈乎良驥？約異日之歸來，當揚鑣而並轡，追曩昔之遊從，自放於山椒與水澨。

悵別淚之方新，訝凶音之遽至！豈彼蒼之好殊，抑珍物之易敝？念余懷之耿介，與子並而爲二。子高舉以離羣，余索居而寡慰。旣讜論之不聞，亦芳顏之莫覿。儻異地之神魂，可潛通於夢寐。事惚恍其無憑，望南雲而設祭。

祭左和中文

惟宇宙之茫茫兮，哀吾生之須臾。親交欻以遒盡兮，夫乃知人世之浮虛。煒曜靈之出湯谷兮，羲和狂馳而不輟。泰華砉其傾崩兮，江河奔流而就竭。睇二儀之淸濁兮，或毁壞而不振。矧萬物之逆旅兮，暫寓其間而爲人。彼舜華之無知兮，嗟零落其已朽；何哀樂之多端兮，欲與天地而比壽！麻姑盈盈其白髮兮，王喬篤老以龍鍾。夫孰有新而不故兮，獨久視之從容？

古賢哲之不偶兮，亦遭世之常然。雖扣關以哀籲兮，余固知上帝之無言。信修短之參互兮，彭與殤其無以異。譬明旦其必夜兮，要虺蟬之一蛻。紛內美而不一出兮，孰知其好也？不降心以從流俗兮，固困窮之道也。被毛嬙之麗服兮，卽魚鹿以爭妍。鏗金鐘以奏響兮，詘蛙黽之喧闐。捐明月於汙瀆兮，余又何憾乎今之世！奮龍象之蹴踏兮，夫豈與蹇驢同其羈係？

厭塵世之紛濁兮，排閶闔而上征。俯衆庶之傱攘兮，偕北斗而與之行。姮娥兮織女，紛陸離兮從汝。雲旄兮彗旍，青鸞歌兮白鶴舞。衆號呼之愁慘兮，耳闃寂而無聞。羣阽危其隕蹶兮，視曭莽而不分。託跡於杳冥之野兮，聊容與以相羊。吸清氣以食飲兮，何必返余之故鄉？

惟其平昔之遊從兮，忽沈思而不見。接儀容於夢寐兮，披素書而繾綣。念余之齟齬於世兮，塊惸獨而無鄰。胡皇天之不畀兮，奄降割此嘉姻。寄微軀於大鈞兮，傷有懷之未畢。途逾遠而日旰兮，竊自返觀而驚怵。痛朝霞之已失兮，苦夕照之無多。吾誰與共茲杪歲兮，顧形影而咨嗟。當夫君之撤瑟兮，余適嬰乎末疾。不一舉以親羞兮，淚淋浪而霑臆。

祭方定思文

嗚呼！自余奉教於先生，而因以得交於君，不獨先生之視余如子，而君亦視余如弟昆。嗚呼！以君之多才，懔過庭之訓，使其立朝，當置身於千仭。乃一薦於鄉而已，何彼蒼之可問？

余乖於世，踽踽窮年，死喪患難，百憂相煎。惟此合志，散處兩間，每逾時而一見，輒懷抱之昭宣。今者吾友，天又奪之。天乎何忍，使至於斯！

壬子之秋，余讀書於社稷壇後，君與江西之黄君亦僦居其右。薄暮過從，淋漓卮酒。當是時君之意氣何如，而年不得中壽。去年七月，余返自吳門，喜升堂而把臂，仍舉酒以殷勤。憫余無子，自患子多，無子則已，多子奈何！余謂君嗣，佩玉有儺，不傾而植，雲漢可摩。凍餒是慮，毋乃媕娿？

時君方病起，怪顏色之憔悴，不自信其死生，出手而命之診視。余歸倉卒，兩月之餘，遽以凶告，繞屋驚呼。嗚呼！君嗣皆賢，父書能讀，惟先生之垂白扶杖而哭，此人生之恨事，而君之所不足者也。尙饗！

祭史秉中文

嗚呼！我居帝里，闃寂寡聊。徐氏之自，得與子交。暱我畏我，諸我道義，六藝之玄，奇章逸字。

旣我讀書，假子之廬，於子焉飯，歡然有餘。或提一觴，遠適墟墓，長松之陰，慘愴相顧。問我與子，胡爲其然？我不自知，子亦不言。凡今之朋，利名是賴。惟我與子，不營其外。我乖於世，動輒有尤。惟與子處，如疾斯瘳。如何今日，子又我棄？獨行煢煢，低顏失氣。自子云沒，寡妻去帷，皤皤二老，於何其依？子之奇窮，匪我能救，哭泣陳詞，惟心之疚！

祭張十二郎文

嗚呼！孰謂汝方在蒙養也，而忽焉影削，不保其向聚之形，天固將使汝若斯而已，不如無生！

嗚呼！惟汝於我，師弟之分，蓋猶未及乎周歲；而遂舍我以去，使我獨處之煢煢。嗚呼已矣！與汝永隔矣！我言之而汝其能聽？

祭舅氏文

維年月日，劉氏甥大櫆謹以清酌庶羞之奠，致祭於舅氏楊君稗棠先生之靈。嗚呼舅氏！以君之毅然直方長者，而天乃絕其嗣續，使煢煢之孤魄，依於月山之址。櫆不肖，未嘗學問，然君獨顧之而喜，謂「能光劉氏之業者，其在斯人。吾未老耋，庶幾猶及見之矣」！嗚呼！孰知君之忽焉以沒，而不肖之零落無狀，今猶若此。尙饗！

祭族長嗣宗先生文

嗚呼！我始總角，翁猶壯年，及我諸父，款款笑言。我既成人，翁年已老，忘其卑尊，各抒懷抱。其後分散，我適京師，十年淪落，闊不相知。去歲我歸，翁則病矣。將往問視，我遭瘧鬼。自夏徂冬，鬼不銷亡。翁遽違世，我哭在牀。

嗚呼，江西之劉，巷有朱輪，既其徂遷，無復顯人。陵夷衰微，墮其世業。不能奮飛，藏羞在頰。維翁之生，頭角峨峨，翁乃止此，何望其他？言有時終，情不可極。酒食之陳，以告心惻！

劉大櫆集　卷十一

古體

雜詩十四首

落日臨大江，秋風揚其波。逝者無停晷，靈源一何多！高帆似鳥翼，倏忽相經過。我欲乘巨浪，東攬扶桑柯。惜哉時已邁，路遠當如何？

翩翩遊俠子，紗帽對彈棋。踽踽蓬廬士，被褐談孔姬。榮落各異勢，欣戚詎相知？人事諒非匹，天命固不疑。山木既有蔭，隰楚亦有枝。孰云磐石志，而爲寸筳移。

葳蕤牆上草，枝葉何青青！芳春未啓秀，秋日始敷榮。朝霞相映蔚，夕露炫其英。豈不盛觀美，霜霰忽飄零。我來偶相值，歎息淚縱橫。寸草何足惜，所嗟時運傾。

生命如朝露，誰能長隱憂？良辰挈賓侶，出郭登高丘。纍纍誰家墓，鬱鬱松柏稠。提壺至其下，藉草互相酬。借問冢中人：能復飲此不？但見悲風起，白楊聲颼颼。感之動心媿，惻愴難久留。

豫章生高嶺，遙望何蒼然！下根入九地，修榦上參天。徒含棟梁具，匠石止不前。涼風一披拂，落葉如雲煙。託根貴得地，安用在層巔。

三月河堤道，楊花似碧煙。入河化爲草，餘思尚纏緜。如何適君子，二紀及茲年。顏色猶平昔，中途成棄捐。東西御溝水，何日復回旋？

高岡有梧樹，修榦欲淩雲。繁陰蔭朱夏，密葉羅清芬。商風忽已至，黃落漸紛紛。鸞凰不我棄，自愧少儀文。

秋月照梧桐，流光如碧雲，恍惚寤寐間，遙見姑射人。蛾眉秀玉頰，皓齒含清芬。淩風振微步，儀態難具陳。望之有餘輝，卽之未可親；翩然忽不見，令我久逡巡。高高天漢上，何路致殷勤？

有客自南國，遺我孤桐琴。桐材出漢代，玉軫徽黃金。珍重啓囊匣，置之叢桂陰。一彈再三鼓，慷慨流清音。此音亦何好？中有故人心。

東風起蘋末，飄颻入我房。羅幃似碧波，隨風自低昂。別時春草色，桃李含餘芳。歲月忽已改，鬢髮忽已蒼。關河千萬里，寧知我心傷？

旋舟涉湘浦，步上章華臺。臺高屹千丈，水闊遙天開。是時雨初霽，萬里無纖埃。洞庭木葉下，高唱隨風來。昔聞郢中曲，徵願今始諧。引商雜流徵，羽聲正徘徊。雅音久不作，獨善胡爲哉？國中無和者，千載有餘哀。

雨餘天色好，置酒城南陬。親交盡集聚，劇飲傾庶羞。東風何瀒瀒，落花亦悠悠。座有吳趨客，自喜能箜篌。高歌復宛轉，響遏雲不流。衆賓皆起舞，樂哉今日遊！君歌且暫休，聽我商聲謳：生年罕至百，百年忽若浮。丈夫處一世，當先天下憂。無爲慕富貴，旦夕等蜉蝣。

南山有文豹，霧壑聊藏身。狙猿據木末，俯視自稱尊。竹箭在西域，無以異荆榛。一朝遇黄帝，采之爲律元。鳳皇鳴各六，赫然始驚人。茫茫四海內，何者爲伶倫？

東家有好女，婉麗故無雙。自矜顏絕世，纖手獨當窗。彈琴不成曲，愁坐對銀釭。寒燈少氣燄，孤影時幢幢。相看意氣盡，悲憤塡胸腔。所嗟無異術，使汝心則降。

賈婦怨

食蓼詎云辛，嘗膽未爲苦。惟有負販人，重利輕儔侶。憶昔掃蛾眉，芳年正三五。見人輒羞顏，低頭向房戶。誰知命不猶，嫁與瞿唐賈。賈人慣風波，江湘未爲阻。終年遠遊行，足不踐鄉土。寄言堂上親，肝腸斷絕汝。

醫中丈人歌

予以善病略知醫術，友人強請診視，乃筮得師之師。笑曰：「子之醫，奉先聖之言，稱爲丈人者也！」因戲作歌。

我生律與蕤賓應，酉乘於午行秋令。誰知實厚與名高，惟有長貧兼善病。薄厚不解悉人情，涼暖偶能諳藥性。禹皋伊周企不及，金石草木嘗都竟。平生磊落故不羣，夙期獨與前賢親。量力應難比輿隸，玩占殊未慚羲文。已從學業許君子，更向醫門稱丈人。予以出處，凡筮得謙之謙者一，得謙之坤者三。功調鹽梅必也聖，術轉生死寧非仁。一事無成身已老，致君堯舜空懷抱。何能經世見鴻猷，但使活人從小道。疾病念切與相扶，飢寒心憂不自保。君看古來至治下，物無疵癘民無夭。

浮山

浮山四面與水接，蜃氣樓閣何玲瓏！千重石色上天直，無數巖阿盤地空。風吹鳥鳥自得意，雨過梧竹爭修容。山人野衲足伴侶，他日結廬歸此中。

金谷巖寺

精廬嵌層阿，上上未能已。崎嶇緣仄徑，演漾渡清沚。雨過秋容清，天高壁色紫。古像儼莊嚴，飛檐納恢詭。密樹偶摧芳，晴崖長噴水。客閒僧復幽，辰良景仍美。孰能捐塵累，世外同棲止？

會勝巖寺

長夏無冰雪，山居自微寒。日與僧徒對，欣茲寢息安。冷風忽下逮，喬樹皆上干。空廊方結坐，明星照闌干。

再過會勝巖寺

閒居一無事，愛茲僧舍幽。石廊縱遊步，洞穴窮遠搜。仄徑使心悸，遙松與目謀。還持一觴酒，自勸自爲酬。

春郊遊覽

花樹藹煙芳，春郊任所適。欣然攜手行，況有同心客。遙岑聳孤青，野水澄濬碧。日暮指歸塗，良遊記已歷。

授徒

授徒一室內，少長各有儀。童子聽弗問，冠者學安詩。欣欣日相對，足以忘朝飢。我生累代下，寤言懷皋夔。望古每興慨，流涕及今茲。豈第託空言，行將見設施。天命不吾與，吾徒其共之。自強在知困，所患好爲師。

觀魚

結廬負山麓，門外臨重湖。微雲過疎雨，高天澄霽初。夕陽欲西下，曳履往觀魚。垂楊四交蔭，風來涼有餘。輕陰覆水面，澹碧浮衣裾。從容以出游，魚樂固何如！所以古賢達，不受塵垢汙。不見玄眞子，煙波稱釣徒！

聽張東臨彈琴

大聲宮，小聲羽，陰陽二氣迭賓主。大絃君，小絃臣，賡颺彷彿虞廷人。我生不解律與呂，但謂嬰兒初學語。江天急雨河漢傾，須臾雲淨月痕生。夜靜月明如太古，請君一彈還再鼓。彈罷卻成開口笑，此音未必諧匏土。激昂我且試一捫，十指攣卷如不伸。推琴遽止勿相誚，知我得意當忘言。

遊龍眠山

良辰値暄序，振策遵靈崖。暗谷既陰閟，崇坡復陽開。斑斕絕壁峙，窅寥曾阿頽。朱葩冒石脊，翠穎環水涯。文魚躍西澗，森木榮南垓。幽幽乳竇滴，殷殷飛瀑豗。蘭野霞氣上，松門樵響來。引手摘弱卷，散髮依蒼苔。攀登不知倦，憩坐時忘回。志虛浮慮遣，襟遠羣象該。況挈素心侶，同傾昭曠懷！

春初

飄零感歲暮，俛仰及春初。新陽稍欲至，故陰良已除。檐鳥音欲變，山雲態方舒。志道苦不足，問年嗟有餘。可食既非桂，不材終異樗。集市恥商旅，棲山愧樵漁。神仙豈足慕，富貴誰能需？惟當委大化，隨波任所如。

漱潤樓曉坐

際曉起登樓，值此淸和候。嶺色疊靑冥，湖波吹綠皺。嘉樹結成帷，平田錯如繡。異卉各敷芳，良苗爭啓秀。颸颸鶴歸巢，悠悠雲出岫。對此怡心神，何人送醇酎？

客勺園贈張閑中

粤自余多艱，欣與子相遇。好友傾素懷，芳園有嘉樹。花天共濁醪，月地連幽步。襟披曲榭風，屩溼寒塘露。縱達時方春，流連日旋暮。好景終古然，人生豈常聚。

答友人問

茅廬背山結，牛宮依水置。羣禾積隴間，片月挂檐際。霜葉日暮飛，鄰人夜深至。聊爲抱膝吟，詎比隆中地？

登金谷巖

曉色澹餘霞，崇巖映朝日。蒼翠難爲名，因茲叩禪室。門前十丈松，高蟠對古佛。時聞山鳥鳴，流響何淸越。梅花香滿林，蘭芽亦爭茁。縱目既昇崖，探奇旋入穴。崢嶸紺壁下，猶殘去年雪。斅坐久忘還，余亦離言說。

江鄉

廟堂非吾事，生計惟江鄉。湖水際天白，匝岸多垂楊。濃陰自成幄，中有秔稻香。輕煙媚荷渚，落景窺魚梁。澹瀲映空色，窗櫺結幽光。興至時櫂櫂，朋來或命觴。因知沮溺意，斯世良可忘！

樓上曉望

澹然九秋時，復此層樓上。遙虛聳碧峯，嵯峨非一狀。宿雲澗中收，輕煙林外颺。天高見鵠飛，風遠聞漁唱。欣茲景物佳，撫心默惆悵。

宿合明寺

落景映衣襟，暝投開士宅。深松古寺秋，缺月虛堂夕。山高風氣寒，夜久露華白。時聞飛泉聲，殷殷下絕壁。感彼寂寞鄉，宜此棲遁客。願言終我生，胡爲遠行役！

過周山人莊居

紅樹映青山，依依見茅舍。田家歲功成，早已納禾稼。荒水曲籬間，人牛各休暇。鄰曲偶過從，傾觴茂松下。少焉明月出，流連不知罷。旣醉放歌還，無言一相謝。

餞山人見過

佳辰念良朋，掃室治供具。惠然俄已來，款曲淹晨暮。披襟對寒流，改席依芳樹。草際蟲語微，雲端月華露。子有泉石耽，余抱煙霞痼。獨醒擬湘纍，無容同魏瓠。願言相就居，無爲忽思去。

苦雨行

春夏以來無點滴，入秋晦昧多陰黑。天外雲歸玉版高，雨中日映金絲直。飛鳥之凶古所畏，春秋大書曰有蜚。君不見龍眠老子常書空，家無尺土祈年豐。

山中與諸昆及王設參謝師其夜酌

日落沈鮫珠，月昇薦和璧。蕭序披夾衣，良夜岸高幘。既託彼懿親，復逢此佳客。欣然共命觴，騄爾爭前席。大白競相浮，輕紅時自擘。山靜鶴聲高，澗虛天影碧。壯志慕鸞巢，頹暉感駒隙。尙及玉顏温，無嗟霜鬢迫。

遊齊山宿寺中

玆山多洞壑，俯仰恣登陟。上窮旣淵玄，下覽仍幽黑。參差衆形具，何物爲鏤刻？方來惑前蹤，既往迷所歷。藉草傾壺觴，不知日已入。入寺秋月高，深夜鍵門閾。古佛塵蒙蒙，寒燈照虛寂。不寐臥繩牀，窗昏微有色。回思舊遊處，已復成陳迹。

齋居

朝暉照甃牖，獨居鮮塵想。出戶步除陰，蘭芽亦已長。魚依曲岸浮，鳥遡青霞上。早花散餘榮，高泉流異響。安得一無事，中園長偃仰。

題范寬雪景

雪景最難寫，范寬名獨擅。不知意匠幾經營，倏歘寒姿眼中見。空巖老木何扶疏，枯枝凍粘雙老烏。閣中老人坐讀書，文窗瑤几氊氍毹。意氣似欲無軒車，斯人蓋亦隱者徒。屋西斷橋橫古渡，湖水彎彎長自注。橋上歸人騎蹇驢，山村雪暗迷行路。屋東有石潭，翠竹蒼藤俱，疑是仙靈怪物之所居。是時陰氣肅殺天模糊，龍蟠于泥不敢出，變化風雨他時需，且與猵獺稍踟躕。湖水無風波自湧，倒映銀山山亂動。野色蕭條梟鸖棲，江天寂寞龜魚恐。漁人夜傍湖濱宿，兒女滿船歌陸續。一聲欸乃度橋來，知是湖南竹枝曲。憶昔十五二十年，曉聞積雪喜不眠。急呼同學少年輩，酒酣走上南山巔。九天萬里排閶闔，人在玉京高處立。布裘單薄不知寒，漁子歌聲相和答。光陰電掣風飈馳，瞥眼已當冬雪時。披圖恍與曩遊遇，此身忽覺無歸處。梁園未至彼何堪，洛舍高眠余所慕。

寺中雨後

雨餘天色淨，山空寺門高。淸磬谷中響，孤幡林外飄。芳池魚自泳，森木鳥初巢。聊爲廡下客，暫得遠塵囂。

夜歸寺中

寺居已安次，宵行方獨歸。草際蟲語急，人家燈火微。犬吠出林杪，僧雛徐啓扉。入門一長嘯，心迹詎相違。

同李生遊靑溪

冉冉岸草芳，沈沈溪水碧。東風蘋末起，來往帆如織。花落春意盡，雲斂山容夕。他時偶憶君，此地成疇昔。

不寐

憂人常不寐，端居每多暇。暗風吹木葉，窗外蕭蕭下。蛩聲已驚秋，螢影猶流夏。殘燈照孤懷，悠悠此長夜。

山中

蕭條風雨過，獨往山中客。紅芳秀春餘，綠徑無人跡。攜鋤發土肪，折枝試泉脈。石上草菲菲，跏趺忽將夕。

泛舟

天和愛首夏，緣溪泛輕舟。芳樹周曲岸，戲鮪乘奔流。颯然清風至，時見落花浮。殘陽喜未沒，孤櫂更夷猶。

對酒歎

少年飲酒氣何豪！鯨魚亂吸滄江濤。酒酣耳熱枕花臥，仰看日出青天高。豈但歡醨仍餔糟，螟蛉蜾蠃紛騰逃。眼前昔不問百事，頭上今嗟垂二毛。日長昏昏但思睡，脫帽垂頭時搶地。公子芳筵盛賓禮，濁醪纔傾已復醉。我謂酒中有眞味，與君潦倒終一世。誰知盛衰難預謀，恩情中道相捐棄！

藥裹歎

三春十日九病臥，半爲歌長語聲大。起來依舊氣食牛，賦性雄豪誰敢挫。侵晨家僮入市還，藥裹垂垂凡幾馱。我生與藥信有緣，四十餘年勤杵磨。若云地底足輪迴，前身應嗜肥甘過。君不見死生有命命在天，草木區區難倚荷。徑持藥裹擲還醫，經書默誦誰能那！

故書歎

平生愛書如蠹魚，食書身在書中居。朝披夕玩總忘倦，三季得見羲皇初。洪河滔天波澩瀡，小舟攲側書沾渥。文闕神靈尙鬱森，紙遭鬼物成斑駁。手親鈔寫輿爛漫，冬日呵冰夏揮汗。辨析曾披往聖心，丹黃屢辱良朋歎。鉤章摘句與誰論？浪激濤翻糟粕存。揣摩未得見施設，空對殘編夢古人。

秋夜懷南菁

不寐竹窗暗，西風方淅瀝。寒烏噪深宵，孤燈耿塵壁。燕居愁已結，離羣思仍積。誰能抱幽衷，臥聞更漏滴？

超師院

空院老僧居，閉門春晝寂。嚶嚶鳥囀林，翳翳雲生石。草榮見鹿銜，花發無人摘。偶茲階下行，清風屬閒客。

虎丘逢蔡芳三

遠離非有端，良會諒無因。安知虎丘寺，得遇平生親！高吟既激烈，對酒彌殷勤。爲問壯年意，蹉跎今幾春？

曉　行

曉行日出東方白，紅霞照天卵色碧。猿猱飛聲暗谷愁，魍魎寄影高空直。山石犖确徑逼仄，樹枝蒙茸不可側。百年漂泊鮮夷塗，馬首東來欲何適？

夜　行

騎馬晚涉黃家渡，月黑天陰不見路。奇鬼森森欲攫人，亂鴉寂寂潛棲樹。草中虎過風生時，頭上星明雲缺處。凍餓飄零命在天，胡爲感傷士不遇？

舟發廣陵

客遊忽已倦，孤帆拂江樹。澹月送歸人，寒煙隱瓜步。別意未可忘，浮生隨所遇。遙指秣陵秋，龍盤在何處？

冬日郊居

峯外白日寒，雪際青松出。湖田望轉迷，村舍紛如一。敞窗時縱目，入戶第容膝。冀彼文章譽，愧乏杜韓筆。欣多沮溺羣，安此朽鈍質。往哲旣云遙，孤懷誰與悉！

柬族姪

綠蔭漸成結，紅芳紛已殘。戲蝶如翻雪，流鶯似轉丸。峯高瀑布響，日落竹林寒。以我覊愁集，憐君旅緖單。歡觴仍罷酌，瑤瑟不成彈。何因一攜手，同上皖公山？

張二閑中邀食新不赴卻寄因簡張五渭南

祝融肆炎毒，禾黍日凋敝。赤日光燀赫，無復靈雨至。我欲訟風伯，天門九重閉。忽聞秔稻收，皇天信仁愛。最貴惟斯人，詎使終憔悴！未得滑流匙，早覺香盈鼻。故人邀我嘗，喜極翻歎喟。苦遭塵事牽，顚倒慚高義。吁嗟里巷間，咫尺不得會。世俗輕豪俊，朋友道久廢。敦龐追古昔，奮發惟我輩。渭南胸臆豁，遇我情肫摯。新詩應更佳，能無一相寄？

寄張東臨

廣庭芳草合，美人隔音徽。悠悠萬里心，採蘭以相貽。採蘭日盈把，相貽當幾時？思君落日盡，零露下前池。

曉起有懷

曉起天氣晴，悠然倚門立。遠岫出微陽，餘露花間溼。幽禽流好音，和風檐際入。念我同心人，如何獨阻隔？

懷張閑中

高天鳴雨歇，夕陽滿城闉。微風吹簾幕，相窺如有人。昔我同袍友，遠隔長河津。思之成隱疾，無路致殷勤。君子坐廣廈，小人逐游塵。勞逸雖不同，中心有所親。平生重道義，四海猶比鄰。區區兒女私，棄置勿復陳！

詔徵博學鴻詞赴都道中述懷

曰余本單緒，繆爾植孤根。丘墳謝幼學，隴畝實躬親。西疇出操耒，北山行負薪。致主既無術，趨榮寧有津。白日照幽室，淸江起窮鱗。聞命祇益愧，捧檄仍多欣。跼蹐赴周道，倉皇辭近鄰。遠村時見樹，大車日揚塵。前瞻稍踴躍，返顧逾逡巡。豈聞荷擔客，而依冠佩倫！昨宵夢故里，已覺歸念殷。

旅次述懷

茫洋水奔流，嵺崒山孤斷。雲端辨高崖，波外分遙岸。冥冥野烟浮，繞繞飛花亂。旣祟入洛情，復切思吳歎。緇衣誰詠爲，白石空歌爛。聊爾曳長裾，終然息短翰。

姚大南菁寓齋信宿卻寄

人生若朝露，朋舊能幾何？於此須臾內，會少離別多。所以賢達人，相見輒高歌。高歌至夜分，月照朱顏酡。朱顏亦無幾，白髮良已皤。念與子結交，雙髻綰青螺。俱懷邁往情，欲攬扶桑柯。十年各流落，壯志成蹉跎。一尊偶相屬，對影舞婆娑。詩書傍燈火，慨歎雜吟哦。回思總角時，此夢久消磨。君看淩煙畫，一片浮雲過。

答甘道淵

日月如大車，人生良可痛。挽衣雖欲留，奈此兩輪送！自顧誠須臾，擾擾逐羣動。豈不樂安閒？所謀在朝饔。晚交得吾子，風雅相磨礱。也復有同情，閉門傷屢空。緬惟古聖賢，疇似尼山仲，道逢狂接輿，對之歌衰鳳。而況我與君，誰能免飢凍。君今猶少年，馬駒足馨控。相過持一觴，酒德爲君頌。來詩有「接輿誠賢達，長歌尼聖旁」之句。

秋夜獨坐寄沈惟涓

高空懸明月，微風送秋雲。匡坐寂無語，慨然悲憶君。方今聖明世，所右在斯文。拔茅連以茹，彙征何紛紛！君獨不得意，閉戶窮朝曛。勸君勿積學，經術謝鋤耘。才華已振古，那用媲皇墳？齷齪北窗下，拘迂焉足云！余將拂衣去，長揖謝兒羣。萬里向沙漠，橫戈掃妖氛。勒銘燕然石，歸來册元勳。借問路旁子：何如霍冠軍？

金臺行

君不見燕昭昔築黄金臺，千金市骨羣馬來。燕昭死去馬羣絶，此地寂寞空莓苔。北風慘澹吹塵埃，鐢蹄隆隆往復迴。俯首長鳴待駕馭，誰云此物非駑駘。中懷磊磈無由開，荒郊訪古尋蒿萊。道逢野寺輒闌入，坐與老僧同譏詼。僧言生年逾七十，未睹昔時拳毛騧。王良造父跡不到，縱有汗血成虺隤。出門舉手與僧別，茫茫四顧心增哀。是時天寒萬物蟄，狐狸廢冢高崔嵬。時有鴟鴉百千點，孤雲落照相差排。燕昭至竟不可見，雙淚迸落難摩揩。

送周大汝調之官福建

北風吹沙暗巖谷，層冰峨峨白日速。游子一騎發燕關，將窮閩海徇微祿。君有高堂頭白髮，糲食敝衣長不足。南山烏飛向北山，勞苦辛勤爲啄粟。丈夫昂昂七尺身，幼小聰穎能綴文。才華衆見出錦繡，意氣自許干風雲。龍眠今日十才子，周郎豁達超其羣。不分低眉事權貴，安肯折腰隨賈人！卽今憔悴勿復道，卑官跼蹐傷懷抱。駟馬高車盡少年，吾徒致身苦不早。致身雖早復何如，人生那得分賢愚。君不見陰陽爲炭天地爐，黑白高下隨所驅。溝壑從來足瓦礫，廟堂豈即皆璠璵。舉頭天漢翔鴛鳧，十千斗酒爲君沽。君上鼓山聊躊躇，天風海濤應不殊。把杯爲我招無諸，別殿離宫今有無？

感懷六首

振衣登金臺，縱目眺幽燕。曠野莽無際，萬里横蒼烟。寒林葉如雨，朔吹激長天。野狐忽悲嘯，賓鴈時高騫。我本羈孤客，流離多歲年。素抱未及展，華髮已盈顛。強懷諒難滿，死灰猶欲然。方今治化洽，所希在古先。夢中如審象，勿謂少才賢。

浮世不可處，高蹈乘雲烟。齊州一培井，大地猶桮棬。盥手咸池内，長嘯罡風顛。日月並光耀，七星同回旋。浮丘及河上，未敢拍吾肩。下視軒冕客，塵壒何紛然！寧能與爾輩，碌碌蜉蝣年。

義士有本性，結念扶皇綱。忽遇邊烽起，捐身赴敵場。頭戴曼胡纓，身著鐵裲襠。臂弓彎繁弱，腰劍佩含光。雕鞍汗血馬，挺出萬夫行。殺人如翦草，血濺戎衣裝。不惜微軀殞，但令王愾彰。生則爲國幹，死當爲國殤。豈學凡夫輩，徒牽兒女腸！

白雲像華蓋，高覆九成臺。長風吹落葉，颯颯如雨來。我有萬古恨，鬱塞何由開！天明仗劍出，落日猶未回。欲前無道路，欲上無梯階。仰看衆星列，暝色方徘徊。

久客鮮壯志，秋林無好音。登高望四野，蕭條落葉深。宛宛飛蓬逝，哀哀鴻鴈吟。浮雲蔽夕景，萬里澄幽陰。有懷不可道，泣下霑衣襟。

弱冠負勇氣，鄉閭嬰禍羅。仗劍出門去，飲馬崑崙河。渡河北至趙，層冰何峨峨。幽州白日澹，霜空號鴐鵝。遭逢半死士，屠狗相經過。擊筑共沈飲，酒酣慷慨多。時登望諸墓，相和一悲歌。中有擊劍客，皁帽豪豬韡。鹿盧耀霜雪，一日三摩挲。張髯類長戟，殺人如蒴莎。十年絶消息，無復朱顏酡。未知今生死，餐飯復如何？

天馬

蹴踏驢不堪，驅馳驥終蹶。天馬渥洼來，意態何雄傑！峻耳方兩瞳，朝燕夕至越。食之不盡材，嘶鳴長激烈。伯樂顧而憐，殷勤相勸䀨。輓車虞坂間，聊用免飢渴。良馬得聞之，低頭自嗚咽。遭逢命使然，甘受塵埃沒。誰云汗血姿，肯爲鹽車屈！

題羅生畫石扇面爲張矴山

羅生十日畫一石，嶙峋不異千仞山。似從昨夜姑臧至，二十八宿森斕斑。此時七月苦炎熱，漫膚多汗行路難。張君持此動搖微風發，石氣隨風生薄寒，使我凛烈自顧忽覺衣裳單。我聞昔日女媧鍊石補青天，餘此一握蒼且堅。一朝大風從北來，吹汝墮入塵埃間。溪旁久臥胡不起？視彼後者加之鞭。直使駕橋渡海去，東看日出榑桑邊。石乎胡不含滋吐潤惠四海，空存大骨磽磽礐礐然？我今齋戒發取視，應得金簡玉書九疑東南宛委篇！不然緹巾什襲空見憐，無殊瓦甓何足觀！

題畫牡丹

去年草綠江南地，人在牡丹花下醉。今年人滯古燕關，不見名花開牡丹。花開花落渾閒事，卻自畫圖一相對。明年春日歸去來，故園牡丹開未開？

羈旅行二首

白頭游客身孤羈，老母病妻長別離。日月跳丸不相待，將須富貴來何時！陰雨啾啾鬼夜泣，狐狸日暮登城立。志士空懷畎畝憂，青春一去嗟何及！

檐冰四垂積雪白，朔風慘澹吹沙礫。釜甑堆塵瓶盎空，鴟鴉腐鼠還相嚇。我生胡爲長不歸？拔劍起舞思奮飛。故鄉亦未有田宅，試灼枯龜求是非。

書懷寄徐繙部

少嬰憂患疾，而苦利名羈。既抱鼠飲願，寧辭烏匝悲！轉蕩隨轍迹，飄颻足塵緇。愧蒙同心愛，甘受異類嗤。榮華夙所謝，辱沒乃其宜。但惜歲光迫，仍茲衰病欺。淸秋忽云暮，白日俄已西。蟰蛸罥壁隙，蟋蟀鳴軒墀。趣裝整吾駕，歸臥江水湄。

雜詩八首

亭亭梧桐樹，生植嶧山顚。縷縷桑蠶絲，出自岱畎閒。一朝遇匠石，妙合良自然。採桐爲琴具，治絲以爲絃。其中含異響，宮羽迭相宣。絲桐本無心，交結自纏緜。如何少相愛，而終相棄捐？

上山採芳卉，蘇合及都梁。擣治似玉屑，製錦以爲囊。馨香無與比，佩之君子裳。誰知新間舊，置我在巾箱。餘芬猶飶苾，與子詎相忘！

木桃生空林，無心自結實。佳人悅其姿，褰裳共採擷。攜歸壓玉堂，雕盤盛供設。馨香旦夕聞，文彩爭煥發。榮華難久留，芳顏漸銷歇。委棄溝水旁，歡娛永相絕。

我有同袍客，乃在岷江干。思之不可見，日夕空長歎。攀條摘桂實，將以贈交歡。芳氣隨風隕，何由託羽翰！佳期隔重阻，悵望青雲端。

裊裊遊空絲，飄揚不自持。少年客幽燕，老大猶孤羈。高秋朔風厲，誰爲紉寒衣？堂上有阿母，閨中有病妻。禾稼既云納，雞豚稍已肥。春稌以爲飯，臛肉以爲糜。當筵忽停箸，不見游子歸。倚閭一長望，涕下如綆縻。

南浦有芙蓉，汀洲有芳杜。褰裳試采擷，聊以閒余步。采采不盈襜，斜陽忽云暮。憶昨別佳人，方舟從此渡。悵然懷感傷，委之在中路。

新食荼畏荼苦，食桂嫌桂辛。拔劍發長嘆，中心懷所親。燕歸尋舊巢，水落依舊痕。新交雖云貴，未若故交貧。我欲致契闊，遠在長江濱。誰言江水遠，但恐無梁津。登彼太行山，惟見天際雲。雲中有好鳥，比翼同飛翻。愁心逐飛鳥，去入無窮門。

雨雪何霏霏！憂思何沈沈！沈憂不能寐，攬衣起長吟。長吟忽已久，雨雪忽已深。正有孤棲鳥，噭噭鳴寒林。朔風動地起，林木吐悲音。思歸故閭井，涕下誰能禁。

送姚道沖歸里

昔者我居龍眠中，山勢屈曲盤兩龍。懸瀑峥嶸耀古雪，急泉噴薄鏗晨鐘。我時著屐坐顚頂，俯仰上下煙空濛。可憐好景不自惜，卻因啄粟投樊籠。塵土汙人障不得，驟車日日穿衕衕。去秋一役復狼狽，髩鬅赤壁留逃蹤。眢井無茅不可拯，何人爲問山鞠窮！君家兄弟如兕虎，雙移雅步何雍容！令弟忽看風在下，豈君毛羽猶未豐？得乎失乎有定分，天也命也非人工。君今且作南飛鴻，鼓翼恨不能相從。男兒七尺好軀幹，安得久作寒號蟲。斬蛟卽無桃氏劍，射鴨猶有竹枝弓。龍眠深處結茅屋，早韭齎罷餐晚菘。樵斧劚翻茯苓窟，釣船撐入菰蒲叢。無可奈何聊復爾，守雌乃見眞知雄。

送桑伊佐

長安三月無花柳，車轍塵邊爭疾走。道左相逢古丈夫，一笑軒然執其手。才名車馬滿京華，桑君才冠風人首。玉堂學士競迎致，決絕將歸還被肘。即今街巷行路人，侈說君名不離口。自愛驊騮世無敵，誰知荆璞人難剖。兩年飄泊百不如，塵土衣衫嗟皺垢。我才與子不相當，子獨論交於我厚。夜雨雞聲共讀書，春風草色同攜酒。謂當一世常如此，君忽治行車載糗。堂上嚴君白髮盈，一觴欲晉南山壽。人生窮達豈有常，行矣無爲傷老醜。

吳大椿置酒丁香花下

江南三月江水清，風暄日暖魚苗生。客子飄零慣車轍，辜負故園春景晴。今朝喜見草芽出，丁香枝上蒼玉明。延陵公子動逸興，安排酒盞招劉伶。平生抵死苛一錢，況聞牛與羊魚腥。侑觴復有好絃管，連昌宮詞琵琶行。吾聞阮嗣宗，因人善釀求步兵；又聞灌仲孺，一錢不直衛尉程。我輩天涯久淪落，春光入座誰能醒？畫史解衣盤礴贏，淳于失笑冠絕纓。飲者身在即不朽，何須刻作鐘鼎銘！君不見此花含吐如瓶瓴，欲開不開殊有情。一夜東風起蘋末，紛紛霰雪鋪櫓楹。

述舊三十六韻送張閑中之任泇河

昔在康熙中，其歲維辛丑。與君俱少年，意氣干牛斗。游從偶然合，傾蓋期白首。譬彼亘鐘懸，而以寸莛叩。君家兄弟賢，東臨尤我厚。同時諸俊流，心傾葉君酉。方姚二三子，來往爭先後。我時寓勺園，方廣纔盈畝。垂楊何毵毵，池水清且瀏。水中十丈花，嘉名目以藕。官梅白過雪，海棠顏勝婦。帷張四角燈，夜筵坐鹿韭。春深鳥雀喧，綠陰周戶牖。諸子時過從，同聲肆鯨吼。壯心吞濤江，起衰竊自負。千秋與萬歲，盛事圖不朽。嘉會詎可常，秋風散蒲柳！葉君早治行，千里峙糧糗。君未判泇河，三年滯淮右。君兄及君弟，從宦七閩久。惟餘方與姚，尙能縶其拇。我復迫飢寒，衣食於奔走。顚倒跋胡狼，愁恨喪家狗。去年過淮上，倉皇一執手。別懷何多端，未得卽開口。爲君立斯須，舟人苦蹙趣。豈知燕市中，相逢唱千喁。葉君時在坐，殷勤接杯酒。追思曩昔遊，十猶記八九。兒戲多可笑，面赤增愧忸。帥師待長子，善補終無咎。君筮得師之坎。方今聖天子，大化彌九有。君家受國恩，世世賜圭卣。泇河一分司，富貴何足苟！君第竭忠藎，會見龜壓紐。獨憶故園花，一觴能對否？

送邑令倪侯之任

倪侯性耽學，文史低頭誦。鄙文眞覆瓿，而亦辱屢諷。爲言平生交，頗與吾徒共。有名大父行，討論連伯仲。楮葉三年成，楊葉一矢中。不待鋒觸猨，遂以巧食宋。特達九重知，寄命百里重。吾桐雖彈丸，煩君右手弄。操刀聊小割，亦足覘大用。譬如雷雨屯，用君爲帡幪。譬如馭六馬，用君爲勒鞚。疾篤思良醫，不辭鍼砭痛。先應足衣食，女織男耕種；次卽興禮義，嘉言發羣懜。聾聵須鐸警，木舌從擊撞。水火兩得宜，忠信四可縱。漸令庭雀喧，民志畏無訟。春風桃李花，正及征車動。吾欲贄一言，以規不以頌。梧桐生高岡，傾耳待鳴鳳。

對菊

秋氣下隴首，百草萎以黃。籬菊粲其英，掩冉含馨香。以此脆薄質，受彼風與霜。良友四五人，相對持一觴。嘯歌至深夜，樂哉殊未央。歡樂有終極，盍簪安可常！入戶見孤影，悵然懷感傷。

同葉書山夜坐有懷姚南菁

促坐高齋月，抗言談今古。清風自南來，吹我白玉麈。夜深月轉明，雲葉鮮更吐。美人隔江鄉，獨寐誰與語？念子正徘徊，秋城動砧杵。

懷姚南菁

昔余居故鄉，姚君獨知己。抗志懷古賢，鄉人競訶詆。如何入燕京，音徽無復理？誦讀疑義多，何由共探擬？思君不可見，關河隔千里。悵望西日斜，喧喧柝聲起。

寄方頌椒昆季

日色漸暄暖，晝晷亦何長。黃塵蔽天地，行步多羊腸。遙望楚雲高，山川鬱蒼蒼。一身及微月，相對惟異鄉。急柝起深夜，四鄰奏笙簧。故人不可見，離思安能量！

飲酒五首

朝出日在東，暮出日在西。東西向前去，回看白日非。草枯或再榮，人死誰當歸？如何遼東鶴，自稱丁令威？瀼瀼葉間露，見日良已晞。我觀後來者，力佹前人規。萬世一火劫，火盡則灰飛。浮雲何足道，鋪糟歠我釃。

滄海豈不大？后土何其卑！一波復一波，相送盡東歸。一世復一世，千載冢纍纍。桃花笑朝日，薄暮隨風飛。更逐水流去，何當還故枝！古之賢豪士，借問今有誰？不如來飲酒，莫待鬢成絲！

昔者張與單，所養雖不同；觀其厚自奉，祇以衞此躬。孰能恃人力，而爭大造功？縱令鞭厥後，要在百年中。死生曰有命，何況窮與通？惜哉嵇叔夜，著論徒忽忽。吾將飲美酒，安時以待終。

斜陽下西嶺，楊柳欲含煙。昨日小桃破，落花何翩翩！同持一尊酒，勿負此芳年。平生二三子，歌笑娛賓筵。倏忽皆老病，半已歸黃泉。莫待山陽笛，聞聲方泫然。

昔者阮嗣宗，沈醉未嘗醒。偉哉善自愛，且善惜其名。宣尼所猶病，沒世而無稱。一出涉世故，將爲禍網嬰。徘徊出處際，緣督以爲經。所以辭尊富，卑貧求步兵。途窮則痛哭，聊以舒不平。佯狂擬方朔，誰解此深情？

張約夫刻石歌

和璧三寸廉且腴，冷光射人金僕姑。是誰雕琢窺唐虞？囊括六璉包四瑚。天陰雨溼號魑䰩，忽然初日開芙蕖。明奪離婁巧班輸，使我一見疑怪俱。肅然想見羲皇初，神龜出洛河負圖。子昂死去文彭無，眼前再見張約夫。張君自出緊橫渠，大賢苗裔與衆殊。筆花迸落淩歐蘇，不施鞚騎生馬駒，如斯小道乃其餘。我亦鞏里鐫蟲魚，譬如天驥尾蹇驢。秋河急雨翻跳珠，摩挲印譜空躊躇。

過甘道淵寓齋有懷方二頌椒

夜雨上軒階，新苔溼行屨。不見素心人，空思攜手處。蒼茫落照餘，悵望虛堂暮。浮雲祇自飛，何日還相聚？

八月十五夜對月同王墨林

憶昨與君飲，月白秋蕭瑟。誰知去年月，仍向今宵出。芳卉漸疎蕪，陰蟲復啾唧。對酒惜淸輝，明朝應已缺。

寄方篠坡

夏日苦炎蒸，郊園出塵壒。藥圃錯爲錦，槐陰團似蓋。端居念幽人，崇情依勝概。坐石每不冠，臨流時緩帶。芳顏宛目前，離思阻天外。遙望白雲飛，故山何處在？

郊行

終歲困廛市，郊行足游衍。芳草紛目迷，青山使意遠。渚花紅已殷，溪流碧猶淺。何處新禽鳴，悠然有餘善。心空衆物具，性適煩慮遣。勞勞塵世機，達生庶能免。

銅印歌爲王員外翁林賦

漁人於江上網得銅鑄私印大小共一套，其文皆「獻之」二字。員外見而售之。徵同人作詩。

次仲以來工楷書，王家父子名聲俱。逸少冥漠子敬死，文采風流今蔑如。裔孫副郎挺英特，豪氣迸出淩歐虞。垂紳帶紱晃執鉞，下視凡子徒區區。世業中興不隕墜，天遣漁子陳寶符。信知一物必有主，千載波翻濤激餘。長松絕壑氣淒烈，斷劍重泉光有無。奇貨古稱不易得，況是君家舊所居。手摩目在發嘆吁。傳之世世如河圖，誰能愛彼隋侯珠？

深柳讀書圖爲吳大椿賦

平生夢想韓柳歐，吳少司空乃其儔。十年願見不可得，如從渤海求瀛洲。虔禱能使蜃結市，忽然相遇當道周。嫫母有面不自見，龍宮姑以魚目投。公如大匠畜宋桷，追琢豈必皆琳璆。笑指孺子謂可教，逢人說盡桐城劉。我來帝里苦飄泊，公獨見憐還相收。牀上圖書列古異，階前竹樹羅陰幽。公子趨庭守家學，手把一編時抉抽。幽人勝地各盡態，寫入圖畫雙明眸。六月炎蒸汗如洗，披圖楊柳風颼颼。我缺澆灌腸枯槁，縱有好句難尋搜。屬我作詩但塵土，慚愧與君朝夕遊。嗚呼安得太湖汪洋三萬六千頃，淨洗我詩光炯炯，照見翩然讀書影。

感興十首

參出辰巳沒，日西月更東。車輪旣轆轆，馬蹄亦隆隆。一别山萬疊，再别水千重。矯首望青天，孤鴻滅無蹤。精誠託夢寐，他日還相逢。

火樹生滄海，亭亭有直枝。安能與凡卉，偃仰隨風吹。天運迭興替，人事固多睽。鵠舉已千里，龍蟠方在泥。回看軒冕客，相棄忽如遺。

毛嬙與驪姬，豔色世所希。魚見反深入，鳥見或高飛。凡物有本性，易地不相宜。陋巷飯菽菽，賤子甘如飴。持將贈達者，臭味固差池。

人生如逝水，一往不復迴。前者汩汩去，後者悠悠來。奄忽了一世，富貴等浮埃。何況貧且賤，憂苦百相摧。不知造物意，安以我爲哉？願從南郭子，冥心若死灰。

少年負勇氣，志在立功勳。懸旌蔽白日，揮劍摩青雲。邊疆苦未靖，憤義切仇寃。朝馳汗血馬，薄暮到河源。一舉定獯鬻，再舉滅烏孫。勒銘燕然石，長揖返丘園。誰知今失路，廁足更無門！

長安有乞兒，被服襤褸衣。終日不得食，叩門陳苦辭。殘饘與膾臛，少得已揚眉。偃仰高林下，放歌聊自怡。嗤彼公與相，長跽無已時。

黃梅有直性，歲暮發華滋。孤芳祇自賞，霜雪共凌欺。雖云霜雪欺，直性終不移。如何桃李輩，爭及豔陽時？

黃鵠奮兩翼，不與燕雀翔。衆草皆蕪穢，蘭蕙獨芬芳。卓哉魏仲先，棲身一草堂！妻兒足慰意，甘與塵世忘。帝知野不來，圖畫像山莊。君臣各自得，千載流餘光。

武皇氣蓋世，顧盼生雄圖。南既誅兩越，北復逐羣胡。射蛟向江水，怒浪捲天吳。開邊意未已，兼欲事蓬壺。競求安期棗，不死終何如？君看茂陵上，老樹啼雙烏。

遠遊託北鄙，結習喜從戎。腰閒白羽箭，臂上騂角弓。披甲忽上馬，獵獵生輕風。中塗逢李廣，鬱屈氣蟠胸。近聞衞霍輩，天幸益增封。惟有舊飛將，白首無成功。灞陵偶被酒，亭尉不相容。

司馬相如

馬卿才不羈，文與屈宋競。入貲以爲郎，時時復稱病。梁園盛賓禮，聊復散情性。絕代得佳人，妃匹始宜稱。身著犢鼻褌，殊足聳觀聽。既分財與男，又邀牛酒敬。人生行樂耳，誰知狂與聖！

樂遊原上樹

樂遊原上樹，不知何年栽。春風應候至，一年花一開。前賞未及去，後遊將復來。歲歲長安道，提壺爭藉草。人共惜花飛，花應笑人老。

刻石歌贈張君

陰雨啾啾鬼夜號，山精木魅遠遁逃。張君手持魯削刀，鐫鑱造化窮首尻。鳥跡已遠不可記，科斗文生玉筋製。下逮垂雲兼柳穗，紛紛篆刻趨詭異。古人不作吁可愧，張君下筆能得古人意。素壁熒熒騰紫光，烏號大黃森蹶張，熊顧隼擊蒼鷹揚，恍如禹鼎象百昌。張君酷意重毫素，愛我如渴飲莖露。肝膽披陳腹心布，酒酣耳熱忘去住，高歌擊節落日暮。我有巨璞作人舞，爲我成風肆斤斧。千載峥嶸繼石鼓，壯夫誰與堪比數！

聽姚範治彈琴

舉世何人彈古琴，鍾子死去無知音。姚君當戶理一曲，四座賓客皆正襟。春光潭沲翻紅欒，電掣雲奔雷雨作。羈人日暮哭途窮，寡女夜深悲命薄。長離和鳴鳴且飛，山鬼窈窕薜蘿衣。老木千尋響墜葉，高空百丈游晴絲。泰華嵯峨石巃嵸，洞庭秋晚層波湧。禪心枯入三重淵，獅子無言白象拱。姚君姚君何善鳴？天假之鳴非不平。一彈再彈山月白，三彈四彈山風清。長安市上馬蹄疾，誰與和者誰與聽？我學廬螺門獨閉，君乎有意抱琴至。

歸思

幽燕寒事早，雨雪已霏霏。游子感物候，沈憂結心脾。越鳥旣南巢，代馬亦北嘶。孰云人最智？而乃長不歸！遙遙望鄉井，涕下誰能揮？

桃花園圖爲錢公理題

何人畫桃花？爛熳乃如此！掩映見樓臺，參差碧雲裏。何人築苑囿？正當湖水濱，得非赤松子輩洪厓倫？答云錢氏有孝子，泊菴先生奉母之名園。先生沒已百餘歲，其澤長留賢後昆。錢君公理者，乃是先生之兄五世孫。園今久蕪沒，君乃獨請當代之名人，爲文紀事圖傳眞。圖後多載前輩諸傳記及詩。嗚呼藝事眞不羣！先生孝德與之存。園中之桃以千數，高枝映閣低當戶。昨夜東風海上來，一時亂落如紅雨。人生志孝養，其道惟精誠，三鼎五鼎皆虛名。低頭覥面竊祿食，祇增羞辱非華榮。先生生當萬曆季，偶託田園高不仕。葺園震澤之濱馬甫里，閒居奉母樂無比，何必拖金衣朱紫？復有朱少傅，時時相過從。三月花開正照灼，相與賦詩飲酒於其中。試問朱公在朝日，孰與歸田之日爲從容？滋蘭九畹蕙畝百，瑤花滿地春輝赫。日暮還登睨翠樓，遠山一色堆寒碧。樓臺高倣神仙家，靈源遙望明丹霞。澗水春流忽瀰漫，千點浮出雲中花。小人亦有母，亂髮長蓬垢。豈獨君龔苦未嘗，小人之食何從有？低頭太息想前賢，滫瀡一一親烹煎。酒肉有餘必請與，大官那用供盤筵。吁嗟乎！名園廣廈不可得，容膝猶當立四壁。桃花氣暖眼自醉，況乃相看頭鬢白。卽今蒺蔾尙充塞，椒蘭何處施薌澤？南山豆苗早狼藉，負米百里苦無力。還君此圖勿嘍啃，淚痕獨自霑胸臆。

感別詩

曲房結幽幔，光風汎崇蘭。丈夫志四海，焉得久懷安！妻孥送我出，握手涕汍瀾。此會在何日，薄言三載還。誰知天所命，未可人力干。貧賤如宿昔，徒令芳卉殘。侯封是何物？重之比泰山。出門一長望，斷絕我心肝。

明妃怨

明妃上馬泣，非爲妾身惜。漢宮日月昭，自失傾城色。琵琶寫哀衷，聲與風沙急。一爲胡地人，雖悔何嗟及。

感秋

日月不我淹，軒裳令人誤。夏景已韜朱，秋雲又飛素。感彼火西流，淒其雁南度。青霄無近尋，滄浪有遐慕。歸家恐交謫，入世畏逢怒。惟存澹漠衷，付之冥茫數。

出都道中再述

食貧私自憐，衣錦人所視。尊榮稍欲來，憂苦仍叢至。誰憐客子蹤？重負平生志。長卜王翰鄰，幼蒙誌公器。豈知命不猶，早已心增愧。公卿諒非匹，絳灌夫何忌。已矣空壯歠，何庸識奇字？布褐若將終，柴門可深閉。

上驛樓

憑高望所思，野水圍荒驛。落木紛已秋，寒雲闇將夕。塵中朔氣昏，鳥外南天碧。借問路旁人，棲棲欲何適？

同葉書山出京中途話別

與君臂初交，自余髮始燥。俱有躍淵情，各懷希世寶。入谷乃殲秦，踰河當救趙。矢志固難渝，致身嗟不早。濟禽無由化，社櫟將終老。相依非一朝，悵別在中道。臨歧復何言，默默傷懷抱。

劉大櫆集　卷十二

古體

始歸

家世隨畝民，謬作京華客。浮雲久東西，今日歸山澤。積蘚盈階前，長鑱挂檐隙。相看無一言，湖水當門碧。

歸家述懷

薊門非我里，何事久徬徨！魚鳥入夢寐，浩然還江鄉。居民漸殷盛，結室盈澗岡。山椒盡耘藝，麻麥粲成行。置身於其內，聞見多幽荒。新交共言笑，古製同衣裳。佳辰值伏臘，一室羅酒漿。彼此更勸酬，各驚鬢髮蒼。歡樂至深夜，窮居殊已忘。

夏日田間

余生黃炎後，家世本農人。三墳素非習，四體敢辭勤。長夏往南畝，遇事皆可欣。田禾際渚草，瞻望碧無垠。繁陰落茂樹，疎煙藹遙村。落日檐下坐，淸無車馬塵。歡然偕鹿豕，耕稼將終身。

雨後

夜聞雨聲喧，曉望皆春水。荷鍤向方塘，堤防使之止。新苗滿阡陌，風吹何靡靡！靑霞到空盡，白鷺低仍起。佇立一欣然，卽此是生理。

田居詩

田家事耕作，終歲常勤勞。素業苟無失，稱心同禹皋。日暮衆鳥息，羊牛各歸牢。攜瓶汲澗水，仰見山月高。人影忽在地，草露時霑袍。浩歌返茅舍，檐際風飋飋。坐對一尊酒，寧知塵世囂。

有感

小鳥游高空，翩翩厲羽翮。高空難久留，徘徊歸藪澤。詎不患朝飢？於焉聊止息。秔稻滿人間，吾生獨無食。已矣復何言？天命固不易。

借酒

提瓶到東鄰，借問酒熟無？家醞幸見假，免從市中沽。鄰父向我笑，濁醪止一壺。肯來相對飲，當爲摘園蔬。傾卮茂陰下，酬唱互喧呼。牧人下牛背，侍立餕其餘。不知有賓主，此樂信何如！

曉望

春鳥檐際鳴，欣然念晴旭。緩步出中林，平皐縱遊目。煙澮迷松關，花深隱茅屋。朝霞散餘紅，遠水遙新綠。地迥情欲忘，身閒意自足。如何塵世人，心乃賤農牧。

北齊校書圖

胡牀端坐古丈夫，白皙鬑鬑頗有鬚。脱帽露頂箕兩足，把筆披觀何代書？左右環侍六七輩，垂手拱立僂而痀。坐者豈非達官長，立者似是平頭奴。其旁有一榻，置在胡牀左。榻中有酒盂有果，四人解衣盤礴羸。一人振筆方疾書，一人閣筆口微哆。一人畏酒似欲逃，一人向前挽令坐。畏逃酒者顧侍人，指點持韡來著我。胡牀之西兩榻陳，其上坐者凡七人。一人開卷身欠伸，一人捉筆稍啓唇，若語若答雙目瞋。一人背負紫藤几，兩手掀書與鼻親。一人左手揞頤右執卷，一人右手執筆左手書自捫。一人抱膝對酒榼，一人以手拄頰行趣侍者提酒尊。鬚眉顴頰各盡態，古來藝事殊絕倫。我聞唐之右相閻君有粉本，何人摹寫傳其眞？君不見校書之人何尊榮，書卷筆硯良且精。有壺可投琴可横，美酒一舉連百觥。縮手袖間長歎息，北齊此日繁華極。

題仇英瑤臺觀鶴圖

仙人綽約冰雪姿，建羽蓋兮張翠帷。魚須格澤長竿垂，迴風澮澮揚珠旗。瑤臺獨立高崔巍，靑天萬里無煙霏。日車倒挂扶桑枝，但見白鶴無數毰毸刷羽摩天飛。仙人挼袖閒容儀，仰面恬愉笑而嬉。上天光采五色備，霞窗霓几非人世。我亦飄飄欲御風，似游天地之間意。晝手世多有，仇英故無敵。久對此圖三歎嗟，瑤臺可望不可卽。人生大患爲有身，安得乘風生羽翼？

登龍山

夙昔負山居，未知居山樂。歸來滌塵襟，追尋舊潭壑。登頓覺徑仄，躋攀慚足弱。峯形喜刻鏤，壁色疑塗堊。複澗既縈紆，環林更參錯。哀聽仰淙潺，驚顧俯岧嶨。宿雨含餘滋，初篁解新籜。吹萬地籟鳴，出虛天樂作。雲陰冒水生，巖花依草落。傾暉忽向西，歸路欣殘灼。興闌已歷程，心結重遊諾。繕性宜寂寥，賦命非窮薄。宇宙曠無垠，知仁聊可託。

宿山中古寺

空山無居人，流水繞叢石。就石結精廬，叩門驚定釋。禪榻相對陳，淸言遂至夕。斜窗罅衆星輝，去人只數尺。此殆非人間，令余久動魄。陽下隴首，新月照檐額。月朗金像昏，孤眠未安席。天風吹鶴聲，半夜下巖壁。

寺夜

疎鍾散林莽，杳杳寒山暮。紺殿切天起，丹霞依月度。松靜不聞濤，竹深微有露。心跡方寂然，聊共高僧寓。

登浮山

塵世鮮夙緣，名山有幽契。偶茲新霽時，重尋舊遊地。土膏已憤盈，泉脈爭流駛。怪石龍象騰，絕壁錦章麗。屋置懸崖間，鐘飛羣壑內。往躅悵今迷，來蹤思昔至。稍依上達程，尚想騎危戲。如何蹤跡疎？但以飢寒累。翹首向煙嵐，撫心增慨愧。

山中早發

空山毓靈秀，百鳥皆和鳴。宵遶巖下宿，怡此枕上聽。陽卉露方滴，陰崖雲自生。瑤花茁異彩，天風弄微清。境勝百憂遣，心閒羣物輕。遽爾舍之去，悽然傷我情。

春日同諸公宴集寺院

彌辰鬱幽衷，妍候思歡宴。野步出郊闕，芳筵託僧院。臺端初景暄，檐際泠風善。秀穎布成茵，飛英積如霰。仙梵上浮林，佛香飄滿殿。欣兹旨酒多，復爾嘉嘗薦。蘭言狎交游，密意申親串。展眺極空濛，傾聆窮汗漫。高鳥有下音，遐峯無遯玩。浮蹤澹似雲，馳暉疾於電。情因幸晤深，淚爲傷離濺。達生庶云賢，聊且一蕭散。

田居雜詩二首

后稷教樹藝，艱食乃無虞。孰能希滿腹，而不任菑畬？家世皖江側，薄田十畝餘。侵星赴隴首，落日返茅廬。長夏新雨足，禾苗滿村墟。何必待收穫，秀色已堪娛。荒郊道路闊，坦步心神舒。時逢相識人，大半皆荷鋤。相邀坐樹下，濁酒不須沽。一觴互酬勸，聊以解勤劬。

寰區總萬類，爭奪互囂喧。惟有田舍老，不聞塵世言。農談止菽粟，社集無衣冠。陂塘明白水，桑竹含青煙。北鄰犬鳴吠，聲與南村連。人生漁樵外，誰當與周旋。棲身向隴畝，亦得終百年。

客遊三首

客遊西河外，華堂被錦茵。端坐日無事，抑鬱意不申。嗟我生苦晚，未及見古人。古人亦何異，要之心所親。年歲不我與，大道固無垠。遙遙望千載，已矣復何言！

弱年不知命，無益亦往求。富貴與勳業，謂可人力謀。西涉長安道，卿相相與遊。日月易沈匿，蹉跎成白頭。歸來與田父，捫蝨話伊周。古人惜寸陰，逝者信難留。臨風默惆悵，失足夫何尤。

杖策游嵩少，直上峻極峯。有人驂白鹿，瞥過如驚鴻。問之了不應，躡之無由從。踟躕悵獨立，深谷來飄風。飛流急於雨，亂射巖端松。其間萬籟發，交響羅笙鏞。山花自開落，四顧無人蹤。諒非人間世，永願辭樊籠。

梧樹行

金谷洞口梧十尋，巑岏直上干太陰。石根銅榦自終古，白蘚蒼鱗留至今。念爾長材世所鮮，待入宮懸逐匏管。託身虛牝無人收，零落秋風歲華晚。

閒居書懷

老況競陵逼，焉得久馳驅！聊因寢疾暇，息影歸田居。團團芳桂樹，枝葉正蕭疎。淸秋妙香發，隨風入我廬。本謀在衣食，身外非所須。朝從農家務，夜讀古人書。瑤琴日相對，無聲和有餘。悠然此時心，已在羲皇初。

寄徹上人

心將碧水空，足踏蒼苔破。倚杖鳥初鳴，焚香風適過。梅花開滿林，何處方敷坐？

寄懷南山隱士

朔風吹寒林，愁思紛如積。念我同心人，久作山中客。出門一長望，惟見南雲白。積雪滿精廬，誰與永今夕？

寄葉書山

已欣野色寬，復値秋容耀。芳林藹餘陰，積水含殘照。下戶無深轍，前山有遠燒。對月發悲吟，臨風振高嘯。或共牧人言，常依童子釣。昔君本共棲，今余不同調。

病中讀書

黽皇爲衣食，奔走何時休！幸因寢瘵餘，得以觀墳丘。積雪映窗几，忽忘歲已周。檐外炊煙澹，飢鳥時啁啾。上既窺姚姒，下仍逮嬴劉。忻然適情性，吾道良優游！

合明山中

東風正澹蕩，草木皆萌芽。寧知深山內，猶有未開花。長林稍聞籟，絕壁微棲霞。就石結趺坐，悵然西日斜。

夏日燕居

夏木結層陰，門閭皆碧色。起見朝日暉，猶聞夕露滴。別浦一花明，高空羣隼擊。無事坐空齋，超然垢氛滌。

泊赭圻

霽旦發銅陵，昏夕臻赭圻。扶光斂陽彩，積水含陰霏。披雲傍沙岸，帶月款村扉。涼野風瑟瑟，秋旻葉飛飛。珠露草間白，玉繩波際輝。崇情悵已邁，素抱良多違。髮短有盡日，意長無已時。憂來罷觴酌，未知今所歸。

登攝山棲霞寺

層巒控地紀，傑閣倚天半。升高抒遠懷，淩虛振英盼。雲起電方流，雨來山欲暗。陰崖竹籟生，遙渚花光亂。川泳慕修鱗，霄騫希逸翰。守兔非有蹄，求鴞祇見彈。佳辰憐水逝，良游惜飈散。淹留卒無成，俯仰增哀歎。

遊青山

山楹暢登陟，水曲足游泳。企石入雲扃，捫蘿向苔徑。海氣驚殊覿，泉音聳至聽。鳥奮逼青冥，魚行依綠淨。遇蹇傷岑寂，投閒歷佳勝。目擊人多迷，心憂我獨醒。既同鹿豕羣，寧與雞鶩競！資此久留連，因之散情性。

酬尹亭中

昔聞諸葛公，偃臥茅廬中。高吟梁父抱兩膝，自比管樂何雍容！向令先主了不顧，固將長爲農父終。讀公之傳肅然起，豈第十倍加曹氏！但恨生不並公時，徑買長鞭隨馬尾。故人積學爲醇儒，百城坐擁倉中書。胸羅武庫未一試，折衝千里知有餘。文雅縱橫氣磅礴，翰墨嬉娛時間作。手提詠史一篇詩，總撮隆中諸偉略。初觀錯愕不相讓，謂君持此特自況。乃不自況況小人，擬不於倫非所望。三家之村童子師，每逢眞儒輒忸怩。平生智不及老革，胡乃高比龍臥爲？知君有意發嘲弄，使我瓠落傷無用。他時走馬渡長江，可許追塵躡飛鞚？

再酬亭中

尹子文章不容想，青天倏忽雲霞上。擊鉢詩成矜雅健，海底珊瑚歸鐵網。久宜執筆侍承明，松菊移時定難強。子緣知命故不憂，我坐投誠豈虛獎！憶昨識子自廣陵，一見嗟稱是吾黨。淸言日旰不知疲，僮僕驚疑有儔曩。回思別來今十年，學業升沈謦霄壤。念我飢驅苦奔走，茫茫京國空塵坱。善病長貧世所輕，誰分餘火資鄰紡？同心偶爾示蘭言，指爪恰當吾背痒。祇慚才力不相當，何敢黃池妄爭長！我若執轡子揚鑣，請抽佩刀爲斷鞅！

題孫懷三詠佛手柑詩後

昨日觀君佛手詩，如從指上見明月。芳果驚看優鉢曇，頓令我亦離言說。擾擾浮生夢寐間，一彈指頃千漚滅。王侯將相只須臾，何況我輩孤且拙！我從朔漠厭風塵，君亦南荒窮跋涉。夢中相對兩羈人，回首舊遊成歷刼。拈花自知色不染，捧鉢誰言食堪齧。從前被贅指可斷，若使歸空手當撒。心淸那用挈軍持，跡祕聊須書貝葉。華嶽三峯掌已開，請君更問維摩詰。

望崑山

駐足崑山縣，縣從崑山名。山勢甚狹小，遙視何崢嶸！屹然西北當城闉，含嗶吐霧儲元精。須臾變化出狡獪，判別朝暮殊陰晴。望之咫尺不可到，短牆遮斷難爲情。是時六月暑氣蒸，兀坐甕盎遭煎烹。隔牆偶爾一長望，涼風颯颯飄冠纓。有如神女初出洛，素波文履誰能攖？同遊魯君好事者，六時跂足同窺偵。怪石星羅虎豹踞，喬松角列蛟蛇騰。佛屋千楹煥丹彩，浮圖百丈標青冥。恨不裸身坐其上，與二三子同飛觥。人生鴻跡何無憑，明日舉櫂趨華亭。更向海濱尋唳鶴，崑山噩夢詑已醒。

北固山下作

北固山頭落日赤，北固山下水雲白。風翻江海一時波，月照金焦兩卷石。蒹葭蘭杜共蒙密，雁鶩相呼永終夕。菊徑瓜田待我歸，何爲久作江南客！

舟過燕子磯

燕子磯頭江水長，溯風颯颯吹帆檣。紺碧重渲竹石色，樓臺倒映雲天光。天意蒼茫不可測，扁舟他日趨湖湘。青鞋黃帽足吾事，何必乘雲歸帝鄉！

泊紫沙洲

紫沙洲上月色薄，紫沙洲外風聲惡。寒江十日濤如山，斷岸幾家屋似箔。敝裘無毛皮獨存，冷氣咄咄來侵人。外地無處可容足，白頭歸去空山春。

閒　居

宿雨霽園林，卉木藹餘芳。輕服始適體，燕居臺沼涼。雲斂午陰濇，花飛春晝長。一觀羣化跡，浮慮頓相忘。

病中書感

雞鳴天欲曙，窗色猶幽昏。蒼蠅競鼓翅，鴉鵲亦羣喧。耕者向田野，圃者趨丘樊。營營爲口實，一飽豈易論。我於羣物內，非士亦非民。我於衆業內，無斧復無綸。凍餓固其分，何當有怨言。

雜詩

東津渡扶桑，西谷涉濛汜。白日所經行，迢迢不可紀。人生苦別離，豈必間山水。相隔牆垣間，邈若千萬里。身非銜泥燕，何由得見爾。

獨遊南村有懷姚大南菁

山雲屯故陰，澗水生新綠。曉露泫條桑，時禽響空谷。偶茲憩河滸，復爾遵巖麓。地僻不逢人，林深喜見鹿。靜對豁幽襟，長歌懷往躅。所思良已違，何由寫衷曲。

秋望寄懷書山

秋風動寒林，落葉紛晴晝。樓高客意閒，天遠山容瘦。郊野結煙霜，人家多橘柚。欣當納稼餘，復此築場後。烏雀時喧闐，雞豚忽馳驟。落景澹檐楹，餘霞映襟袖。緬懷塵土中，尠值從容候。儻因休假時，爲君語耕耨。

秋日同諸公宴飲

素景流高旻，紅芳委虛砌。漏晷無暫留，輪年有驚逝。雄飛慚未能，雌守諒非計。相與傾濁醪，庶用展玄契。餘霞卷故陰，初月澄新霽。雲雁忽嘹嘹，風蟬時嘒嘒。擊鉢趣行間，分曹更坐次。垂手舞方終，緩聲歌復始。歡晤既云酬，華軒安足貴。

雪霽呈同志

獻歲如在昨，星回月已窮。序暄惜邁軌，春媚絕留蹤。翳翳同天雲，調調動地風。蕭蕭夜雪布，肅肅晨景融。頹陽澹平野，積素連高空。澄暉映別袂，彩色浮衰容。人情苦無竟，物性良有終。逐流別榮悴，返始齊卑崇。遺情蛻物外，放志潛區中。

古琴歎

大絃廣博雲景輝，小絃迸急風雨馳。一彈彈作春鶯囀，再彈彈作白鶴飛。引商刻羽雜流徵，卻憶古琴初製時。古樂云亡古器改，琴乎惟爾留其遺。新聲已復幾更變，胡乃守此故態爲！曲高自緣立意繆，和寡勿惜知音希。請君盡去唇與足，不向人鳴誰是非。

曉　渡

蕭條秋氣高，行客曉爭渡。茫茫野寺鐘，隱隱遙村樹。宿雨滯餘陰，新陽啓寒霧。借問同舟人，誰是江南路？

舟行見月有懷倪九司城

白雲散將盡，淸風吹不休。江波始浩淼，桂楫方夷猶。入夜景澄徹，當春氣和柔。嵐色天際見，月華波上流。岸傍古墓大，樹裏人家幽。葦花自嫋嫋，漁唱時悠悠。歲光忽已迫，壯志諒難酬。所思獨不見，何用解牢愁。

雨後寄懷沈晥叔

夜雨過涼野，朝日散晴暉。白雲海上出，孤帆天際飛。花發衆鳥至，梁空雙燕歸。一室慮常濬，八荒情自依。雖信世塗阻，未知吾道非。弱翰弄方罷，瑤琴鼓復希。爲問咸京客，緇塵正滿衣。

京洛少年行

山河表形勝，佳氣鬱瑤京。步上射熊館，迴瞻飛鳳城。春雲隱臺殿，朝日麗觚棱。池波動微碧，苑柳匝遙青。輕輿騁文馬，炫服髟華纓。揚揚盛意氣，自顧何驕矜。寧知西蜀地，獨構子雲亭。

舟夜懷徐五崑山

澮澮晚風吹，沈沈憂思積。煙寒漁火稀，月落江光白。曠野悄無人，孤舟獨歸客。所親不在茲，離緒誰能釋？

揚州柬族兄

名園森綺麗，春色正芳菲。一峯檐外聳，雙樹坐隅垂。冉冉碧雲合，陰陰黃鳥飛。弱卉每親植，柔毫時自揮。念茲旅客久，傷彼故懽違。孤懷悵莫吐，獨處欲誰依？何由似賓鴈，並作一行歸。

里有孤窮士

里有孤窮士，竄跡到幽州。僦居雙闕下，遊情鳷鵲樓。凄凄嚴霜結，浩浩朔風流。日月如騄驥，俛仰十經秋。勳業未能立，素髮忽盈頭。歸來事農圃，歎息向園丘。

佳人

佳人出南國，皎若明月光。修眉蔭廣額，美目復清揚。粲然啓玉齒，舒氣似蘭芳。願承君子惠，聊以蔽匡牀。誰知妾薄命，恩遇不相當。歸來理巾櫛，照影漢皋旁。

雜詩七首

南山有桂樹，緑葉何扶疎！上枝拂雲漢，下根盤且紆。涼秋八九月，馨香盈里閭。商風迭相送，遠近皆歡娛。榮華不可恃，俛首爲躊躇。

可憐木棉花，結實如飛絮。柔絲千萬端，宛轉織成布。佳人細意裁，爲君作襦袴。有客遺羅紈，雖新不代故。薄質謬承恩，自矜誠異數。誰知歡愛終，委棄在中路。

天心良不渝，人事信多忒。鮫宮明月珠，相輕等瓦礫。道傍生荆榛，輒欲擬松柏。蚓竅作蠅聲，聞之驚霹靂。袞衣燦藻火，熟視謂無色。勺水笑滄溟，千鈞視蟬翼。哀哉不能言，吁嗟當默默。

春水吹碧波，小桃花欲然。峨峨高樓上，東風揚管絃。誰家少年子，白馬黃金鞭。鳴鞭樓下過，蹀蹀如雲煙。光輝耀閭左，歎息稱其賢。世俗但如此，寧知媸與妍。古之通達士，不受衆目憐。君看嚴子陵，垂釣桐江邊。

妾有秦王鏡，照人無隱情。君心轆轤轉，安得遽分明。君如天上雲，妾似水中星。浮雲隨風吹，飄蕩故無憑。星光逐水動，搖搖亦不停。抽刀斷絕水，水性自東傾。浮雲值日暮，應亦歸巖扃。

種魚東海澨，謂可無窮年。詎知陵谷改，滄海忽爲田。修鱗值困頓，羣蟻慕腥羶。天心良莫測，人事固難全。蓄意望成長，安能無變遷？

垂楊映高樓，朝日上綺疏。樓中有好女，秀色似芙蕖。當窗理瑤瑟，聲希情有餘。一彈悲鵠寡，再彈惜鸞孤。羽聲何慷慨，令我久踟躕。顏色人所慕，知心良獨無。

晚行遇雨趁謝六車不及

高軒已云邁，弱騎未能騁。頹陽西下速，甚雨東來猛。前瞻失我侶，四顧無人境。時於遠村中，微見燈火影。泥深馬屢臥，宵行路何永！盛世無棄材，吾生獨泛梗。凄其奔走勞，迫此寒餓幷。往來興久闌，朝夕心懷警。客舍聽雞鳴，隱憂良耿耿！

郭外看花

憶昔看花在江南，紛紅駭綠名難諳。春來十日九游劇，山椒水涘窮幽探。蹇驢躄躠動十里，酒尊茶具盛都籃。折屐朝將虎競穴，篝燈夜與僧同龕。其時同學六七輩，上下角逐矜雄談。題詩仰窺萬仞壁，飛步直下千丈潭。自入京國少情思，凍泥乾矢汙袍衫。閉門十日臥不出，作繭自裹如眠蠶。春光一去香無跡，姑負人間三月三。今朝雨色偶晴霽，西山城上浮青嶄。欣然一笑出郭去，幾樹當路逢優曇。直沽運舫恰初到，紅泥印酒新開罎。田父樵夫似野鹿，正可挽入同沈酣。山果駢羅雜丹漆，咀嚼冰雪誇棃柑。偕行況有兩年少，才皆璜瑀非玞珷。山光水色花態度，各著險句相磨劘。卻憐賤士滯京國，獨與花對寧無慨。時命窮通亦偶爾，造物有意誰能參？方春百卉盡爛熳，北枝已吐南枝含。碧甃朱闌彼自得，荒郊野水吾何憨。攀柯執條泫然久，夕陽半下西嶺銜。蒼蒼暮色自遠至，晚鐘纔打峯前庵。僕夫相顧趣整駕，徘徊欲去仍停驂。城上鴉啼月東出，舉頭四顧天如藍。

題巴船出峽圖

巴山聳崒嵂，巴水流蕩潏。兩崖之高不知幾千尺，四時陰陰不見日。巴人萬里指東吳，無數巴船一時出。船上旌竿五色明，開頭捩柁難留停。中流亂石堆棋枰，獅蹲象伏誰敢攖，卻於石罅之字行。其後長年前最能，前者疾視後目瞠，篙著石眼音鏦錚。飈馳電掣弓脫檠，旌竿眩轉如流星，耳畔索索號風聲。是時峽內空無人，舉眼惟見煙霧橫。鵲鴣啼罷啼猩猩，絕壁倒挂哀猿鳴。猿鳴猶自可，鵲鴣愁殺我。苦向人言行不得，江水無情淚交墮。古稱水懦弱，民狎而玩之。一朝裸葬在魚腹，雖有千駟無由追。可歎巴人特好事，忍將性命徇微利。豈不知性命徇微利，一飽誰能代爲計？丈夫生無所成飢欲死，十年奔走長安市，擾擾營營亦如此。

孝廉種菜圖爲謝香祖題

陽羨謝兼山先生，諱遴，別字嘯莊，香祖之祖也。崇禎癸酉舉人，與陳百史、龔芝麓同年。明亡，隱居芳硯村莊，種菜自給，足不履城市者垂二十年。

義興芳硯之村莊，山水盤亘煙嵐蒼。竹屋八九間，人稱謝公鄉。陳滄洲署其里曰謝公鄉。謝公死去近百載，清風至今長激揚。風吹罨畫溪波起，白鹿麕麚騰且倚。招隱誰能更敦迫？芒鞋一緉千金直。陳其年贈詩云：「芒鞋一緉千金直，不踏城中二十年。」諸公努力事勳名，老圃餘生依種植。憶昨邊庭烽火驚，燒殘漢幟轟雷霆。運去英雄喪首尾，天心恍惚難具明。陵岸滄田互遷遞，神州倉卒黃雲蔽。連翩走馬三數公，遘釁乘機據高位。孝廉從此歌命衰，神農既沒將安歸？牛宮迤邐荒山曲，菜葉蕭疎散雞鶩。手把長鑱白木柄，商略陰晴問童僕。人情得隴每望蜀，富貴若箇能知足？但勿求榮應遠辱。君不見陳百史，宛轉朝衣斬東市；君不見龔芝麓，尚書履聲今不復。人家菜圃盈路衢，誰肯歸來自荷鋤！煙銷日出江村孤，至今傳者種菜圖。

題穆西林摹倣梅道人煙江疊嶂

江南羈客留長安，素衣染盡塵埃間。忽從西林畫圖上，望見江南千疊山。山峩峩，江濺濺，臨江老木蛟龍卷，縈紆冪𡍯浮蒼煙。洞庭彭蠡不復辨，煙化爲雲雲接天。絕壁倒挂飛來泉，呼洶直走從山巔。屈曲幾經坂九折，然後峭落歸平川。梅花庵主畫無敵，西林筆力爭後先。君不見吾鄉山水稱龍眠，我生寄此三十年。碾玉之峽噴冰雪，展齒已著幾兩穿。帽檐時時滴竹露，衣角往往回蝸涎。狂歌痛飲窮日夕，酒酣起舞風蹁躚。無端誤入塵網內，譬如作繭自拘纏。對此令人輒自失，回思故里空情牽。有鳥高飛破澄碧，我生何由似汝賢？

雜感十一首

卞和有良璞，被褐不敢藏。齋戒而沐浴，持以奉楚王。刖足至於再，泣涕每霑裳。至寶不可失，胡爲閟其光！光閟亦何憾，徒爲楚國傷。

悠悠華池水，灼灼芙蓉鮮。芳姿既絕世，遊賞亦紛然。終朝看不足，日暮更留連。歡愛有所寄，誰知媸與妍！矯命駕君車，歎息謂其賢。如何同心侶，中道忽相捐？

白日出榑桑，虞淵忽已至。一身且難留，何況富與貴！兒時嬌小姿，玉面桃花蕢。不知老已來，肌膚漸蕉萃。請謝五陵人，余將從此逝。

竹箭出嶺表，自矜爲良材。偶蒙工師盼，移根上國來。殷勤冀見採，詎意與時乖。枝柯日憔悴，風雪仍相摧。何因返故地，終老巖壑隈？

九州雖云廣，無地置腐儒。一身尚不保，何暇及妻孥！我欲從卿士，巧宦莫能如。力田望秋穫，誰爲把犂鋤？願從松子遊，難執化人袪。徘徊歧路側，俛首獨躊躇。

幕地張罝羅，誰能出其外？可憐雙翠鳥，羽毛爲患害。燕雀棲堂檐，堂焚巢亦壞。所以北溟魚，非徒善用大。聊作天池游，冥心覯下界。

晨朝遇匠石，礪斧南山陲。欲伐此山石，持爲貴者碑。大書且深刻，過客羨光輝。我來履其地，覽之爲涕洟。谷陵遞遷改，前後更奪移。安知數載後，地主復爲誰？寄言相羨者，裸葬未全非。

破獍善食父，靈獒亦齧人。雖含殘賊性，安養以終身。魯郊有異獸，肉角類麏麕。足不踐生草，宣父目爲麟。一旦薪采者，獲之用斧斤。恢恢誦天網，天道固難論。

李斯相秦皇，趙高特宦寺。威柄足誅高，而猥聽高計。徒憂蒙氏興，一旦居其次。哀哉患失心，千古若符契！牽犬出東門，回思成盛事。倉中雖便安，今日何如廁。

荒郊郭門外，佛寺何宏偉。檜柏風蕭蕭，石人相對峙。當時閹宦徒，創立窮奢侈。遺骨託空王，千年圖不毀。我來陟高丘，但見土花紫。薰腐何能爲，遂令宗社徙。空聞魯仲連，欲蹈東海死。自古共悲嗟，無爲獨流涕。

隆多御敗絮，終日嗟無衣。一朝得狐貉，閉目笑羊皮。菰粱永今夕，頓忘無朝炊。圜圜一門內，弟寒兄不知。深宮狎阿保，而閔百姓飢？豈非天使獨，知臨大君宜。吾聞晉帝言，何不食肉糜？中人數家產，流涕誦此辭。

仇英戰馬圖

韓幹畫馬古無匹，仇英復入曹霸室。弄筆偶成出塞圖，英姿粉墨何蕭瑟！鞍馬甲士無一同，百十嵓峞裝束雄。蔽虧掩映難悉數，人露頂踵馬尻鬃。邊關日落千山紅，半天颯颯旌旆風。飛鳥不敢近鳴噪，黃雲慘澹橫低空。羽箭雕弧擁牙纛，誓將萬里煙塵掃。壯士游敖今白頭，可憐日月空中老。願借霜蹄騕且馳，追奔直過流沙道。

沈周長江萬里圖

染用澄心紙，皴用大斧劈。自我作古古無敵，沈周當日聲輝赫。意匠寫成長江圖，天地晦冥忽變色。岷峨東來萬里長，落日倒影搖天光，雲霧噴吸蛟鼉翔。餘霞散盡缺月上，竹枝流韻何悲涼！亂山聳碧枝晴昊，坐對畫圖傷潦倒。安得扁舟落吾手，布帆攲側江南道。

重九後五日同人讌集分韻得佳字

長安客舍縈蜷蝸，庾郎雖貧猶食鮭。我輩天涯每痛哭，豈必絳灌曾擠排。江東風光足爛熳，放浪山巔仍水涯。都籃茶具鮮且潔，綠陰好鳥鳴喈喈。無端失足到京洛，似棄莞簟求稾鞋。麾之不去類蠅蚋，汗流疾走常滿街。面垢塵土一千尺，北風日夜聞其飄。皮乾肉皺筋力憊，安得膏潤回枯骸。長城白骨亂楮柱，荷鍤便學劉伶埋。今朝乘興不暇懶，勝遊喜得同心偕。尚書郎官六七輩，閒廁文士拖芒鞋。或言等類太無別，正如汝言亦復佳。談天辯口競哆侈，掀髯一吐平生懷。紅燈白月爭照耀，況傾濁酒如長淮。少年火色趁姿媚，時出小慧相俳諧。黃花晚拆有餘態，勝對越女攜吳娃。中山已供千日醉，收拾酒椀懸詩牌。酒政森嚴忌探伺，詩情古澹懲淫哇。嗟哉大雅日陵替，怒鼓取鬧喧羣蛙。或效昵昵兒女語，徑欲拔汝頭上釵。上薄風騷下沈宋，後何不爾前人皆？青天破碎不可補，誰能鍊石煩女媧。噫吁嘻！丈夫不得嘘氣貫赤日，文華縱好無根荄。羣生萬物一無濟，漫自矜飾云吾儕。良夜風流偶翕聚，明晨日出當分乖。髀肉易生時易邁，淚痕霑溼難摩揩。

贈徐崑山

我來長安城，今餘十年矣！茫茫衆人中，四顧鮮知己。有時騎蹇驢，未識當誰抵。動卽叩君門，高談動神鬼。老馬骨益倔，雄心在千里。北風塞外來，嘶鳴難自已。長安富貴家，但知羶炙美。君懷何磊落，忍飢鬻文史。朝吟酉未休，暮誦辰不止。艱難盤錯餘，黛色參天起。我生逢百罹，途窮輒垂涕。所賴拓心胸，共君膏繼晷。夜半微月生，高槐蔭窗几。白髮涼絲絲，爲君歌牧豕。

結交篇

結交結俠烈，佩劍佩昆吾。投身喧競地，反覆在須臾。昔我有好友，貧賤共相於。夜讀共膏火，晨牽共轆轤。同眠共茵席，同食共盤盂。一朝舍我去，振翼上天衢。高騫九霄步，視我如泥塗。門前足三及，未得履階除。歸來懷憤赧，頓足發長吁。語君且勿吁，何不愼厥初？丈夫譬良驥，安得侶駑駒！芳蘭何不采，惡木何不鋤？閭巷有義士，其名爲專諸。活人以百數，猛氣橫東吳。何不相款洽，緩急可時須。我聞不卜日，冠帶詣其廬。長跽執恭敬，相邀入酒壚。凍飲陳華酌，珍肴腾寇凫。酒酣氣慷慨，相視色敷腴。贈我黃金盤，報君白玉壺。贈我夜光璧，報君明月珠。贈我錦繡段，報君貂襜褕。煙霞一相契，金石不能渝。不惜微軀殞，遑論傾有無。牽衣向赤水，攜手到淸都。請謝我良友，貴賤本懸殊。擔簦與跨馬，相遇各分途。

送倪九司城歸高嵌山

憶昨與君俱少年，貿酒不惜錢十千。酒酣恣意論往昔，排詆許務嗤淵騫。天風吹蓬各枯走：君到陝郊稱衆母；我滯燕關凍餓俱，疾病侵陵成老醜。常言不死卽英雄，況我窮愁詩漸工。袖中一卷出相示，肯施鑢鑪加磨礱。人生鴻跡偶然寄，一別回頭十餘歲。長安僧寺佛燈靑，白髮相看如夢寐。五斗折腰殊可憐，勇能自斷卻歸田。龍眠深處結茅屋，非農非士非神仙。石田數畝環溪水，手把犂鋤趁牛尾。落花如雪四無人，布穀催耕乾鵲喜。濡需利處曲隈中，蝸角觸蠻交戰攻。腐儒一身無置處，惟有故山差見容。羨君知足能不辱，不待龍鍾返初服。他時竹杖叩門扉，應及山中酒新熟。

題西江漁隱圖爲王麟若

沿江苦竹三百里，綠綃微吹半江水。使我瞥眼一見心神飛，我本江頭一漁子。江南三月桃花紅，小船撐入菰蒲叢。船頭醉臥呼不起，落花片片皆與江流東。一夜秋風動林樾，白露橫江水光發。江妃笑把水芝來，羅襪盈盈步微月。高枕江波春復秋，誰知世上公與侯。釣絲飄轉無定著，是貪餌者吞吾鉤。蕭山王郎湖海客，慣避喧呶耽寂寞。忽然吐氣萬丈如長虹，倒吸滄溟凌五嶽。閉門端坐意不懽，自揭綸竿轉篷腳。因號西江漁隱翁，意與任家公子爭丘壑。海天萬里家魚龍，白波震盪瓊瑤宮。煙霞尋常在眼目，雲夢八九羅心胸。今者無端舉進士，拜歸學舍司童蒙。激濁揚清謝叔玠，（君素自負，嘗曰：「我官御史，必當激濁揚清。」）蒔藥釀酒師無功。枯腸那須水更滌，（五代王仁裕。）舊題何用紗爲籠。可惜西江名勝地，廣文官冷還拋棄。函丈人稱師席尊，挂帆我覺漁舟利。示我漁隱圖，恍如坐蓬壺。又如坐我洞庭之浦瀟湘淵，耳底激激洪濤翻。我亦塵埃苦奔走，爭得扁舟落吾手。船上一老清而癯，令我晝夢遊華胥。早識蘧蘧我化蝶，安知圉圉君非魚。解從陸地見魚樂，豈必竿罣窺鯇鮒。但恐流傳及仍耳，直疑田舍老翁眞業漁。相看仰天一大笑，子今知我爲誰歟？

雜興八首

碧樹多珍禽，和鳴共淸曉。凡木皆有枝，未若同根好。朝出左安門，垂楊何裊裊！路逢俠少年，招攜過酒保。沽酒共歡娛，意氣相傾倒。飛鳶與潛龍，浮沈終異道。不見同心人，憂思令人老。

我愛張子房，貌如婦人耳。生年卽多病，三寸舌詼詭。運策帷幄間，其中有妙理。韓仇旣以復，好爵非所喜。始遇黃石公，終從赤松子。

咸陽春欲暮，桃花映曲堤。秀色誰家子，長楊遊獵兒。騂弓大羽箭，鞍馬速如飛。路旁皆辟易，竊問姓名誰。新事武皇帝，關山再合圍。一朝得寵遇，意氣橫峨眉。回頭笑司馬，空賦上林辭。

昔者楚鄂君，光榮若桃李。飄颻青翰舟，翠蓋何煒煒！鐘鼓奏繁音，鏗鏘動閭里。一朝榜枻人，徵詞相訶詆。修袂爲揄揚，覆之以繡被。知音誠若斯，誰論賤與鄙？

荆王孌女色，日夕成淫荒。後宮良家子，一一嫽婧妝。容華雖絶代，睿顧未能償。常思九天上，仙子明月光。神女來入夢，眷眷意難忘。至今巫山渚，雲雨空蒼茫。

老梅發疎花，蒼然澗水邊。高風與芳韻，豈待世人傳！豔陽二三月，桃李爭春妍。自矜復自惜，翻爲梅花憐。棄置勿復道，此情從古然。

洛陽豪華地，歌管日紛紛。婉孌少年子，列坐如天人。南音操於越，西曲奏函秦。一彈再三鼓，流響遏行雲。自矜能獨樂，惟恐衆人聞。

我愛孟浩然，與世寡所諧。既蒙明主問，猶稱棄不才。惜哉韓採訪，上計欲與偕。豈伊陶嬰寡，而終自衒媒。君看早朝客，何似故人杯？

送張繡楓 時將歸娶

君家住近姑蘇臺，門前綠水羣鷗來。坐對晴窗誦六甲，桃花灼灼當窗開。幾年入洛曳珠履，筆端所向皆披靡。爲惜風光不待人，夢魂飛渡吳江水。與君一見論心事，傾筐倒篋無所忌。燕市酒徒今幾人？酒酣更灑楊朱淚。遙指秋波江上船，孤帆颯颯淩蒼煙。吳中春草碧於染，聊寄相思到日邊。

送張佩瑜

我昔遊姑蘇，迴舟海門路。金焦北顧高孱顏，萬古岷江此東注。城南古寺指鶴林，墓田丙舍連秋陰。叢篁灌木不見日，時有幽禽流好音。愛此山光與水色，人傳中有幽人宅。落落高懷世所無，閉門讀盡人間書。我聞君名故已久，卻向燕臺執君手。人生意氣淩青雲，不在區區一杯酒。酒酣露出肝肺脾，盡徹屏幛無町畦。坐聽樓鼓再三擊，秋河半隱城之西。君不見世事奔忙若流水，貴賤誰能別肩髀？但得高歌對酒時，四筵賓客皆知己。羨君歸去我獨留，雲山遙望不勝愁。他時把酒忽相憶，高挂蒲帆向潤州。願持公子五十犗，共釣長江萬里流！

送張根石歸丹徒學舍

君從海門來，還歸海門去。歸心不待人，先過瓜洲渡。憶昔與君初結交，有美白皙垂兩髦。期君共擊滄溟水，寧知落魄猶如此！君不學梨園弟子傅粉登壇場，顧盼左右生輝光。又不能武健嚴酷如杜周，撲擊賣請干王侯。朝齏暮鹽日復日，落花萬片春蕭瑟。予亦東西南北人，十年奔走空埃塵。一身憔悴不自惜，但願風俗還龐淳。吁嗟人生飢飽有定分，底須骯髒作天問？不見才名三絶稱鄭虔，坐令座客寒無氈。又不見，榮啓期，九十帶索長苦飢。歌聲殷殷出金石，路旁驚倒孔仲尼。君家官舍金山麓，吟詩直上山巔宿。我性本瀟蕩，不與流俗同。手持仙人九節杖，蹤跡半在名山中。送君此去心悒怏，山不同遊神獨往。他時一櫂款門來，爲君百斛傾金罍。

題風林落月圖爲張孝廉

高士愛名園，梧桐疎影翻。春風吹不定，纖月落紛紛。花徑水聲復松吹，草堂幽敞非人世。夜涼滿地碧雲流，時有清光上衣袂。藐姑仙人冰雪膚，科頭獨坐意何如？何時卻得執君手，恨不將身入畫圖。

懷張少儀

凄其壯節除，值此芳時度。景暖卉爭春，花深鳥流暮。緬懷合志人，追憶同遊處。引領望江南，遙天起雲霧。

秋夜懷鮑步江

寒雲暗南國，微雨滴秋夕。塞鴈一行過，客愁千縷積。懷賢已鬱陶，衰病仍繇劇。朝來明鏡中，鬢絲幾莖白。

秋懷二首

東風拂玉宇，花發如紅雲。井梧一葉落，從此秋氣新。豈聞霜雪暮，復見桃李春？芳蘭易摧折，惡鳥競囂喧。寄言同心侶，胥濟及斯晨。

霜嚴衆水落，魚龍忽驚秋。鰷鱨最微細，隨波亦羣遊。達者識時變，殷勤往爲謀。寧從灌瀆處，勿赴江河流。江河人所羨，網罟來相求。

西溪草堂圖爲沈侍御茱園題

沈郎家住西溪裏，繞屋梅花蔭溪水。日長無事坐讀書，香雪霏霏動窗几。梅花以外三面山，斷橋流水鳴潺潺。山光花色相照耀，身在蓬島非人間。侵晨闃寂門重閉，春鳥呼晴語流麗。童子開門奉帚來，落花一寸長鋪地。沈郎之貌癯而腴，梅枝作骨花爲膚。坐覺寒香滿口鼻，清風颯颯飄衣裾。念君愛我如昆弟，不飲令人心自醉。誰則爲雲誰則龍，晝日同行夜同被。同心之言臭如蘭，煙霞豈必殊鵷鸞。寒窗共語對尊酒，反手摳出心肺肝。憶昔出此圖，索我題詩久。我被飢驅牛馬走，豈有閒情學鳴吼。羲和握轡鞭且馳，重開此卷心增悲。白日無私照大地，人自雌伏還雄飛。沈郎沈郎特狡獪，草堂一出歸官廨。頭上今峩獬豸冠，臆中漸有麒麟畫。男兒墮地想殊勳，花開花落秋復春。他時獨訪空山道，手折梅花持贈君。

題張少儀望雲圖

天上浮雲無定蹤，倏忽變轉隨長風。如鳥如衣如擘絮，何如游子飄零西復東。憶君入洛年華盛，路指天門未爲夐。十年奔馬走三邊，千古才人同一命。有才無命奈君何？不用悲傷損太和。東方且向市中隱，甯戚誰當牛下歌？幕府沈沈白日隕，出門悵望南天盡。南天一望盡浮雲，不見黔陽白髮人。白髮一白不可黑，游子愁思淚沾臆。昨夜風吹大火流，夢魂飛繞芳杜洲。芳杜洲前山水隔，覺來依舊南雲白。男兒生世不得銘功勒石燕然山，岌峩空負頭上冠。會須吸飲藐姑上，聊可浮沈賓佐間。我聞人情聖人有弗禁，安能低顏齷齪長不歡。天空地闊任所適，何日開籠放白鷴？

怨詩五首

芙蓉耀朝日，秀色何葳蕤！榮華不見采，零落復安施？結髮爲君婦，盛年常獨棲。豈不暫旋返，席未煖重闈。虛室多朔氣，涼月有餘輝。夜長不可旦，冰雪生羅幃。感君入夢寐，髣髴平生儀。覺來失所在，流淚空自知。人生譬草露，旦晚莫能期。妾命一朝盡，君恩從此辭。

芳時不可再，華髮倏盈顚。深閨念遠客，有情誰與傳？登高以長望，悠悠隔山川。離居匪朝夕，安知食與眠？努力愛光景，竹帛從此宣。丈夫志有在，勿爲兒女牽。誓抱區區意，與君齊百年！

烏烏愛林薄，游子獨何之？索居易永久，奄忽十餘期。人無龜鶴壽，焉得待來茲？晨登博望山，將以望所思。茫茫雲天際，使我心目迷。駕言涉江水，江水浩無涯。歸來酌美酒，聊用緩余悲。

長風吹高松，松枝日以勁。人迹類飛蓬，飄颻固無定。憶與君別離，十年常臥病。我聞銅山崩，洛鐘自東應。物類且相感，在人豈殊性？仰觀浮雲征，流光倏已暝。思君如日月，誰能使合併？

滔滔黃河水，何時西入秦？蕩蕩客游士，豈復憶家門。邂逅承清盼，謬得託交親。謂當長相守，不負百年恩。飇風中道起，落羽遂驚奔。昔爲同棲鳥，今爲行路人。白日忽西匿，再中將何因？晨朝對明鏡，素髮如絲棼。齏鹽給朝暮，可以共辛勤。但願展燕好，與君甘食貧。丈夫志萬里，豈矜兒女仁。

題鳶飛魚躍圖爲許比部霍齋

兩年住燕市，有如鳥在籔，一涔之水棲鯢鮒。疾風揚沙春事盡，縱有修鱗廣翼誰能舒？回思在家日，江天一望青模糊。我與造化遊物外，羣生萬象皆恬愉。浙水畸人許夫子，圓冠大裙非俗儒。少年登第官尙書，時時遠夢生菰蘆。示我臥遊圖，妙意有寄人難摹。富貴在天任自至，神仙平地仍家居。許夫子，休歎吁！君亦不必解組歸里閭，我亦不必耕田把犂鋤。東方大隱在朝市，出處豈得云殊塗？屐遺那用納，尊倒何須扶！屐遺、尊倒，皆圖中事。徑從水抱山環處，添著褐衣霜鬢鬚。野飲常得斯人俱，大醉不知爾與吾，鳥飛雲漢魚江湖。

題許比部竹人圖

霍齋先生經世才，身處廊廟心蒿萊。家有名園種苦竹，摩雲千尺高崔巍。更取好種六十一，一一繞屋親自栽。乍聞啼鳥不知處，坐見洞庭瀟湘煙雨來。有時微風觸，淸泠戛寒玉。白袷生微涼，幽泉與斷續。空山寂寂扃空舍，急霰打窗吁可怕。一莖兩莖折竹聲，漸聽無聲到深夜。晨起開門雪滿庭，千枝萬葉皆低亞。披圖久諦視，爲君生離憂。當年噴飯篔簹谷，老可夫婦偕行游。先生塊然祇獨坐，高吟誰與同賡酬？時比部喪偶。許夫子，富貴神仙難並美。君今方作尚書郎，安得隱居順志齊張豸？他時解組歸來我叩扉，幸勿避逃深竹裏。在昔嵇與阮，七子同沈湎。縱使蔣生癖性不可馴，竹旁三徑別開門。我欲扁舟共還往，夫豈不如求仲羊仲爲三人？

飲汪氏園亭聽陸生彈琴

名園曠野尊酒同，炙轂談天辭未終。陸生下袖理孤桐，游魚深入鳥高翀。餘音激越振林木，一聽三日猶耳聾。是時月黑天朦朧，衆賓斂衽危坐中。共稱古調不復作，如此妙手難重逢。我獨無言向窗櫳，大笑不知笑所從。重睡眠熟聞擣舂，或爲擊鼓或撞鐘。匡牀對陳夢自別，我耳安能齊爾聰！夜深響絶衆賓散，皎皎寒月當秋空。

抒懷二首

神仙不可學，青紫難比肩。清風北窗下，疎柳帶鳴蟬。端坐讀書史，優哉終百年。龍飛歸九天，魚潛伏深淵。豈不慕騰躍？升沈良自然。

人生若驚電，憂苦百相嘗。一朝得老死，其樂故無央。飢寒不能迫，富貴非所望。永寐空林下，聊與塵世忘。所以髑髏曰：吾過南面王。

病中聞孫宮坊端人將見過先寄此詩

臥病忽已久，端居悵離索。虚室延清風，閒階綻紅藥。哦詩祇益愁，對酒未能酌。念我故交深，愧君高義廓。喧言降玉趾，佇望騁金絡。向夕倚門扉，但看西日落。

病起

寢疾倏終年，昏然如夢寐。起看芳草多，始復驚春至。故園東作興，十畝方耘藝。本自荷鋤身，胡爲久留滯？

冶遊行

男兒久隱畏約無窮時，傭保作苦將何爲？念昔父母初養我，謂是天上麒麟兒。總角作文誇蒨峭，同儕呿舌稱工妙。卓犖曾教老宿驚，坎軻今被羣愚笑。十年學仙仙不成，白髮種種來無情。不如徵逐冶游子，傅粉登場揚姓名。

秋日思歸

捐扇事方終，授衣辰已至。長林鮮華滋，虛室生寒吹。志士傷素秋，平生秉玄契。壯節未能酬，流光倏將逝。雖非反手才，實負干雲氣。浩然今欲歸，詎謂知希貴。

補溪草堂歌爲顧學正備九作

補溪有草堂，乃在虞山之東四十里。宋室遺民顧隱君，讀書求志居於此。裔孫奕葉起甲第，手植芙蓉徧溪水。古檜陰森墓上枝，流霞照耀相思子。數百年稱顧氏廬，後來卻歸錢尚書。尚書聲名動台斗，善黨崢嶸作魁首。車馬門前問字來，美人歌舞陳尊酒。不知滄海幾揚塵，此地還依舊主人。依然紅豆長萌蘖，當日樵夫摧作薪。顧家經術代不替，國子先生勇絕倫。遂將詩禮盡發覆，高源一一尋崑崙。乃知世業在德守，文章小技未爲尊。曾將草露比富貴，惟有處士名長存。不見長安苑囿地，頹垣敗甓烏鳥喧。草堂突兀溪水濱，歷宋元明傳其眞。

懷合明山

昔登合明頂，涼風吹素秋。青天九萬里，日照江海流。白雲足下起，清梵林端浮。題詩上石鏡，被酒窺龍湫。回首已陳迹，高懷不可求。何時一揮手，長此臥林丘。

懷田舍

生長在鄉野，足不出里閭。男女議昏嫁，半爲耕田夫。歲時偶燕集，腰鐮仍荷鋤。其間識字者，抗言陶唐虞。不知有貴勢，安識走與趨？菽麥味何永，衣冠奚所須。優哉樂復樂，庶以忘簪裾。

薊門歌

昔日常爲薊門客，黑貂裘敝無人識。客裏光陰十見春，祇今猶作薊門人。薊門久客心悲傷，對酒當歌長慨慷。主人前席起爲壽，不辭一舉累百觴。滿筵生菜羅冰雪，王瓜甘脆薑芽辣。櫻桃顆顆紅珊瑚，有酒不飲眞癡絕。青天萬里彩雲端，明月飛下黃金盤。左手把杯右弄月，置身忽覺非人間。車聲轣轆雌雷吼，薊門之人誇疾走。競將黃犬博金貂，大笑吾於爾何有？君不見報齊一戰立功勳，昔人誰似望諸君？望諸君，今安在？古墓纍纍歷千載。故鼎空陳磿室中，那知寂寞山河改。富貴功名總闃寥，烏啼古寺風蕭蕭。風蕭蕭兮易水寒，都人盡著白衣冠。弱肉終歸虎狼食，寃哉自殺太子丹！人言炙手手可熱，羹糝腥臊何足啜。十千沽酒吾未遑，況乃低頭事容悅。踟躕往事不勝悲，何處堪留大布衣？明朝且返滄江櫂，幣聘重來自有時。

郭　外

步行北郭外，高冢何纍纍！翁仲寂無語，羊牛嗥且馳。百年一生死，萬古迭興衰。未知此墓下，曾有子孫誰？誰擕一盂飯，於此澆棠梨？我來弔陳迹，偶當寒食時。不見紙錢颺，惟聞杜宇啼。歎息舍之去，蒼茫人代非。

題朱葯岑蒴淞草堂圖

自昔天地名蘧廬，四方何處爲安居？驪山北構復西折，一火三月成丘墟。先生妙意有所寄，豈必誅茅復埏埴！胸中突兀千萬間，臺閣崢嶸池沼備。君坐讀書於其中，樹之老竹疎梅楊柳桐。黃栗留鳴晚蟬噪，四時颯颯來清風。我聞吳淞江，蜿蜒三百里。吳孃暮雨唱歌聲，搖蕩漁舟明月裏。君今作客半世不歸家，縱有草堂誰料理？何況虛辭幻想託依稀，白髮飄蕭今老矣！撫圖相對發長吁，我淚淫淫不可止。淚且止，笑向君，古來富貴如浮雲。江上清風明月取不禁，君是江波舊主人。君不見，奉誠園、平樂館，蔓草萋萋蒺藜滿。千載惟有圖畫傳，彭鏗殤子何長短？

劉大櫆集　卷十三

古體

度縉雲嶺次跂三韻

白頭汗漫遊苕霅，天雨霏霏衣袂溼。永嘉南去千萬山，海霧江煙倏相合。山椒險仄忙趨奔，豺虎跳梁猿狖屯。蛇盤線縷高復下，髣髴昔人施手痕。壁色黯幽如積鐵，細泉下注聲凄咽。側洞橫楮上代松，陰厓倒積洪荒雪。僕夫歎恨行路難，聳身忽出青漢端。黄姑織女共游宴，白榆歷歷罡風寒。臨深久立驚懼起，一墜沈埋哀壑底。百年賦命有雄雌，我生胡爲至於此！宿陰解駮西日曛，僧齋鐘鼓遠傳聞。舉頭四顧南天盡，不見家山空白雲。

送跂三歸里二首

歡娛難再得，會合安可常？與子同枝葉，相攜共翺翔。歲月忽復易，各言還故鄉。況我値衰暮，倏若驚電光。朝夕壽命盡，前期杳茫茫。願因浮雲起，從風俱遠揚。

桂樹生秋山，綠葉何離離！上有雙棲鳥，比翼忽高飛。人生失儔侶，憂思結心脾。遙望吳淞水，佇立長路歧。中心有所親，山川無險巇。殷勤愛肢體，壽考以爲期。

題閨秀方輪冰自寫小像

高堂邃宇檻層軒，月照梧桐生紫煙。海棠啼雨蜀葵笑，中有玉人纖且妍。漢宮唐室逞姝麗，飛燕玉環成禍祟。美人胡爲祇獨居，院宇沈沈深自閉？幽閑明慧世間無，姑射神人冰雪膚。身輕能作掌上舞，仙衣不寒飄五銖。君不見天孫素手雲錦爛，一水盈盈隔河漢。七襄終日不成章，宛彼牽牛傷獨旦。山有椒兮隰有蘭，壻求韓重故應難。自傳小像下芳字，留與閒人子細看。

奉題學使公所得王新建印章次原韻

我愛新建伯，術業何崇隆！七齡矢志學古聖，富貴於我浮雲空。徑從良知見性命，震磕天鼓驚愚蒙。卒其所就繼孔孟，唱和如以徵應宫。後來小生肆掊擊，連結雞雌排虎雄。

擒濠立功在社稷，用由本出觀其通。即如餘事亦不惡，歌詩草聖皆神工。曾見瑰奇作大字，印壓紙尾丹砂紅。偉哉吾家督學使，蔚然起爲儒者宗！道與新建有深契，但恨生晚不相從。天出私印相授受，後先耿立天當中。江河萬古流不盡，此學此印知無窮。

懷玹三

江陰城郭東連海，晨夕氤氳風氣改。塞鴻飛盡碧天高，惟有春申山色在。相思天一隅，登隴望姑蘇。朦朧遠樹不可見，況乃人生蕞爾軀。人不見，見白雲，愁如花落暮紛紛。西風吹去花千片，那得愁心直到君？

賀蘭山石硯歌次韻

偉哉賀蘭山上石，自入中華聲赫奕。肌容青玄毓地精，骨理細膩含天澤。琢就常爲染翰珍，重之不減連城璧。洗向雲溪龜欲浮，潤通月窟星堪摘。餅金鎮日貢山籯，轂玉連年輸海舶。豈如茲石價無雙，采自遐荒影憐隻。研磨人無手指痕，凹凸歲有松煤積。求沽慘澹已出櫝，待聘殷勤猶在席。宜圖其大所直尋，縱展所長不盈尺。浮生貴賤有何常，付與人言任煩嘖。

題周振宗畫像

憶昨馳走西復東，湖山出沒行無窮。嶓冢重經漢水碧，天台再見桃花紅。歸來依舊四立壁，坐對青燈三歎息。男兒終自不竮竛，志士那憂無著喫？悠悠浮世如醯雞，高梧鳴鳳猶苦飢。競向天廚窺禁臠，何殊跛足緣天梯。先生妙意寄物外，嗒焉胸中無芥蔕。長松謖謖飄緒風，耳邊鎮日聞清籟。科頭不戴華陽巾，長作觀心宴坐人。放眼一看盡四海，孤懷磊落誰相親？歲月悠悠逝如水，余亦漸知丘壑美。白嶽黃山有舊緣，天都峯下將終矣。

松風圖爲新安教授胡君題

先生昔居五茸城，海波萬里騰鯢鯨。鯉魚風急暮潮湧，彷彿千巖萬壑之松聲。先生閉門方夜讀，河漢蒼茫帖寒玉。松聲謖謖窗外來，恍如海倒江翻風雨雹。自從作吏向閶徽，神明父母聲稱譟。縱有長松磊落千萬株，萬竅怒號飛不到。新安屈曲窮山隈，學舍荒涼生緊苔。先生堂堂公輔才，亦復在此胡爲哉？卻思舊日經遊處，圖畫幅巾與芒屨。耳底激激長風吹，望中鬱鬱青松樹。莫嫌官冷重悲辛，聖賢豪傑皆長貧。韓愈膏油鎮兀兀，胡瑗弟子常詵詵。與君相去百餘里，鬢毛如雪差相似。世間何處覓知心？侈說功名眞妄耳！功名雖建復何如？世事倉皇無定居。會待松風吹夢醒，一朝分路歸田廬。

教子圖爲許萃和題

良工之子常爲箕，教其愛者求牡驪。昂昂嵇紹不待教，早已高壓連羣雞。君不見東家老翁誇析薪，而其子不能負荷。半生辛苦置園田，棄擲泥沙守寒餓。乃知人以義方成，若非積習名教其安能。一經亦是尋常事，差勝黃金徒滿籯。新安許生富儒雅，有子生而不凡者。豈惟驍勇冠行間，終見文章擅天下。卿從我遊情意親，郎君清爽非卿倫。王家龍鳳雛虎豹，汝有佳兒是石麟。我宴華堂貪一笑，曾令出拜驚殊調。雲髮玉齒霜鶻睛，衆賓愕顧稱英妙。男兒富貴自有因，一毛定許排青雲。莫以與君有瓜葛，動卽鞭箠加霆瞋。陶公曠達輕膴仕，區區梨栗呵通子。快牛爲犢當破車，少忍斯須未爲恥。我無似續分長休，極知天道良悠悠。每嗟夜誦鄰家子，那得生兒皆仲謀！

寄跂三秉簡沈浴鯨

我昔游京師，舉目無相知。騎驢覓冷炙，徒使衣塵緇。東武竇公文章伯，訪我一見心莫逆。論交四海空無人，謂當置我前賢之一席。竇公收士浙東西，幕僚英雋連璋珪。就中秀出施亦符與沈浴鯨，西濤老弟尤不羈。弱冠有文如虎豹，斑斑游戲殊恆調。詩名傳播徧人間，俊逸清新兼庾鮑。與余傾蓋情已深，同心同臭能斷金。行舟被酒對牀臥，走馬裁詩聯袂吟。日向西湖縱閒步，夭桃弱柳蘇堤路。江山四面列屏圍，放眼悲歌無忌顧。笱輿扛度縉雲來，石門瀑布轟春雷。仰瞻青田遺像肅再拜，使我愧汗紅流頤。我今與爾皆堯裔，誰能繼此曠古佐命之奇才？更緣斤竹登雁蕩，嵯峨立石森相向。坐看素壁吐長虹，石城中有車千兩。大珠小珠頭上跳，煙雨濛濛亂飛颸。揚帆截海尋天台，華頂一視千巖萬壑皆低摧。石梁寒翠入肌骨，衆客催歸我不回。夜宿高明寺，寺樓高敞天半開。君忽高歌振響入河漢，隱與天台雲氣相盤徊。酒船往弔四明客，鑑湖深廣黏天碧。我醉高吟蜀道難，無人知是天上仙人謫。蘭亭遺跡久榛蕪，縱探禹穴終模糊。會須喚取若邪溪上女，並載西施浮五湖。只言歡樂常如此，誰知憂思從中起。我既歸耕皖口田，君亦還釣吳淞水。白下城南再見君，忽忽未得陳慇懃。吾徒會合關天命，寸步欲致難攀援。側聞獻賦仍遭刖，莫便書空嗟咄咄。天生爾才應得名，千秋此心那得容毫髪？去年我到黟山時，沈郎郵筒曾寄詩。惟有施君長往不復見，令我涕淚雙漣洏。我今窮山獨坐竟日長相思，恨不能飛入金閶城內同娛嬉。舊游恍惚前身事，悲莫悲兮生別離！

贈方文之

我昔長安訪交友，君家祖父皆我厚。乃祖耆年丈人行，逢人稱我不離口。我視乃翁猶弟兄，風雨連牀歲時久。其後分離各異方，夢中時或一攜手。乃祖輪囷拔地材，儒林學士相追陪。技能富有足閈濟，時命孤虛多刺乖。四座賓朋伺謦欬，半生憔悴趨塵埃。雖然名德冠鄉里，終竟寂寞沈蒿萊。乃翁鼎鐘天廟器，十萬胸羅活國計。屈爲縣令號慈君，人見桑中有馴雉。誰知良驥足未展，一夢瓊瑰溘然逝。每憶薰香摘豔文，猶傳鐵畫銀鈎字。郎君弱冠何翩翩，輩行之中推汝賢。朱霞天半不易覯，瓊樹安能爭後先！我到君家曾一宿，酒漿春韭堆盤筵。怡然敬我謂父執，使我涕淚交潺湲。吁嗟乎！君家世世登膴仕，必興吾門當在爾。忠孝爲寶經史田，豈徒蘭茁其芽比瑜珥！乃祖垂德裕後昆，乃翁積敎風矩存。爾思水木愴霜露，能讀父書不忘其先人。仲舉稱爲不凡子，甘羅自是名家孫。梗枏盤錯作梁棟，璞石追琢成璵璠。矯矯人看一龍躍，昂昂氣壓千雞羣。他年舉翼扶搖上天漢，惜哉乃祖乃翁俱不見。

寄姚姬傳

我昔在故鄉，初與君相識。君時甫冠帶，已具垂天翼。我膺經學薦，往作京華客。君適鄉舉來，歡遊窮日夕。胸羅文史十牛車，計日應得翔天衢。誰知天門九重閉，夜叉棧齴連躨䟢。賢豪遭遇古難必，更百千年纔一出。遭時呼吸成虹霞，不遇惟當老蓬蓽。我今齞齵傷懷抱，苜蓿差堪營一飽。所嗟絆足柴車中，不見故人顏色好。卻憶我年當少時，淸風朗月爲襟期。雄吞雲夢可八九，走馬橫行十萬師。自愛文華矜獨擅，君家伯父同游宴。一飲百觚芒角生，下筆驅濤走雷電。雲水升沈不可論，眼看汝伯登金門。我獨扁舟泛湖海，大地無能容一身。汝伯起家凡幾歲，欲上層霄更垂翅。骨相原非公輔倫，異域飄零各憔悴。我觀自古諸賢英，往往實不副其名。平時對客發高論，事去詭言無宦情。趙括徒能讀父傳，王衍終必誤蒼生。吾徒奮志準古昔，毋令市儈還相輕。雖然我今年老矣，窮鳥投林聊至此。荒山野水終殘年，自顧所餘惟一死。君方及壯多宏才，豈比朽瓜枯木灰。龍騰苑沼雨雲合，日出扶桑煙霧開。事業微猶繼丙魏，文章劣足凌鄒枚。後來居上待子耳，臨風悵望空遲回。

烏江項王廟作歌

古來不道無秦比，天教草昧英雄起。功成未得居皇王，魂魄至今長不死。憶昔嬴政殲成周，并吞六國烹王侯。二世威刑更刻深，人人自危多異心。前有勝與廣，後有梁與籍。楚人三戶能亡秦，況乃重瞳拔山力。項王引兵西渡河，瞋目救趙揮長戈。戰士無不一當十，呼聲殷與雲漢摩。一炬咸陽宮室燼，美人珍寶何堪問。殽函千里名金城，奮臂驅除即日平。沛公先入天相授，項羽無終命所令。即今相去幾經年，廟貌經過猶懍然。紅樹秋山慘夕照，烏江古渡空寒煙。客子飄零無所事，蕭然襆被孤舟次。卻憶長身八尺扛鼎何崔嵬，八千子弟渡江來。將援水火衽席上，盡捲霾雲天日開。殷湯放桀作典寶，周武征商散鹿臺。獨立江頭三歎息，如何更百千年無此才？

小李將軍漢宮圖

漢家宮闕淩青霄，百四十五爭岧嶤。包山絡野跨阬谷，蔽虧曦月含風飈。小李將軍作圖畫，氣象硉兀生鮫綃。我聞帝堯御宇日，茅茨土階崇樸直。自從秦作驪山宮，臺建雲明珍木窮。閣道絕漢抵營室，美人鐘鼓充其中。自時厥後日奢惑，無復采椽不斲之遺風。漢高起匹夫，詩書非所務。歸見蕭何營未央，宏侈過甚猶能怒。武皇滅越禳火災，建章千門萬戶開。神山龜魚象太液，輦路連接神明臺。下逮建始鴻嘉際，離宮別苑不可計。宵遊漆柱黑綈鋪，飛行之殿負以趨。飛燕合德同歡娛，歸風豔曲流晴虛。後車能戒前車罕，東西樓觀排雲滿。孝哀既廣四時房，靈帝更創裸遊館。三風十愆古訓垂，禍水滅火誠非欺。坐令董呂袁曹出，宮館美人無一遺。

寄陳孝廉伯思翰林仲思昆弟

二十餘年遊已倦，咸京晚與君酣燕。君家兄弟方少年，虎豹文章一時變。歲暮天寒多北風，窖臺高敞雪華中。酒酣直上履巖險，意氣徑欲凌蒼穹。無聊日月閒相送，美飲千鍾不云痛。招尋尙覺三日遲，更自搜求到鲊甕。君隨嚴君詣楚州，我亦來參幕府遊。武昌城西風月古，載酒頻登黃鶴樓。襄陽北接隆中地，愛向習家池上醉。羊公片石枕山阿，今日何人爲垂淚？歸自黃州天霧霾，大風發屋波如山。我笑北人不慣事，風定波平騎馬還。六七年來苦倥偬，舊遊回首眞如夢。千里音塵不復通，獨持卮酒與誰共？相思無奈故人何，尋取尺書時一誦。荒山寂坐思悠悠，人生歡會豈易謀。我今老況日侵逼，見期自算終危浮。撥棄卑官直北走，應得與君朝夕相綢繆。

登斗山放歌

新安四圍千萬山，連峯疊嶺爭孱顔。渠兇彍騎不敢度，但使一夫雄當關。我今衰老百無用，乃令寢處食息於其間。天風吹我長飄蕩，日夕攀登斗山上。俯瞰雙城嚴塹中，萬家煙火聞雞唱。晴嵐空翠時有無，周遭九面青芙蕖。倏忽陰雲吐一縷，白波千頃洶平鋪。有宋傑出稱大儒，後來繼起陳與胡。卽今聲明轉極盛，嚴徐東馬相標映。文章冠蓋齊光芒，斗山安能以斗量！君不見漢室分封廣德王，予之黟歙開茅疆。千年古骨葬何處？惟有黃巖萬仞凌穹蒼。又不見侵邊據險何眈眈！後有沈雪前毛甘。奸雄愼毋逞跋扈，大軍所至皆平哉。山川如故人代改，陳跡依微無復在。我醉遙呼明月來，長把清光照東海。東海上，初月升，照見頭顱白髮垂星星。千秋萬歲總磨滅，誰能規取浮世名？禹貢揚州此其域，周秦人物何寥闃！相隨漁子盪輕舟，我是武陵源內客。

東歸謠爲姜櫟亭畫像

君家家世居萊陽，自爾曾王父，抗言極諫投南荒。瘞骨敬亭山，山石與骨同堅剛。以兹歷四世，乃有宛陵姜。狐死正丘首，東萊先隴安可忘？一夕魂九逝，上祀缺烝嘗。客有善毫素，繪圖佽行裝。朝市市鞍馬，夕市市鞭繮。振轡徑東指，行行歸舊疆。泰山見爾歸，白雲相迎將。徂徠新甫見爾歸，松柏翳翳參天長。遠祖見爾歸，有椒有飶登豆觴。越鳥自南翥，賓鴻仍北翔。天地一蘧廬，海山何蒼茫。夢中萊子國猶是，卻望宣州是故鄉。

題陵寒圖爲程旭升壽

君不見廣寒宮殿高崔巍，中有桂樹何年栽？吳剛萬古斫不斷，天風吹落人間來。南州勝處產兹樹，柯葉青青拂雲霧。程翁隱德齊太丘，紀諶二子德與侔。泰山之阿高萬仞，玉梁千丈臨飛流。甘露所霑泉所潤，桂樹焉知庇蔭之所由！我知翁家有一雛，亦如徐卿百不憂。丹桂奕世愈蕃衍，大椿千歲爲春秋。人生難得是美好，曰富曰貴曰壽考。翁其善自愛，安享黄髮期。馮老作詩稱教子，曹公太息羡生兒。對策第一胡能奇，譬猶桂林之一枝。

方紫宇望潮圖

愛君浩浩磊磊之胸臆，示我觀潮海上圖，意氣崢嶸與潮敵。請看尺幅縑素中，島嶼散亂雲鴻溶，四座颯颯生寒風。錢塘地接東溟遠，北赭南龕蹊路險。此間有水天上來，摧觸鶩夷墳衍。或云潮盈在朔望，朏魄衰頹不能壯。其氣附日常左旋，隨天進退分斂漲。我不知其消息盈與虚，但見倏忽震盪從歸墟。銀山雪嶺攢天鋪，勢如萬馬狂奔趨。厥聲硠磕轟雷車，八風俱臻相吸噓。馳突蝄像揚天吳，鯨吞鼉横龍盤拏，雕鱗采介羣睢盱。非徒赤岸觸將裂，頓使横門崩欲無。陰陽二氣爲神鬼，幻作奇觀歎觀止。君不見錢王板築因民利，潮亦有靈知畏避。方君倜儻非常儔，襟懷澹蕩不可收。仰攀日月淩山丘，一口盡吸西江流。丈夫生世要如此，我亦隨君渡江水，三山隱隱潮初起。

溪山第一樓歌和人作

青山無數如處女，鬟髮濃蛾爭媚嫵。高樓趺坐學枯禪，四面窺人滿窗戶。禹跡芒芒不到此，左匯錢塘右彭蠡。千灤百折水自如，惟有古來名賢呼不起。維昔子朱子，婺源其故里。溪山如此鬱盤回，令我想見嶽降神生理。我聞馬肅稱醫王，乃建此樓突兀撐虛空。參旗井鉞手可探，天垣帝座呼能通。嗟余老矣一無用，臍有巖壑差我容。憑闌晏坐發歎息，可使溪山如此而我不得棲其中。黄花燦燦鋪平楚，麥隴搖青桑葉吐。太陰慘澹殺氣來，倏忽雲煙變風雨。窮通得喪只須臾，歡樂不足哀有餘。雖云第一亦區區，行當脱身歸故廬，但愛溪山何處無。

登天都峯歌題黄開運畫像

山靈逃竄入青冥，截斷塵世攀躋路。畸士追逃如放豚，旁搜直到山窮處。黄山高爲南服雄，其最高者天都峯。自有此峯人跡絶，惟見青瓊一片萬古撐寒空。何人望空振遊屐，徑上懸崖探險脊。黄公亦是塵世人，那得身輕有羽翼？山巔肅肅靈風生，耳底奔流銀漢萬疊遙山雲聲。脫離塵垢九萬里，驂駕赤霞天上行。乍見白雲鋪四野，雲濤都在山腰下。萬疊遙山雲際浮，微茫海上浮漚者。問山何以名天都？乃是天上羣仙遊戲之寄廬。中有石室宏且紆，相與博弈爲歡娛。君今日與羣仙居，腳踏赤鯶頂，手執化人裾。蒼龍白虎左右衞，井鉞參旗前後趨，揚謳鼓瑟吹笙竽。可惜塵心猶未遣，君行胡不自此遠，隘於蝸角是人間，何事歸來重黽勉？歎息營營名與利，一朝富貴還顚沛，泉石膏肓不可痊，優游庶得全其天。秦皇最羨瀛洲島，誰識天都有散仙！

贈汪寶書

我初見子風度殊，花顏玉面貂襜褕。雞鶩叢叢百千萬，高飛一鶴天際孤。祇今年纔二十餘，射楊中葉百不虛。想見胸中萬靈鑄，濁水照映摩尼珠。天生爾才應有用，要令聲價丘山重。豈蘄海宇知姓名，終爲天家作梁棟。東山雖無安石臥，漢庭宜有賈生慟。一洗羣臣諛佞風，直追伊呂相伯仲。丈夫那得爲身謀？古聖常先天下憂。爾已青雲待舉足，我今白髮空盈頭。乾坤曠垠莽無際，日月奔忙攀莫留。人生有志不得遂，聊與相攜汗漫遊。

題戴履和夏木聽鸝圖

昔者子祀與子輿，相看莫逆遂爲友。披圖衣褐羨清涼，一笑相逢嗟我後。我本東西南北人，疲驢遠道趨埃塵。回思故里越吟苦，歸夢時與煙霞親。君家仲若何磊磊，吳中宿昔稱高士。裔孫奕葉振風標，斗酒雙柑猶可擬。東園楊柳凝遠青，上有好鳥聲瓏玲。繁枝密葉藏不見，鎮日科頭趺足聽。其間碧水蒼波冷，錯霧含雲十萬頃。翠菂芙蕖開欲齊，紅妝照徹玻瓈影。夾岸團圞修竹林，琅玕个个清人心。赤日行空如火熱，疎簾清簟長陰森。朱門噂沓矜權利，汗拭漿流凡幾輩。好音不入貴人聽，留與吾曹作仙吹。憶爾清冰出罋餈，軒然意氣生虹蜺。記禮更爲删禮者，囊琴翻有破琴時。竭來吾衰慚大雅，常驚僻地勞車馬。膠漆寧須交臂成，文章祇爲知心寫。君不見時光冉冉如電流，眼看盛夏成清秋。朱花吟欠見缺落，黃鳥那得長羣留。勸君美酒置千斛，不用長懷千載憂。男兒宴坐有福命，豈必將相王公侯。功名未必上鐘鼎，聊可山林同佚遊。我已無能無所求，菊洲松島想深幽。他時獨處思安道，徑學山陰雪夜舟。

題孫孟然品酒圖

天上酒星地酒泉，清者爲聖濁者賢。古來賢聖皆愛酒，何獨於今孫孟然！吾聞酒者天之祿，持以養人生百福。長樂宮中觴九行，步兵廚下釀千斛。左手持螯右把杯，拍浮其中一生足。青田之核衡陽酃，關中白薄高公淸。松葉梟花八風凍，竹碧鵝黃千日醒。西蜀東吳各異造，妙香殊色難知名。此間高下有倫次，誰謂醇醨無定評。高堂廣座羅賓友，並坐鼓琴還擊缶。小蠻鑿落紛縱橫，自卯同傾將及酉。稜觚那用作經程，笑殺河東惟一斗。君不見阮遙集，百錢挂杖常自隨。又不見山季倫，乘驄倒著白接䍦。金貂只作換酒具，酩酊憑教無所知。孫郎昂藏天下士，捧罌承槽非本志。胸中壘塊故須澆，一月二十九日醉。車輪括頸庸何傷，失一老兵那復計！披圖故態恍如昨，糟漿之風猶逆鼻。從使人呼老渴羌，我知酒中有眞味！

題陳滋島小築讀書圖

沁溪先生讀書處，四世文孫能敬承。左圖右史紛錯置，傳之紛墨尤光晶。我昔讀書無半盞，識字粗能記姓名。況今老去精力憊，記一忘十心自憎。一與眞儒學士接，愧生中夜神魂驚。譬如病客斷酒飲，時於隔座聞芳馨。君今年少氣猛烈，扶桑赤日纔東升。物外縱觀我眇小，雲端高矚山崢嶸。射蛟臺上展遊眺，胸次萬古堆不平。掃除俗尙崇聖學，如金在冶弓在檠。其先詳說後反約，參乎賜也機將迎。文章小技不足事，偶一娛弄春葩明。不離故處誓不止，急流端著長篙撐。鄉閭耆舊擅夙響，請君過耳如蟲薨。定知後來必居上，大放厥辭鍠厥聲。率爾頓輿周孔思，鏗然自作韶鈞鳴。海濤天雲被驅湧，量所包越皆劉嬴。雖然貫通敢自足，愼勿意氣生驕矜。古人爲學在不厭，慘澹深夜張紅燈。君不見世人讀書爲富貴，書與富貴相除乘。解道書中有眞味，富貴何啻浮雲輕！昆吾切玉初出硎，迸出光芒連日星。好風一日肯相送，會見六翮凌青冥。可惜老翁老無賴，年過七十猶瞢騰。何時歸近君家屋，一傍東牆側耳聽？

題吳西玉靑崖放鹿圖

人身與天地，一氣相迴環。穢濁沈埋入地底，淸氣直上浮天關。罡風漩急不可以，駐足乃棲嵩衡泰華諸名山。瓊臺玉宇高且寒，日與古來賢豪聖智相往還。浮蝣蟻垤看塵寰，山中所有惟鹿豕，安得斯人與游盤。鳥獸同羣亦樂事，況乃瑤光星彩長斕煸。乘奔六馬不能及，浮水蹤罔生羽翰。仙人何必在天上，且放白鹿青崖間。

寄懷故人

憶爾陟崔嵬，望爾空睠戀。雲山千萬重，欲見何由見？不見意難忘，相思幾斷腸！昨余歸故里，攜手笑言長。笑言曾未幾，倏忽分塗軌。我已返山巖，君猶滯水沚。水沚路悠悠，岷江東北流。思君隔江水，日夕上高樓。高樓聳巀嶭，墟煙乍升滅。望君君不來，遙天見明月。明月影婆娑，相看愁更多。故人今不在，明月奈人何？月亦有時圓，月亦有時缺；人生日就老，況作他鄉別！別意定何如？蘧蘧一夢餘。終當作死別，生別重愁予。

行行且遊獵篇

漢家宮殿淩霄起，錦繡河山相錯倚。瑤房金屋不安居，胡爲來此荒陬遠徼隅？邊風蕭蕭邊草白，帶箭腰弓往遊劇。青雲爲旗明月竿，廣布翠皁青林間。熊羆騰擲犀兕騬，野盡山窮興未闌。軼材之獸殊等倫，猝出不意干車塵。金鏃淫夷不可計，悔何能及心煩寃。穆王乘八駿，西遊何時還？白犧赤驥走雷電，瑤池燕飲窮欣懽。惜哉盛姬中道逝，含情窈窕增悲歎。九疑巉天不可攀，錢塘波惡流崩湍。射蛟潯陽江水殷，樓船中流歌正酣。陽武沙中鐵椎響，倉卒殺吏驚探丸。猛虎在山龍躍淵，枯魚過河螻蟻慕其羶。君不見華屋垂堂古有誡，杞人無事常憂天。

孝孫詩

歙人方如珽子正尋其四世祖墓塘之柩於潛山，得之歸葬，裔孫輔述其事徵詩，爲作此篇。

浮生飄轉如浮漚，狐死猶能正首丘。春秋霜露輒悽慼，忍令祖骨捐遐陬。孝孫哀號痛至骨，四顧茫然將往求。上有滄浪之高天，下有滾滾不盡之江流。七十老姑斑白頭，誓扶殘喘同尋搜。跋山涉水幾千里，天柱峯前呼石牛。披拂榛莽跣雙足，逢人跪拜空咿嚘。僧言骨入普同塔，血淚迸出酸風眸。再越一隴踰一溝，父老爾豈知其由？或云此山石洞內，舊有厝櫬無人收。果竟得之斂髻飾，一與老姑言相讎。舁歸故里叶吉卜，巍然華表凌清秋。吁嗟乎！血氣有知愛倫類，小至燕雀猶噍啁。磐石畫像盡垂涕，遠方心痛無不酬。至誠信足感天地，孝思所結通顯幽。曠蕩空虛似響答，山神社鬼皆與謀。書之家乘傳萬祀，蕭何後嗣仍封侯。我詩鄙陋無與儔，聊爲孝子仁人謳！

宿祥符寺

夙昔愛山水，足弱不能步。矧茲衰暮年，飄蕭髮垂素。久聞黃山幽，禪棲屢回互。亂石擁溪流，迎人奮餘怒。入門一笑粲，仰見山巔樹。濛濛煙靄中，時復巖姿露。枕席翻波濤，喧闐逐達曙。未能生道心，聊得浣塵慮。人生早多艱，因爲迷方誤。得魚已忘筌，守株方待兔。往昔諒難追，來今猶可悟。稽首法王前，爲余引歸路。

雪

夜臥空山中，萬竅方怒號。須臾風定衆籟寂，但覺爬沙蟹跡颯颯當檐飄。紙窗中夜白如晝，靜聽不聞雞鳴嘐。豈其扶桑日出暾已高？不然當有片月懸林梢。開門積雪滿階砌，舉頭四顧不知幾千玉筍突兀摩層霄！上下天光及水色，高陵無異迴塘坳。忍寒憑檻對立久，銀海蒼茫花動搖。憶昨赤日相煎熬，炎威掃蕩凡幾朝。倏忽已當冬雪至，朔寒慘烈來如刀。羣生大地皆重閉，我不偃臥誰能逃？走向西鄰覓酒酤，相與歠醨還餔糟。

瓠落行答王令梃

瓠落復瓠落，二十年來走京洛。置身廊廟非我能，敢信此生竟無託。閉門坐讀先聖書，寢興夢寐皆黄虞。窮交餓叟忽相值，我心慘愴莫爲力。黯然懷古發悲歌，欲上高天問消息。王夫子，歌莫哀，爲君拔劍捎雲開。撑腸拄腹五千卷，不如即時酒一杯。君看北邙家纍纍，千駟萬鍾安在哉！凡今誰是出羣才，綠鬢成雪心成灰。神仙富貴俱浮埃，今我不樂日月催。

雜詩二首

端居念往事，天道何無憑？隨風偃蔓草，與波逐流萍。當其意所注，人力固難爭。人力屹已定，天心無脆眞。哀哉周之季，東魯聖人生。汲汲彊奔走，終然無所成。

草木正黄落，先秋芽已萌。盛陽布德澤，變衰機已成。嬴秦滅聖軌，兆自周幽平。仲尼及老釋，雜然同時生。禍福互倚伏，善惡迭衰興。天道每淆混，人事尙精明。日晡召鄰叟，有酒聊共傾。

懷古

方朔乃太歲，李白爲長庚。天公尚不容，況此蚩蚩氓？九尺一囊粟，金馬聊偷生。赫赫武皇帝，玩之如老兵。未至帝降輦，既來帝調羹。流落到江左，謝公山正青。人間偶游戲，海涌崑崙傾。猛虎一長嘯，百犬皆無聲。浮華何足道，千載留芳稱。

題亡弟遺像

骨肉願長聚，年老自乖分。兄弟本四人，今惟一人存。嗟予弟已逝，誰與共長貧？悽悽望丘隴，肅肅瞻幃茵。空餘遺像在，無復笑言親。白髮慘相對，蒼顏猶昔温。旁攜一弱子，娱弄樂天倫。我雖無嗣續，伯季皆有孫。猶子復有子，豈非吾後昆？平生百不遂，所事牧雞豚。惟冀爾輩賢，稍振此衰門。富貴非所望，詩書庶能敦。

題朱子頴畫像

修竹千竿拔地出，摩霄貫日騰雲煙。翩然獨立者誰子，無乃瀛洲滄海仙。細看是我舊相識，眸子炯然鬚一尺。光芒百丈噴長虹，磊落胸中負奇畫。浮生難得是安居，陳迹圜圚嗟磨驢。豈有飛仙塵劫外，不巾不韈常晏如。險阻艱難嘗已備，昔賢知進還知退。沈憂夢想息勞筋，畫餅充飢聊自戲。憶昔與子初結交，童然侍側髧兩髦。子已黃堂坐兀兀，我今白髮垂蕭蕭。丈夫生世無不可，雌伏雄飛任流播。惟有相思勞夢魂，愛而不見空愁我。嗚呼！安得壺公縮地術，樅陽泰安相接連？白頭翻作童兒態，與爾嬉游終歲年！

家丹老用元遺山答辛敬之詩韻見貽即次奉答

黑風吹船不得渡，我已從前失歸路。晉室清談非所能，肯令天下蒼生誤。白髮羞投北闕書，玄文終隱南山霧。尋常輪轂何用丹，春秋王臣總稱素。歸來藜藿拄虛空，命途窮薄天所賦。豈知世有宮錦袍？斯言諔詭多回護。百川狂倒目徒蒿，望公不見持觳號。公是東山謝安石，胸儲萬斛胥江濤，擊撞金石聊復爾，唾手事業登夔皐。餘子碌碌不足數，如公乃足當人豪。

劉大櫆集　卷十四

今體

山居雨後

雨霽高巖夜，飛流挂玉虹。微風落古木，秋月滿寒空。世事吾何與？溪毛自不窮。時沽茅店酒，細酌對村翁。

五印寺聽吳少峯彈琴

香臺初上日，檜鐸受風微。好友不期至，僧廬同叩扉。彈琴向佛座，餘響入雲飛。余亦忘言說，烏棲猶未歸。

送兄荀非之滇

萬里滇南路，長驅冒塞塵。斷煙江館夢，殘月野橋人。爲客不辭遠，居家無奈貧。臨岐更無語，執手淚盈巾。

山　行

蓮花庵下午風清，散步深山曲徑平。萬里空青孤日影，一林濃綠亂鶯聲。

與諸君泛舟荷花盛開

把我蘭陵酯，注君白玉杯。荷花三十里，相對一時開。短櫂隨流轉，清歌逐吹回。不知天色暮，明月上船來。

宿山寺

長夏不知暑，白雲多在山。梧陰日色薄，松際鶴儀閒。淨室了無客，籬門不上關。更聞西澗水，終夕送潺湲。

夏日暝興

樹杪起微吹，山巓餘夕陽。蛾蠓團暗牖，蝙蝠掠虛廊。細草棲蟲響，幽花浥露香。時搖白羽扇，野興亦何長！

獨坐有懷

浴罷振衣坐，鉤簾納晚風。淡煙雙樹古，荒月一庭空。入漢星光濇，防身劍氣雄。故人千里外，安得酒尊同？

野　望

畫圖看遠岫，棋局列平田。斷隴雙扉掩，長林一徑穿。水流春雨霽，霞濇夕陽天。徙倚東皋上，人家起暮煙。

曉過京口

天塹横分一帶長，亂帆颯颯下維揚。江聲夜雨增悲壯，海色朝霞接混茫。狠石銷沈誰弔古，賓鴻悽斷不成行。衰遲未得除豪氣，放櫂中流自激昂。

陪盧運使宴集平山堂

樓臺俯瞰萬山蒼，北固煙巒接渺茫。千古醉翁長在眼，一時詞客又登堂。江流日夜爭歸海，桂影蕭疎不滿牆。且憑闌干傾一斗，夢中誰暇問雷塘？

茱萸灣登望

塔影崚嶒逼漢浮，河聲噴薄湧江流。千家雲樹迷京口，一片風帆下石頭。終古山爲青步障，至今人唱白符鳩。梁顛隋蹶尋常事，自揭綸竿放釣舟。

江上晚興

平生蹤跡半江湖，五兩風輕一舸孤。最愛釣魚船上住，紅魚綠酒對妻孥。

寄葉書山

風雨雲煙望不分，海天羈思日紛紛。夜深潮落江光白，月挂船窗忽憶君。

泊牛渚

高秋征雁幾行分，牛渚江空落木聞。夜泊寒沙弔煙月，不知誰是謝將軍？

漁人

江上漁人枕碧流，一聲高唱海風秋。朝來偶憶焦山寺，直挂孤帆下潤州。

贈道士

落葉扁舟斷岸回，高天明月正徘徊。夜闌道士忽相訪，疑是橫江孤鶴來。

病起尋山

藜杖向山路，山深萬象春。樗材如此壽，杏子已生仁。軟草宜芒屨，微風動葛巾。偶然遇樵子，相對話樵薪。

獨宿

江村黃葉飛，獨掩蕭齋臥。時有捕魚人，榜聲窗外過。

山寺

山寺多白雲，青松復盤互。犬吠隔花陰，爲問門開處？

雨晴

飛雨過空村，宿雲猶莽莽。人家碧樹中，水落山田響。

暮雨

芳草碧初齊，看山倚檻西。燕歸逢暮雨，花落帶春泥。返照寒逾峭，非煙暝欲迷。青絲玉壺酒，今夜正堪攜。

泛舟溪橋有懷方篠坡

碧樹千重合，清溪百折回。岸芳經雨茁，山響應人來。自轉夷猶櫂，頻斟瀲灩杯。故人獨不見，懷抱與誰開？

喜客至

春陰每不出，暫得謝塵喧。酒熟花當甕，山深客到門。故人能枉駕，稚子亦攀轅。勿謂相逢易，前期未可論。

訪鶴鳴寺僧不遇

雙扉晝長掩，一徑惟莓苔。之子不可見，白雲巖下來。林端耀昃景，屋角餘疎梅。余亦離言說，澹然心悟開。

春日有懷方二頌椒

旭日颺游絲，春風二月時。河聲依瀨碎，鳥語隔雲遲。高柳出牆色，好花當戶枝。無因同貰酒，拂帽有青旗。

雨中小飲

細雨不成泥，江雲覆檻低。柳根春水漲，花外午鳩啼。薄酒傾難醉，浮生動易迷。長吟一回首，日落斷橋西。

村居杪夏

驚電乍明滅，奇雲疊遠空。雷聲不作雨，日氣幻成虹。過鳥銜餘照，歸舟颺晚風。我心一無事，懷古意何窮。

夜泊

臥聞柔櫓一聲聲，篷底斜陽射枕明。泊岸語喧殘夢醒，月華纔上皖公城。

登迎江寺塔

浮圖千尺大江隈，目盡南天百粵開。三峽倒流春水去，亂帆低挂夕陽來。河山自古推雄鎭，叱咤當年想霸才。顧盼只今成往事，蘆花如雪鳥飛迴。

檢孟郊集

文章巨手推韓杜，杜北韓南似唱酬。五字南山塞天地，足教阿八已低頭。

送弟

朔風吹雪上征鞍，脫粟晨炊且盡歡。此去天涯親異俗，更無兄弟勸加餐。

隔牆桃花

女垣低處見桃花，傅粉施朱故故斜。閉戶雨中三日臥，一年春事屬東家。

楚江送客

楚天賓雁起汀洲，江水無情自北流。一曲驪歌山月小，白蘋花落晚風秋。

即事

樅陽江上酒家胡，簾外繁花繞座隅。迎客出門還再拜，花將顏色共孚瑜。

湖上

湖水三萬六千頃，明月流輝湖上來。半夜乘舟看山色，青天倒映碧蓮開。

對酒

對酒忽已醉，高臥依長林。覺來山月出，落花滿衣襟。

晚行

秋風吹廣陌，驅車欲誰適？日西不逢人，鳥下亭皐夕。

合明寺香臺眺望

秋日懸孤影，風旛檻外飄。鳥啼山寂寂，花落草蕭蕭。列岫千竿幷，長江一帶遙。鐘聲薄暮起，愁坐更無聊。

山居雜詩四首

結廬在空山，山靜似太古。層雲石上生，去作何方雨？

白露下堦除，遙村見燈火。夜涼警鶴聲，松風忽吹墮。

柴門臨積水，瞑坐溪旁石。月照露珠圓，稻花千頃白。

碧澗繞門流，青松夾澗植。夜來春水生，已有沙鷗至。

江　村

山水足嘉遁，彷徉江上村。江樓一夜雨，春色滿平原。出戶若有得，歸來無可言。坐傾桑落酒，煙月澹黃昏。

留別徐山人隱居

門前大江水，五柳二梧桐。白鹿林端見，紅泉爨下通。人遊三古上，春盡百花中。惆悵自茲去，幽懷誰與同？

郊行

自岸烏巾跨蹇驢，風清江甸雨晴初。丹霞晚日輝相映，紅樹秋山畫不如。往事悠揚猶有夢，故人岑寂久無書。稻田雁鶩收餘粒，何敢臨淵羨食魚。

舟泊銅陵

雲卷山初霽，維舟縣郭旁。江風吹鬢短，漁火射波長。鴻雁兩行去，蒹葭八月蒼。坐來不覺久，茵席有微霜。

江上旅懷

海月猶未出，漁火映江明。歲序此間過，風波中夜生。祇應求靜侶，何事絆浮名？南野園田在，歸歟學耦耕。

舟夜有懷

有時西向笑，初不爲長安。此意誰能解？思君夜欲闌。烏棲雙樹迥，星動一江寒。獨宿仍孤櫂，愁懷若用寬！

江上

高挂蒲帆入窅冥，此身都似片雲停。晚來小立當船尾，忽有吳山相對青。

發銅陵

大江風急峭帆喧，帆影江聲萬馬奔。朝發銅陵未朝飯，兩山如畫過天門。

登東梁山絕頂

憑高一望暮雲奔，煙樹蒼茫落照昏。俯視江流如蜥蜴，跂行蠕動下天門。

維揚懷古

南北此嚨胡，風煙壯海隅。地形全控楚，山色半連吳。伍被翻爲畫，劉安自取誅。即今天下一，誰復起梟圖？

江村獨宿

曠野葉皆脱，高村星四垂。烏啼人去後，月出夢回時。暗壁蟲催織，空梁鼠噪飢。我生如病羽，到處只差池。

寒山

寒山半冰雪，坐久幽香來。石罅有梅樹，一枝横澗開。

送弟

千里向京畿，汝行何日歸？臨岐更無語，煙柳自依依。

晚行

螢火著衣流，疎煙隔浦浮。馬行村徑晚，蛙亂水風秋。

初夏江村

雙童一馬向郊闉，行徧山阿到水濱。綠潤園林多好鳥，淸和天氣可憐人。已無射虎南山氣，甘作乘車下澤身。但使諸公皆稷契，不妨淸世有遺民。

秋夜

葉飛秋院空，人宿夜窗靜。殘月映枯枝，棲鴉落寒影。

題壁

家在九華山下居，靑天削出九芙蕖。木公毛女相還往，自著龍門太史書。

皖江別族弟

與爾春風一日游，徑隨馬客到幽州。大觀亭下江如鏡，難寫離人萬里愁。

登江磯寺閣

峻閣水中浮，憑高極望愁。潮衝孤檻轉，江避斷厓流。佛火鐘聲暝，鄉心雨氣秋。巢枝烏亦恐，安敢此淹留！

渡　江

孤舟且停楫，欲渡畏風濤。天際見孤嶼，一江春水高。浮生空躑躅，回首忽蕭騷。歌笑看漁子，何由似汝曹。

雨後有懷葉書山

長夏倦炎燠，清風俄颯然。薄雲疎過雨，深樹亂鳴蟬。拄杖凌阡術，擕瓶汲澗泉。故人忽不見，相望各山川。

夜坐

高秋河漢雲崩奔，半夜空階零露繁。草底孤螢靜熠熠，枝頭雙雀愁翻翻。訏謨邢干蔀屋事，下策難獻公堂尊。楓葉菊花可人意，明朝載酒山南村。

田家

田家秋穫時，禾黍積平野。半夜飯牛人，高歌明月下。

桐徑

梧桐高百尺，葉落似枯樹。山鳥立移時，凌風忽飛去。

竹圃

琅玕青竹林，布葉何蒙密！缺月逗疎光，不寒殊已慄。

梧陰館

虛館寂無人，桐葉陰覆地。濛濛夕照殘，獨有樵聲至。

晴

久雨初晴晴又陰，晨光稍喜漏園林。蹇驢欲跨探梅去，門外春泥二尺深。

山人

山人騎馬信馬蹄，桃花李花開滿蹊。正聞流水不知處，時有野鳩相向啼。鷁退鵬飛有力命，天空地闊誰端倪？青旗獵獵勸人飲，且復一醉官橋西。

過左丈山莊

柴門深閉北山隈，五柳雙梧夾砌栽。家有大牀常獨卧，世無驚浪得相豗。園公綺父交三輩，白鴨黃鵝數一回。借問軒車文馬客，能從觝徑叩扃來？

入山

曉岸烏角巾，行行向山塢。茅屋一聲雞，山家已亭午。

秋山小步

爲憐嵐氣佳，步屧寒山路。紅葉滿溪流，霜楓在何處？

感興

夾戶高松過雨涼，寒山石徑晚蒼蒼。閒依曲檻看秋水，坐送行雲到夕陽。　殃慶難憑親卜尹，死生易惑拜醫王。百年鼎鼎須臾事，衣錦何須歸故鄉。

送方含章

離情不可道，把酒對寒梅。酒到愁中盡，花從別後開。相思隔雲水，此去少塵埃。時方自北還。試向江頭望，孤帆細雨來。

送人之金陵

身著翠雲裘，揚帆古石頭。手持白玉璽，緩步子荆樓。月冷三山夜，潮迴六代秋。偶然逢李白，爲駐木蘭舟。

許山人隱居

不出累旬月，門樞生碧苔。浦雲浮席起，樵路接檐開。蝶爲尋花至，人因採藥來。何當謝城闕，共爾此遲回。

堤上

雲氣曉濛濛，山村夜來雨。行過綠楊堤，杏花紅一塢。

薄寒

朝日窺林浥露微，薄寒天氣欲添衣。那知春已歸將盡，無數鳥啼花亂飛。

初夏

初夏黃鳥鳴，山園雨初霽。閒來石上眠，新陰上衣袂。

酬方篠坡見寄

自枉連城好句投，思君風雨幾登樓。憑闌萬壑飛流集，把酒千巖霽色浮。杜甫艱難高枕臥，虞卿寂寞著書愁。平生懷抱同誰盡？西望長吟已白頭。

喜錢庭華見過

歲暮故人至，更深貧士家。梅花一樹發，初月半輪斜。濁酒性情見，淸言滋味賒。非君慕儔侶，誰此狎煙霞。

得葉書山京信

蕭瑟寒山暮，園廬自覺幽。當檐出小月，背屋灑飛流。對酒未能酌，懷人如有求。遠書忽已至，暫得緩離憂。

姚大南菁將過訪止之以詩

敝廬在東郚，老屋百年存。客或踰卮宴，雞多上席喧。牯牛浮晚渡，寒雨入孤村。欲枉故人駕，何能此駐軒？

獨遊古寺

宋朝蒼蔔林猶在，蕭寺旃檀閣半攲。疎雨落花危坐久，淡煙流水獨歸遲。青山缺處聞茶鼓，白鳥飛邊認酒旗。一片人家盡堪畫，試擎金粉付王維。

秦淮竹枝詞四首

水西門外江水長，清涼山上暮雲黃。郎意已隨水西去，妾心何日得清涼？

送郎記折柳枝歸，柳絮紛紛落滿衣。不惜將身作柳絮，天涯到處送郎飛。

鷺鷥鸂鶒滿漁梁，隨意分飛別路長。只說鴛鴦不作客，人間那得有鴛鴦？

武定橋邊郎渡河，涼篷船上聽儂歌。聽到三更月西落，我儂情較你儂多？

眞州作

鯉魚風急大江流，葉葉輕帆片片鷗。秋色萬家楓樹外，夕陽孤客古城頭。自憐短髮仍多病，天遣長裾更遠遊。憑弔不堪重極目，荻花蕭瑟滿邗溝。

淮陰寓樓

淸淮南挾濁河傾，疊浪高於下相城。小閣虛窗夢初覺，風帆片片壓檐行。

柳下惠墓

紅塵驛路感高賢，三黜誰非命在天。猶有和風鎭披拂，兩行疎柳墓門前。

月夜

窗虛明月入，影鑒薄帷寒。故國應同照，他鄉只獨看。飢驅何日已？疾走敢懷安！不寐聽更柝，淒涼夜欲闌。

送陳卜圍

廣文官獨冷，自古共悲辛。君向江南去，還應採白蘋。柳條行色暮，梅蕊故鄉春。借問蘇司業，猶爲乞酒人。

題方員外引蘧居壁

宅卜城南地，軒楹倍豁然。養親能五鼎，留客有三鱣。竹石須興致，文章莫浪傳。儻因風雪暇，來作對牀眠。

送左洛三前輩之任閩中

鼓櫂入奔瀧，囊琴向海邦。旌旗九鯉導，劍舄六鼇降。柳拂行車蓋，花飛臥閣窗。政平民自理，公望本無雙。

過萬柳堂

古刹層城內，庭陰萬柳遮。夕陽開殿閣，秋水滿蒹葭。鳥入芳畦亂，橋連曲岸斜。由來好林壑，祇屬梵王家。

客懷

水國家千里，山城雉百層。秋風無遠夢，夜雨有孤燈。

除夕示弟

人家燈燭輝，兒女各依依。把酒愁相屬，明年歸未歸？

聞歌

月白燈紅酒倦傾，小樓歌發不勝情。何時一櫂江南去，重聽彎彎月子聲。

女僧院

三萬二千獅子座，不知高廣幾由旬。紘歌鼓樂皆天女，試問飛花肯著身？

覽鏡書懷

鳌弧羽箭錦貂裘，射虎南山袒臂韝。夢裏自矜身少壯，不知華髮已盈頭。

晚歸寓舍

天街缺月淡黄昏，騎馬歸來月到門。身傍棲鴉影邊宿，月中相對更無言。

過大佛寺閹人葬處

閹人死去道猶尊，翁仲衣冠滿墓門。眞武祠前杏花落，塞鴻飛過畏吾村。

聞　鴈

眞武祠前宿霧開，鴈聲淒絶過樓臺。君看冥冥高飛處，帶得江南春色來。

送人之浙江

挂席東南去，尋芳入會稽。此邦春色好，越女滿邪溪。一路花爭發，千山鳥亂啼。望君終不見，徒使客心迷。

送方梓恬下第歸里

歸去新安路，崎嶇嶺嶠遙。花容分酒榼，雲影逐詩瓢。旅食黃金盡，家居素侶饒。英雄暫短氣，莫卽問漁樵。

送友人下第歸里

四月燕關外，流鶯滿路春。亂花淹旅客，垂柳送歸人。野飯依村市，鄉心狎釣綸。羨君從此去，白首見慈親。

送人歸里

憐爾不得志，令予忽憶家。故人歸井里，孤客滯天涯。目斷隴頭樹，心馳谷口霞。無因共攜手，悵望日西斜。

送人之官浙東

旭日催舟楫，高風捲旆旌。潮迴嚴子瀨，春到越王城。禮樂移澆俗，農桑擾惰氓。平生懷抱在，開濟在茲行。

送姚範冶歸里

天際故人少，胡爲君復還？河聲隨驛路，鳥語到鄉關。悵望江南樹，愁看薊北山。憑將游子淚，灑入舞衣斑。

登大慧寺臺有懷姚南菁

城西古寺石臺空，壁立青天面面風。萬里殘陽飛鳥白，孤村細雨落花紅。鬱葱佳氣春雲外，憔悴餘生世路中。安得故人今接膝，十千沽酒與君同。

再登寺臺

獨客蕭條登古臺，況逢搖落氣悲哉！驚沙斷鴈排空起，素雪蒼雲壓地來。燕塞河山空北望，漢家宮闕鎮東開。人生豈竟長飄泊，十六城門畫角哀。

春　望

東風楊柳綠絲斜，西望瑤池起暮霞。駿馬不歸春晝永，瑣窗閒殺碧桃花。

送人歸里

素衣染盡帝京塵，送爾將歸淚滿巾。爲語江南舊風物，落花啼鳥夢中春。

登　樓

夢斷空堂促織秋，瀟瀟風雨上層樓。不知客子愁多少，君看城烏盡白頭。

僧舍旅懷

襆被蕭然傍一龕，旅懷孤絕與誰談？滹沱河上秋風起，片片白雲飛向南。

歸雁

我初向北雁南飛，我未還南雁北歸。愁絕數聲天欲曉，夢回孤枕雨霏微。

送人遊西湖二首

湧金門外煙水春，白公堤上柳枝新。杏花含淚桃花笑，各有春愁泥殺人。

三月三日湖上游，滿湖春水碧如油。湖邊女子櫂舟去，一曲菱歌生客愁。

寄姚南菁

家在菰蘆江水隈，十年飄蕩客金臺。人情已與江流遠，往事虛隨客夢來。

憶故園一二知己二首

他鄉風景異，四顧鮮相識。臨觴忽憶君，望望情何極。

東籬黃菊花，掩冉含秋色。采之欲贈君，路遠不可得。

見溝水北流

悠悠御溝水，瀰瀰流不住。我已欲南歸，君還向北去。

在京修禊

晉代名賢去，高談我輩淸。九年仍禊飲，諸客盡詩成。鈍魄誰能續，芳蘭尙可擘。故園春事晚，回首重含情。

送何淵若從軍

國士多籌策，從登大將壇。星芒隨劍直，月影對弓團。金鼓從天降，旌旗映雪寒。不須深入阻，輕騎斬呼韓。

送友人之蘇州

寄處他山外，常嗟會面稀。故人今又去，孤客欲安歸？斗酒殷勤意，楊花慘澹飛。未知風景地，猶似昔年非？

長春觀

人今遊此地，觀古創何年。棟宇依空裏，雲霞得自然。桃紅時墜雨，鶴白欲飛仙。更不聞雞犬，高擔颺碧天。

送郭秋浦下第歸揚州

井里意殊適，塵埃空自勞。一辭燕市飲，高枕廣陵濤。樹色連征蓋，雲光上錦袍。揚雄應寂寞，莫作反離騷。

喜友人見過

故人憐病侶，相訪駐華軒。往事重增感，新詩更細論。飛揚餘興在，蕭瑟暮雲奔。非兩忘形者，孤懷誰與言？

聽吳閣學話舊

平生一諾重山丘，湖海文章第一流。三十年前故人盡，白頭重此話交遊。

吳大椿置酒對菊

黃花多處見深秋，東閣筵開秉燭遊。芳氣獨侵公子袂，落英時上酒人頭。

哭兒

二雛久已去人間，望裏猶疑結兩鬟。忽有故園消息至，一時風雨暗燕山。

哭史秉中

我遊我釣我爲文，何處相隨不見君？今日東風度寒食，棠梨花下有孤墳。

對月

碣石宫前落木秋，碧天高挂月如鉤。自看旅館年年月，誰識深閨夜夜愁？

送人赴西域

劍室與刀鞘，吹笳還鼓鼙。行人金甲去，飲馬鐵關西。月照塵沙闊，風來天地迷。須令驕虜怖，姓字止兒啼。

賦得華山送人之秦中

隴頭水嗚咽，客路一何艱！正有仙人掌，巍然雲漢間。君行無迫促，此地可躋攀。借問希夷子，如今尙閉關？

送人歸里

臨岐情更切，揮手復牽衣。卯酒纏緜盡，春花次第飛。獨攀枝嫋嫋，共藉草依依。未識君歸後，羈人何日歸？

獨宿

宿雪初晴似去年，故園消息寂無傳。誰知臘月十三夜，月照皇州孤客眠。

春日

辛夷零落海棠殘，似夢春光取次看。人世那堪春幾度，夕陽蕭寺獨憑闌。

晚歸

春城落日藹餘暉，走馬青郊按轡歸。一路鶯啼杏花落，東風吹上夾紗衣。

送何生歸湖南

何蕃長揖別京畿，行色蒼茫帶夕暉。西望洞庭秋水闊，千山黃葉一帆歸。

送人歸潛山

沽酒城南典鷫鸘，故人相送返江鄉。胸中長抱天人策，天柱峯前對夕陽。

九日城南登高

漢家宮闕五雲浮，獨上城南百尺樓。易水幾年空送客，重陽何處不悲秋？女牆迤邐分斜照，官道回環接遠疇。但使此生長酩酊，菊花那用更盈頭。

九日書懷

一年節序過重九，抱病登臺覽物華。北闕棲遲天下士，西風零落雨中花。自知軒冕原無分，誰道文章獨滿家？步有新船尊有酒，掉頭歸去皖江涯。

過大慧寺

出郭餘寒沍，聊尋物外蹤。夕陽明古寺，殘雪在高松。繞戶石泉細，連天山翠濃。因思往廬阜，入社恐無從。

過洪善寺

爲訪支公室，騎驢出鳳城。寺中諸客到，隴上一人耕。偈後花爭發，齋時鳥不鳴。因之歎塵鞅，回首重含情。

過韋閣葬處

韋閣卜葬錮三泉，百載枯骸忽棄捐。今日繁華總銷歇，多觀樓上裊寒烟。

歸思

十年浪跡比從軍，孤負芙蓉嶺上雲。余家門對九華。種豆種瓜皆事業，幾時隨著四婆裙？宋人詩「隨著四婆裙子後」，四婆者，蓋其妻也。

月夜同丁學正靜者小步

攜手出門巷，相看月在天。人生見明月，一歲幾回圓？旅食徒爲爾，歸心只浩然！誰家夜不寐，燈火此猶懸。

黑龍潭

澄潭深十丈，其下有蟠龍。變化風雷作，吹噓霧雨濃。潭旁生細草，潭上植高松。日暮空延佇，西山黛色重。

送弟歸家

逆旅相依慣，艱難獨去遲。海天從此隔，消息復誰知？汝學能無失，吾歸未有期。二人頭並白，仗汝共餔糜。

野望

旅館逢寒食，登臨亦趁人。如何今日望，不似故鄉春。

曉角

故園飛雪滿山川，夢在漁罾野寺邊。何處角聲驚宿鳥，一時飛上太陰天。

贈黄載鍾

英年掞藻腹紛綸，抉電掀雷筆有神。最愛無雙江夏士，不知君是姓黄人。

從軍行

少年慷慨共從戎，畫盾雕戈赤電驄。一到玉門關外望，始驚殘月在天東。

送張東臨返滕縣

送爾自茲去，天涯無故人。嘯歌惟獨旦，風雨怯殘春。子有同袍樂，予將異族親。秋來鴻雁過，莫惜寄書頻。

過山寺

精廬依絶壑，門外碧梧齊。磬徹流雲緩，花深宿鳥迷。峯頭天上落，雨脚日邊低。十載長爲客，憑闌忽慘悽。

宿方二頌椒寓齋

燕市西風徹曉喧，兩人相對一燈昏。前言磊落誰能踐？世事譸張不忍論。枕落夢魂隨地轉，夜深枯葉滿階翻。此身百歲如驚電，不用巫陽叩帝閽。

除夕示弟

斗室懸燈夜，羈愁獨坐人。殷勤一杯酒，重醉帝城春。

出西直門宿大慧寺

已來巖壑裏，猶作市朝看。殿角懸初月，松陰生夜寒。

送友人遊蜀

芳春棧閣地，駿馬旅人行。高下盡花樹，畫屏相送迎。雲來身自失，險極嶂猶橫。遠道胡爲至？名區合有情。

送族弟之潞州

握手遽相別，寒鴉空自飛。此時還遠去，何日得同歸？異地總艱食，淸風當授衣。蒼茫望隴阪，惆悵返荆扉。

送孫郎還天台

孫郎昔日賦天台，金石音聲錦繡才。惆悵赤城霞欲盡，桃花如夢卻歸來。

送人罷官歸里

歸去龍山十畝園，何須羅雀感寒暄。門前自有長江水，相送出門迎到門。

上元夜

銀花火樹照神京，馬上相逢陌上情。惟有江南未歸客，臥聽樓鼓到天明。

書杜少陵集後

杜陵不復作，名字古今垂，西閣日長曝，草堂風又吹。平生多徧迫，半世足仳離。末契晚相託，還令年少疑。

寄情二首

垂楊映小樓，家世住西洲。黛斂層峯暮，波橫一水秋。弄琴依百衲，臨帖得雙鉤。日出城南路，寧堪在上頭。

里與碧雞近，橋將朱雀鄰。花冠微不整，羅襪欲生塵。十斛珠難買，千絲網錯陳。卻憐憔悴甚，珍重勿窺臣。

寄　內

一別卽三載，百年能幾時？相思應有淚，不敢對人垂。

登　樓

花發江南樹，人登冀北樓，斷腸雲水外，何處是揚州？

臥病書懷

朔風慘慘沙塵昏，客子臥痾常閉門。經卷藥爐一室靜，酒朋棋敵西鄰喧。龕燈夜暗兩狐出，隙日朝明羣馬奔。我獨胡爲久飄泊，荷鋤歸去南山村。

獨酌思歸

我行猶未決，春意欲先歸。雪酒一尊盡，風花無數飛。鳥啼依老樹，霞彩帶殘暉。他日蓬門掩，懸知客到稀。

送范二之蘇州

姑蘇臺上碧苔滋，范蠡扁舟何處維？試到皐橋一回首，白雲明月似當時。

大道曲

大道垂楊拂玉樓，歌聲唱徹小伊州，春衣無奈飛花汙，十二珠簾總下鉤。

楊柳枝詞四首

麴塵絲上曉煙輕，婀娜華滋照眼明。最是大堤新雨後，東風無力不勝情。

天與柔情婉弱姿，美人餓損學腰支。如何一閉靈和殿，自此風流減舊時。

大道紅樓掩映邊，風枝雨葉鬭嬋娟。尋常陌上垂楊柳，纔著離人倍可憐。

日月遷流更不居，柳條倏忽已蕭疎。那堪秋晚煙霜際，回憶春風雨露初。

送友人之西江

吾道至於此，情親多向隅。艱難謀半菽，寂寞走長途。雀鼠驕逾甚，蛟龍勢益孤。不知江上水，能救涸鱗無？

送友人歸里

送君從此去，問我幾時還？老病寄他食，煙霞思故山。好音頻報遠，旅處諱言艱。相愛何能助，空令鬢髮斑。

送朱葯岑

把酒高樓暮靄橫，瀟瀟風雨不勝情。明朝獨櫂三湘水，愁聽征鴻落葉聲。

過沈侍御留飲

高秋乘興夜相過，月照尊前一曲歌。休遣漸離還擊筑，酒人燕市已無多。

聞歌

月明風細翠蛾顰，一曲嬌歌淚滿巾。應是多情自傷別，不知比舍有離人。

題桃花便面

劉郎採藥東南去，定向天台訪舊蹤。爲問桃花兩妹子，下山還許故人逢？

題畫菊

翠葉丹苞鬬曉霞，眼明眞見故園花。依稀白雁江天暮，墮眼籬邊箬帽斜。

得方頌椒書

飄零往事似前身，自分南人是北人。猶有故人書見及，卻令離思一霑巾。

涼州詞

海上風高絶塞秋，佳人曲奏古涼州。夜深玉指生寒處，若箇征人不淚流。

題羅生待渡圖

草風吹雨浪生花，喚渡河邊笠帽斜。念爾安居無一事，肯攜書劍向天涯？

除夕

紅泥小印甕初開，強欲傾觴別思摧。惆悵故園今夜酒，一時相對話金臺。

秋郊感興

蹇驢破帽寄孤蹤，斷隴蕭條日下春。千里親知兩行淚，百年勳業一枝笻。秋風獵獵吹游子，古寺沈沈遞遠鐘。多少人間可哀事，鳳城回首暮雲封。

早　秋

夢裏鄉關近，欲歸心事違。秋風似相識，先動旅人衣。

冬夜書懷

文章祇末技，有底不相容？策足輸前哲，低頭愧市傭。酒闌銀燭換，風急緼袍重。舍北鄰蕭寺，遥聞戒夜鐘。

夜歸寓舍

幽州城頭烏夜啼，幽州城下風淒淒。霜嚴抱關猛擊柝，路滑騎馬愁衝泥。忽忽我生遂已老，悠悠天步終無梯。明朝餉客碧雲寺，濁酒雙瓶還自攜。

出京吳霽山相送獨遠

相送獨歸遲，頭回腸斷時。男兒自有別，安用女郎爲！

過蘆溝橋

回首重門是玉關，十年生入鬢毛斑。蘆溝橋下東流水，似爲覊人灑涕還。

過琉璃河橋

晷短日啤沈，林昏風景暮。那堪曩昔人，還上河橋去。

途中遇雨

客路杳無際，雲山方獨尋。野風吹白袷，微雨過青林。亮乏攀鱗業，猶存伏櫪心。誰云自疇昔，飄泊到如今。

寒食道中

寒食東風禁火新，亂山孤驛雨如塵。誰家楊柳遮樓閣，歌板聲聲不見人。

趙北口懷大兄京師

獨向江南行，驅車趙北口。念子滯燕關，望望重回首。

曉發

驅馬歷長坂，北風零露溥。只應與殘月，分得曙光寒。

將至廣陵

望裏廣陵近，落帆春日低。紅橋煙樹外，綠水郡樓西。酒肆一籠鳥，人家兩岸雞。鄉心不可問，芳草更萋萋。

過揚州

長安塵土汙衣裘，日夜歸心逐水流。三月春愁連碧草，一帆暝色下揚州。垂楊帶雨臨官道，畫角因風到客舟。燕市和歌成昨夢，青鞋又上酒家樓。

望雞籠山

馬蹄車轍隱隆隆，十載青春夢寐中。今日篷窗煙雨外，居然拄頰望雞籠。

出故關

太行西去隴雲低，大陸荒煙落日迷。萬里風塵三尺劍，百重關塞一丸泥。地分秦晉山河壯，人想虞周德業齊。半夜月明遊子息，繞枝三匝聽烏啼。

歸過長子縣

朔風吹雨上衣裘，歷碌征車晚未休。昔向夫人求匕首，今從長子問刀頭。銘功久分辭燕石，泣涕終嫌類楚囚。最是陰雲無意緒，相隨黯黮作牢愁。

劉大櫆集　卷十五

今體

歸家

長安城中生計微，束載裹糧徒步歸。鄉里小兒競蠻觸，廟堂老翁多是非。自歎蕭蕭病葉墜，仰看落落明星稀。丈夫蹭蹬不得志，愧爾溪邊雙鷺飛。

薄暮

殘陽沒未盡，月出似初陽。鳥劃長天影，星浮大地光。浮榮辭爾輩，生計老江鄉。肯效窮途哭，愁來獨盡觴。

自歎

鄉園去京國，足可三千里。九載一歸來，人生堪有幾！

江上

江上青山繡作堆，柴門終日鎖蒼苔。蓮當葉吐龜初上，桐及花時鳳正來。

樓上

世事兼身事，新愁併舊愁。迴風吹薄袂，片雨過南樓。碧草茫茫晚，青山處處秋。獨將千古恨，相逐水東流。

齋居晚興

風廊移竹簟，楷枕聽流泉。鳥道千峯簇，松梢一月圓。蟲聲侵宇下，鶴影落階前。漸忘青門路，柴扉自歲年。

暮歸

墟里寒煙起，殘陽漸覺低。路分牛矢外，家在鶴巢西。傍嶺衣霑翠，新晴屐有泥。祇應掩蓬戶，寂寞伴雞棲。

訪胡山人

山中處士舊知音，水隔雲封不可尋。遙望人煙翠微裏，放船直過落花林。

對花

小桃花色照深卮，脫帽垂頭見二絲。莫向尊前歎花落，明年花更有開時。

山中暮歸

一路寒山起暮霞，山前流水寺前花。昏鴉滿樹鐘聲動，馬影殘陽客到家。

把酒

高城過雨角聲秋，把酒燈前自獻酬。莫對衣襟思往事，酒痕狼藉是揚州。

科頭

科頭茅屋下，不知誰賓主。湖水日當門，青山澹無語。

尋山二首

著屐攜笻枝，深淺向前去。山迴水又來，我行安得住？

一石定一登，一溪還一渡，前山微靄生，已復無尋處。

野望

山盤鳥道千峯外，地據龍舒萬壑西。似畫水田秧馬驟，連天雲樹竹雞啼。文章江左羞驚俗，事業隆中早杖藜。已分袖間長縮手，卻看輪斲倍含悽。

晚晴

雲氣垂天合，雷聲殷地回。孤村春水滿，半嶺夕陽開。永日供多病，明時老不才。蕭條桑柘外，歧路獨徘徊。

王氏別業

我愛幽棲處，到來無世塵。牧童當戶臥，山鳥下階馴。柳葉春藏閣，梅花夜襲人。若非城市外，焉置此閒身。

春山

曉起見春山，興來成獨往。綠樹與雲齊，微聞啄木響。

春陰

十日春陰結，柴門鏈不開。高松作濤響，鶴氅忽飛來。

野寺

野寺頗宜人，言尋贊公室。遙遙望不分，樹杪浮圖出。

池上

晴日陰雲翳復開，小池淸淺映莓苔。蕭蕭蘋末風初起，淅淅蓮東雨已來。

贈歌人

白頭流落向江天，鳳唱淒涼沸舞筵。曾奏霓裳充立部，何人解識李龜年。

家在

家在寒山外，門前澗壑重。疎梅帶積雪，缺月隱深松。獨酌依餘火，長歌懷老農。西鄰渾不寐，夜靜遠聞春。

倚樓

把卷常依樹，看山獨倚樓。雪餘松骨老，春近鳥聲柔。迅疾驚黃鵠，雍容笑白鷗。即看溪水漲，乘興命扁舟。

山居春早

出門無所適，閉戶每經時。松葉忽成韻，嶺雲無定姿。午雞啼上屋，春草綠過池。生計從寥落，幽人吉在茲。

江鄉

榮落殊途與世忘，百年生計老江鄉。連村樹色千家擁，繞戶溪流十里長。淺草夜涼喧鼓吹，疎枝春暖出旗槍。故交零落無消息，一望燕雲泣數行。

吳女誦經圖

繡佛齋中恰稱身，白蕉衫子紫荷巾。金剛誦罷松煤滑，自署頭銜善女人。

江行

春江三月楝花風，徐引孤帆向碧空。夾岸郵亭似丸脫，扁舟已到海門東。

舟夜聞砧

斷岸野風急，寒江秋水深。百年人事淚，千里客途心。獨坐依星斗，長歌撫劍鐔。誰能當此際，淒絕更聞砧。

眞州郊外

垂楊萬縷夾官河，擕酒遊人自唱歌。改席更依深樹裏，柳郎墳上落花多。

揚州

洪河東注大江流，千古雷塘土一丘。二十四橋明月色，可憐添作二分愁。

題馬秋玉小照

山館玲瓏勝辟疆，水雲深處午風涼。此間合著高人坐，看轉松陰到夕陽。

夜泊閶門

垂陽婀娜拂楓橋，閶闔門東駐畫橈。此夜月明如白晝，吳孃猶唱雨瀟瀟。

江南曲

山光如黛草如茵，宛轉橋通曲水濱。楊柳樓臺春喚酒，櫻桃巷陌夜留人。

兩　岸

兩岸高樓上，珠簾半不明。飛帆下江水，去住總含情。

虎丘逢蔡芳三

把酒燕山暮雨時，中郎大筆最淋漓。六年流落無消息，今日逢君短簿祠。

過崑山

江橋楓落酒旗閑，高鳥長天去不還，一曲吳孃歌宛轉，瀟瀟暮雨過崑山。

江口晚泊

客路一程過，幾回風浪生。寒空秋雁沒，斷岸晚煙横。楚火江中見，吳山月半明。鄉書猶未達，淚盡石頭城。

夜泊金陵

蟲聲四野合，月色大江秋。畫角天門戍，清歌白下樓。六朝興廢跡，三載往來愁。縱有蘭陵酒，人生易白頭。

金陵

龍盤虎踞勢崚嶒，三百年來幾廢興？今日斷雲飛不去，落花如夢下鍾陵。

即景

武定橋邊聽玉簫，浮圖百丈倚寒宵。一時燈火千枝出，倒入秦淮影動搖。

羈懷

朗月初升玉笛飄，羈懷入夜更無聊。盡將六代興亡淚，流入秦淮作暮潮。

夜上寺樓

黃葉落欲盡，禪棲滿院秋。烏啼殘夜月，獨上白門樓。戍鼓疎仍擊，星河澹不流。江城千萬戶，靄靄似雲浮。

秦淮

鶯啼花落綠陰稠，煙雨蒼茫獨上樓。無復南朝舊蹤跡，秦淮河内水悠悠。

聞笛

陰雲低覆晚潮生，破萼疎花幾樹明。桃葉渡頭聞玉笛，可憐春恨滿南京。

逢錢五

與君生小即相知，到處萍蹤似有期。今日踟躕不能別，相逢桃葉渡頭時。

登燕子磯

江上秋風雁影翩，振衣長嘯坐層巔。人當獨立應遺世，鳥自羣飛欲刺天。

宿勝福寺

幽尋歷澗壑，破蘚屢攀登。古寺藏修竹，陰厓尚積冰。鴉聲迴曉夢，曙色逼殘燈。此地無塵鞅，閒眠且曲肱。

大悲閣曉望

弱柳絲絲裊，夭桃處處蒸。江帆低帶岸，浦樹曲藏罾。決去知非計，淹留恐未能。曲欄天一角，愁絕每長憑。

感懷再從亡弟藥村

兄弟朋儔有夙因，一朝化去與誰親？春郊並馬時如昨，夜雨連牀跡已陳。死別漸欺初日諾，長貧難作託孤人。鬼魂可得無知識，相見還應淚滿巾。

重過勺園追憶張二閑中

暫別曾驚會面遲，他生重見更無期。往來倏忽分人鬼，天地蒼茫任偶奇。少小追思多可笑，園林再過不勝悲。長廊蝴蝶花開處，猶記持杯共對時。

山行

騎驢入空山，澗水春流漲。夾澗盡梅花，風吹酒旗颺。

橋上

草色蕭蕭碧，嵐光澹澹晴。閉門凡幾日，波漲與橋平。

獨吟

空山少人行，深林古木大。林間偶獨吟，黄鳥來相和。

我生

柳外東風至，山雲吹向西。晴嵐化爲雨，碧草半霑泥。隔水疎花動，依人獨鳥啼。我生饑進退，肯作觸藩羝。

夏日晨起

朝霞迎海日，散作綺羅紅。水静長林外，花香宿露中。閉門西閣午，高枕北窗風。若論人間事，浮雲空復空。

晚晴

疎雨鳴還寂，野花生暗馨。日邊雙鳥白，霞外一天青。力薄依瓜地，才微守石經。放懷應賴酒，誰忍獨長醒。

潭上

靜夜無與適，披衣起長望。天寒月色高，人立空潭上。

雨後山行

新陽北嶺明，宿雨東林晦。怪底鳥聲幽，身行萬花內。

送李生入蜀

巫峽扁舟上，岷江遡發源。懸崖千仞裏，煙樹與啼猿。帆共朝雲遠，亭留暮雀喧。王孫有寡女，莫學犬郎褌。

送人之武昌

江水正東注，滄浪又北來。二江流合處，壓岸起樓臺。煙火萬家聚，風雲四面開。登臨興不淺，於此倒金罍。

懷徐崑山

漫說郎官應紫虛，備員閒散復趑趄。懷賢叉手成新詠，忍餓循環買故書。坐擁百城眞自樂，兼收二頃復何如。不須賦鵩傷斜日，時教授落府。會見遭時入禁廬。

憶朱生孝純

絳帷曾與坐春風，猶憶當時舊戴崇。三載薊門頻出入，百年歧路各西東。文章自古能行遠，凍餒何人歎屢空。容易浹時相見否？暮天寒靄下征鴻。

池上

池上曉風微，山雲迭相送。雨來荷葉喧，驚破雙鷗夢。

跏趺

蹒跌溪石間，槐影適相覆。迤邐白雲來，縈迴入襟袖。

過　雨

過雨已濛濛，歸雲猶靉靉。含情江上峯，九子今安在？

謝人送米

風塵相望日，老病索居人。杖策尋山寺，烹蔬拾澗薪。故交勞送米，欲別淚盈巾。飢飽有天命，知非我獨貧。

送人歸蜀

夜雨蘼蕪綠，春風杜宇飛。長江天際落，遠客峽中歸。地有岷峨勝，田收芋栗肥。此間堪偃息，何事拂征衣！

送人之荆州

孤客櫂扁舟，荆襄湖上游。楚吳皤地遠，江漢合天流。暮雨高唐觀，春風黃鶴樓。念君同夜月，獨自聽猿愁。

即景

波上忽驚飛，浮沈互爭捷。首下尻自高，喧喧雨中鴨。

際曉

中宵雨乍喧，際曉風徐引。童子忽驚呼，東籬見新筍。

晚坐

雨過竹陰涼，獨坐臨池徑。時見一螢流，還依菰葉暝。

晚晴

隱隱雲端飛紫電，潺潺石罅落紅泉。鵝黃過雨千絲柳，卵碧殘陽萬里天。短鬢自非計日，長繩難繫是流年。人生百事須抛擲，惟有亡何最可憐。

荒郊

山空地僻居民少，盡日蓬門無客敲。碧水半篙魚在藻，青松千尺鶴歸巢。鏡中雪鬢羞相對，牀上儒冠頓欲拋。不信耕桑是吾事，祇今買犢到荒郊。

感懷

閱世如踦夢，觀生類涸鱗。曉星存與沒，秋葉病兼貧。古甕纏籬密，新苔被徑勻。野人隨分足，何事得生瞋？

酒醒

九月霜初重，三更酒欲醒。殘燈留暗壁，落月下空庭。世路知難合，吾生豈暫寧？惟應與田父，相對眼猶青。

登鶴鳴山

破蘚屢投足，搴蘿時引領。躊躇日已西，難上高峯頂。

地僻

地僻有餘閒，天寒多遠色。衆鳥盡高飛，遙遙入空碧。

湖上

寒水浸遙空，朽株浮近岸。儻逢海上槎，乘之入河漢。

梅花

梅樹手所植，今年花出牆。斷雲春寂寞，初月夜荒涼。獨酌有尊酒，孤眠聞妙香。人生不常好，兩鬢忽如霜。

獨吟

日落見歸鳥，蒼茫聊獨吟。疎梅人外瘦，積雪月中深。豈復干塵事，徒知守舊林。古來高臥者，應共此時心。

喜友人病起見過

見爾驚猶在，愁心翻不禁。相看疑夢寐，回憶重呻吟。共話寒燈晦，閒階積雪深。餘生逮爲樂，擕酒數追尋。

嘲客不飲酒

故人不飲酒，枉駕欲何爲？快意總無忌，銜杯應及時。鳥言殊自媚，花笑復多姿。持此空相對，春芳恐見嗤。

題方塴閩遊草兼送其行

海山遊歷十年餘，英俊多才衆不如。早歲已空千里馬，他時應讀五車書。草茅接膝欣逢汝，風雨論文更起予。朋輩近來凋落盡，可堪別淚上衣裾。

送齊上姚

故人忽忽命巾車，三載連牀一夢餘。從此南齋少顔色，漫勞明月照窗疏。

送客

江干送故人，月黑風色暮。遥聽挂帆聲，蕭蕭渡江去。

蓬户

蓬户少人跡，空林惟鳥巢。野風吹槲葉，涼月上松梢。衣食終無計，妻孥幾欲抛。早知儒服誤，難免俗情嘲。

懷張東臨

回看握手共遊嬉，豈解流光若驟馳。老態更增前會日，酒狂無復少年時。可能好事君如舊，應有閑情我未知。鎮日含愁不相見，春江細雨浴鸕鷀。

過龍陀山追憶嚴大晴江

爾薄浮雲欻上征，出門無地款柴荆。對牀夜雨攤書卷，攜手春山聽鳥聲。二十年來餘

一面　八千歲裏已三生。忽忽氿去何爲者，恨殺殷勤止宿情。余漂泊在外，與晴江別近二十年。歸里偶一款門，晴江出酒肴共酌，因留對牀話舊。余必不肯留，揮手别去。自後不復相見，遂成永訣，迄今以爲恨事。

對　菊

江上西風夕照偏，東籬黃菊故嫣然。夜深把燭殷勤看，從此相逢又一年。

夜　泊

江空明月迴，水合碧虛流。老樹藏茅屋，飛花到客舟。已經吳地盡，更作楚山游。古昔棲遲士，誰云爲食謀。

自　嘲

劇孟尋常是弟昆，幾年落魄氣空存。歌朋酒伴凋零盡，自策疲驢入薊門。

途　中

深秋落葉正紛綸，歷歷雲間過雁新。萬里不辭長作客，孤村只恨未逢人。

客舍不寐

客舍天難曉，虛窗月易低。海潮聽秣馬，金奏想鳴雞。半世空流水，餘生合杖藜。如何苦馳逐，南北復東西。

經臞庵先生京師故第

重問華堂自汗顔，十年戹酒夢魂間。南天光氣留箕宿，東魯儒生失泰山。巷陌蕭條空往復，丘墳磊落闕號攀。信陵門下三千士，惟有侯嬴倘抱關。

送望溪先生南歸

國老古來重，浩然歸故鄉。人依遊釣處，星到斗牛旁。衡泌棲遲好，詩書意味長。他時南闕里，請益更登堂。

送李穆堂尙書南歸

駟蓋辭燕市，風煙接蠡湖。輿從三徑遠，恩自九天敷。蹇難誰相迫，文章得自娛。祇憐來學者，何處問迷途！

哭劉大司寇歸櫬

樸馬隨重翣，㕑車出禁闈。關河千萬里，孤幼兩三人。士類思推轂，朝端痛秉鈞。西風旌旆遠，颯颯暗沙塵。

歲 暮

歲云暮矣客子悲，忽憶去年家居時。典衣沽酒友朋集，深夜草堂風雪吹。綛忽人生一大夢，踈踈我輩如殘棋。死生窮達不相管，轉蕩漂流隨所之。

送張宏勳之山左

平子胸中萬斛愁，卽今乘輿欲東游。側身明日一長望，日觀天門紫翠浮。

除夕

帝里飄流二十年，霜華吹到鬢毛邊。寒燈旅館尋常事，卻笑尚書夜不眠。

憶舊

半生朋舊總漂流，離别關山幾地秋。惟有相思無畔岸，華風邊月不勝愁。

送人歸華山

昔聞陳道士，高臥華山中。直以隱淪跡，千秋挂碧空。汝歸將採藥，余意在冥鴻。他日登仙掌，狂歌帝座通。

送李開第歸吳

二月燕關雪，隨風上玉珂。野花迎路發，春色過江多。才子樓船渡，佳人細馬馱。新詩應更好，共和有羊何。

送淕耕石下第南歸

秋色不堪望，況聞鴻鴈悲。故人俱落魄，此地惜分離。歲月隙中過，文章身後知。無爲效兒女，相顧涕漣洏。

聞笛

西北高樓上，誰家玉笛聲。秋風正搖落，楊柳幾枝生？對月轉蕭寂，摩空忽憤盈。江南未歸客，今夜重含情。

對丁香花有感

中年惜春色，忽忽歲光徂。卯酒紅猶在，丁香澹欲無。天心無旦晚，人事有榮枯。豈得同前哲，功名擅八區？

送人歸里

襆被共君返，塵牽終未歸。倉皇聊一送，惆悵掩雙扉。笑語不重得，音書休更稀。聚羣惟鹿豕，因見昔人非。

題謝香祖硯香書屋圖

夜深積雪明，虚館絕鳴籟。時有讀書聲，蕭條出林外。

塞下曲四首

狐裘白馬赴丁零，蓬轉飈飛草不青。欲向五原問春色，落梅長在笛中聽。

營門夜啓月如霜，樂府聲傳出塞長。一曲未終探騎返，前軍生得谷蠡王。

明月陰山積雪殘，羽林十萬逐呼韓。漢皇只愛西涼地，無奈秦時白骨寒。

横笛淒涼不可聞，牙旗半卷九天雲。桔槔峯下沙如海，時見黄羊一兩羣。

畫馬

斑點桃花汗血驄，雙翻碧蹄向春風。西行萬里求龍種，肯信名駒蔓草中。

悵望

悵望高天墜露初，姮娥只在月中居。莫言天上人間別，較是人間樂有餘。

西山

西山過雨染朝嵐，千尺平岡百頃潭。啼鳥數聲深樹裏，屏風十幅寫江南。

懷鮑步江

寂寂空庭落葉翻，故人無地問寒温。孤懷寄與南征鳥，一夜乘風到海門。

對影

夜靜西風吹女蘿，覊人對影轉相呵。酒場半減童兒態，詩思終嫌感慨多。一寸青雲難自致，滿頭白髮奈君何。卻愁桂樹障明月，擬向吳剛借斧柯。

送張繡楓

張翰還吳會，秋風猶未吹。登臺一長望，海上碧雲滋。余亦離家久，歸來未有期。送君如折藕，零亂不成絲。

落葉

秋風入庭樹，半夜葉皆飛。幾片逐流水，空齋方掩扉。飄飄如自得，漫漫欲安歸？對此輒長歎，回頭萬事非。

就寢

羈人方就寢，啼鳥莫驚寤。聊憑蝶夢餘，栩栩江南去。

九子山圖

我家門外長江水，江水之南山萬重。今日卻從圖畫上，青天遙望九芙蓉。

懷徐五不至

一室蕭條絕垢氛，與誰相對細論文。碧天萬里秋如水，過盡寒鴉不見君。

送張少儀

征車歷歷布重茵，把酒惟餘一再巡。今日送君渾似夢，不知誰是遠行人？

過故第

侯家池館畫圖開，幾日閉門鎖碧苔。惟有翩翩舊時蝶，不知春去卻飛來。

逢棋客

風飄電轉晚雲浮，歷歷平生似夢遊。猶有如皋棋客在，挑燈重與話揚州。

送李寧人儀部視學山東

自古詩書地，安車使者行。廟堂風肅穆，鳧嶧氣峥嶸。蔓草始皇碣，荒煙微子城。皋比看習禮，君得接諸生。

送吳冠山編修視學福建

手提秦代鏡，朗照到閩中。不斷蓮峯雨，相迎劍浦風。茶花水玉碧，荔子火珠紅。莫學九方過，羣良一旦空。

送金汝白修撰視學江西

朱旛持使節，汲引盡羣才。庾亮樓看月，康王谷殷雷。鴈過彭蠡澤，人上鬱孤臺。白鹿鵝湖義，須令繼後來。

送佟受茲侍讀視學陝西

使節紆紅旆，西行極玉關。學人收馬鄭，文士得揚班。鸚鵡玲瓏谷，燕支淺淡山。寒窗念佔畢，一倍惜時艱。

清　明

春風一夜度金城，無限鄉心夢不成。紅映桃花青拂柳，洗妝樓外過清明。

有感

三千世界一微塵，何用文章泣鬼神。君看他時親戚大，陳雲劉勸兩農人。

對雨

春雨濛濛似雪飛，桃花水長釣魚磯。潞河一夜千艘集，不遣孤帆載客歸。

過西苑二首

殿門西迤舊離宮，絳闕瑤房麗碧空。一水地開紅斗帳，五龍天出畫屏風。

楊柳絲絲拂帽帬，芰荷迭映水氤氳。虹橋宛轉千尋雪，鳳閣嵯峨五色雲。

少年行二首

含光出匣箭橫腰，縱獵春場載歇驕。忽憶新豐沽酒市，鳴鞭直詣董嬌嬈。

自愛春衣杏子紅，雕鞍側坐玉花驄。酒樓宴罷不歸去，相和淸歌明月中。

周穆王

穆王西狩弇山還，歌舞承恩幾廢餐。卻倚偃師爲傅會，更教內御與同看。

送謝香祖歸宜興

出郭一相餞，黯然銷我魂。舟通罨溪水，人去孝王園。何日共杯酌，昨宵聞笑言。歸來掩關坐，殘月照西軒。

送人之西域

安西人去少，君去過安西。雪嶺朝霞上，陽關落照低。隨風沙漠漠，過雨草萋萋。斷絕春光處，還聞烏夜啼。

送朱生入蜀

萬里行旌遠，三巴驛路新。山川無隙地，日月暫窺人。棧閣花如障，陽臺雨是神。擕來天漢石，何處訪嚴遵？

送姚南菁歸里

老病天涯客，相依惟友生，艱虞一朝散，懷抱向誰傾？世事皆如此，天心不肯平。兒童相愛慕，今日豈無情？

羈客歎

客子無人惜，衣衫常垢汙。匏瓜無人食，終日繫門閭。

感興

山林竹帛兩無從，故國他鄉意萬重。夜月高天新雁驚，秋風落日古盧龍。

自問

拂龜端策計皆窮，自問孤懷孰與同？何忍不鳴當仗下，只應曳尾在泥中。

春望

大慧庵中雨積苦，玉泉山下水瀠洄。易看日下峯西去，難得春歸塞北來。

御溝水

御溝流水日潺潺，水自無心流自閒。縱使急流云得地，可能天上勝人間。

懊惱曲三首

在家貧亦得，莫向長安去。鴿子經天飛，何如還故處。

侯封人所羨，那得忘鄉里。郎若出門時，銅瓶落江水。

種松巖石下，已失陵霄勢。客遊江海間，便作長年計。

懷迮四賡若二首

不見故人久，因知吾道窮。山川望不極，雲樹鬱葱葱。吠雪從南犬，知冰豈夏蟲。天涯與地角，相顧總飄蓬。

薄祿不須羨，天年毋已終。三冬富文史，數口託南東。詩與古人和，飲將田父同。翻思少年日，意氣爲誰雄？

臥病見月簡葉書山方頌椒姚南菁諸子

終年滯旅舍，戶牖積層陰。瞥爾見新月，悽然懷舊林。老知榮利絕，窮戀友朋深。欲就故人話，其如病不禁！

對雪

塞北歲將盡，江南人未歸。郊園常晝掩，雨雪忽霏霏。病侶時相過，雄圖久已違。此身如斷梗，何敢歎無衣。

旅懷

遼海東邊月，流輝照旅顏。淒其望鄉縣，空憶皖公山。未有一枝託，惟餘兩鬢斑。何時聽瀑水，響落碧雲間。

送左暘照歸里

風吹枯柳樹，人去古燕關。同作天涯客，羨君今獨還。閨中離少婦，堂上接慈顏。勿以龍眠勝，含情欲買山。暘照妻室在京，而父母在故鄉。

題劉照村自鏡圖 其圖用二童子夾持少時畫像横卷於榻前，更用一童子持鏡向主人，主人捋鬚對鏡。

影形相贈幻非常，終古浮生一電光。寄語五陵年少客，休從前度認劉郎。

一劍

一劍孤存又蒯緱，天涯淪落幾春秋？斷腸水調銷魂月，齊到新豐舊酒樓。

懷沈冠雲

故人揮手海天東，消息虚傳二載中。曉上燕臺高處望，江南雲樹遠朦朧。

送陳未齋先生祭告禹陵

奠定周寰宇，山川入會稽。蛟魚存赤子，雷雨護玄圭。詔命三台迥，香煙萬里迷。幾時重把酒，細酌問新題？

送徐淑浦

暫辭金馬署，遠過洞庭湖。視草思中禁，投詩弔左徒。地蟠三楚大，風近百蠻殊。相憶時南望，飛來履是鳧。

送大兄之官黔中

我病無歸路，君爲邊塞遊。關山逾萬里，暑雨向黔陬。異域餐宜慎，瑤民道用柔。如何垂老日，兄弟各漂流！

送王大歸長沙

秋氣滿燕市，揚帆歸故都。讀書嶽麓寺，垂釣洞庭湖。以我作前鑒，勸君休後圖。君看古賢達，強半在泥塗。

送張秀峯二首

春明門外柳毵毵，無奈離人酒半酣。翻怪多才庾開府，爲誰辛苦憶江南。

南國歸人道里遥，青山疊疊水迢迢。孤舟夜泊微風岸，誰與袁宏伴寂寥？

餞別沈歸愚少宗伯歸里

崢嶸一代隱侯才，晚節聲名動上台。故舊十年勞記憶，風雲千里共低徊。蔡邕倒展羣賢接，王粲登樓好句來。集九賢寓，鶴書首唱。惟有青衫最憔悴，也隨冠蓋坐銜杯。

尋　山

布韈青鞋到處便，春風吹上萬山巔。玉龍偶挂層崖外，忽憶江南雨後天。

寄長命縷詩并答二首

宫絲長命縷，縈迴五色絲。繫郎腰帶上，長得寄相思。

色與朝霞爛，絲隨暮雨飄。但能長命在，相見日非遥。

自贈

生年愚且魯，入世旣乖聾。學業牛蹄水，人情馬耳風。文章無所用，計畫祇增窮。百歲虛過半，淒涼旅舍中。

感春

花枝零落鳥聲頻，載酒芳郊未有因。杜宇何須怨春去，春光愁殺獨醒人。

人生

人生不稱意，歲月費消磨。強作逢時語，常因弔古歌。蛩聲秋更急，雨氣夜偏多。欲作歸家計，如無一頃何。

自歎

旅館青燈照獨眠，鴈聲歷歷落階前。山林鐘鼎無歸處，飄泊生涯二十年。

攬衣

殘雨滴離魂，羈愁起夜猿。攬衣開暗牖，兀坐至朝暾。鳥道蛛絲颺，花叢蝶影翻。誰能更飄泊，去矣向江村。

擬王建宮詞十首

宮女如花侍宴歡，蓬萊宮殿九霄寒。金梯宛轉淩空上，直作姮娥月裏看。

畫袴朱衣作隊行，新翻法曲囀春鶯。內家妝束男兒樣，舞盡金蓮學不成。

梨園弟子玉玲瓏，樂府新聲絕代工。一曲未終銀漢轉，水精簾外月如弓。

瑤池宴飲月輪高，仙樂鏗鏘奏玉璈。不盡甘雞和楚酪，酒闌宣賜鄭櫻桃。

宜春深院閟風煙，魚藻波回放畫船。楊柳垂絲花破萼，不知春到阿誰邊？

雲母屏風翠羽帷，承恩宮女鬭腰支。趙家飛燕休相妒，自古紅顏能幾時？

迴廊千步積蒼苔，隔院聲聲羯鼓催。無奈夜長宮漏永，西風吹上玉階來。

梧桐畫檻月波舒，玉枕薰籠待漏餘。四壁黃金成底用？長門無地買相如。

長楊高樹落花秋，凝碧池頭夜雨收。卻恨君恩似花落，隨風片片逐東流。
旭日舒光照上林，材官鬬射競從禽。回頭一笑雙雕落，飛騎齊頒少府金。

送姚姬傳下第歸里

幾載一相見，同心遽背違。飄零惟我慣，淪落送君歸。暫聽霜蹄蹶，終看怒翼飛。關河阻魂夢，莫遣報書稀。

留別郭昆甫

款曲醒還醉，悲涼晨復昏。故人從此別，斯世與誰言，古道今難合，蛾眉衆所尊。祇應江上宅，終日閉柴門。

入山

山如碧玉圍，石似紫煙霏。樹作蒼龍臥，泉爲白練飛。溪頭茅屋在，馬上客心違。舍此不棲息，吾將誰與歸。

途中所見

侵晨策馬行，目盡平蕪裏。林外白光浮，驚看長湖水。

山　行

空山人獨行，春日雨初晴。異鳥聞姑惡，寒林綴女貞。龍蟠潭水暗，虎過谷風生。動定皆天命，無勞歎不平。

過汶上贈鄧明府二首

雲水升沈致不倫，少時攜手最情親。近來誰問巴恭祖，天下爭傳召信臣。汶上相逢明月夜，京華回憶廿年春。如今白髮同尊酒，拭淚驚看夢裏人。

孤雲日暮苦無依，萬事從前悵已非。刼火燒殘公相在，文章命達古今稀。衰年作客嗟何久，多病逢秋始欲歸。舊里自知無舊業，滿頭霜雪釣魚磯。

揚州呈運使盧公

憶昔登龍得所歸，凌風卻月鎮相依。酒卮磊落花初放，詩句縱横蝶乍飛。到處逢人嘘植徧，似公知我古今稀。白頭還向滄江去，依舊龍舒一布衣。

過望溪先生龍潭別墅

醉過西州涕淚幷，鳥飛花落總無情。關西伯起殊多難，江左夷吾詎啾名。高安朱相國曾稱先生爲公孫僑、管夷吾一流人。誓欲相從慚九死，空聞會葬忝諸生。祇今卮酒論經處，更得何人一字評。

滎澤渡河過北邙山有感

北邙南去見繁臺，伊闕轘轅次第來。二室並標天漢出，三河分控帝圖開。置身虞夏將何適？浪跡乾坤任不才。陵谷遷移人代速，荒原策馬不勝哀。

遊伊闕有懷姚六姬傳

連山中闕兩扉齊，伊水奔流到洛西。巖鑿蜂房棲佛座，寺浮蜃市接雲梯。幾回閲世成灰劫，依舊空林自鳥啼。忽憶故人今遠別，與誰攜手步沙堤？

洛陽送客

太行橫北起，伊闕迤東開。此地君歸去，何年我復來。牽衣不忍別，把酒重相催。日落斑騅遠，山寒夕鳥迴。

厎柱

崑崙九曲勢奔傾，疏鑿功高洚水平。天接西秦分嶽色，人從東洛聽河聲。眞如怒馬凌空下，豈有瑤芝徹夜明。懷古登臨倍惆悵，黃神祠外野煙橫。

懷大兄普定

吾衰今潦倒，君病豈康強！衣食奔趨久，風塵道里長。關河多阻隘，魂夢隔津梁。何日能休暇，餘年老故鄉？

懷張繡楓

莫謂多才是少年，詩情酒貌盡堪憐。人中騏驥能千里，海上扶搖定九天。一自別離頻悵望，空教魂夢與周旋。恨君不及流鶯意，時送清音到耳邊。

寄翁兆溱

年少高才始發硎，小桃花下戶長扃。承歡切至多容色，汲古精微入杳冥。前輩風流今已邈，後堂絲竹汝曾聽。西州門外山如舊，從此扁舟不忍停。兆溱與余同受業望溪先生門下。

懷張裴叔

桃花開徧皖公城，一片殘霞照水明。風雨幾年衡嶽夢，瀟湘斜日故人情。名賢到處防魑魅，古道論交畏甲兵。龜策豈能知此事，空階獨立恨難平。

次韻答嚴遙靑

昔賢垂竹帛，吾黨自山林。瞻望殊方事，蒼茫萬古心。故人多遠念，梁父發高吟。絕唱不能和，空聞絃外音。

懷胡一士

讀書千卷未知名，久處囊中自不平。富國曾師齊管仲，治河豈讓漢王横。不辭抱泣和無足，依舊潛光玉在荆。成敗論人吾未敢，鄉閭在昔有公評。一士上書言治河及錢法二事。

賦得月中桂 同人讌集分賦

淸虚宫殿託根長，珍木西園遜鬱蒼。玉葉扶疏疑地影，金花縹緲落天香。授舂兔老秋飛露，斯斧人眠夜有霜。萬頃琉璃兵衞滿，攀援何日詠霓裳。

劉大櫆集　卷十六

今體

望武昌縣城

北拒西龕戰氣收，霸圖蕭瑟晚煙浮。武昌城下江千尺，不見佳兒孫仲謀。

晚過黃州

賦筆凌雲久盪胸，側身千載欲相從。遺蹤日暮忽忽過，回首煙巒一萬重。

登黃鶴樓

飄零蹤跡來西楚，黃鵠山頭俯大荒。地湧樓臺侵斗極，天輸江漢下荆揚。野花爛漫空千樹，歸雁蕭條忽幾行。老去弟兄皆異域，獨將衰鬢對殘陽。

學山亭納涼

解衣亭子上，暑氣欲潛逃。座蔭高冠樹，檐翻漢水濤。侵晨朋好聚，入夜月輪高。有夢仍鄉里，何時賦大刀？

武昌喜晤迮耕石追次齊少宗伯奉贈原韻

廿載睽離薊北城，鬚眉皓白氣崢嶸。三邊誰建和戎策？五夜虛談幕府兵。著述早成千古計，勳庸終負百年盟。與君半世俱淪落，懷抱何由得盡傾！

秋懷次迮耕石韻

苦欲留餘夏，其如搖落何？乾坤常霧雨，江漢轉風波。世界羲皇遠，平生醉夢多。形容慚老病，志意恐蹉跎。

七夕次朱葯岑韻

屋角梧桐樹，干霄僅百尋。寒暄浮翠色，朝暮挹清陰。坐對三秋月，同爲七夕吟。九天幽默事，萬古別離心。燕婉伊誰始，流傳直至今。閨幃潛下淚，兒女競穿鍼。浮世有終極，哀思何太深！夜闌人盡散，河漢寂無音。

武昌雜詩五首

星分翼軫控南陬，緜絡關山擁上游。對岸兩城蠻觸峙，當中一水漢江流。海濱貨物全歸市，天際雲霞半入樓。一自篳藍開楚國，廢興存滅幾經秋。

坐愛雲山醉不辭，曈曨初日上花枝。二江並湧層樓下，一鳥高騫碧落時。駕鶴仙人殊未返，題詩崔顥欲何爲？何人獨立無言語，盡日惟拈玉笛吹？

懷古思家意每雙，強扶愁疾向秋窗。雨雲朝暮迷三楚，沅澧縱横匯九江。但使石田依北郭，何勞銅柱鎮南邦。君看讒諂懷王去，義士沈淵鬱未降。

過雨高城暮色蒼，風煙千里鬱相望。戰餘赤壁江山勝，仙去洪崖鼎竈荒。王濬壯猷沈鐵鎖，庾公清興據胡牀。分明往事都如夢，愁對青天雁幾行。

高樓獨上倍悽然，旅處懷歸日似年。雲夢地卑時有樹，洞庭波闊更無天。臨流賈舶爭祠祭，隔院人家自管絃。未肯代人條國事，新豐孤客有誰憐？

江夏送客

鄂渚送歸舟，蒼茫江漢流。人當幾歲別，雨爲一朝留。碧草餘春色，陰雲結暮愁。孤帆忽不見，悵望武昌樓。

送徐鍾山歸黃陂

懷歸有夢到鄉林，怨別無情對遠岑。漢水倒流才子氣，楚雲重結故人心。可能入世躋虞夏，聊與推窗論古今。他日相思得相見，更應同醉卧花陰。

秋夜武昌樓送客

江水交流地，高樓月倍明。烏啼漢陽樹，人去武昌城。惜別當秋夜，傳杯欲二更。臨歧無復語，遥望不勝情。

登大別絕頂有懷張聿修

故人歸去楚江隈，自閉衡門長碧苔。聚散無端環易轉，升沈有定命難回。洞庭積水粘天起，衡嶽高峯拔地開。惟有相思未能見，憑闌終日獨徘徊。

荆州道中次韻奉酬學使陳公

又離武昌郭，黃花送客舟。荆門遙指處，漢水始波秋。三楚多名士，同心是勝遊。旅懷消不盡，乘月覓村芻。

夜渡長湖

積水與天接，秋雲作暝陰。驚波半夜伏，明月在湖心。舟子相呼起，勞人旅思深。未知登彼岸，飄轉到如今。

懷左暘照

傷春情緒比悲秋，況復春深感昔遊。燕市荆高成往夢，龍山花鳥動新愁。還家幾歲忘鄉里，古樂府「還家問鄉里」，暘照歸桐城，而妻室在京，故戲之。把酒何時上驛樓？可惜白頭無賴藉，片帆風雨在荆州。

懷姚南菁

情親手足並垂髫，路隔東西相望遥。放逐汝能官屈宋，乾坤吾自老漁樵。龍舒地僻繁花發，荆楚春深積雪銷。擬坐書窗同翦燭，離魂飄蕩不堪招。

荆州送别迮四耕石

我唱荆州樂，君爲吳會吟。分飛雙燕羽，同患故人心。水到五湖闊，山連西蜀深。憑教詹尹卜，那得判升沈。

送人還蘇州

鄧尉梅花發，吳江春水生。歸來三載夢，長憶闔閭城。一送孤帆影，重聞暮雨聲。依依葭菼外，悵望有餘情。

舟上十二碚

突兀臨江石，中腰棧道橫。微茫看線縷，宛轉學蛇行。牽挽舟人力，艱難旅客情。因知五丁鑿，一半在天彭。

郢中

漢水奔流急，荆蠻壤地存。章臺初起日，意氣小中原。故苑成官道，荒城缺女垣。空餘雙石獸，藉草寂無言。

陽春臺懷古次韻

故郢高臺雪後來，楚蠻形勝此遲回。畢勞壤接荆山僻，觀政風兼濮地開。最恨不從陳軫計，祇今誰是屈平才？興亡萬古皆陳跡，漢水蒲萄自醱醅。

再次前韻

前代銷沈後代來，高原獨上重低回。山盤鳥道三巴出，水散蠻溪百粤開。楚國雲霞多古色，江天草木憶騷才。美人未許傷遲暮，聊輟行吟醉綠醅。

蘭臺

高臺下瞰野煙空，千載蕭條舊楚宮。落木久悲騷客賦，披襟猶快大王風。烏啼夜聚鵋鴞侶，花落春餘枳棘叢。何止周秦一興廢，莫將心事問漁翁。

寄張愷似檢討

淹留東閣跡猶存，骨肉交期盡九原。宿草何能教止哭，巫咸那肯問銜寃？居廬依舊屏肴酒，尊府居喪盡禮。毁性終思侍凊温。太夫人在堂。千里此時徒極目，亂山殘雪過荆門。

寄葉書山

十年相憶各天涯，南北周迴故背馳。余以經學應舉在京，値書山視學貴州、湖南時。及彼事竣北上，余又在湖北學使幕中。市井豈知丹篆夢，旗亭爭唱白雲詩。花深冀野三山路，雪下荆門兩鬢絲。未識此身何處置，飄颻空望鳳皇池！

懷倪司城

當年攜手在燕郊，秋滿盧龍塞木彫。終日高歌凌碧落，有時被酒舞清宵。於今還往惟三戶，回首鄉關隔九霄。欲過灞陵同買醉，漢家矜重霍嫖姚。

襄陽道中次韻

襄陽在何處？月下且乘船。漢水連天碧，鐘聲出寺圓。眞龍終已矣，雛鳳故逌然。自分竄今老，將因作繭眠。

次襄陽道中觀燈韻

楚地春偏早，羈人空復情。鹿門何日到？漁舍幾回更！燈火無殊俗，蠻歌覺異聲。今宵應不寐，漢水月中明。

鹿門山次韻

鹿門忽在望，秀絕未能攀。人説襄陽老，隱居於此山。問之無故宅，惟見水流閒。因誦夜窗句，凡詩欲盡删。

鹿門山懷古

鹿門山色碧巍然，北望隆中地勢連。可惜臥龍空得水，傷心雛鳳已無年。三分鼎足終陳跡，再世豚兒不象賢。借問襄陽耆舊內，肯令州府汙行纏？

襄陽春日

襄陽春日長，愁對是滄浪。流急轉嗚咽，嗚聲斷我腸。飛花復飛絮，垂柳更垂楊。持此芳時恨，遙傳到故鄉。

春日書感

征衫染盡道途塵，白社雞豚愧比鄰。名字少年誰識我？文章老去不如人。黃花野寺風吹鬢，碧草湖橋雨墊巾。自覺情懷非往日，更增憔悴入新春。

次朱葯岑花朝韻

遙山憐積黛，老眼惜籠紗。夜雨重重樹，春晴處處花。紅塵難自浣，白日忽將斜。更鼓襄中柁，何如海上槎！

峴山懷古

擁旄持節鎮荆州，江漢民心次第收。開府閤門希虎士，平吳勳業自狐裘。豈闕石闕傳方遠，須信金環致有由。時代銷沈陵谷變，祇今覊客淚還流。

登峴山次陳伯思韻

我懷羊太傅，出郭意茫然。白馬緣微徑，黄花滿大田。山空惟寺在，地實以人傳。欲取碑文讀，蕭條有斷煙。

襄陽風雪懷姚姬傳

年少辭家悵獨居，遠游蹤跡近徽閭。感時莫憶楊員外，弔古應悲樂望諸。燕地夢魂長傍汝，楚天風雪眇愁予。何時僦屋相鄰並，晨夕過從共讀書？

懷張京望

都門送別慘襟顏，三載相思旅舍間。來往不離襄漢水，夢魂飛過穆陵關。狂言磊磊君如舊，老態遲遲我倍艱。何日醉眠還共被，更攜蠟屐向龍山？

懷方篠坡

不見坡公又五期，卻思同學釣遊時。荒荒汝目幾無見，種種予顚半是絲。敢信逢罹惟我輩，時聞令弟副使凶問。何堪得意盡童兒。明朝獨鼓襄江柁，愁對江村弱柳垂。

舟發襄陽次韻

楊柳麴塵絲，夭桃花幾枝。人辭襄水曲，舟發峴山時。外地長爲客，中心有所思。畫圖紛滿眼，愁絕不成詩。

雨中灘行次韻

昨聞舟子語，來日路行難。我坐奔瀧裏，翻同止水看。穠花都帶雨，弱柳可禁寒？賸有傷春淚，銜之未忍彈。

懷鮑步江

悵望江天起暮雲，故人消息寂無聞。歲星難飽一囊粟，韓愈終傾萬丈文。沽酒場邊應缺我，落花時節每思君。會過揚子煙波路，同結焦巖鹿豕羣。

懷郭昆甫

立身早已邁羣賢，蹇足何由得並肩？人老貞元曾幾載，官卑博士更三年。時流大笑爲師意，我輩空悲祭女篇。昆甫連喪子女。感事急思同一醉，薊門回首隔風煙。

仙人渡次綦巃翥韻

仙人縹緲今何處？渡口居民競渡時。水勢縱橫衝石起，帆形咫尺到崖遲。層巒夜雨堆爲雪，短鬢春風颺作絲。老去莫嫌行地遠，溪山名勝在於斯。

均州道中

南客懷歸夢欲闌，西風吹鬢雨初殘。連峯對嶺均州路，噴雪轟雷亂石灘。鷗鳥引雛隨浪轉，人家結屋傍崖寒。沿村花柳爭明媚，且拭征夫倦眼看。

初見武當山

經年局促走荆關，驛路紅塵忽破顔。碧玉一團襄漢水，青蓮千尺武當山。輕舟過去灘聲轉，野老行來帽影閒。乘輿欲登金頂上，少年誰與共躋攀？

望武當次韻

碧濤天際倚天奔，天柱通天自有門。眞武威名傳去遠，仙靈窟宅古來尊。當時早悟磨鍼力，此日空尋蓋殿痕。欲上層巔慚老蹇，夕陽飛鳥下遙村。

均州晚泊

早歲漂流備險艱，卽今行盡楚西關。路經水折山迴處，人在飄風驟雨間。萬里勳名空夙願，一時鬢髮已俱斑。短篷夜泊均州岸，煙火微茫古戍閒。

過遠河灘次徐我非韻

高天過雨碧溶溶，遠近羣山著色濃。亂石中流蹲馬象，桃花三月起魚龍。波濤忠信平生杖，道路奔馳四海蹤。愁絕酒家無處問，清明時節恰相逢。

清明日龍灘阻雨次徐我非韻

遠遊不憚履頻穿，怪石臨流夜泊船。桃粥採香寒食後，紙灰吹淚墓門前。迎風堤柳多情裊，帶雨山花作意妍。惟有羈人無藉在，蕭條終日對新煙。

晚入鄖陽界

煙霧濛濛黯不開，扁舟風雨鏬中來。窗間過眼林巒好，枕上驚心霹靂廻。前夕大雷雨雹。半世光陰成噩夢，百年勳業等浮埃。於今重作西征賦，愁對滄浪兩鬢催。

郞陽道中

三春風雨無休歇，一夕憂思兩鬢霜。山水情耽庸子國，乾坤身老楚人鄉。夭桃綠柳增新態，破帽青衫只舊裝。搔首征途長歎息，那堪村舍日荒涼。

蘭花次韻

誰憐幽隱暗培栽，春暮穿林躡屐來。高士白雲長在嶺，無人空谷自蒼苔。一時草茁尋常伴，九畹風微寂寞開。須信國香傳播遠，孫枝仍是不凡才。

郞陽寄鮑步江用前韻

幾年良友苦離羣，難寫心情一寄君。縱酒可無劉處士，稱詩長憶鮑參軍。餘酲穩臥三竿日，逸氣終成五色雲。我自獨遊麇子國，桃花春暮落紛紛。

懷姚姬傳

不見情親數暮鴉，遊從猶記在京華。持杯共對金臺月，閣淚同看古寺花。歸去龍舒人似玉，棲遲梁宋我無家。如今涿鹿遥相望，庸子江頭落日斜。

郎陽客舍

莫作郎陽客，郎陽春色新。猿聲并鳥語，愁殺遠遊人。故里未能去，他鄉誰與親？閒階芳草色，相對淚盈巾。

次朱葯岑瓶中海棠原韻卻增一韻爲戲

珠箔中間寶鴨傍，柔姿嬌態最難詳。朦朧帶暈初驚睡，浅淡垂衣欲卸妝。醉後玉環非有力，舞來飛燕不生香。穠華豈合輸桃李？脈脈相看枉斷腸。

郎陽眺望

客程怱遽少登臨，此日蒼茫故里心。國到麇庸知地險，舟行沔漾覺山深。秦關樹引西天碧，蜀道雲凝萬古陰。最是蠻荒殘臏處，蕭條極望一長吟。

雨後

黎子山前白日斜，武陽洞口水流霞。雲陰一片飄爲雨，桃李千村盡著花。上下古今餘短鬢，東西吳楚只浮槎。他時身入漁樵侶，太息吾生信有涯。

書感

何當縱翼至寘顏，緩帶長歌入漢關。隱遁舊思金馬署，淹留今在石雞山。終風暴雨常相聒，杏蕊桃花只自殷。馬革裹尸男子事，書生何事欲生還？

懷方頌椒

地接荆吳路未多，羈人相望隔銀河。鄖陽夜雨淹危石，彭蠡春風起怒波。人是飄零天已定，相當貧餓汝如何？何時卻得歸田舍，尊酒連牀一笑歌？

舟發鄖陽

旅館初停夢寐驚，入舟迴望不勝情。登牆窺我夭桃色，繞樹爭巢衆鳥聲。時隔院桃花一枝，斜壓牆上，並隱爭鳥巢，皆實跡也。漢水急流勞遠送，襄山如舊喜相迎。此生可有重來日？黯澹浮雲暮自横。

下灘次韻

同人思共濟，動色説三灘。瞬息輕舟下，朦朧午夢殘。在兹心不畏，如是物齊觀。幾日芳春老，槐陰漸欲團。

次均州

再到均州宿，依然舊路過。水聲前日壯，山色暮春多。今古只如此，乾坤入浩歌。扁舟與短鬢，鷗鳥奈人何。

光化道中

東風搖颺燕飛斜，倏忽扁舟去路賒。垂柳亂飄三月雪，小桃猶放晚春花。不辭碧水長爲客，無奈青山總似家。肯信歸來終有日，驛亭沽酒是生涯。

穀城道中

小住郎陽一月期，輕舟南下疾於馳。豈知水態山容外，猶及花黄麥綠時。好鳥似箏還似笛，垂楊飄雪復飄絲。風光記得曾遊處，獨對旗亭有所思。

再到襄陽

荆襄形勝古今聞，漢晉名賢出處分。高枕欲招龐隱士，征南猶憶杜將軍。鹿門望去青於染，嶓冢流來碧似雲。一歲重過眞自愧，非商非士旅人羣。

哭郭昆甫二首

莫怪乘雲去，人間無此人。餘生惟我在，未死與誰親？志業留孤幼，文章護百神。他時看氣象，應在尾箕辰。

別離逾一載，言笑耳長留。遂隔死生路，眞知人世浮。交游看漸盡，天地總如秋。賸有招魂計，茫茫何處求？

登大別山

漢水歸江處，今人弔古時。山川長浩渺，世代累遷移。已見吳旋滅，仍聞楚不支。憑高灑清淚，日暮更何之？

登　樓

洞庭彭蠡白波連，江漢交流赴海壖。更上層樓高處望，茫洋秋水浸南天。

有　歎

列郡山河阻，依人出入勞。長嗟一身困，欲問九天高。曉日雲孤駛，秋風木怒號。百年隨過隙，那得比鴻毛？

琵琶亭

獨上孤亭坐，匡廬屏障開。蒼茫彭蠡水，流合大江來。六月涼風會，千年往蹟哀。如何商婦曲，猶得表崔嵬？

奉次楊玉峯中丞省災勘工因登招寶山原韻

仗鉞東行建國謀，登高望遠極平疇。旌旗日月紅雲合，宮闕金銀碧海流。圖畫瘠捐歸奏議，挽回枯枿上春洲。怪來詩思非人境，曾到仙居十二樓。

旅館次賓西堂韻

鄉關容易去，日月苦難居。地入甌閩界，人當朽病餘。飄零孤客淚，斷絕老妻書。何日休彈鋏，歸來食有魚？

月夜過釣臺

絲鬢飄零愧不才，輕舟搖過子陵臺。如何牛鼓山前月，也到錢塘江上來？

送褚虞諸還蘇州

治行將適越，轉櫂旋歸吳。缺月斜暉暗，寒江病客孤。情猶深碧玉，興已盡西湖。未識從今去，重教執手無？

甌江寒食次施亦符韻

腐儒無置處，羈客負良辰。野哭千山暗，蠻歌百越春。俗非寒食舊，花對白頭新。試上高原望，纍纍盡鬼燐。

送竇西堂歸東武二首

攜手燕臺日，回頭近十年。屐穿伊闕洞，衣濺石梁泉。並轡春騎馬，連檣夜泊船。何舍我去？慘澹向秋天。

衰老猶爲客，蒼茫送獨還。輪蹄三楚路，風雪九仙山。地到東溟盡，花開故國閒。飛應更遠，何日復追攀？

送張五二首

西湖十日雨如塵，雲暗江橋霧隱津。正是客心悽斷處，那堪重疊送歸人？

山堆濬碧水拖藍，長憶高堂白髮鬖。不爾但憑相愛慕，爲君僦屋住江南。

送竇天如

扁舟容與浙江潮，行盡西湖處處橋。雁蕩共探龍窟水，天台同仰赤城標。牽衣一別關河闊，屈指重逢歲月遙。安得人生如鹿豕？參差鴻燕是今朝。

西園詩次張竹君韻五首　江陰學使院內

老樹臨流似臥龍，輕舟穿過一重重。翠禽忽起銜人去，新綠滿衣陰未濃。

水雲寂寂釀春陰，孤鶴長鳴傍碧潯。卻與寺鐘相和答，一時清響動園林。

說有談空借箸前，桃花林外颺茶煙。車聲恰繞羊腸坂，穩坐團蒲自聽煎。

待兔從來忌守株，眞看天地是蘧廬。盡通內外除屏障，收取江山作畫圖。

舊事春申異所聞，小山城北尙名君。茅亭盡日風吹雨，著色南宗望不分。

重午西園絕句三首

五絲續命舊相娛，誰把珠囊餽老迂。身是太平牧犢子，年來不用辟兵符。

曲沼澄流映綠蘋，舫齋花礎半沈淪。蟾蜍千歲全無角，踞坐公然不畏人。

安石榴花鬬火光，家家門巷艾人妝。科頭靜坐長林裏，新筍陰齊老竹行。

懷跂三首

春事行將盡，窮愁近若何？文章千刧在，天地一身多。霽嶺舒微靄，風江湧怒波。思君獨不見，竟夕對明河。

南國交遊滿，如君愛我希。異書同討論，深夜閉門扉。釣瀨乘風往，瓊臺帶月歸。肯教重適越，應得暫相依。

哭施亦符二首

秣陵楊柳暗，攜手訂前期。一別成長往，浮生信有涯。白頭違老母，黃口賸孤兒。身後門誰在，何人爲護持？

老去賓朋盡，如何更哭君。平生心似水，對我氣如雲。駿馬方思秣，冥鴻忽喪羣。夜臺無狗監，誰識長卿文？

題惲壽平所畫花卉五首

影娥池水碧涵虚，潑刺金鱗射日初。我亦居然濠濮想，未知魚樂我何如？琳池戲魚

春風澹澹雪枝舒，夜月溶溶璧彩虚。四卷纖雲天似洗，水晶宫裏素娥居。梨花夜月

顆顆珠囊綴火瑰，玉膚端俟絳襦開。平生雅善文園病，誰與瓊漿解渴來？折枝荔子

碧天寂寂雁初來，摇落愁看白日隤。猶有殘芳傍籬落，幾行紅豔挽春回。雁來紅

冷香瑩淨比長松，畫手傳神墨點濃。猶恐金英呈秀色，更從老圃淡秋容。墨菊

題王翬所畫山水五首

寒梅繞屋影扶疏，中有幽人坐讀書。不管層冰兼積雪，早將春色到茅廬。梅花書屋

白雲迤邐到空斜，雨過迴塘淺漲沙。向夕卷簾殘照斂，南山晴翠落檐牙。夏山雨霽

秋山磊磊樹交加，行色蕭條落日斜。五柳門前無恙在，爲誰漂泊到天涯？秋山行旅

書生皓首兩眉龐，坐挾陳編意未降。樓鼓三撾燈火暗，雨聲喧到讀書窗。蕉窗讀易

落筆雲煙入妙來，富春山水畫圖開。征帆曾挂涼秋月，夜泊嚴陵古釣臺。大癡秋山

寒山寺

青楓江上暮啼烏，漁火蕭條客與孤。不見寒山寺何處，吹花風裏過姑蘇。

姑　蘇

吳亡越霸幾經秋，范蠡平生善自謀。一與西施同載去，更無人作五湖游。

吳淞道中二首

吳淞江水遠蕭條，曾曳雲帆過畫橋。十二年來重繫艇，不聞池館夜吹簫。

霸氣東吳成燼滅，芳顏西子久塵消。惟餘幾曲枝江水，終古無情赴沃焦。

崑山

日月奔忙似跳丸，十年回首幾家殘。縣城西北崑山色，頭白重來掩淚看。

皐橋

長堤迤邐接雲霄，碧水輕鷗去路遙。欲問繁華舊時事，泰娘不見只皐橋。

松江使院

桂枝梧葉滿窗前，借問朋交半九泉。猶記雲間當日夢，三更風雨對牀眠。

機山

陸家兄弟有鴻才，入洛光榮世共推。可惜原無一雞肋，如何鱠美不歸來？

過無錫

征途西指海雲還，煙水微茫雉堞閒。髣髴三生十年事，半帆斜日九龍山。

赴黟縣

慘澹趨程急，崎嶇怨路長。青春成過客，白首向殊方。志業全蕪沒，朋交半死亡。更聞猿嘯苦，淸淚不成行。

過陽棧嶺

新安蹊路僻，高入五雲中。窄澗迴相越，連巒罅忽通。人行森木頂，鬼語暗篁叢。死去尋常事，誰憐鶴髮翁！

獨　宿

天風吹槲葉，半夜落秋聲。獨宿重門閉，悽然泣涕橫。古人嗟不見，今世竟何成！瞬息百年過，無能暗自驚。

遣懷

老儒無舊業，聊借最卑枝。一旦驚還定，三年宂不治。山深多獨往，地僻少人知。得意休相羡，餘生能幾時？

遣悶

壯懷消爍盡，作客任西東。白首窮山外，青春噩夢中。落花輕著地，餘雪亂隨風。試問英雄輩，何人竟立功？

爲客

一世終爲客，家山不敎歸。青天初志在，白髮此生違。萬翼皆雌伏，孤翰獨怒飛。誰云沈冥者？猶自歎無衣。

獨立

獨立身將影，相看淚滿衣。九州遊欲徧，半世客無歸。親故來書少，漁樵寄跡微。飄飄辭樹葉，故故傍人飛。

釣臺

萬古桐江水，東流不住聲。可憐江上月，猶似漢時明。我適乘舟過，因懷出世情。殷勤一杯酒，滿酌爲先生。

林和靖墓

碧水蒼山野外情，神寒骨冷氣崢嶸。眞仁渾噩稱平世，梅鶴優游過此生。別苑樓臺新締構，茅廬井竈舊經營。行人再拜陳蘋藻，慘澹雲煙盡日橫。

焦山

焦阜遙連灩澦堆，煙波萬里共潆洄。青山夾岸如奔馬，爲送岷江到海來。

登樓

無家常作客，多難獨登樓。楚越千秋事，江湖一葉舟。雁將鳧是侶，身與世俱浮。極目寒山外，悽然涕泗流。

次韻姚姬傳送左仲郛之金陵屬其見訪之作二首

回首鄉園望不分，千峯迢遞帶斜曛。片帆天外誰憐我？明月窗前總似君。朔雁幾傳求友字，西風曾送渡江雲。那堪獨宿南朝寺，四壁蟲聲五夜聞。

蕭瑟平生最慘顏，敢矜詩賦動江關？行抛姓字漁樵外，一任浮沈天地間。身逐盟鷗親野水，心隨夢蝶戀家山。何時歸作龍眠老，比舍敲門數往還？

燕子磯

王謝烏衣巷，朱門日月輝。六朝流水盡，燕子過江飛。帝苑生春草，漁村靄夕霏。畫梁巢尚在，漂泊幾時歸？

莫愁湖

不識女兒面，如何名莫愁？蛾眉當二八，已作十分秋。柳葉層層裊，桃花片片流。今宵判不寐，腸斷碧溪頭。

臺　城

南朝灰燼滅，猶見舊臺城。翰墨爭爲事，多羅不住聲。龍盤眞有象，鬼餧漫無情。賸有長江外，浮雲盡日橫。

邀笛步

桓伊吹玉笛，自奏寂寥音。一曲隨流水，何人知我心？祇今荒岸外，惟見落花深。借問相邀事，雲煙不可尋。

青溪小姑祠

不知何代女？猶以小姑名。有目都能見，無郎過此生。青松長拂鬱，白石自晶英。待得生初月，飛騰上玉京。

張麗華祠

廟枕青溪側，芳顔闘曉霞。祇今溪畔樹，大半玉爲花。一死消塵刧，三生長詬車。舉觴遙酹汝，身未到隋家。

桃葉渡

最憐金粉地，桃葉復桃根。相送蘭舟晚，春風江上村。每緣新别苦，重憶舊歡繁。莫畏歸途阻，迎來已到門。

後湖夜坐

落日浮雲盡，湖光四望開。空明千萬頃，一片月初來。坐久見魚躍，宵深聞雁回。不知寒露溼，猶待曉鐘催。

北極閣眺望

磊落登高地，蒼茫望古辰。山川連楚越，世代歷梁陳。龍虎開宮闕，風雲護縉紳。如何百年內，空復泣遺民？

重登北極閣

日月前朝逝，江山故跡留。騰身攀北極，舉目盡南州。霄漢層臺迥，風煙萬井浮。茫茫感身世，泣涕欲横流。

登清涼山

南國偏安地，干戈幾驛騷。江連三水闊，峯斷二梁高。日月窺哀壑，魚龍舞怒濤。功名何足計？回首一鴻毛。

雨花臺

不知高座寺，直上雨花臺。宮苑餘荒草，乾坤幾刧灰。壯懷春水漫，華髮夕陽催。欲問翻經處，前朝逝不回。

采石太白祠

門外長江水，蒲桃正醱醅。遙呼東海月，飛入酒尊來。此日尙崇祀，當時誰愛才？巍峨遺像在，寂寞碧山隈。

天門山

終古岷江水，東奔向沃焦。流來南國恨，散作海門潮。相對蛾眉晚，迴看灌口遙。不知津渡日，曾見鬼神朝。

蟂磯

三國亡來久，夫人廟獨存。河山經百戰，事業少中原。慘澹南朝地，飄零蜀帝魂。祇今祠樹上，晨夕野鴉喧。

哭迮耕石

俊氣嗟誰繼，貧交看漸無。九原猶有路，四海總窮途。天數殊榮辱，人心判哲愚。詩書遺論在，風雨此身孤。

哭吳大椿

瓊杯青玉案，醉飽十年深。聚處兒童慣，離居老病侵。欲從新識面，重覓舊知心。斯世茫茫內，浮雲何處尋？

昔遊

漂零無定在，南國久棲遲。泝水窮吳楚，登山指晉隋。英雄紛戰伐，里巷積瘡痍。世事長如此，人生自可悲。

宿山寺

古寺一僧住，空山孤客來。禪扉懸絕壁，野月上荒臺。地迥星辰大，宵深鸛鶴哀。忽聞淸磬發，欲去重遲回。

赴安慶書院

飄泊終無定，翻教去歙山。衣冠看少俊，衰老愧容顏。儒術誠何補？師資徑欲删。何時脱巾韈，襏襫向田間？

過大鴻嶺

西匯成彭蠡，東流合會稽。一溪通地脈，萬嶺造天倪。舉手星辰近，回頭日月低。驅馳窮早暮，衰老意悽迷。

登大觀亭

孤亭臨四野，老眼上層梯。水樹千帆亂，雲煙萬嶺低。鄉關今重到，景物昔都迷。烏鳥知余恨，徧來傍耳啼。

七夕

經歲長離別，芳心久欲灰。猶存兒女意，一夕渡河來。素月銀鉤挂，紅雲繡幕開。今朝天色好，喜氣到中台。

八月十五夜

今歲中秋月，相看皖水涯。無論遠與近，終是不還家。藐爾一身在，蒼然兩鬢華。漂流本天命，老去發長嗟。

九日

客途逢九日，古昔有登高。可惜衰遲甚，空嗟跋履勞。秋雲紛漠漠，朔雁正嗷嗷。欲買滄洲櫂，浮游任所遭。

再登大觀亭

皖公山下楚江回，萬里秋陰鬱不開。低壓平蕪天盡處，兩行秋雁向南來。

對月

到處有明月，相依不忍離。憑君光似水，照我髮如絲。露入叢篁重，風來暗牖遲。故園秋夜永，應在未眠時。

和顧蘭畹遊焦山

漢有隱淪客，門迎滄海潮。一卷太古石，今日尙名焦。花木離宮壯，煙霞佛屋饒。欲將流水意，嗚咽問前朝。

和蘭畹登金山寺

天開吳楚畫圖雄，振策危磯逼太空。江海波濤環梵刹，樓臺金碧起龍宮。雲間一塔秋懸日，戶外千帆晚颶風。無數蛟魚蟠足底，聽歌如識白頭翁。

清水塘

事往城池在，年深棟宇荒。全家俱赴水，異代迥生光。浩氣充儒服，頹垣壓女桑。白頭甘濩落，懷古意蒼茫。

贈陳世扶

之子瑶林樹，前賢讓後來。清風周雅韻，白雪楚騷才。古劍牀頭挂，寒梅屋角開。幾時尊酒共，攜手上蛟臺？

夏日雜感二首

意氣虹霓横九州，探丸提劍出遐陬。少年自許乘鼇客，老去難封定遠侯。阜筴樹間方結夏，黄榆關外欲防秋。驚心羌笛征人怨，五字吟成抵坐籌。

問訊煙霞久閉門，壯心銷盡敝軀存。病餘屢緩東陽帶，賓至誰空北海樽？殷殷蚊雷轟白晝，翩翩蠓雪舞黄昏。赤欄干外陂池上，自折榆枝試水痕。

黟縣道中三首

東西南北久飄流，垂老翻成石室囚。畫虎慣看投俠窟，探珠誰解詣安丘？白雲斷隴孤村暮，紅葉高崖萬壑秋。飢走荒山聊復爾，幾人身襲富平侯？鼠肝自笑呈身細，蚊睫誰知寄跡幽？只合飄零憑白髮，漫思歸計老菟裘。

懸崖沓嶂路悠悠，出沒風煙四望周。八百關河都置掌，三千世界一回眸。吳霜點鬢覊心切，楚火明林望眼遙。至竟封侯非燕頷，故園生計在漁樵。

荒墟牛健乳鴉嬌，掩冉春光上麥苗。山路晚風花片片，驛門殘照馬蕭蕭。

春日雜感十一首

蒼蒼圓蓋共陶鈞，鷃退鵬騫致不勻。謝氏庭階多玉樹，楊家門巷十朱輪。分非鷺晁同趨客，甘作牛衣對泣人。萬事浮雲非有準，餘生過鳥復誰瞋？

臘鼓喧春百卉榮，叩高鑽策欲何營？偶當水抱山環處，聊作花潭葉嶼行。敢望芥薑煩地主？終期麴糱致門生。此身自笑如絲挂，一任顛風自送迎。

豪家百鳥和春聲，酒敵棋朋劇戰爭。梁燕幾回觀勝敗，野鳩何事管陰晴？鏤成玉楮三年久，徙去南溟六月程。天定勝人非一日，吾生自合學無生。

風物繁華憶帝京，香車寶馬暗塵纓。買來乙夜看燈候，偷得前宵奏笛聲。去國越人顏有喜，傳經劉向恨難平。也知大造無私覆，花柳欣欣盡發榮。

驚沙乍起晝溟濛，花事忽忽一夢中。從古幽燕多朔氣，至今恆代有遺風。

無端割耳乖龍困，大抵憎蘭猘犬同。一自蹇驢南竄後，萬山深處注魚蟲。

高樓獨坐每斜暉，春到鄉園有夢歸。燕不生人常對語，鳩將逐婦暫孤飛。

時披玉笥探風角，肯抱金籠放雪衣。二十餘年客京洛，漫勞龜策早知非。

百年歧路總蒼茫，悔逐單車赴洛陽。指惜一彈眈酒聖，肱慚三折媚醫王。

殺青几上斜曛透，生白軒中午夢長。莫道空山少人跡，桃花深處有漁郎。

月寒日暖各忽忽，手種緋桃二載中。夜雨染成千畝綠，東風催出一梢紅。

乾坤汗漫傷浮客，歲月蹉跎愧老翁。莫把春光輕棄擲，酒爐沽醉與誰同？

韓愈文章舊滿家，新生燕雀噪檐牙。愁從異地過寒食，愛對寒山看晚霞。

鉢載長腰雲子飯，甌擎細爪雨前茶。從來苜蓿供嘲笑，風味年時倍覺嘉。

英年意氣與山高，轉眼皤然白髮搔。橫槊賦詩才已盡，據牀吹笛興猶豪。

驚蛇自分行趨壑，炙轂何緣更出膏？慚愧堂堂標質在，衆人雖醉肯餔糟。

閒傍雕楹側帽檐，桃花如醉雨廉纖。談經竟日惟披褐，作苦何人問織簾？

粟不療飢慚

市隱，肯無可入慕郎潛。百年身事都如此，晚節休勞季主占。

宿山寺

一燈明淨室，孤客臥僧廬。曉霧山開處，高松露滴初。脫巾懸石塔，扶杖入雲墟。願識無生意，重繙貝葉書。

初　月

初月西南角，生明猶未完。照難盈手攬，纖愛兩頭看。露坐秋宵永，風來病骨寒。更籌時斷續，河漢漸闌干。

憶山居

淸泉流不息，朗月意相親。永夜空山靜，靑燈夢古人。浮生皆欲貴，吾道在居貧。莫謂躬耕苦，前修是有莘。

天門山

僧家耽宴寂，精舍壓㕓㕓。梵響浮林杪，經香溢殿帷。雲生趺坐處，月照獨行時。欲究楞伽義，先籤二百疑。

出世

出世初求道，經天偶著文。汝休驚馬隊，吾已入羊羣。渺爾泉歸壑，悠然岫出雲。希聲原自閟，豈合衆人聞？

山行

啼鳥四山靜，落花千澗香。路隨巖曲轉，愁逐水流長。志業歸頹廢，形容劇老蒼。永懷垂釣侶，相與濯滄浪。

遣意

卿相不相識，長歌輂轂旁。文章空後世，事業想前皇。使酒情悽斷，稱詩氣激揚。如何當此際，獨自聽寒螿？

訪山僧

偶尋開士侶，策杖恣經過。淨室懸青漢，疎鐘出碧蘿。偈成雲滿岫，機息水無波。稽首空王足，人天義若何？

送孫明府遷任鳳陽四首

循吏聲名動九閽，通才驥足豈辭繁？暫移黟邑神明宰，往霈鍾離雨露恩。夜月多游濠水上，春風回憶小桃源。甘棠一體留遺愛，召父清規兩地存。

地逐名賢到處嘉，青山同雨未爲賒。已求勾漏千春藥，更種河陽一縣花。披典獵微縣古綆，摛辭狀物發天葩。恢恢仍覺多餘地，盡日垂簾晚照斜。

送歸千里淚痕滋，東閣攀登幾歲時。把酒聽歌花似錦，論文起舞月如規。最慚倒屣迎王粲，何啻逢人說項斯！誰料賢豪不常聚，星離雨散各天涯。

登山臨水漫嗟吁，浮世行藏本自殊。努力君爲新令尹，驚心我是舊樵夫。將歸翠巘同薪采，那得青雲逐步趨。今日憑高聊北望，殘霞秋樹遠模糊。

聞雁

高天有鳴雁，孤客正登臺。一片悲秋氣，蒼茫塞外來。西風吹白髮，黃葉覆蒼苔。何必庾開府，江南賦獨哀。

病中書感

未遂平生志，空山寄此身。詩書方入夢，老病已侵人。一息誰能懈？千秋未可論。從今憑懶漫，高臥過三春。

宿文殊院

雙峯萬仞支天半，一徑千盤抵上方。燈火寂寥依佛座，星河低亞接繩牀。更無鳥跡凌空過，惟有鐘聲引夢長。從此俗緣都斷絕，騎龍深入白雲鄉。

和人過天門山

萬里岷江去不回，雙峯夾岸表崔嵬。山川流峙今還古，吳楚東南闔更開。三月流光惟碧草，六朝遺跡有寒灰。莫言虎踞龍蟠地，曾見降旛蔽日來。

題巴予藉夢遊黃山圖二首

我昔遊黃海，飄然履足輕。仙風扶兩腋，如欲上天行。一別八年久，回頭噩夢驚。酒闌思往事，惝怳不分明。

爾住名山側，相違兩日程。常懷登覽志，勝踐卒無成。一夕神飛越，巖巒萬象呈。畫圖紛歷歷，悵望有餘情。

題車學博迴望家山圖

心在高堂上，身行廣陌間。一行一返顧，難別馬鞍山。子職徇微祿，親年擬大還。昔賢三釜樂，安用慘離顏。

正月一日有懷姚南菁

故里千山外，新年一日春。風煙分兩地，老病逐羈人。寂處思同志，離羣願卜鄰。茫茫斯世內，與爾分偏親。

懷姚姬傳

所居江水曲，終日俯滄波。但有白鷗侶，時聞漁者過。心都如槁木，病或似維摩。借問金門客，歸懷近若何？

觀劇

誰出修羅掌，能韜日月光。經營依市儈，舉止學迷藏。救餒誠無策，升階尙有方。不知天地意，都用戲爲場。

深夜

深夜霜華淨，憑高憶古人。艱危數口計，恐懼百年身。夜臥防新警，朝餐食舊貧。西鄰有田叟，不厭往來頻。

歸家

客裏無生業，歸來竊自憐。江山猶故里，風景異當年。食盡肥閒地，人爭嶺上田。依稀聞鶴語，髣髴共堯天。

月

朗月出雲端，更深露氣寒。宵光同隱映，人世異悲歡。昔記朋遊樂，今傷鬢髮殘。不知從此去，猶得幾年看？

喜雨

昊天施霈澤，頃刻起風雷。電繞千村暗，雲陰萬里來。大江聲似吼，茅屋勢將頹。今日行閭巷，逢人笑口開。

幽棲

幽棲江北汭，亂水匯成村。駭浪魚龍伏，空山鹿豕屯。異禽朝警夢，斜月夜窺門。漂泊迷生計，誰云拙養尊？

江　村

地勢蟠吳楚，江流變古今。曠懷千載事，遙集百年心。井里何能擇，煙霞尙足尋。秋來扶短杖，物外恣登臨。

江　天

江天容偃仰，文史足嬉娛。勁翮騫雲外，修鱗閟海隅。古人難重遘，薄俗久長吁。生世幾何日？相將逐畏途。

星　雲

星雲光夾月，鬢髮白於絲。老去氣猶壯，憂來人莫知。螢輝時滅沒，竹影乍離披。惟有彼姝子，西方繫所思。

哭姚南菁

我歸値君沒，無復舊知心。次第交遊盡，平生愛慕深。披文憐錦字，見月想芳襟。詎可重聞笛，從今罷鼓琴。

送汪紹鴻之京

三月黃鸝語，江村開杏花。春波欲沒岸，游子正離家。古道垂楊合，旗亭落日斜。念君生計拙，慘澹向京華。

曉望

水色兼天遠，秋光抱日空。高瞻千載外，肆志一丘中。許務元非願，皐伊不易通。白頭無僭想，常自祝年豐。

附錄(一)

釋　謔

海峯先生生長於桐城，桐城之知先生者延之教子。蓋伊尹附牛尾而耕，姜公投漁竿於渭水之上，余雖殊世不相及，其亦有後先之望乎！

或曰：「先生戴仁而履義，開陽而闔陰，自以爲曾、思之所不及矣，而何謗之者之多也？」

先生曰：「然。是固非爾之所知也。蚓有寢休於穴者，飲黃泉，食槁壤，氣至而鳴，曾不知乎崑崙之高、大漠之廣。暮春雷作，蚓聞而駭之，既而軒然以笑，顧謂其侶曰：『□□□□□，乃不如吾聲之希微。』此小大之□□。□於廁，周旋出入於汙濁之中，則頭□□□□□不盜而益翠，濯以清泉，蹙蹙焉不崇朝而死矣，況使進之以都梁、蘇合哉？今夫傑然巨人、大袑圜冠拔於羣愚之上者，則其於余既信而從之矣；知善之爲是，知不善之爲非，而自顧其身不足進於大賢君子之門者，則既欣喜而慕悅之矣；卑庸蹋冗無能之徒，彼亦且聞之若充耳焉。彼輕之而笑且詈罵者，其於爲人，信如何哉？」

〔注〕據徽州博物館藏標碧軒刊本海峯文集補入，原書蛀損，有缺字處以口誌之。

時文論

八比時文，是代聖賢說話，追古人神理於千載之上，須是逼眞。聖賢意所本有，我不得減之使無；聖賢意所本無，我不得增之使有。然又非訓詁之謂，取左、馬、韓、歐的神氣、音節，曲折與題相赴，乃爲其至者。

作時文要不是自我作論，又不是傳注訓詁始得。要文字做得好，纔不是傳注訓詁；要合聖賢當日神理，纔不是自我作論，故「曲折如題」，而「起滅由我」八字是要言。

作時文，使不得才情，使不得議論，使不得學問，並使不得意思。只看當日神理如何，看得定時，却用韓、歐之文如題赴之。

須先洗滌心地，加以好學。前人於明文只取歸、唐二家，謂自餘諸公不過時文而已，此日久論定之言，不可移易。

唐、歸、茅三家皆有得於史記之妙，荆川所得，多在敍置曲盡處；鹿門所得，多在歇脚處逸響鏗然；震川所得，多在起頭處，所謂來得勇猛者也。

〔注〕此據同治、光緒間劉繼刊本海峯詩文集附錄劉海峯稿補錄。劉海峯稿皆八股文，未錄，此文論及八股與古文之區別，故錄供參考。

附錄(二)

劉海峯簡譜

劉海峯名大櫆，字才甫，一字耕南，又因通曉醫術，自號醫林丈人。安徽桐城(今分爲樅陽)人。世居江濱陳家洲，後居樅陽鎮之寺巷。

曾祖日燿，明末貢生，歙縣訓導。

祖甡，父柱，皆縣學生，均以課讀爲業。長兄大賓，亦曾教讀，中雍正乙卯科舉人，曾知山西徐溝、貴州玉屏等縣。大櫆幼年即從父兄讀書。

子介，早死，無後。以大賓孫符琢繼承。女適左周，官寧紹台道。外孫左堅吾，曾從大櫆受學，與姚鼐、王灼、吳定往來論文。

清康熙三十六年(一六九七)丁丑　　海峯生。

按海峯以乾隆四十四年卒。吳定作墓誌銘，言其年八十二，祭文亦云：「天錫公壽，八十二秋。」依此逆推，當生於康熙三十七年。辭源等書，即從此說。但姚鼐所作傳，言海峯年八十三，故當生於康熙三十六年，劉、姚同里，語當可信。今從姚說。

康熙四十一年(一七〇二)壬午　六歲　是年，姚範生。

康熙四十八年(一七〇九)己丑　十三歲　是年，戴名世成進士，入翰林。海峯作觀化(見小稱集中評語)，爲存集最早之作。解嘲亦少年作，當在此後一、二年間。

康熙五十年(一七一一)庚寅　十五歲　是年，桐城方、戴兩家文字獄禍作。方、戴皆桐城樅陽人。海峯後來所作感懷七首中，有「弱冠負勇氣，鄉閭遭禍罹」，疑指此案言。是年，吳直館於劉家。海峯兄弟多從之學。

康熙五十三年(一七一四)癸巳　十八歲　是年，方苞免死出獄，以白衣參與圖書編校，編隸旗籍。

康熙五十六年(一七一六)丙申　二十歲　是年，吳直復來館於劉氏。海峯早歲從父兄讀書外，受教似以吳直爲多。吳直「其學氿通音律，足跡半天下，文益簡奧」，於方苞「不苟同，然能自立」。(桐城耆舊傳)

康熙五十七年(一七一七)丁酉　二十一歲　海峯「試童子，逾十年」，其入學當在此年或此後一、二年。其在鄉授徒亦當在此年前後。其授徒詩云：「授徒一室內，少長各有儀……欣欣日相對，足以忘朝飢。」敬業樂業，足堪矜式。

康熙六十年(一七二一)辛丑　二十五歲　是年，應張若矩(閑中)課弟之約，在縣城內張氏勺園課徒。及門有張若晟等。若矩爲禮部侍郎張廷璐子，大學士張英孫，大學士張廷玉侄。

海峯是時與姚範（字南菁，號薑塢）、葉酉（書山）、方輔讀（頌椒）、張東臨（長黍）等論學談藝，過從甚密。姚、葉兩人後來以學問文章知名當世。海峯「出遊翰墨場」，始於此時。

海峯此時所作有張十二郎壙銘、祭張十二郎文、樵髯傳、葉書山時文序、送葉書山序、舅父楊君權厝誌、遊碾玉峽記等，白描傳神，簡潔生動，神理逼似歸、方。而議論之文，觀化、解毁，已確知其爲少作以外，餘文中當亦有青壯年時所作。才雄氣盛，波瀾壯闊，特別是思想活潑，又非歸、方所能範圍。

海峯與張氏關係始于是年，集中爲張氏諸人所作，如張訥堂詩序、張秋浯詩序、見吾軒詩集序、張荔亭詩序、送張福清序等，先後近二十篇。

雍正元年（一七二三）癸卯　二十七歲　回樅陽，在家課弟侄。　是年，方苞出旗。明年，方苞請假回籍葬親，曾至樅陽；海峯未得相見。

雍正三年（一七二五）乙巳　二十九歲　學成入京。方苞一見驚嘆，有國士之譽，「令其拜於門」。吳定海峰先生古文序。按世多謂劉學出於方望溪，但吳定則謂其「文章不由師傳」。

又入京前一、二年，遇吳士玉於旅舍。吳回京後，稱劉爲「今之昌黎」。

留京，在城北課徒。

雍正五年（一七二七）丁未　三十一歲　是年仍在京課徒。秋徙居工部侍郎吳士玉家。自此館吳家近十年。祭吳文恪公文後評語。

在京與高仰亭、徐崑山、沈維涓、王載陽、沈廷芳、杭世駿、方道希、盧見曾諸人相識。曾介沈廷芳，師事方苞，沈廷芳書方先生傳後。亦曾以詩請沈德潛評定。

雍正七年（一七二九）己酉　三十三歲　應順天鄉試，中副榜。

雍正十年（一七三二）壬子　三十六歲　復應順天鄉試，再中副榜。

雍正十一年（一七三三）癸丑　三十七歲　吳士玉卒。按荻溪書屋圖記：「癸丑……文恪公逝世，余亦南歸。」祭族長嗣宗先生文則云「我適京師，十年淪落，去歲我歸」，詩中亦云「九載一歸來」，以雍正三年入京計，其南歸當在十三年。

雍正十三年（一七三五）乙卯　三十九歲　再應順天鄉試被黜。此後即不再應試。試後南歸。

按是年十月高宗即位，下詔開「博學鴻詞」特科。當時應詔舉薦之人甚少，故次年又下詔敦促。方苞之舉海峯當在次年。海峯上高督艤書、上李侍郎書皆爲請其推薦而發。

乾隆元年（一七三六）丙辰　四十歲　方苞舉海峯應詔。海峯應徵入都，有道中述懷之作。

九月，御試鴻博一百七十八人於保和殿，海峯與焉。據云閱卷者已評定合格，終被其同鄉大學士張廷玉所黜。迨張知其爲劉，則又大悔。時安徽巡撫等將舉爲孝廉方正，海峯力辭。見與部開府書、與余京兆書。試後留京。時吳檠(字青然)亦被黜，舘舍相近，朝夕過從談論甚洽。有金臺行、感懷七首等詩，辭氣憤激。時西北用兵，海峯亦曾有從軍之想，但未果。

乾隆四年(一七三九)己未　四十三歲　葉酉成進士，入翰林(庶吉士)。海峯與葉同舟南歸，當在是年。紆道至江蘇學政署訪吳檠，未遇。

乾隆五年(一七四〇)庚申　四十四歲　在家閉門僻處，設帳課徒。姚鼐始見海峯，當在此數年間。

乾隆七年(一七四二)壬戌　四十六歲　曾與其兄大賓同在京中。(馬湘靈詩集序)疑大賓之任山西徐溝知縣當在此時。海峯曾至其兄署中，並遊晉祠、百門泉。從所著遊百門泉記看來，海峯曾在百泉書院主講。

乾隆十一年(一七四六)丙寅　五十歲　時尹會一任江蘇學政。海峯由方苞之介，入其學幕。此後二三年間，往來江南等地，校試閱文，兼遊山水，作詩甚多。

乾隆十四年(一七四九)己巳　五十三歲　尹會一卒於松江試院，爲作祭文、行狀。旋至江寧，寓方苞家。是秋方苞卒，爲文祭之。其中言方苞母喪時，因供職「藩府」，不能居喪，抱憾終身，爲方苞所不敢言。方苞卒時，遺命祖臂，其原因當由於此。

乾隆十五年(一七五〇)庚午　五十四歲　詔舉「經學」。張廷玉舉海峯。海峯應詔至京，試復報罷。留京授徒。朱孝純(子穎)從遊。

乾隆十六年(一七五一)辛未　五十五歲　姚鼐入京應會試，報罷。姚在京再見海峯，「聞所論詩、古文法，甚喜」。惜抱軒稿自序。海峯介朱孝純與姚鼐相識。

乾隆十七年(一七五二)壬申　五十六歲　姚鼐南歸作序送之，勉以第一流自待。海峯自京南歸，至揚州。其客兩淮鹽運使盧見曾處，當在此一二年間。

乾隆十九年(一七五四)甲戌　五十八歲　應湖北學政陳浩聘，入其幕中。此後一二年，因校試歷遊荆楚、襄、漢等地，作詩亦多。

乾隆二十一年(一七五六)丙子　六十歲　正月在桐城。祭左繭齋文　此兩年間，桐城歲凶民饑，海峯作乞里人共修義倉引。　應聘入浙江學政幕，當在此年或下年。

本，當刻於此時。販書偶記指爲康熙間刻，誤。蓋其中有湖北所作；但又無徽州之作。從「論著類」看，辨異、覩化、養性、達命、心知、天道(上、中、下)、難言、息爭、愼始、叢說、解毁、焚書辨、雷說、書戰國策、書荆軻傳、男子三十而娶女子二十而嫁、泰伯高於文王、騾說等一些憤世疾邪與頗有特見之作，多在其中。而井田、讀伯夷傳、讀萬石君傳、續難言、續泰伯高於文王等則此本未收，可能是乾隆二十一二年以後之作。詩集中，一些意旨遙深、辭氣憤激的，亦多見此本中。姚鼐謂「入黟」以後所作勝於早年，恐未必然。

乾隆二十四年(一七五九)己卯　六十三歲　海峯任黟縣教諭，當始於此年或下年。他在黟縣，黟屬徽州，故常常往來黟、歙間。除戴震在京，故未見有往來外，與程瑤田、鄭牧、方根矩、吳闐、汪梧鳳、汪肇龍等學者文人切磋學問，談論時勢，關心民生休戚，往還極爲親密。徽州人亦從他學習詩文，金榜後還著籍爲弟子。

乾隆二十七年（一七六二）壬午　六十六歲。是年，江永卒，作江先生傳。海峯在徽州作文甚多，約佔全部文章的五分之二。除井田、讀伯夷傳等，無法確定寫作時間外，其中，江先生傳、黃山記翔實簡潔，如意寺記善於寫景，江烈女傳，把烈女傳寫成「忠臣論」，大膽否定「忠臣不事二主」，尤爲奇作。但徇人之請而作的更多。祠堂記、族譜序、貞節傳及其他諛墓之文，自難寫出佳作。海峯爲黟學敎諭時，「巡撫託公檄令主安慶書院」，詩集中亦有至安慶書院。此當在乾隆二十七八年或三十年、三十一年。蓋二十九年曾在徽州，偕程瑤田、方根矩、吳闐遊黃山；而三十二年則已辭去敎諭。

乾隆三十二年（一七六七）丁亥　七十一歲　自黟去官。應聘至歙，主講問政書院，金榜、吳定、吳紹澤等從受業。在歙纂修歙縣志、黃山志。

乾隆三十六年（一七七一）辛卯　七十五歲　離歙回桐城樅陽。諸生送至城外河橋，有泣下者。海峯纂修之歙縣志刊印。

海峯回樅陽後，仍在家講學。王灼、左堅吾等從受業。海峯弟子尚有方國、方績等人，其受業亦當在此時。錢魯斯受業時間，疑在海峯在京授徒時。

其後，吳定亦多次渡江來請益。

乾隆四十年(一七七五)乙未　七十九歲　姚鼐辭官歸桐，數見海峯於樅陽。海峯「扶曳出與論文，每窮半夜」。

乾隆四十一年(一七七六)丙申　八十歲　姚鼐作海峯先生八十壽序。

乾隆四十四年(一七七九)己亥　八十三歲　春，臥病。吳定來省視，海峯猶力疾爲講說，並出己文使商定去留。是年十月初八日，卒。

嘉慶四年(一七九九)葬於桐城東鄉(今樅陽縣)梅子嶺。吳定作墓誌銘。姚鼐作傳。

海峯著作有詩集□□卷，文集□□卷，制藝劉海峯稿一卷，論文偶記不分卷，歷代詩約選五十二卷，古文約選四十八卷，唐宋八家古文評圈點不分卷，海峯選明清人七律不分卷，又有歙縣志二十卷附黃山志二卷。

附録(三)

劉海峯先生傳

姚鼐

劉海峯先生名大櫆，字才甫，海峯其自號也。桐城東鄉濱江地曰陳家洲，劉氏數百戶居之，爲農業，多富饒。獨海峯生而好學，讀古人文章，卽知其意而善效之。年二十餘，入京師。當康熙末，方侍郎苞名大重於京師矣。見海峯大奇之，語人曰：「如苞何足言邪！吾同里劉大櫆乃今世韓、歐才也！」自是天下皆聞劉海峯。

然自康熙至乾隆數十年，應順天府試，兩登副榜，終不得舉。乾隆元年舉博學鴻詞，乾隆十五年舉經學，皆不錄。用朝官相知提督學政者率邀之幕中閱文，因歷天下佳山水，爲歌詩自發其意。年逾六十，乃得黟縣教諭，又數年，去官歸樅陽不復出。卒年八十三。無子，以兄之孫符瑑爲後。

先生少時與鼐伯父薑塢先生及葉庶子酉最厚。鼐於乾隆四十年自京師歸，庶子與鼐伯父皆喪，獨先生存，屢見之於樅陽。先生偉軀巨髯，能以拳入口，嗜酒諧謔，與人易良無不盡。嘗謂鼐：「吾與汝再世交矣！」

天下言文章者，必首方侍郎。方侍郎少時嘗作詩，以視海寧查編修愼行。查編修曰：「君詩不能佳，徒奪爲文力，不如專爲文。」方侍郎從之，終身未嘗作詩。至海峯，則文與詩竝極其力，能包括古人之異體，鎔以成其體，雄豪奥祕，麾斥出之，豈非其才之絶出今古者哉！

其文與詩，皆有雕板，兹欲稍删次之合爲集，未就，乃次其傳。

海峯先生墓誌銘

吳定

先生姓劉氏，諱大櫆，字耕南，號海峯，桐城人也。曾祖日燿，明崇禎時，以貢士廷試授歙縣訓導；祖蛀 父柱皆縣學生。先生狀貌豐偉，而性情直諒寛博，讀書工辭章之學。自古文亡於南宋，前明歸太僕震川暨我朝方侍郎靈皋繼作，重起其衰，至先生大振。其才之雄，兼集莊、騷、左、史、韓、柳、歐、曾、蘇、王之能，瑰奇恣睢，鏗鏘絢爛，足使震川、靈皋驚退改色。詩亦孕育百氏，供我使令。元、明以來，辭章之盛，未有盛於先生者也。

年二十九，應舉入京師，鉅公貴人，皆驚駭其文，而尤見賞於方侍郎暨吳荆山閣學，以爲昌黎復出。已而兩中副榜，貢生以終。乾隆之初，邵開府、余京兆欲薦先生賢良方正，辭。會舉博學鴻詞，方侍郎以先生薦，及試，爲大學士張文和所黜，而文和後大悔。洎乾隆十五年，詔舉經學，文和獨舉先生，而文和旋去位。乃出爲教諭於黟。黟士至今感誦先生教育之仁不息。

國家用經義選天下士，而先生以振古之文，生於列聖相承、文教累洽之日，又有持權者爲之引延，而卒淪溺下僚，不獲展其才以沒，則信乎命之窮也。然而富貴之榮，沒則寂焉，斗筲之功名，亦澤竭則忘焉。天地之光華一日不掩，則先生之文章一日不磨。畀先生以曠世不數畀之才，而特假巖壑寬閒之歲月，以成先生千古之榮，天之眷佑之者至矣。卽使先生數奇，屈於生復屈於死，卒致泯沒於無聞，而先生之可不朽乎此生者自在也，其又奚懟焉？所著有詩文集已久行世。

其卒也以乾隆四十四年十月初八日，年八十有二。娶吳氏，生子三人，皆早死，以兄之孫符琢爲長子介後。嘉慶四年十月某日葬先生於梅子嶺先塋之左。門人吳定涕泣爲之銘曰：

文雄千古，遇屯一時。一時之屈，千古之師。豈無公相，高談霆飛！百千灰滅，公尙巍巍！韓、歐之側，配食攸宜。謂予不信，請視來茲！

祭海峯先生文

吳　定

天闢屯昧，文章炳宣。篤生儁雄，處之巖川。大縱厥閑，弁智鉤玄。出沒今古，吐吞萬千。龍飛鳳翔，走雲淩煙。神虎夜嘯，音聞九天。參伍韓、歐，創爲大篇。直空作者，七百餘年。至於詩什，聊以寫情。然其所著，魁然集成。祖漢宗魏，師唐友明。傾江灌河，氣蓋八紘。

行旣完修，材乘閎偉。負其瓊瑰，願襄鼎鼐。衆共掖之，去天蓋咫。垂老一官，終於博士。

定少而愁，盲於藝文。公出萬有，奥泄幽陳。縱身闇室，大啓重門。斯文凋落，曠代蕪榛。養我風日，共游芳春。定壯多阨，道塞身屯。敗襦惡粟，閉户吟呻。公有弟子，適宦邗濱。辱公嚮導，獲與之親。於焉闔室，羣飲公醇。感憶平生，臥不寧席。懷答孜孜，靡間朝夕。風雲幻怪，俄赴於庭。犯雪渡江，望門涕零。誰勝苦塊？有孫稚齡。大小宗亡，仁義隕地。乘危虐孤，敢爲不利。族戚環庭，心傷口諱。憤不恤私，誓與偕斃。發姦衆前，眉髮俱厲。豺虎翕聲，悄然中廢。

古皆有死，疇能獨留？天錫公壽，八十二秋。美其著録，布昭海陬。輝流千祀，與星斗侔。生悴死榮，公又奚求？獨予小子，心長鬱鬱。十載依公，自今永畢！駿惠莫償，九原忍質？禮幽如明，敢勤始卒。尚饗！

國史文苑傳

劉大櫆，安徽桐城人。貌豐偉而性直諒，嗜讀書，工爲文章。年二十九，遊京師。時内閣學士同邑方苞，以能爲古文辭負重名。大櫆以布衣持所業謁苞，苞一見驚歎，告人曰：「如苞何足算邪！邑子劉生，乃國士爾！」聞者始駭之，久乃益信。雍正七年、十年，兩舉副榜貢生。乾隆元年，苞舉應博學鴻詞科，爲大學士張廷玉所黜；既乃知大櫆，深惋惜。十五年，廷玉特舉大櫆經學，又報罷。乃出爲黟縣教諭。數年，去官歸。四十四年卒，年八十有二。大櫆雖遊方苞之門，所爲文造詣各殊。苞蓋擇取義理於經，所得於文者義法。大櫆並古人神氣音節得之。兼集莊、騷、左、史、韓、柳、歐、蘇之長，其氣肆，其才雄，其波瀾壯闊。嘗著觀化篇奇詭似莊子；其他言義理者，又極醇正。詩能包括前人，鎔諸家爲一體，雄豪奥祕，揮斥出之。著有海峯文集八卷，詩集八卷。從遊多以詩文鳴者，而姚鼐、吳定爲最著。

附錄(四)

舊評選輯

方苞曰：及門劉生大櫆者，天資超越，所爲古文，頗能去離世俗蹊徑。而命實不猶，弟舉以鴻博，已入彀，而或檢去之。兩中副車。今以親老，不忍遠離，只得暫圖敎職。公見其文，自知其毅然而異於儕輩。弟復先言之者，以其數奇耳。其所著小稱集，謹以呈敎。(與魏中丞定國手書)

方苞曰：劉生大櫆不但精于時文，卽古文辭，眼中罕見其匹。爲人開爽，不爲非義，爲學幕中最難得之人。(與雙學使慶手書)

方苞曰：耕南才高而筆峻，惜學未篤。(沈廷芳書方先生傳後)

沈德潛曰：品在當塗、典午之間，近人不能作，幷不能解。(縹碧軒刊本海峰詩集卷首)

張維屏曰：海峯先生文喜學莊子，尤欲力追昌黎。詩格亦高，五言古尤多可味。句如「松葉忽成韻，嶺雲無定姿」、「日邊雙鳥白，霞外一天青」、「路經山折溪迴處，人在飄風驟雨中」，皆俊出未經人道。(聽松居詩話)

袁枚曰：劉耕南以古文名家。程魚門讀其集曰：「詩勝於文也。」其聽琴、獨宿諸篇，尤爲清絕。（隨園詩話）

倪之鐕曰：捧誦大作，如遇漢、晉間人。遊覽諸什，尤得大謝三昧。（錄自縹碧軒刊本海峯詩集卷首）

鮑皐曰：集中雜詩感興、感懷、雜興等篇，有三、四十首，直入之阮嗣宗詠懷中，不可復辨。若二謝以下諸體，我輩猶可幾及。（同上）

周振采曰：五言境地到此，直是峻絕。廣陵散猶在人間耶？玉峯試院校閱之暇，暑鬱不可過，誦此卷恍如十九首、建安諸子、大小謝、李供奉、韋左司騈羅几席，故是一快。（同上）

又曰：七言悲歌慷慨，而魄力足以達之，有李，有杜，有韓、蘇，投之所向，無不如意，必傳於後無疑也。（同上）

徐崑山曰：海峯於時賢詩少所許可，每推服鮑海門歌行爲得太白勝概。然其近作，鬱情逸氣，俱從熟讀太史公來，恐鮑君見之，亦應俯首。（同上）

李富孫曰：近世言古文者推望溪。海峯學於望溪，能自成一家。諸城竇東皐與海峯論文，極爲折服。（鶴徵錄）

杭世駿曰：吳文恪公有贈劉生詩曰：「生名大櫆其姓劉，意氣橫絕凌九州。邂逅執禮以刺投，蒙莊滉瀁無謬悠。間仿韓柳勁以遒，詩賦峭蒨窮雕鎪。此才亹亹誰與儔。」云云，其推服如此。（詞科掌錄）

劉琢曰：先生志在經世，其蘊蓄而未出者，未嘗不欲表著於一時。抑塞既久，乃偶以其磊砢不平之氣，聊

寄之詠歌慨嘆之間，蓋先生之可見者，惟此而已。（海峰詩集跋）

吳定曰：先生文章得之天授。年二十九，學成遊京師。靈皋侍郎見而驚賞之，令其拜於門。然而，兩人之文各殊所造……先生行修於躬，其文章不由師傳……卓然爲國朝古文之冠……（海峰先生古文序）

吳定曰：先生高才而遇窮，於詩靡所不工，而古詩尤超越國朝諸賢之上，其抑塞騰踏悲壯之氣，充滿天壤，莫之能禦，儻所謂有鬱而鳴者也……先生之詩，雖不能已於怨，而猶然盛世之音。（海峰先生詩序）

陸繼輅曰：乾隆間，錢伯坰魯斯親受業於海峯。時時誦其師說於其友惲子居、張皋文。二子始盡棄其考據駢儷之學，專志以治古文。（七家文鈔序）

姚鼐曰：海峯先生詩，初猶有摹古之痕，入黟後所作，如鯤化爲鵬，超然萬里矣。（跋海峰先生詩）

姚鼐曰：曩者鼐在京師，歙程吏部、歷城周編修語曰：「爲文章者，有所法而後能，有所變而後大。維盛清治邁逾前古千百，獨士能爲古文者未廣。昔有方侍郎，今有劉先生。天下文章，其出於桐城乎！」（海峰先生八十壽序）

吳德旋曰：劉海峯文最講音節，有絕好之篇；其摹諸子而有痕跡，非上乘也。（初月樓古文緒論）

惲敬曰：姚姬傳之學，出於劉海峯；劉海峯之學，出於方望溪。及求三人之文觀之，又未足以饜其心之所欲云者。（上曹儷笙侍郎書）

惲敬曰：細加檢點，於理實有未足。（答曹侍郎書）

梅曾亮曰：前乎先生（指陳用光）者，有方望溪侍郎、劉海峯學博，其文亦皆較然不同，蓋性情異，文亦異焉。其異也，乃其所以爲眞歟！（太乙舟山房文集序）

方東樹曰：往者姚姬傳先生纂輯古文辭，八家後，於明錄歸熙甫，於國朝錄望溪、海峯，以爲古文傳統在是也。而外人謗議不許，以爲黨同鄉。先生晚年嫌起爭端，悔欲去之。（答葉溥求論古文書）

又曰：劉氏名弗耀於遠，而其說盛行一時，及門暨近日鄉里後進私淑者數十輩，往往守其微言緒論以道學，肖其波瀾意度以爲文及詩者，不可勝紀。（劉悌堂詩集序）

包世臣曰：晉卿古文之學，出於其舅氏張皐文先生。皐文受於劉才甫之弟子王悔生。蓋自熙甫、望溪相承之法；而晉卿才力桀驁，下筆輒能自拔……國初名集，所見甚尠，就中可指數者：侯朝宗隨人俯仰，致近俳優；汪鈍翁簡默瞻顧，僅足自守；魏叔子頗有才力，而學無本原，尤傷拉雜；方望溪視三子爲勝，而氣力寒怯；儲畫山典實可尙，度涉市井；劉才甫極力修飭，略無菁華；姚姬傳風度秀整，邊幅急促；張皐文祝形撫勢，惟說經之文爲善；惲子居力能自振，而破碎已甚，碑誌小文乃有完璧。（再與楊季子書）

姚瑩曰：世謂望溪文質，恆以理勝；海峯以才勝，學或不及；先生乃文理兼至。（惜抱先生行狀）

邵懿辰曰：天下言文章，必曰桐城；而桐城人之言文章，必曰方、劉、姚氏。劉居其間，如蜂腰鶴膝，人知之；而以方、姚並提而論，必右姚而左方，而眞知方氏之文者，今日已鮮矣。夫方氏以義法言文，此本史公語，而溯源於大易之所謂「有物」「有序」者，亦卽孔子所謂「辭達」，而曾子之所謂「遠鄙信」也。……而劉氏乃以音節、姚氏乃以神韻爲宗，斥義法爲言文之粗……音節神韻獨不在法之內乎！（答方君書）

吳敏樹曰：姚氏特呂居仁之比耳，劉氏更無所置之。（與筱岑論文派書）

曾國藩曰：劉才甫字句都潔，而意不免蕪近。（復歐陽筱岑書）

曾國藩曰：惜抱於劉才甫不免阿私。（致吳南屏書）

方宗誠曰：吾從兄植之先生……嘗語宗誠：望溪之學、海峯之才、惜抱之識，性情體態，迴乎不侔，而皆克傑然自存於天壤者，以同得古人之心也。位西（邵懿辰）後出，宗望溪而不喜海峯……夫謂海峯文有餘而道不足，是也。然自左、馬、韓、蘇不免矣，可以此責之文家耶？（記張臯文著柯文後）

又曰：海峯先生之文，以品藻音節爲宗，雖嘗受法於望溪，而能變化以自成一體，義理不如望溪之深，而藻采過之……吾師植之先生曰：先生之文，日麗春敷，風雲變態，言盡矣，而觀者猶若浩浩乎不可窮，擬諸形容，象太空之無際焉。（桐城文錄序）

張裕釗曰：往在江寧，聞方存之云：長老所傳：劉海峯絕豐偉，日取古人之文，縱聲讀之。（答吳摯甫書）

吳汝綸曰：竊意足下之盛推海峯者，才耳。第海峯信以才鳴矣；望溪亦何嘗無才也？……大抵望溪之文，貫串乎六經、子、史、百家傳記之書，而得力於經尤深，故氣韻一出於經。海峯之文，亦貫串乎六經、子、史、百家傳記之書，而得力於史尤深，故氣韻一出於史。方之古作者，於先秦，則望溪近左氏內外傳，而海峯近戰國策；於西漢，則望溪近董江都，而海峯近賈長沙；於八家，則望溪近歐、曾，而海峯近東坡；就二子而上下之，則望溪西漢之遺，而海峯宋人之流亞也。夫文章之道，絢爛之後，歸於老確。望溪老確矣，海峯猶絢爛也。意望溪初必能爲海峯之閎肆，其後學愈精，才愈老，而氣愈厚，遂成望溪之文；海峯亦欲爲望溪之醇厚，然其學不如望溪之粹，其才其氣不如望溪之能斂，故遂成海峯之文。（與楊伯衡論方劉二集書）

劉師培曰：凡桐城古文家，無不治宋儒之學以欺世盜名，惟海峯稍有思想。（論文雜記注語）

陳獨秀曰：歸、方、劉、姚之文，或希榮諛墓，或無病而呻，滿紙「之」「乎」「者」「也」「矣」「焉」「哉」。每有長篇大作，搖頭擺尾，說來說去，不知道說些甚麼。（文學革命論）

胡適曰：他們甘心做通順淸淡的文章，不妄想做假古董。……桐城派的影響，使古文作通順了，爲後來二、三十年勉強應用的預備，這一點功勞，是不可埋沒的。（五十年中國之文學）

樊榭山房集	[清]厲鶚著　[清]董兆熊注 陳九思標校
劉大櫆集	[清]劉大櫆著　吴孟復標點
儒林外史彙校彙評	[清]吴敬梓著　李漢秋輯校
小倉山房詩文集	[清]袁枚著　周本淳標校
忠雅堂集校箋	[清]蔣士銓著　邵海清校 李夢生箋
甌北集	[清]趙翼著　李學穎、曹光甫校點
惜抱軒詩文集	[清]姚鼐著　劉季高標校
兩當軒集	[清]黄景仁著　李國章校點
茗柯文編	[清]張惠言著　黄立新校點
瓶水齋詩集	[清]舒位著　曹光甫點校
龔自珍全集	[清]龔自珍著　王佩諍校點
水雲樓詩詞箋注	[清]蔣春霖著　劉勇剛箋注
人境廬詩草箋注	[清]黄遵憲著　錢仲聯箋注
嶺雲海日樓詩鈔	[清]丘逢甲著　丘鑄昌標點

譚元春集　　［明］譚元春著　陳杏珍標校
陳子龍詩集　　［明］陳子龍著
施蟄存、馬祖熙標校
牧齋初學集　　［清］錢謙益著　［清］錢曾箋注
錢仲聯標校
牧齋有學集　　［清］錢謙益著　［清］錢曾箋注
錢仲聯標校
牧齋雜著　　［清］錢謙益著　［清］錢曾箋注
錢仲聯標校
李玉戲曲集　　［清］李玉著
陳古虞、陳多、馬聖貴點校
吴梅村全集　　［清］吴偉業著　李學穎集評標校
歸莊集　　［清］歸莊著
顧亭林詩集彙注　　［清］顧炎武著　王蘧常輯注
吴丕績標校
安雅堂全集　　［清］宋琬著　馬祖熙標校
吴嘉紀詩箋校　　［清］吴嘉紀著　楊積慶箋校
陳維崧集　　［清］陳維崧著　陳振鵬標點
李學穎校補
秋笳集　　［清］吴兆騫撰　麻守中校點
漁洋精華録集釋　　［清］王士禛著
李毓芙、牟通、李茂肅整理
聊齋志異會校會注會評本　　［清］蒲松齡著　張友鶴輯校
敬業堂詩集　　［清］查慎行著　周劭標點
納蘭詞箋注　　［清］納蘭性德著　張草紉箋注
方苞集　　［清］方苞著　劉季高校點

李清照集箋注	[宋]李清照著　徐培均箋注
陳與義集校箋	[宋]陳與義著　白敦仁校箋
蘆川詞箋注	[宋]張元幹著　曹濟平箋注
劍南詩稿校注	[宋]陸游著　錢仲聯校注
放翁詞編年箋注	[宋]陸游著　夏承燾、吴熊和箋注
范石湖集	[宋]范成大撰　富壽蓀標校
于湖居士文集	[宋]張孝祥著　徐鵬校點
稼軒詞編年箋注(定本)	[宋]辛棄疾撰　鄧廣銘箋注
姜白石詞編年箋校	[宋]姜夔著　夏承燾箋校
雁門集	[元]薩都拉著
	殷孟倫、朱廣祁校點
揭傒斯全集	[元]揭傒斯著　李夢生標校
高青丘集	[明]高啓著　[清]金檀注
	徐澄宇、沈北宗校點
震川先生集	[明]歸有光著　周本淳校點
海浮山堂詞稿	[明]馮惟敏著
	凌景埏、謝伯陽標校
滄溟先生集	[明]李攀龍著　包敬第點校
梁辰魚集	[明]梁辰魚著　吴書蔭編集校點
沈璟集	[明]沈璟著　徐朔方輯校
湯顯祖詩文集	[明]湯顯祖著　徐朔方箋校
湯顯祖戲曲集	[明]湯顯祖著　錢南揚校點
白蘇齋類集	[明]袁宗道著　錢伯城校點
袁宏道集箋校	[明]袁宏道著　錢伯城箋校
珂雪齋集	[明]袁中道著　錢伯城點校
隱秀軒集	[明]鍾惺著　李先耕、崔重慶標校

樊南文集	[唐]李商隱著　[清]馮浩詳注 錢振倫、錢振常箋注
皮子文藪	[唐]皮日休著　蕭滌非、鄭慶篤整理
鄭谷詩集箋注	[唐]鄭谷著 嚴壽澂、黄明、趙昌平箋注
韋莊集箋注	[五代]韋莊著　聶安福箋注
二晏詞箋注	[宋]晏殊、晏幾道著　張草紉箋注
梅堯臣集編年校注	[宋]梅堯臣著　朱東潤編年校注
歐陽修詩文集校箋	[宋]歐陽修著　洪本健校箋
蘇舜欽集	[宋]蘇舜欽著　沈文倬校點
嘉祐集箋注	[宋]蘇洵著　曾棗莊、金成禮箋注
王荆文公詩箋注	[宋]王安石著　[宋]李壁箋注 高克勤點校
王令集	[宋]王令著　沈文倬校點
蘇軾詩集合注	[宋]蘇軾著　[清]馮應榴注 黄任軻、朱懷春校點
東坡樂府箋	[宋]蘇軾著　[清]朱孝臧編年 龍榆生校箋
欒城集	[宋]蘇轍著　曾棗莊、馬德富校點
山谷詩集注	[宋]黄庭堅著　[宋]任淵、史容、 史季温注　黄寶華點校
山谷詞校注	[宋]黄庭堅著　馬興榮　祝振玉校注
淮海集箋注	[宋]秦觀撰　徐培均箋注
淮海居士長短句箋注	[宋]秦觀著　徐培均箋注
清真集箋注	[宋]周邦彦著　羅忼烈箋注
樵歌校注	[宋]朱敦儒著　鄧子勉校注

孟浩然詩集箋注	［唐］孟浩然著　佟培基箋注
王右丞集箋注	［唐］王維著　［清］趙殿成箋注
李白集校注	［唐］李白著　瞿蜕園、朱金城校注
高適集校注	［唐］高適著　孫欽善校注
杜詩鏡銓	［唐］杜甫著　［清］楊倫箋注
錢注杜詩	［唐］杜甫著　［清］錢謙益箋注
岑參集校注	［唐］岑參著　陳鐵民、侯忠義校注
戴叔倫詩集校注	［唐］戴叔倫著　蔣寅校注
韋應物集校注(增訂本)	［唐］韋應物著　陶敏、王友勝校注
權德輿詩文集	［唐］權德輿撰　郭廣偉校點
韓昌黎詩繫年集釋	［唐］韓愈著　錢仲聯集釋
韓昌黎文集校注	［唐］韓愈著　馬其昶校注 馬茂元整理
劉禹錫集箋證	［唐］劉禹錫著　瞿蜕園箋證
白居易集箋校	［唐］白居易著　朱金城箋校
柳宗元詩箋釋	［唐］柳宗元著　王國安箋釋
柳河東集	［唐］柳宗元著　［宋］廖瑩中輯注
元稹集校注	［唐］元稹著　周相錄校注
長江集新校	［唐］賈島著　李嘉言新校
三家評注李長吉歌詩	［唐］李賀著　［清］王琦等評注
樊川文集	［唐］杜牧著　陳允吉校點
樊川詩集注	［唐］杜牧著　［清］馮集梧注
温飛卿詩集箋注	［唐］温庭筠著　［清］曾益等箋注
玉谿生詩集箋注	［唐］李商隱著　［清］馮浩箋注 蔣凡校點

《中國古典文學叢書》已出書目

詩經今注	高亨注
楚辭今注	湯炳正、李大明、李誠、熊良智注
司馬相如集校注	[漢]司馬相如著　金國永校注
揚雄集校注	[漢]揚雄著　張震澤校注
張衡詩文集校注	[漢]張衡著　張震澤校注
阮籍集	[魏]阮籍著　李志鈞等校點
陶淵明集校箋(修訂本)	[晉]陶潛著　龔斌校箋
世説新語箋疏(修訂本)	[南朝宋]劉義慶撰　余嘉錫箋疏
	周祖謨等整理
世説新語校釋	[南朝宋]劉義慶撰
	[南朝梁]劉孝標注　龔斌校釋
鮑參軍集注	[南朝宋]鮑照著
	錢仲聯增補集説校
謝宣城集校注	[南朝齊]謝朓著　曹融南校注集説
文心雕龍義證	[南朝梁]劉勰著　詹鍈義證
詩品集注(增訂本)	[梁]鍾嶸著　曹旭集注
文選	[梁]蕭統編　[唐]李善注
王梵志詩集校注(增訂本)	[唐]王梵志著　項楚校注
盧照鄰集箋注	[唐]盧照鄰著　祝尚書箋注
駱臨海集箋注	[唐]駱賓王著　[清]陳熙晉箋注
王子安集注	[唐]王勃著　[清]蔣清翊注